AF453595

CODE-MANUEL

A L'USAGE

DES NOTAIRES

PARTICULIÈREMENT DE L'ARRONDISSEMENT D'AMIENS

Par Mᵉ DOURNEL

Notaire honoraire, ancien Président de la Chambre

SUITE A L'ÉDITION DE 1859

ET AU

SUPPLÉMENT DE 1874

AMIENS

IMPRIMERIE H. YVERT, RUE DES TROIS-CAILLOUX, 64

1889

A MES CONFRÈRES

Dans notre rapport réglementaire d'Octobre 1887, comme Président de la Chambre, nous avons promis de donner prochainement à notre Code Manuel des Notaires, paru en 1859 et continué en 1874, une suite et un supplément que plusieurs confrères avaient réclamés dans de précédentes Assemblées générales.

Nous avons à cet effet compulsé et analysé les documents législatifs et réglementaires que nous ont fournis les éditions les plus nouvelles des Codes Français, la Revue du Notariat, le Recueil périodique de M. Defrénois et le grand Répertoire de MM. Dalloz.

Ce travail complémentaire du Code Manuel serait imprimé depuis quelque temps déjà, si nous n'avions pas cru devoir le retarder, à l'annonce des projets de la Chancellerie soumis au Conseil d'État pour assurer une comptabilité notariale et un contrôle efficace, et dans l'attente de la promulgation de lois déjà votées par une Chambre, remaniées par l'autre, et que nous désirions y insérer pour le rendre le plus complet possible ; Mais plusieurs de ces lois venant de paraître et les dispositions règlementaires étudiées par le Gouvernement pouvant subir des retards, nous ne pensons pas devoir faire attendre plus longtemps à nos confrères la publication de ce travail.

Cette codification de nos quinze dernières années, et, en y joignant le dernier supplément de 1874, de 30 années, de 1859 à 1889, présentera aux Notaires l'avantage d'abord de continuer leurs cinq codes, de date plus ou moins récente, en leur indiquant littéralement reproduits les articles modifiés ou remplacés depuis, et ensuite de leur servir de mémento de législation notariale, de Code manuel réduit en quelques pages des plus faciles à consulter. Celui-ci leur rappellera par une date seulement, quelquefois par un sommaire résumé en peu de mots, les principales lois ne concernant pas directement le Notariat, mais le plus souvent, leur donnera très rapidement le texte des lois, décrets, circulaires et instructions dont ils ont souvent besoin dans les affaires, et qui, disséminés un peu partout, ne se trouvent pas facilement.

Comme le Code Manuel de 1859 et son premier supplément, le nouveau se divise ainsi :

Une première partie comprend les lois et les décrets principaux ;

Une seconde partie les circulaires, instructions et lettres des Ministres, des Administrations centrales, Direction de l'enregistrement, de la dette inscrite, etc ;

Une troisième partie, plus courte, particulièrement pour les Notaires de l'arrondissement d'Amiens, les changements à leur règlement et à leur tarif, le tableau des Notaires, celui de la Chambre depuis 1859, ainsi que les noms de tous les Notaires du ressort de la Cour d'Amiens ;

Un appendice contient une nouvelle note bibliographique et une notice sur l'œuvre importante du Comité des Notaires des départements, résumée du reste dans les 8 volumes in 8° parus de ses intéressantes circulaires.

Enfin, il est terminé par une *table chronologique* de 1874 à 1889, et par une *table analytique* des matières des deux suppléments, se référant aux lois, décrets, etc., des **30** dernières années, qui y sont cités et reproduits ; cette dernière fera ainsi suite à celle de 1859.

Nous espérons que plus les notaires et les clercs se serviront de ce supplément à leurs codes, plus ils apprécieront le but utilitaire et les avantages pratiques qu'a recherchés l'auteur, trop heureux s'il a réussi à leur rendre service.

DOURNEL.

1888   1889

PREMIÈRE PARTIE.

LOIS ET DÉCRETS PRINCIPAUX

Relatifs au Notariat et intéressant les Notaires ou modificatifs de certains articles des Codes Français.

26 Juillet 1873. — Loi ajoutant à l'article 401 du code pénal un paragraphe concernant certains délits commis au préjudice des restaurateurs, aubergistes, etc.

ART. 401 § 4. — Quiconque, sachant qu'il est dans l'impossibilité absolue de payer, se sera fait servir des boissons ou des aliments qu'il aura consommés en tout ou en partie dans des établissements à ce destinés, sera puni d'un emprisonnement de six jours au moins et de six mois au plus et d'une somme de seize francs au moins et de deux cents francs au plus.

18 Juin 1874. — DÉCRET qui crée des *timbres mobiles* pour les *effets de commerce* de 500 à 1,000 francs.

6 et 10 Aout 1874. — DÉCRETS qui déterminent les régions et subdivisions de région et modifiant la composition territoriale de la France.

10 Décembre 1874. — Loi ayant pour objet de rendre les *navires susceptibles d'hypothèques*, par la convention des parties et même par acte sous seing privé

— Un DÉCRET du 23 avril 1875 règle le tarif des droits à percevoir à raison des actes auxquels donne lieu l'exécution de cette loi, et une *circulaire* du 28 avril 1875 de la Direction générale des Douanes, chargées de la conservation des hypothèques maritimes, prescrit les mesures d'exécution de cette loi.

Cette loi du 10 décembre 1874 a été remplacée par la loi du 10 juillet 1885

16 Décembre 1874. — Loi qui modifie celle du 12 février 1851 concernant les individus nés en France d'étrangers qui eux mêmes y sont nés.

ART. 1. — L'art. 1er de la loi du 12 février 1851 est ainsi modifié :

Est Français tout individu né en France d'un étranger qui lui-même y est né, à moins que, dans l'année qui suivra l'époque de sa majorité telle qu'elle est fixée par la loi française, il ne réclame la qualité d'étranger par une déclaration faite,

soit devant l'autorité municipale du lieu de sa résidence, soit devant les agents diplomatiques et consulaires de France à l'étranger, et qu'il ne justifie avoir conservé sa nationalité d'origine par une attestation en due forme de son gouvernement, laquelle demeurera annexée à la déclaration.

Cette déclaration pourra être faite par procuration spéciale et authentique.

ART. 2. — Les jeunes gens auxquels s'applique l'article précédent peuvent, soit s'engager volontairement dans les armées de terre et de mer, soit contracter l'engagement conditionnel d'un an, conformément à la loi du 27 juillet 1872, soit entrer dans les écoles du Gouvernement à l'âge fixé par les lois et règlements, en déclarant qu'ils renoncent à réclamer la qualité d'étranger dans l'année qui suivra leur majorité.

Cette déclaration ne peut être faite qu'avec le consentement exprès et spécial du père, où, à défaut du père, de la mère, ou, à défaut de père et de mère, qu'avec l'autorisation du conseil de famille. Elle ne doit être reçue qu'après les examens d'admission et s'ils sont favorables.

5 Janvier 1875. — Loi ayant pour objet d'assurer la *conservation des registres hypothécaires* et d'en faciliter la reconstitution partielle et modifiant l'art. 2200 du code civil.

ART. 1. — L'art. 2200 du code civil est modifié ainsi qu'il suit :

Néanmoins les conservateurs seront tenus d'avoir un registre sur lequel ils inscriront jour par jour, et par ordre numérique, les remises qui leur seront faites d'actes de mutation et de saisie immobilière, pour être transcrits, de bordereaux pour être inscrits, d'actes, expéditions ou extraits d'actes contenant subrogation ou antériorité et de jugements prononçant la résolution, la nullité ou la rescision d'actes transcrits, pour être mentionnés.

Ils donneront aux requérants, par chaque acte ou par

chaque bordereau à transcrire, à inscrire ou à mentionner, une reconnaissance sur papier timbré qui rappellera le numéro du registre sur lequel la remise aura été inscrite ; et ils ne pourront transcrire les actes de mutation et de saisie immobilière, ou inscrire les bordereaux, ou mentionner les actes contenant subrogation ou antériorité, et les jugements portant résolution, nullité ou rescision d'actes transcrits sur les registres à ce destinés, qu'à la date ou dans l'ordre des remises qui leur auront été faites.

Le registre prescrit par le présent article sera tenu double, et l'un des doubles sera déposé sans frais et dans les trente jours qui suivront sa clôture au greffe du tribunal civil d'un arrondissement autre que celui où réside le conservateur.

Le Tribunal, au greffe duquel sera déposé le double du registre de dépôt, sera désigné par une ordonnance du Président de la Cour dans le ressort de laquelle se trouve la conservation. Cette ordonnance sera rendue sur les réquisitions du Procureur général.

ART. 2. — Il sera statué par un décret sur toutes les autres mesures d'exécution nécessitées par la présente loi.

NOTA. — Le *Décret* réglementaire de la loi ci-dessus est du 28 Août 1875.

18 Janvier 1875. — DÉCRET accordant aux *greffiers de paix* en Algérie, le droit d'exercer en totalité, ou en partie seulement, les *fonctions notariales* dans les cantons où il n'existe pas de notaire.

13 Mars 1875. — Loi relative à la composition de *l'armée active* et de *l'armée territoriale*, cadres et effectifs.

LOIS CONSTITUTIONNELLES.

24 et 25 Février 1875. — Lois relatives à l'organisation des pouvoirs publics, à l'organisation du Sénat.

16 Juillet 1875. — Loi sur les rapports des pouvoirs publics.

2 Août 1875. — Loi organique sur les élections des Sénateurs.

30 Novembre 1875. — Loi organique sur l'élection des Députés.

2 Mars et 5 Juin 1875. — Loi sur la *reconstitution des Actes de l'État civil* de Paris et des communes annexées. — Droit de timbre.

ART. 1. — L'article 19 de la loi du 12 Février 1872 est abrogé pour tous les cas prévus aux articles 6, 11 et 13 de la dite loi.

ART. 2. — A partir de la promulgation de la présente loi, il sera perçu sur les expéditions des extraits authentiques déposés, en exécution de la loi du 12 Février 1873, postérieurement au 31 Décembre 1874, un droit fixe de 1 f. 20 en sus des droits ordinaires de timbre et d'expédition.

ART. 3. — A partir de la même époque les mêmes droits seront perçus sur les expéditions des actes reconstitués d'office ou sur la demande des parties intéressées.

ART. 1. — Les expéditions des extraits authentiques déposés antérieurement au 31 Décembre 1874, continueront à être délivrées gratuitement et sur papier libre, mais seulement lorsqu'elles auront été réclamées dans le mois qui suivra la promulgation de la présente loi.

Passé ce délai, elles seront soumises au droit fixe de 1 fr. 20 en sus des droits ordinaires de timbre et d'expédition.

3 Août 1875. — Loi qui approuve le traité de création d'une *Union générale des postes* et modifie *la taxe des lettres* circulant à l'intérieur.

7 Juin 1875. — DÉCRET qui admet à être dispensés de la *Purge des hypothèques*, pour des prix d'acquisition de 500 fr., les établissements publics de bienfaisance.

ART. 1. — Les Présidents des Commissions administratives ou des Conseils d'administration des hospices et autres établissements de bienfaisance pourront, s'ils sont autorisés à cet effet par délibérations de ces Commissions ou Conseils, approuvées par le Préfet, se dispenser de remplir les formalités de la purge des hypothèques, lorsqu'il s'agira d'acquisitions d'immeubles faites à l'amiable ou en vertu de la loi du 3 Mai 1841 sur l'expropriation pour cause d'utilité publique et dont le prix n'excédera pas 500 francs.

ART. 2. — Les dispositions des ordonnances des 23 avril 1823 et 28 janvier 1831 sont rapportées en ce qu'elles ont de contraire au présent décret.

21 Juin 1875. — Loi contenant diverses dispositions relatives aux *droits de transcription* des donations à titre de partage, base du revenu pour *l'estimation des immeubles* ruraux, base de la *valeur de la propriété et de l'usufruit* des biens meubles, droits pour les *échanges*, taxe des lots et *primes de remboursement*, *sommes assurées sur la vie*, *communications* par les Sociétés d'assurances des polices, etc.

Art. 1er. — Le droit sur la transcription des actes de donation contenant partage, faits entre-vifs, conformément aux art. 1075 et 1076 du Code civil, est réduit à 0 fr. 50 cent. par 100 fr.

Ce droit sera perçu lors de l'enregistrement de l'acte de donation, mais la formalité de la transcription au bureau des hypothèques ne donnera plus lieu qu'au droit fixe déterminé par l'art. 61 de la loi du 28 avril 1816.

Dans le délai d'une année, à compter de la promulgation de la présente loi, les donations contenant partage, faites dans les conditions ci-dessus, avant cette promulgation, seront admises à la transcription moyennant le paiement de 0 fr. 50 c. par 100 fr.

Art. 2. — Dans tous les cas où, conformément à l'art. 15 de la loi du 22 frimaire an VII, le revenu doit être multiplié par vingt et par dix, il sera, à l'avenir, multiplié par vingt-cinq et par douze et demi.

Cette disposition ne s'appliquera qu'aux immeubles ruraux.

Art. 3. — La valeur de la propriété et de l'usufruit des biens meubles est déterminée pour la liquidation et le paiement du droit de mutation par décès :

1° Par l'estimation contenue dans les inventaires ou autres actes passés dans les deux années du décès ;

2° Par le prix exprimé dans les actes de vente, lorsque cette vente a lieu publiquement et dans les deux années qui suivent le décès. Cette disposition s'applique aux objets inventoriés et estimés conformément au paragraphe 1er, et dont l'évaluation serait inférieure au prix de la vente ;

3° Enfin, à défaut d'inventaire, d'actes ou de vente, par la déclaration faite conformément au paragraphe 8 de l'art. 14 de la loi du 22 frimaire an VII, le tout sans distraction des charges.

L'insuffisance dans l'estimation des biens déclarés sera punie d'un droit en sus, si elle résulte d'un acte antérieur à la déclaration. Si, au contraire, l'acte est postérieur à cette déclaration, il ne sera perçu qu'un droit simple sur la différence existant entre l'estimation des parties et l'évaluation contenue aux actes.

Les dispositions qui précèdent ne sont applicables ni aux créances, ni aux rentes, actions, obligations, effets publics et tous autres biens meubles dont la valeur et le mode d'évaluation sont déterminés par des lois spéciales.

Art. 4. — Le droit principal des échanges d'immeubles, réduit à 1 pour 100 par l'art. 2 de la loi du 16 juin 1824, est reporté, indépendamment du droit de transcription, à 2 pour 100, conformément à l'art. 69, § 5, n° 3, de la loi du 22 frimaire an VII ; mais la formalité de la transcription au bureau de la conservation des hypothèques ne donnera plus lieu à aucun droit proportionnel.

Sont maintenues les dispositions de l'art. 4 de la loi du 27 juillet 1870, en ce qui concerne les échanges d'immeubles ruraux contigus.

Art. 5. — Sont assujettis à la taxe de 3 pour 100 établie par la loi du 29 juin 1872, les lots et primes de remboursement payés aux créanciers et aux porteurs d'obligations, effets publics et tous autres titres d'emprunt.

La valeur est déterminée, pour la perception de la taxe, savoir :

1° Pour les lots, par le montant même du lot en monnaie française ;

2° Pour les primes, par la différence entre la somme remboursée et le taux d'émission des emprunts.

Un règlement d'administration publique déterminera le mode d'évaluation du taux l'émission, ainsi que toutes autres mesures d'exécution. (V Décret, 15 Déc. 1875.)

Sont applicables à la taxe établie par le présent article, les dispositions des art. 3, 4 et 5 de la loi du 29 juin 1872.

Art. 6. — Sont considérés pour la perception du droit de mutation par décès, comme faisant partie de la succession d'un assuré, sous la réserve des droits de communauté, s'il en existe une, les sommes, rentes ou émoluments quelconques dus par l'assureur, à raison du décès de l'assuré.

Les bénéficiaires à titre gratuit de ces sommes, rentes ou émoluments sont soumis aux droits de mutation, suivant la nature de leurs titres et leurs relations avec le défunt, conformément au droit commun.

Art. 7. — Les Sociétés, Compagnies d'assurances, assureurs contre l'incendie ou sur la vie, et tous autres assureurs contre l'incendie ou sur la vie, et tous autres assujettis aux vérifications de l'administration, sont tenus de communiquer aux agents de l'enregistrement, tant au siège social que dans les succursales et agences, les polices et autres documents énumérés dans l'art. 22 de la loi du 23 août 1871, afin que ces agents s'assurent de l'exécution des lois sur l'enregistrement et le timbre.

Tout refus de communication sera constaté par procès-verbal et puni de l'amende spécifiée en l'art 22 de la loi du 23 août 1871.

---

28 Juillet 1875. — Loi relative aux *Consignations judiciaires.*

Art. 1. — Les titres et valeurs mobilières, sous forme nominative ou au porteur, dont la consignation serait prescrite soit par une disposition de loi ou un règlement, soit par une décision judiciaire ou administrative, devront être déposés à la caisse des dépôts et consignations.

Il en sera de même des titres et valeurs trouvés dans les successions, lorsque les parties ou l'une d'elles en feront la demande. Ces dépôts auront lieu dans les conditions fixées par les lois du 28 Nivôse an XIII et du 28 Avril 1816 pour les dépôts d'espèces.

Art. 2. — Un règlement d'administration publique déterminera les mesures à prendre pour le dépôt, la conservation et le retrait des valeurs dont il s'agit, ainsi que le mode de rénumération de la caisse.

Nota. — Ce décret réglementaire du 15 Décembre suivant, a été publié au journal officiel de 21 Décembre 1875, ainsi que l'arrêté qui fixe le droit de garde annuel à 1/8 °/₀ de la valeur de chaque titre déposé

---

3 Août 1875. — Loi modifiant certaines dispositions de la loi du 12 Février 1872 sur la *reconstitution des actes de l'État civil de Paris.*

Art. 1. — Les articles 2, 8 et 12 de la loi du 12 février 1872 sont interprétés et modifiés ainsi qu'il est dit dans les articles suivants :

Art. 2. — La Commission instituée par l'article 2 de la dite loi pourra reconstituer les actes de l'État civil sur la simple déclaration des parties ou des tiers, confirmée par celle d'autres personnes qui seront entendues comme témoins. — Les dispositions pénales du 3e § de l'art. 20 seront applicables aux témoins comme aux déclarants.

Art. 3. — La Commission pourra, par une délibération spéciale et motivée, dispenser les administrations et établissements publics de remettre au dépôt central les extraits authentiques dont ils sont détenteurs, à la charge d'en délivrer sur papier libre une copie certifiée conforme.

La même dispense pourra être accordée à des particuliers.

Art. 4. — Les *Notaires* devront rechercher d'office les extraits d'actes de l'État civil, déposés pour minutes dans leurs études ou annexés à d'autres actes, et en adresser copie certifiée par eux au dépôt central, dans le délai d'un an à compter de la promulgation de la présente loi.

Les Chambres de discipline sont chargées de veiller à l'exécution de la présente disposition.

---

3 Août 1875. — Loi du Budget.

L'art. 11 porte que la disposition du dernier paragraphe de l'art. 13, Loi du 23 Août 1871 relative à la *lecture aux parties* de cet article et de l'art. 12 de la même loi, et à la *mention de cette lecture* dans les actes, cessera de s'appliquer aux *adjudications publiques* d'immeubles et de fonds de commerce. V. instr. Enr. 17 Août 1875.

---

10 Août 1875. — *Décret relatif à l'organisation judiciaire en Algérie.*

1er Décembre 1875. — Loi modifiant une disposition de la loi du 29 Juin 1872.

Art. 1. — Les dispositions de l'art. 1 à 3 de la loi du 29 Juin 1872, ne sont pas applicables aux parts d'intérêts dans les sociétés commerciales en nom collectif, et elles ne s'appliquent dans les sociétés en commandite dont le capital n'est pas divisé par actions, qu'au montant de la commandite.

Art. 2. — La même exception s'applique aux parts d'intérêts dans les sociétés de toute nature, dites de coopération, formées exclusivement entre des ouvriers ou artisans au moyen de leurs cotisations périodiques.

---

14 Décembre 1875. — Loi qui exempte de la taxe les sociétés anonymes ayant pour objet exclusif l'achat et la vente d'immeubles.

Art. unique. — Sont exemptées, à partir du 1er Janvier 1876, de la taxe établie par l'art 1 de loi du 20 février 1849, (1) les sociétés anonymes ayant pour objet exclusif l'achat et la vente d'immeubles.

Néanmoins, la taxe continuera d'être perçue pour les immeubles exploités par la société ou qui ne seront pas destinés à être vendus.

(1) Nota. — 1° « La loi du *20 Février 1849* établit un impôt de main morte de 62 centimes et demi pour franc du principal de la contribution foncière sur les immeubles appartenant aux Départements, communes, hospices, séminaires, fabriques, congrégations religieuses, consistoires, établissements de charité, bureaux de bienfaisance, société anonymes et tous établissements publics légalement autorisés.

« Cette taxe annuelle est représentative des droits de transmission entre vifs et par décès.

« 2° La loi du 30 Mars 1872 à élevé cette taxe annuelle à 70 centimes par franc du principal de la contribution foncière, et l'a soumise aux décimes auxquels sont assujétis les droits d'enregistrement. »

15 Décembre 1875. — *Décret* réglant le mode d'établissement et de la perception de la taxe sur les lots et primes de remboursement, en exécution de la loi du 21 Juin 1875, art. 5.

Art. 1. — Lorsque les obligations, les effets publics et tous autres titres d'emprunts dont les lots et primes de remboursement sont assujettis à la taxe de **3** p. 100 par l'art. 5 de la loi du 21 Juin 1875, auront été émis à un taux unique, ce taux servira de base à la liquidation du droit sur les primes.

Si le taux d'émission a varié, il sera déterminé, pour chaque emprunt, par une moyenne établie en divisant par le nombre de titres correspondant à cet emprunt le montant brut de l'emprunt total, sous la seule déduction des arrérages courus au moment de chaque vente.

A l'égard des emprunts dont l'émission faite à des taux variables n'est pas terminée, la moyenne sera établie d'après la situation de l'emprunt au 31 décembre de l'année qui a précédé celle du tirage.

Art. 2. — Lorsque le taux d'émission ne pourra pas être établi conformément à l'art. 1er, ce taux sera représenté par un capital formé de vingt fois l'intérêt annuel stipulé, lors de l'émission, au profit du porteur du titre.

A défaut de stipulation d'intérêt, il sera pourvu à la fixation du taux d'émission dans la forme tracée par l'art. 16 de la loi du 22 frim. an VII.

Art. 3. — La taxe avancée par les sociétés, compagnies, entreprises, départements, communes et établissements publics, conformément à l'art. 3 de la loi du 29 juin 1872, est payée dans les vingt jours qui suivront le jour fixé pour le paiement des lots et primes de remboursement, au bureau de l'enregistrement du siège social ou administratif désigné, conformément à l'art. 1er du décret du 6 décembre 1872, pour recevoir la taxe sur le revenu.

Pour l'acquittement de cette taxe, il sera remis au receveur, lors du paiement, une copie certifiée du procès-verbal de tirage au sort, avec un état indiquant pour chaque tirage :

1° Le nombre des titres amortis, 2° le taux d'émission de ces titres, déterminé conformément aux art. 1 et 2, s'il s'agit de primes de remboursement; 3° le montant des lots et des primes échus aux titres sortis; 4° la somme sur laquelle la taxe est exigible.

Art. 4. — Les sociétés, compagnies, entreprises et tous autres assujettis au paiement de la taxe seront tenus de communiquer aux agents de l'enregistrement, tant au siège social que dans les succursales ou agences, les documents et écritures relatifs aux lots et aux primes de remboursement, afin qu'ils s'assurent de l'exécution de toutes les dispositions qui précèdent.

Art. 5. — Les dispositions des articles ci-dessus sont applicables aux sociétés, compagnies, entreprises, corporations, villes et provinces étrangères, ainsi qu'à tous autres établissements publics étrangers assujettis à la taxe de 3 p. 100 sur le revenu.

La taxe sur les lots et primes de remboursement est assise, comme la taxe de 3 pour 100 établie par la loi du 29 juin 1872, sur la même taxe que les droits de timbre et de transmission, d'après le nombre de titres déterminé en la forme prévue par le règlement d'administration publique du 24 mai 1872.

Les représentants responsables devront produire les documents dont le dépôt est prescrit par l'art. 3, vérifiés et certifiés par des agents diplomatiques ou consulaires français, conformément à l'art. 1er du décret du 28 mars 1868.

Art. 6. — Dans le mois de la promulgation du présent décret, tous les assujettis à la taxe établie par l'art. 5 de la loi du 21 juin 1875 seront tenus de déposer au bureau de l'enregistrement désigné pour la recette du droit : 1° la copie certifiée des tableaux d'amortissement de tous leurs emprunts ; 2° le bordereau détaillé, certifié conforme aux écritures, indiquant, pour chaque emprunt entièrement émis, le nombre des titres, le montant brut porté en recette sur le capital, le taux fixe ou le taux moyen de l'émission, le taux de remboursement et le montant de la prime ou des lots.

8 Février 1876. — *Décret* qui rend exécutoire en Algérie la loi du 21 Juin 1875.

25 Mars 1876. — *Décret* qui règle les remises des receveurs d'enregistrement, des domaines et du timbre.

6 Avril 1876. — *Décret* relatif à la forme de promulgation des lois.

Art. 1. — A l'avenir les lois seront promulguées dans la « forme suivante :

« Le Sénat et la Chambre des Députés ont adopté,

« Le Président de la République promulgue la loi dont « la teneur suit :

(Texte de la loi,)

« La présente loi délibérée et adoptée par le Sénat et la « Chambre des Députés, sera exécutée comme loi de l'État.

« Fait à.......

12 Août 1876. — *Loi* de finances changeant l'époque de paiement des arrérages des rentes pour la vieillesse et des pensions.

Art 13. — A partir du 1er décembre 1876, les arrérages trimestriels des rentes viagères pour la vieillesse et des pensions inscrites sur le grand livre de la dette publique seront payables aux époques du 1er Mars, 1er Juin, 1er Septembre et 1er Décembre de chaque année.

Par exception les arrérages à payer le 1er Décembre 1876, comprendront seulement le montant des deux premiers mois du 4e trimestre échus à cette époque.

12 Août 1876. — *Loi* fixant au 2e lundi après Pâques l'ouverture de la première session annuelle des Conseils généraux.

12 Août 1876. — *Loi* relative à la nomination des Maires et des Adjoints par le Conseil municipal, abrogeant les articles 1 et 2 de la loi du 20 janvier 1874

3 Septembre 1876. — Décret approuvant la déclaration entre la Belgique et la France pour la *communication* réciproque *d'actes de l'État-civil* de leurs ressortissants respectifs.

Art. 1. — Les deux gouvernements contractants s'engagent a se remettre réciproquement, aux époques déterminées et sans frais, des expéditions dûment légalisées, des actes de reconnaissance d'enfants naturels, lorsque ces actes auront été reçus par un officier de l'état civil, des actes de mariage et des actes de décès dressés sur leur territoire et concernant des citoyens de l'autre État.

Art. 2. — La transmission des actes de décès s'étendra, en outre, aux personnes mortes en Belgique et qui étaient nées ou qui avaient, d'après les renseignements fournis aux autorités locales, leur domicile en France.

Il en sera de même pour les actes de décès des personnes mortes en France et qui étaient nées ou qui avaient, d'après les renseignements fournis aux autorités locales, leur domicile en Belgique.

Art. 3. — Les officiers de l'état civil en Belgique et en France se donneront mutuellement avis par la voie diplomatique des reconnaissances et légitimations d'enfants naturels inscrits dans les actes de mariage.

Art. 4. — Tous les six mois, les expéditions desdits actes, dressés pendant le semestre précédent, seront remises par le gouvernement belge à la légation de France à Bruxelles, et par le gouvernement français à la légation de Belgique à Paris.

Par dérogation de ce qui précède, la première remise d'actes ne comprendra que le premier trimestre de l'année 1876.

Art. 5. — Il est expressément entendu que la délivrance ou l'acceptation des expéditions desdits actes ne préjugera pas les questions de nationalité.

Les actes de l'état civil demandés de part et d'autre à la requête de particuliers non pourvus d'un certificat d'indigence resteront soumis au paiement des droits exigibles dans chacun des deux pays.

Art. 6. — La présente déclaration sortira ses effets à dater du premier octobre 1876.

En foi de quoi, les soussignés, dûment autorisés, l'ont signée en double original, le 25 août 1876.

5 Décembre 1876. — *Loi* portant modification des articles 620 et 626 du code de Commerce, concernant les *juges des tribunaux de Commerce.*

Art. 1. — Le premier paragraphe de l'article 620 du Code de Commerce est abrogé et remplacé par la disposition suivante :

Art. 620. — Tout commerçant et agent de change âgé de 30 ans, inscrit à la patente depuis 5 ans et domicilié, au moment de l'élection, dans le ressort du tribunal, toute personne ayant rempli pendant 5 ans les fonctions de Directeur de société anonyme, tout capitaine au long cours et maître au cabotage ayant commandé pendant 5 ans, justifiant des mêmes conditions d'âge et de domicile, porté sur la liste des électeurs ou étant dans les conditions voulues pour y être inscrit, pourra être *nommé juge ou suppléant.*

Art. 2. — L'article 626 du Code de Commerce est complété comme il suit, conformément au décret du 28 avril 1848 :

Lorsque par des récusations ou empêchements, il ne restera pas un nombre suffisant de juges ou juges suppléants, il y sera pourvu au moyen d'une liste formée annuellement par chaque tribunal de commerce entre les éligibles du ressort, et, en cas d'insuffisance entre les électeurs ayant les uns et les autres leur résidence dans la ville où siége le tribunal.

Cette liste sera de cinquante noms à Paris, de vingt-cinq noms pour les tribunaux de neuf membres, de quinze noms pour les autres tribunaux.

Les juges complémentaires seront appelés dans l'ordre fixé par un tirage au sort fait en séance publique par le président du tribunal entre tous les noms de la liste.

Art. 3. — Les jugements des tribunaux de commerce et tous actes en général émanant de la juridiction consulaire, intervenus depuis la loi du 21 décembre 1871, ne peuvent être annulés par le motif que des agents de change, des directeurs de compagnies anonymes, des capitaines au long cours, des maîtres au cabotage ou des commerçants appelés en cas d'empêchement à compléter les tribunaux, auraient pris part aux dits actes et jugements.

(Disposition abrogée par la loi du 8 décembre 1883).

---

30 Décembre 1876. — Loi sur le *timbre des contrats d'assurance ayant exclusivement pour objet des biens situés à l'étranger.*

Art. unique. — A partir de la promulgation de la présente loi, le Droit de timbre établi par les art. 33 et 37 de la loi du 4 juin 1850, cessera d'être perçu sur les contrats d'assurance passés en pays étranger et ayant exclusivement pour objet des immeubles, des meubles ou des valeurs situés à l'étranger. Mais ces contrats doivent être soumis au timbre, moyennant le paiement du droit au comptant, avant qu'il puisse en être fait usage en France, soit dans une déclaration quelconque, soit devant une autorité judiciaire ou administrative, à peine d'une amende de 50 francs. Les mêmes dispositions sont applicables aux contrats de réassurance passés en France par actes sous signatures privées applicables à des polices souscrites à l'étranger et ayant également pour objet exclusif des immeubles, des meubles ou des valeurs situés à l'étranger.

---

23 Janvier 1877. — Décret qui approuve des modifications aux statuts de la Société du Crédit foncier de France.

---

10 Mars 1877. — Décret qui règle les formalités à remplir pour recueillir la *succession des déportés*, scellés, inventaire, testament, partage amiable ou judiciaire par notaire commis, homologation, assistance judiciaire, tous actes dispensés du timbre et enregistrés gratis.

---

28 Juin 1877. — Loi modifiant les articles 420 et 421 du code d'instruction criminelle.

Art. unique. — Les art. 420 et 421 du Code d'instruction criminelle sont modifiés ainsi qu'il suit:

Art. 420. — Sont dispensés de l'amende: 1° les condamnés en matière criminelle; 2° les agents publics pour affaires qui concernent directement l'administration et les domaines de l'Etat.

A l'égard de toutes autres personnes l'amende sera encourue par celles qui succomberont dans leur recours; seront néanmoins dispensés de la consigner: 1° les condamnés en matière correctionnelle et de police emportant privation de la liberté; 2° les personnes qui joindront à leur demande en cassation: 1^{ent} un extrait du rôle des contributions constatant qu'elles paient moins de six francs (6 fr.), ou un certificat du percepteur de leur commune, portant qu'elles ne sont point imposées, et 2^{ent} un certificat constatant qu'elles sont, à raison de leur indigence dans l'impossibilité de consigner l'amende. Ce certificat leur sera délivré par le maire de la commune de leur domicile ou par son adjoint, approuvé par le sous-préfet de l'arrondissement, ou dans l'arrondissement du chef-lieu du département, par le préfet.

Art. 421. — Seront déclarés déchus de leur pourvoi en cassation, les condamnés à une peine emportant privation de la liberté pour une durée de plus de six mois qui ne seront pas en état, ou qui n'auront pas été mis en liberté provisoire avec ou sans caution. L'acte de leur écrou ou de leur mise en liberté sera produit devant la cour de cassation, au plus tard au moment où l'affaire y sera appelée.

Il suffira au demandeur pour que son recours soit reçu, de justifier qu'il s'est actuellement constitué dans la maison de justice du lieu où siége la cour de cassation; le gardien de cette maison pourra l'y recevoir sur la représentation de sa demande au procureur général près cette cour, et visée par ce magistrat.

---

3 Juillet 1877. — Loi relative aux *réquisitions militaires :* conditions, prestations à fournir, logement et cautionnement, exécution, règlement des indemnités, dispositions relatives aux chevaux, mulets et voitures nécessaires à la mobilisation, dispositions spéciales aux grandes manœuvres, etc., en 56 articles.

---

2 Août 1877. — Décret portant règlement d'administration publique sur les réquisitions militaires.

---

8 Septembre 1877. — Décret relatif à la création de *timbres mobiles* pour les effets de commerce et warrants de 10000 à 20000 fr.

---

21 Mars 1878. — Loi relative à la *Taxe télégraphique.*

---

26 Mars 1878. — Loi portant fixation du budget de 1878. Impôts et revenus autorisés.

Art. 6. — Dans le délai d'une année à partir de la promulgation de la présente loi, les *donations contenant partage* faites entre vifs, conformément aux articles 1075 et 1076 du code civil, avant la promulgation de la loi du 21 juin 1875 et qui n'ont pas encore été transcrites, seront admises à recevoir cette formalité moyennant le paiement du droit proportionnel de 50 centimes par 100 francs.

6 Avril 1878. — Loi relative à la *Réforme postale*, taxe des lettres fixée de 15 en 15 grammes à 15 cent. pour celles affranchies et à 30 cent. pour les non affranchies, cartes postales à 10 cent., journaux, écrits, avis, circulaires, faire parts, cartes de visite, etc.

1 Juin 1878. — Loi sur la construction des maisons d'école; Ressources affectées aux bâtiments d'école 60,000,000 de francs : Caisse pour les écoles, obligation de construire, dépenses forcées.

11 Juin 1878. — Loi qui crée la *Dette amortissable* par annuités en 75 ans, rentes 3 %| au capital de 331 millions avec mêmes privilèges et immunités attachés aux rentes sur l'État, et avec faculté à tout déposant de Caisse d'épargne d'acheter 15 fr. au moins de rente 3 %| amortissable, sans frais, par les soins de l'Administration de la Caisse d'épargne.

22 Juin 1878. — Lois relatives aux pensions de retraite des officiers de l'armée de terre et aux pensions de veuve de militaire, portées du quart au tiers de celle du mari.

16 Juillet 1878. — Décret relatif à la loi du 11 juin 1878 et Arrêté du Ministre des Finances y annexé. Émission de 1878. Capital emprunté : 439,878,543 fr.. Rente inscrite : 16,195,500 fr. intérêts et amortissements de 1879 à 1953.

16 Juillet 1878. — Décret portant que dans les colonies, la présence d'un interprète, au moment de la rédaction des actes notariés, est nécessaire lorsqu'une des parties ou un des témoins ne comprend pas le français, et que la signature doit être transcrite en caractères français.

18 Décembre 1878. — Loi ayant pour objet de dispenser du timbre et de l'enregistrement les actes faits en exécution de la loi sur les réquisitions militaires du 3 juillet 1877.

22 Décembre 1878. — Loi réduisant des deux tiers le droit du timbre proportionnel sur les *effets de commerce*.

Art. 1. — A partir du 1er Mai 1879, le droit de timbre proportionnel établi par l'article 3 de la loi du 19 février 1874, sur les effets négociables ou de commerce, autres que ceux tirés de l'étranger sur l'étranger et circulant en France, est réduit des deux tiers.

31 Janvier 1879. — L'*Assemblée Nationale*, réunie par suite de la démission de M. le Maréchal de Mac Mahon, a élu comme *Président de la République*, M. *Jules Grévy*, par 563 voix sur 713 votants.

18 Mars 1879. — Décret relatif à l'*échange des papiers timbrés et timbres mobiles* pour effets négociables et non négociables, restés sans emploi et à l'ancien tarif, contre des coupons et timbres mobiles du nouveau tarif, du 1er Mai 1879 au 31 Juillet 1879.

18 Mars 1879. — Loi portant suppression du droit du timbre sur les mandats d'articles d'argent émis et payés par la poste, soit en France, soit dans les Colonies Françaises.

27 Mars 1879. — Décret portant promulgation de la Convention de l'*Union postale universelle*, conclue à Paris, le 1er Juin 1878, approuvée par la loi du 10 décembre 1878.

5 Avril 1879. — Loi concernant le *recouvrement des effets de commerce*, factures, billets, traites et toutes valeurs commerciales ou autres *par le service des Postes*, dont le montant n'excède pas 300 francs.

22 Avril 1879. — Décret portant que les lois du 23 avril 1871 et 28 février 1872 ne sont pas exécutoires en *Algérie* en ce qui concerne les dispositions relatives aux déclarations de locations verbales.

5 et 10 Mai 1879. — Décret concernant le service des abonnements par la poste aux journaux, revues et recueils, et des recouvrements aussi par la poste.

26 Juin et 30 Juillet 1879. — Décrets organisant le *Notariat* à la Réunion et dans la Colonie de Saint-Pierre et Miquelon.

13 Juillet 1879. — Loi relative au *Conseil d'État*.

12 Août 1879. — Décret portant *règlement intérieur du Conseil d'État* : organisation intérieure, attribution des affaires à l'Assemblée générale et aux Sections, ordre intérieur des travaux, assemblées de Sections. Assemblées générales, instruction et jugement des affaires contentieuses, dispositions générales.

22 Juillet 1879. — Loi relative au siège du Pouvoir exécutif et des Chambres à Paris.

4 Août 1879. — Loi relative à la nomination des membres de commissions administratives des hospices, des hôpitaux et des bureaux de bienfaisance.

5 Août 1879. — Loi sur les pensions du personnel du département de la Marine et des Colonies.

24 Octobre 1879. — Décret approuvant la déclaration entre la France et la Belgique du 18 Octobre 1879, à l'effet de simplifier la *légalisation* des pièces à produire par les nationaux de l'un des deux pays pour *contracter mariage* dans l'autre ; la légalisation soit par le président d'un tribunal, soit par un juge de paix ou son suppléant suffit.

20 Décembre 1879. — Loi relative au délai légal des prescriptions et péremptions en matière civile.

Article unique. — Le délai légal des prescriptions et péremptions en matière civile, qui ont fait l'objet des décrets des 9 Septembre et 3 Octobre 1870, ainsi que de la la loi du 26 Mai 1871, ne sera plus augmenté du temps de suspension prévu par les décrets ci-dessus visés.

La présente loi ne sera pas applicable aux prescriptions et péremptions qui arriveraient à échéance dans l'année de sa promulgation.

---

22 Décembre 1879. — Loi qui modifie les lois des 2 Juillet 1862 et 23 Juillet 1872, fixe la contribution sur les *voitures* et les *chevaux*, d'après un nouveau tarif basé sur la population des villes et communes.

---

22 Décembre 1879. — Loi réduisant des deux tiers le timbre proportionnel de l'art. 3 de la loi du 19 Février 1874, sur les effets négociables ou de commerce autres que ceux tirés de l'étranger sur l'étranger et circulant en France.

---

6 Février 1879. — Décret concernant la négociation en France des *valeurs étrangères.*

---

27 Février 1880. — Loi relative à *l'aliénation des valeurs mobilières* appartenant aux mineurs et aux interdits et à la conversion de ces mêmes valeurs en titres au porteur ; emploi, délai et obligation au subrogé-tuteur de surveiller ces nouvelles formalités.

Art. 1. — Le tuteur ne pourra aliéner, sans y être autorisé préalablement par le conseil de famille, les rentes, actions, parts d'intérêts, obligations et autres meubles incorporels quelconques appartenant au mineur ou à l'interdit.

Le conseil de famille, en autorisant l'aliénation, prescrira les mesures qu'il jugera utiles.

Art. 2. — Lorsque la valeur des meubles incorporels à aliéner dépassera, d'après l'appréciation du conseil de famille, quinze cents francs (1,500 fr.) en capital, la délibération sera soumise à l'homologation du tribunal, qui statuera en la chambre du conseil, le ministère public entendu, le tout sans dérogation à l'article 883 du Code de procédure civile.

Dans tous les cas, le jugement rendu sera en dernier ressort.

Art. 3. — L'aliénation sera opérée par le ministère d'un agent de change, toutes les fois que les valeurs seront négociables à la Bourse, au cours moyen du jour.

Art. 4 — Le mineur émancipé au cours de la tutelle, même assisté de son curateur, devra observer pour l'aliénation de ses meubles incorporels, les formes ci-dessus prescrites, à l'égard du mineur non émancipé.

Cette disposition ne s'applique pas au mineur émancipé par le mariage.

Art. 5. — Le tuteur devra, dans les trois mois qui suivent l'ouverture de la tutelle, convertir en titres nominatifs les titres au porteur appartenant au mineur ou à l'interdit, et dont le conseil de famille n'aurait pas jugé l'aliénation nécessaire ou utile.

Il devra également convertir en titres nominatifs les titres au porteur qui adviendraient au mineur ou à l'interdit, de quelque nature que ce fût, et ce, dans le même délai de trois mois à partir de l'attribution définitive ou de la mise en possession de ces valeurs.

Le conseil de famille pourra fixer pour la conversion un terme plus long.

Lorsque, soit par leur nature, soit à raison de conventions, les valeurs au porteur ne seront pas susceptibles d'être converties en titres nominatifs, le tuteur devra, dans les trois mois, obtenir du conseil de famille l'autorisation, soit de les aliéner avec emploi, soit de les conserver ; dans ce dernier cas, comme dans celui prévu par le paragraphe précédent, le conseil pourra prescrire le dépôt des titres au porteur, au nom du mineur ou de l'interdit, soit à la caisse des dépôts et consignations, soit entre les mains d'une personne ou d'une société spécialement désignée.

Les délais ci-dessus ne seront applicables que sous la réserve des droits des tiers et des conventions préexistantes.

Art. 6. — Le tuteur devra faire emploi des capitaux appartenant au mineur ou à l'interdit, ou qui leur adviendraient par succession ou autrement, et ce, dans le délai de trois mois, à moins que le conseil ne fixe un délai plus long, auquel cas il pourra en ordonner le dépôt, comme il est dit en l'article précédent.

Les règles prescrites par les articles ci-dessus et par l'article 455 du Code civil, seront applicables à cet emploi.

Les tiers ne seront en aucun cas garants de l'emploi.

Art. 7. — Le subrogé-tuteur devra surveiller l'accomplissement des formalités prescrites par les articles précédents. Il devra, si le tuteur ne s'y conforme pas, provoquer la réunion du conseil de famille devant lequel le tuteur sera appelé à rendre compte de ses actes.

Art. 8. — Les dispositions de la présente loi sont applicables aux valeurs mobilières apartenant aux mineurs et aliénés placés sous la tutelle, soit de l'administration de l'assistance publique, soit des administrations hospitalières.

Le conseil de surveillance de l'administration de l'assistance publique et les commissions administratives rempliront à cet effet les fonctions attribuées au conseil de famille. Les dispositions de la présente loi sont également applicables aux administrateurs provisoires des biens des aliénés, nommés en exécution de la loi du 30 juin 1838.

Art. 9. — Les tuteurs entrés en fonctions et les mineurs émancipés antérieurement à la présente loi seront tenus de s'y conformer. Les délais courront pour eux à partir de la promulgation.

Art. 10. — La conversion de tous titres nominatifs en titres au porteur est soumise aux mêmes conditions et formalités que l'aliénation de ces titres.

Art. 11. — Les dispositions de la présente loi sont applicables à l'Algérie et aux colonies de la Martinique, de la Guadeloupe et de la Réunion. Les délais, en ce qui concerne ces colonies, seront, quand il y aura lieu, augmentés des délais supplémentaires fixés, à raison des distances, par la loi du 3 mai 1862.

Art. 12. — La loi du 24 mars 1806 et le décret du 25 septembre 1813 sont abrogés.

Sont également abrogées toutes les dispositions des lois qui seraient contraires à la présente loi.

(Voir les Circulaires Ministérielles des 10 Mars et 20 Mai 1880 sur cette loi à leurs dates, 2e partie).

13 Mars 1880. — Loi qui approuve la Convention conclue entre la France et l'Autriche-Hongrie, relative à l'*Assistance judiciaire*.

18 Mars 1880. — Loi relative à la liberté de l'*Enseignement supérieur*.

25 Mars 1880. — Décret ordonnant qu'il soit *tenu au greffe* de chaque tribunal de commerce et de chaque tribunal civil, jugeant commercialement, *un registre* sur lequel seront inscrits, *pour chaque faillite*, les actes relatifs à la gestion des syndics, recettes, dépenses et versements à la Caisse des dépôts et consignations, lequel registre sera communiqué au failli et aux créanciers sur leur demande.

29 Mars 1880. — Décret portant que toute *Congrégation* ou Communauté *non autorisée* est tenue, dans le délai de trois mois, de faire les diligences nécessaires à l'effet d'obtenir la vérification et l'approbation de ses statuts et règlements et la *reconnaissance légale* pour chacun de ses établissements actuels.

30 Mars 1880. — Loi relative au *timbre des affiches*.

Art. 1. — A partir de la promulgation de la présente loi, les timbres mobiles créés en exécution de l'art. 6 de la loi du 27 Juillet 1870, pour les affiches imprimées pourront être employés à l'acquittement des droits de timbres des autres affiches passibles des droits fixés par l'art. 4 de la loi du 18 Juillet 1866. (5, 10, 15, 20 et 40 centimes).

Art. 2. — Le timbre mobile sera collé avant l'affichage au recto de chaque affiche non imprimée ; il sera oblitéré soit par l'inscription d'une ou plusieurs lignes de texte de l'affiche, soit par l'application, en travers du timbre, de la date de l'oblitération et la signature de l'auteur de l'affiche, soit enfin par l'apposition, en travers du timbre, d'une griffe faisant connaître le nom et la résidence de l'auteur de l'affiche.

Sont applicables à ces timbres, les dispositions pénales des art. 20 et 21 de la loi du 11 Juin 1859.

Art. 3. — Les contraventions à la présente loi et à celle du 18 Juillet 1866 seront constatées conformément aux art. 5 et 6 du décret du 25 Août 1852.

3 Avril 1880. — Loi portant application de la loi du 15 Juin 1872 sur les *titres au porteur* dans les colonies françaises.

9 Avril 1880. — Décret portant application de la loi du 27 Février 1880, relative à l'aliénation et à la conversion des valeurs mobilières appartenant aux mineurs et aux interdits, dans les colonies et les établissements français.

1 Juin 1880. — Loi relative aux chemins de fer d'intérêt local et aux tramways en 39 articles.

6 Juillet 1880. — Loi ayant pour objet l'établissement d'un jour de *fête nationale* annuelle à la *date du 14 Juillet*.

12 Juillet 1880. — Loi abrogeant la loi du 18 Novembre 1814 relative à l'*interdiction du travail* pendant les *Dimanches* et jours de *fêtes religieuses* reconnues par la loi, ainsi que toutes les lois et ordonnances ultérieures sur la même matière.

15 Juillet 1880. — Loi sur les *Patentes*, en 10 articles.

17 Juillet 1880. — Loi ayant pour objet 1e d'autoriser le *recouvrement par la poste* des effets de commerce, valeurs, etc., soumis au *protêt* ; 2e d'abaisser le droit proportionnel d'encaissement à 1|2 pour cent pour toute fraction excédant la somme de 50 francs ; 3o de réduire à 1 pour cent le droit d'abonnement aux journaux, revues, etc. par la poste.

7 Septembre 1880. — Décret relatif à la tenue, au greffe de chaque tribunal de première instance, d'un *registre* sur lequel seront inscrits toutes les *liquidations* et tous les *partages* ordonnés par le tribunal.

Art. 1. — Il sera tenu, au greffe de chaque tribunal de première instance, un registre sur lequel seront inscrits toutes les liquidations et tous les partages ordonnés par le tribunal.

Art. 2. — Le registre sera divisé en colonnes, où seront mentionnés :
1. La nature de la liquidation ;
2. Le nom des parties ;
3. Celui de l'avoué poursuivant ;
4. La date du jugement ordonnant la liquidation ;
5. Le nom du notaire désigné ;
6. La date de la licitation des immeubles, s'il y a été procédé ;
7. La date de la clôture du procès-verbal des opérations du notaire ;
8. La date du jugement d'homologation ou de la décision ordonnant des modifications au travail du notaire.

Une colonne, dite d'observations, sera destinée à l'explication des retards qui se seront produits.

Art. 3. — Le registre sera tenu sous la surveillance du procureur de la République, qui vérifiera l'exactitude des mentions qui y seront portées.

Ce registre sera, à toute époque, à la disposition du président du tribunal, qui pourra prendre les mesures que les intérêts engagés lui paraîtront réclamer.

Art. 4. — Tous les trois mois, un relevé du registre sera transmis, sous forme d'état, au procureur général du ressort par le procureur de a République.

Art. 5. — Les greffiers des tribunaux auront droit, pour la tenue du registre et la rédaction des états trimestriels, à un revenu fixe de 2 fr. par procédure de liquidation ou partage.

---

10 Décembre 1880. — Loi relative à l'impôt sur le *revenu des Sociétés et Associations*, etc., mode de déterminer le revenu des actions et autres valeurs, accroissement.

Art. 3. — L'impôt établi par la loi du 29 juin 1872 sur les produits et bénéfices annuels des actions, parts d'intérêts et commandites, sera payé par toutes les sociétés dans lesquelles les produits ne doivent pas être distribués en tout ou en partie entre leurs membres. Les mêmes dispositions s'appliquent aux associations reconnues et aux sociétés ou associations même de fait existant entre tous ou quelques-uns des membres des associations reconnues ou non reconnues.

Le revenu est déterminé : 1° pour les actions, d'après les délibérations, comptes-rendus ou documents prévus par le premier paragraphe de l'article 2 de la loi du 29 juin 1872;

2° Et, pour les autres valeurs, soit par les délibérations des conseils d'administration prévues dans le troisième paragraphe du même article, soit par la déclaration des représentants des sociétés ou associations, appuyée de toutes les justifications nécessaires, soit, à défaut de délibérations et de déclarations, à raison de 5 pour 100 de l'évaluation des meubles et des immeubles composant le capital social.

Le paiement de la taxe applicable à l'année expirée sera fait par la société ou l'association dans les trois premiers mois de l'année suivante, sur la remise des extraits des délibérations, comptes-rendus ou documents analogues, et de la déclaration souscrite conformément à l'art. 16 de la loi du 22 frimaire an VII.

L'inexactitude des déclarations, délibérations, comptes-rendus ou documents analogues peut être établie conformément aux art. 17, 18 et 19 de la loi du 22 frimaire an VII, 13 et 15 de celle du 23 août 1871.

Chaque contravention aux dispositions qui précèdent et à celles du règlement d'administration publique qui sera fait, s'il y a lieu, pour leur exécution, sera punie conformément à l'article 5 de la loi du 29 juin 1872.

Sont maintenues toutes les dispositions de cette dernière loi et du règlement d'administration publique du 6 décembre 1872, qui n'ont rien de contraire aux présentes dispositions.

Art. 4. — Dans toutes les sociétés ou associations civiles qui admettent l'adjonction de nouveaux membres, les *accroissements* opérés par suite de clauses de réversion, au profit des membres restants, de la part de ceux qui cessent de faire partie de la société ou association, sont assujettis au droit de mutation par décès, si l'accroissement se réalise par le décès, ou aux droits de donation, s'il a lieu de toute

autre manière, d'après la nature des biens existants au jour de l'accroissement, nonobstant toutes cessions antérieures faites entre vifs au profit d'un ou de plusieurs membres de la société ou de l'association.

La liquidation et le paiement de ce droit auront lieu dans la forme, dans les délais et sous les peines établies par les lois en vigueur pour les transmissions d'immeubles.

---

15 Février 1881. — Décret relatif au recouvrement des effets par la poste et au *protêt par les Notaires* ou huissiers des effets non recouvrés.

TITRE PREMIER. — *De la remise à un tiers des effets non recouvrés.*

Art. 1. — L'expéditeur d'un effet, dont le recouvrement est confié à la poste, peut demander que cet effet, en cas de non-paiement, soit remis à la personne qu'il désigne dans une déclaration qui est jointe à l'envoi et dont la forme est arrêtée par le Ministre des postes et des télégraphes.

TITRE II. — *Du protêt des effets non recouvrés.*

Art. 2. — Toute personne qui, conformément à la loi du 17 juillet 1880, confie à la poste le recouvrement d'un effet et désire qu'il soit protesté en cas de non-paiement, doit l'indiquer dans la déclaration jointe à l'envoi.

Elle peut indiquer dans la déclaration les formalités dont elle demande l'accomplissement, telles que protêt à deux domiciles, protêt de perquisition, etc.

Elle peut également désigner, à ses risques et périls, dans ladite déclaration, le notaire ou l'huissier auquel la valeur sera remise en cas de non-paiement.

Art. 3. — Le mode d'expédition et la forme de la déclaration prévus à l'article 2 sont arrêtés par le Ministre des postes et des télégraphes.

La déclaration doit être signée par l'expéditeur.

Art. 4. — Le déposant peut, conformément au dernier paragraphe de l'article 8 de la loi du 17 juillet 1880, consigner au bureau expéditeur le coût probable des actes à dresser et de l'enregistrement du titre. Cette consignation est constatée par un récépissé conforme au modèle arrêté par décision ministérielle.

La consignation est, s'il y a lieu, remboursée en tout ou en partie à l'expéditeur, aux conditions déterminées par un arrêté du Ministre des postes et des télégraphes.

Art. 5. — Tout notaire ou huissier peut déclarer qu'il consent à dresser, sans consignation préalable, les protêts des effets payables dans la circonscription des bureaux qu'il désigne. (1)

L'administration peut ne pas agréer cette offre, au cas où elle entraînerait des conséquences qui ne pourraient se concilier avec les

---

(1) *Formule* de l'engagement à signer et à déposer entre les mains du Receveur des postes du bureau auquel il s'applique :

Je soussigné (nom et prénoms) (*Notaire* ou huissier) demeurant à   arrondissement de département de

Déclare m'engager à effectuer dans le délai légal, sans consignation préalable et à la première réquisition qui m'en sera faite par le receveur des postes de   tous les protêts des effets non recouvrés payables dans les communes du   et de   desservies par ce bureau, qui me seront confiés

Je m'engage en outre à me conformer exactement à toutes les obligations que m'impose le décret du 15 Février 1880 relatif au protêt des effets non recouvrés par le service des postes. »

nécessités du service des postes, ou à raison des allocations pour transports qu'elle comporterait.

Le notaire ou l'huissier qui a fait la déclaration dont il s'agit, et son successeur en cas de changement de titulaire de l'office, doivent, pour échapper aux effets de cette déclaration, prévenir deux mois à l'avance l'administration des postes et des télégraphes.

Il est mis à la disposition du public, dans tous les bureaux de poste, une liste des bureaux pour lesquels il a été fait une pareille déclaration et auxquels l'expéditeur peut confier, à ses risques et périls, sans consignation préalable, des recouvrements susceptibles de protêt.

ART. 6. — Lorsque dans la circonscription d'un bureau de poste, un ou plusieurs notaires ou huissiers y résidant ont pris l'engagement prévu par l'article précédent, ils sont chargés, à l'exclusion de tous autres, sauf le cas prévu au dernier paragraphe de l'article 2, des protêts des effets dont le recouvrement est confié à ce bureau, qu'il y ait ou non consignation.

Ce droit de préférence ne peut s'étendre à toutes les circonscriptions de bureaux désignés dans l'engagement que si aucun notaire ou huissier n'y réside.

ART. 7. — La répartition des effets à protester entre les notaires et huissiers qui, pour une même circonscription de bureau de poste, ont pris l'engagement prévu par l'article 5, est réglée par le Ministre des postes et des télégraphes. Ces officiers publics et ministériels sont appelés, s'ils le demandent, à présenter leurs observations.

Cette répartition est faite d'après les convenances du service des postes, soit par voie de roulement, soit par division de la circonscription du bureau en territoires assignés à chacun des notaires ou huissiers dont il s'agit.

Malgré cette répartition, ces officiers sont tenus de déférer à toutes les demandes de protêts que peut leur adresser l'administration des postes.

ART. 8. — Les notaires et huissiers sont tenus de faire les protêts pour lesquels ils sont requis par l'administration des postes, dès qu'il y a consignation du coût des actes à intervenir et de l'enregistrement du titre.

L'officier public ou ministériel est informé de l'existence et du montant de la consignation par la remise d'un bulletin dont la forme est arrêtée par le Ministre des postes et des télégraphes et qui est joint à l'effet à protester.

ART. 9. — Lorsque, pour la circonscription d'un bureau, l'engagement prévu par l'article 3 n'existe pas, les protêts des effets, dont le recouvrement est confié à ce bureau et pour lesquels il y a consignation préalable, sont répartis entre les huissiers résidant dans la circonscription et, à défaut, entre les huissiers pouvant instrumenter dans la circonscription.

Les notaires peuvent demander à être compris dans cette répartition.

Lorsque les nécessités du service l'exigent, ils y sont compris d'office.

La répartition des protêts par roulement ou par quartiers et localités est arrêtée par le Ministre des postes et des télégraphes, en tenant compte des allocations pour transports des officiers publics et ministériels et de manière à répondre aux convenances du service postal. Les chambres de commerce et les chambres de discipline sont appelées, sur leur demande, à donner leur avis sur la répartition.

Cette répartition, à laquelle il peut être dérogé en cas de nécessité, ne préjudicie pas au droit absolu de réquisition prévu à l'article précédent.

ART. 10. — Les notaires et huissiers sont admis à contracter l'engagement de faire prendre à la poste, sous leur responsabilité, les effets dont le protêt leur est attribué en suite de la répartition prévue aux articles 7 et 9.

Les receveurs des postes rendent compte immédiatement à l'administration centrale des manquements à cet engagement.

ART. 11. — Les villes où il existe plusieurs bureaux de poste peuvent être considérées comme ne formant qu'une seule circonscription postale pour l'exécution des articles 5 à 10 du présent décret.

ART. 12. — La forme de la réquisition prévue aux articles 7, 8 et 9 du présent décret est arrêtée par le Ministre des postes et des télégraphes, d'accord avec le garde des sceaux, Ministre de la justice.

Tout notaire ou huissier qui défère à une pareille réquisition est tenu de remettre à l'agent qui la lui présente un reçu dont la forme est arrêtée par le Ministre des postes et télégraphes.

Au cas contraire, il remet une déclaration écrite et signée, constatant son refus et ses motifs. Cette déclaration et l'effet qu'elle concerne sont renvoyés au bureau expéditeur. Le déposant est avisé sans frais d'avoir à retirer ces pièces contre un reçu en due forme.

Ces règles sont applicables au cas où l'officier public ou ministériel a été désigné par l'expéditeur.

ART. 13. — Dans le cas de consignation, le coût des actes est payé par le bureau destinataire moyennant la production : 1° d'un état sommaire dûment quittancé, dont la forme est arrêtée par le Ministre des postes et des télégraphes, des frais et débours du notaire ou de l'huissier rédacteur; 2° de l'effet non payé et des originaux des actes intervenus. Le nombre de ces documents est mentionné sur l'état sommaire.

Ces pièces sont envoyées à l'expéditeur par le notaire ou l'huissier, en présence du receveur des postes ou de son délégué, sous la forme de lettre recommandée, dont l'affranchissement au droit de 25 centimes fixé par l'article 4 de la loi du 7 avril 1879, est compris dans ses débours par l'officier public ou ministériel.

ART. 14. — Dans le cas de non-consignation, le notaire ou l'huissier qui a fait le protêt recouvre en la forme suivante, laquelle est obligatoire, le coût des actes intervenus augmenté des frais de recouvrement.

Un état sommaire, établi comme il est dit à l'article précédent, est dressé par l'officier public ou ministériel.

Cet état est mis en recouvrement par la poste dans les conditions fixées par la loi du 5 avril 1879 et l'article 4 de la loi du 17 juillet 1880. Toutefois le notaire ou l'huissier expéditeur est tenu de remettre au bureau de poste une déclaration dont la forme est arrêtée par le Ministre des postes et télégraphes et dans laquelle il spécifie l'effet qui a été protesté.

L'effet protesté et les originaux des actes intervenus sont joints à l'état et placés sous pli recommandé, adressé au receveur des postes chargé d'effectuer le recouvrement.

Ces pièces ne sont remises à l'intéressé que lorsqu'il a versé les sommes à recouvrer pour le compte de l'officier public ou ministériel.

En cas de non-paiement, l'état et les pièces annexées sont retournés sans frais au notaire ou à l'huissier expéditeur, à moins qu'il n'ait usé de la faculté prévue à l'article 1er.

Ces règles sont applicables en cas de consignation insuffisante.

ART. 15. — Lorsque l'effet est payé entre les mains du notaire ou de l'huissier avant la clôture du protêt, il ne peut être fait par ces officiers, à leur profit, de prélèvement sur les sommes versées entre leurs mains ou sur la consignation.

Le montant intégral de l'effet est versé au bureau de poste pour être remis à l'expéditeur dans les conditions fixées par la loi du 5 avril 1879 et l'art. 4 de la loi du 17 juillet 1880, déduction faite des prélèvements au profit de la poste et de ses agents, ordonnés par l'art. 2 de cette dernière loi.

ART. 16. — Les remises de fonds et de documents prévus aux art. 13, 14 et 15 doivent être effectuées entre les mains du receveur des postes, au plus tard le huitième jour après l'échéance. Passé ce délai, le reçu de l'officier public ou ministériel, spécifié à l'art. 12, est envoyé sans frais à l'expéditeur dans les conditions fixées au 3e paragraphe de cet article.

ART. 17. — Les officiers publics ou ministériels, appelés en vertu du présent règlement à protester des effets confiés à la poste, sont tenus de produire tous les mois au bureau de poste un état dûment certifié mentionnant les valeurs qui leur ont été remises par ce bureau, les actes intervenus, le renvoi des pièces à l'intéressé, les recouvrements, etc. La forme de cet état est arrêtée par le Ministre des postes et des télégraphes

Art. 18. — Les notaires et huissiers sont soumis aux obligations professionnelles spécialement prévues au présent décret dans les conditions fixées par la loi du 25 ventôse an XI, l'ordonnance du 4 janvier 1843, les art. 102, 103 et 104 du décret du 30 mars 1805, l'art. 85 du décret du 18 juin 1811 et les art. 42, 70, 71 et 72 du décret du 15 juin 1813.

Art. 19. — Il sera statué, par un règlement d'administration publique spécial, sur les modifications qu'il pourra être nécessaire d'apporter au présent règlement, pour le recouvrement par la poste des effets protestables venant de l'étranger.

Art. 20. — Le présent décret est exécutoire dans les circonscriptions de bureaux de poste de l'Algérie désignés par le Ministre des postes et des télégraphes.

Il sera statué ultérieurement par un règlement d'administration publique spécial, sur les modifications qu'il pourra être nécessaire d'y apporter pour les recouvrements des effets protestables dans les autres parties du territoire algérien.

Art. 21. — Les dispositions du présent décret, portant règlement d'administration publique, entreront en vigueur à partir de la date qui sera fixée par un décret ultérieur, pour l'application partielle ou totale de la loi du 17 juillet 1880, en ce qui concerne le recouvrement des effets protestables.

---

7 Mars 1881. — Décret autorisant le Ministre des finances à réaliser par voie de souscription publique des *Rentes 3 pour cent amortissables* au prix de 83 fr. 25, en 172 séries remboursables au pair en 72 ans à compter du 16 avril 1881, *jusqu'à concurrence de 1 milliard de francs.*

---

12 Mars 1881. — Décret prescrivant la promulgation de la *Convention* conclue le 20 Février 1880 entre la France et l'Allemagne pour assurer le bénéfice de l'*Assistance judiciaire* aux nationaux des deux pays.

Art. 1. — Les Français en Allemagne et les Allemands en France jouiront réciproquement de l'Assistance judiciaire, comme les Nationaux eux-mêmes, en se conformant aux lois du pays dans lequel l'assistance sera réclamée.

Art. 2. — Dans tous les cas le certificat d'indigence doit être délivré à l'étranger qui demande l'assistance par les autorités de sa résidence habituelle.

Si le requérant ne réside pas dans le pays où la demande est formée, le certificat d'indigence sera légalisé par l'agent diplomatique du pays où le certificat doit être produit.

Lorsque le requérant réside dans le pays où la demande est formée, des renseignements pourront, en outre, être pris auprès des autorités de l'État auquel il appartient.

Art. 3. — Les Français admis en Allemagne et les Allemands admis en France au bénéfice de l'assistance judiciaire seront dispensés, de plein droit, de toute caution ou dépôt qui, sous quelque dénomination que ce soit, peut-être exigé des étrangers plaidant contre les nationaux par la législation du pays où l'action sera introduite.

Art. 4. — La présente convention, destinée à remplacer, en ce qui concerne la Bavière, le traité conclu le 11 Mars 1870, entre la France et la Bavière, sera ratifiée. Elle sortira ses effets à partir du jour de l'échange des ratifications, et elle continuera à être exécutoire pendant six mois après la dénonciation qui en aura été faite par l'une des deux parties contractantes.

---

9 Avril 1881. — Loi créant une *Caisse d'épargne postale* (en 21 articles).

Nota. — L'article 21 porte : « les §§ 2 et 3 de l'art. 3, 4 et 5 de l'art. 6, les art. 8, 9, 12 et 13, le dernier paragraphe de l'art. 14 et l'art. 20 sont applicables aux Caisses d'épargnes ordinaires. »

Il est d'un grand intérêt pratique de les reproduire ici.

Art. 1. — *Institution de la Caisse d'épargne postale.*

§ 3 Tout déposant muni d'un livret de la Caisse d'épargne peut continuer ses versements et opérer ses *retraits dans tous les bureaux* de poste français dûment organisés en agence de cette caisse.

Art. 3. — Un intérêt de 3 p. % sera servi aux déposants par la Caisse.

Cet intérêt partira du 1er ou du 16 de chaque mois après le jour du versement.

Il cessera de courir à partir du 1er ou du 16 qui aura précédé le jour du versement.

Au 31 décembre de chaque année, l'intérêt acquis s'ajoutera au capital et deviendra lui-même productif d'intérêts ; les fractions de franc ne produiront pas d'intérêts.

Art. 6. — § 4. Les *mineurs* sont admis à se faire ouvrir des livrets sans l'intervention de leur représentant légal. Ils pourront retirer sans cette intervention, mais seulement après l'âge de 16 ans révolus, les sommes figurant sur les livrets ainsi ouverts, sauf opposition de la part de leur représentant légal.

§ 5. Les *femmes mariées*, quelque soit le régime de leur contrat de mariage, seront admises à se faire ouvrir des livrets sans l'assistance de leurs maris ; elles pourront retirer sans cette assistance les sommes inscrites aux livrets ainsi ouverts, sauf opposition de la part de leurs maris.

Art. 8. — Chaque versement ne pourra être inférieur à 1 franc.

Le compte ouvert à chaque déposant ne pourra excéder le chiffre de 2000 fr. versés en une ou plusieurs fois.

Art. 9. — Dès qu'un compte dépassera, par les versements et la capitalisation des intérêts, le chiffre de 2000 fr. il en sera donné avis au déposant par lettre chargée — Si dans les trois mois qui suivent cet avis, le déposant n'a pas réduit son crédit, il lui sera acheté d'office et sans frais 20 fr. de rente sur l'État.

Art. 12. — Dans les cas de force majeure, des décrets rendus, le Conseil d'État entendu, pourront autoriser la Caisse d'épargne postale à n'opérer le remboursement que par à-comptes de 50 fr. au minimum et par quinzaine.

Art. 13. — Les Sociétés de Secours mutuels seront admises à faire des versements à la Caisse d'épargne postale, et le compte ouvert à leur crédit pourra atteindre le chiffre de 8000 fr. Les Institutions de coopération, de bienfaisance et autres Sociétés de même nature pourront être admises à faire des versements dans les mêmes conditions, après en avoir obtenu l'autorisation du Ministre.

Au delà de ce chiffre il leur sera fait application des art. 9 et 10 ci-dessus, toutefois le montant de la rente achetée d'office pour leur compte sera de 100 francs

Art. 14 — Dernier §. La Caisse d'épargne est autorisée à se décharger de toutes quittances et pièces et de tous livrets qui ont plus de 30 ans de date.

Art. 20. — Les imprimés, écrits et *actes* de *de toute espèce* nécessaires pour le service de la Caisse d'épargne postale, seront exempts des formalités du timbre et de l'enregistrement.

———

12 Avril 1881. — Loi qui divise en 2 cantons, celui d'Aubin (Aveyron) en donnant au second le nom de Decazeville et qui maintient l'*exercice de Notaires*, soit leur droit d'instrumenter dans les deux cantons, comme la loi du 24 juillet 1862 le fit autrefois pour Roubaix (Nord).

———

29 Avril 1881. — Décret réglementant la forme et les conditions d'emploi des timbres mobiles créés en exécution de [la loi du 28 août 1871, relative au droit de timbre sur les quittances, reçus et décharges.

———

2 Juin 1881. — Loi ayant pour objet la péremption décennale des saisies immobilières transcrites, non suivies d'adjudication, modifiant l'art. 693 du code de procédure civile.

Article unique. — L'art. 693 du code de procédure civile est et demeure modifié ainsi qu'il suit :

Art. 693. — Mention de la modification prescrite par les deux articles précédents sera faite, dans les huit jours de la date du dernier exploit de notification, en marge de la transcription de la saisie, au bureau des hypothèques.

Du jour de cette mention, la saisie immobilière ne pourra plus être rayée que du consentement des créanciers inscrits ou en vertu de jugement rendu contre eux.

Toutefois la saisie immobilière transcrite cesse de plein droit de produire son effet, si, dans les dix ans de la transcription, il n'est pas intervenu une adjudication mentionnée en marge de cette transcription, conformément à l'art. 716 du code de procédure civile.

Cette dernière disposition ne sera exécutoire que dix mois après la promulgation.

———

16 Juin 1881. — Loi établissant la *gratuité absolue de l'enseignement primaire* dans les écoles publiques et salles d'asile et rendant obligatoires les quatre centimes spéciaux créés pour le service de l'Instruction publique. (V. L. 28 Mars 1882.)

———

19 Juin 1881. — Loi portant modification de l'art. 336 du code d'instruction criminelle.

Article unique. — L'art. 336 du code d'Instruction criminelle est modifié comme il suit :

« **Art. 336.** — Le Président après la clôture des débats « ne pourra, à peine de nullité, *résumer* les moyens de « l'accusation et de la défense.

« Il rappellera aux jurés les fonctions qu'ils auront à rem- » plir et il posera les questions ainsi qu'il sera dit ci-après.

———

27 Juin 1881. — Loi ayant pour objet d'établir une *prescription* spéciale (six mois) au profit des communes, contre les actions des particuliers qui auraient été l'objet des réquisitions directes des autorités allemandes pendant la guerre de 1870-71, et rendant applicable à cette prescription l'art. 2278 c. c.

———

29 Juin 1881. — Loi de finances, art. 11, autorisant l'acquittement du *droit de timbre* au comptant sur les *titres étrangers*, à la place du *visa pour timbre*, par l'application du timbre extraordinaire à l'atelier général à Paris.

———

30 Juin 1881. — Loi sur la liberté des *réunions publiques* et interdissant les *clubs*.

———

27 Juillet 1881. — Loi sur la police sanitaire *des animaux*.

———

29 Juillet 1881. — Loi sur la *liberté de la presse*.

———

29 Juillet 1881. — Loi prescrivant 1° que le *droit de timbre* des effets négociables et de commerce sera gradué de 100 fr. en 100 fr. et 2° que les fonds de la Caisse d'épargne postale seront versés à la Caisse des dépôts et consignations.

———

4 Août 1881. — Décret portant *organisation de l'Enseignement secondaire* spécial.

———

5 Août 1881. — Loi relative à la *Prescription* pour la *taxe des actes Notariés* et pour les demandes en taxe et *actions en restitution d'honoraires*.

Art. 1. — L'action des Notaires en paiement des sommes dues pour les actes de leur ministère se prescrit par *cinq ans*, à partir de la date des actes. La prescription ne cesse de courir que lorsqu'il y a eu compte arrêté, reconnaissance, obligation ou citation en justice non périmée ; les art. 2275 et 2278 sont applicables à cette prescription.

Pour les actes dont l'exécution est subordonnée au décès, tels que les testaments et donations entre époux pendant le mariage, les cinq ans ne dateront que du jour du décès de l'auteur de la disposition.

Art. 2. — Les demandes en taxe et les actions en restitution des honoraires dus aux notaires pour les actes de leur ministère se prescrivent par *deux ans*, du jour du paiement ou du règlement par compte arrêté, reconnaissance ou obligation.

Art. 3. — La taxe des actes notariés, régulièrement faite par le président du Tribunal, donnera ouverture à un *exécutoire* qui sera délivré sur la réquisition par le greffier. Cet exécutoire sera susceptible d'opposition de la part de la partie.

Les oppositions à taxe seront jugées en audience publique comme en matière sommaire.

Les jugements seront susceptibles d'appel dans les délais et formes ordinaires.

Art. 4. — Les demandes en taxe et toutes actions en restitution des frais et honoraires contre les avoués ou huissiers seront prescrites par deux ans du jour du paiement ou du règlement par compte arrêté, reconnaissance ou obligation.

Art. 5. — La présente loi sera applicable aux paiements et règlements effectués aux actes passés antérieurement à ce jour, et les prescriptions commencées et pour lesquelles il faudrait encore, d'après les lois actuelles, plus de deux ans, ou de cinq ans, seront acquises par l'expiration de ces délais, en suivant les distinctions déterminées par les articles précédents, à compter de la promulgation de la présente loi.

Art. 6. — La présente loi est applicable à l'Algérie et aux colonies.

---

13 Août 1881. — Loi relative aux *pensions des anciens militaires et marins* et de leurs veuves et accordant un *supplément de pension* aux pensionnaires non pourvus d'emplois civils, ou de débits de tabacs.

---

20 Août 1881. — Lois relatives au *Code rural*. Chemins ruraux. — Chemins et sentiers d'exploitation.

PREMIÈRE LOI

SECTION PREMIÈRE.

Des chemins ruraux.

Art. 1er. — Les chemins ruraux sont les chemins appartenant aux communes, affectés à l'usage du public, qui n'ont pas été classés comme chemins vicinaux.

Art. 2. — L'affectation à l'usage du public peut s'établir notamment par la destination du chemin, jointe soit au fait d'une circulation générale et continue, soit à des actes réitérés de surveillance et de voirie de l'autorité municipale.

Art. 3. — Tout chemin affecté à l'usage du public est présumé, jusqu'à preuve contraire, appartenir à la commune sur le territoire de laquelle il est situé.

Art. 4. — Le Conseil municipal, sur la proposition du maire, déterminera ceux des chemins ruraux qui devront être l'objet d'arrêtés de reconnaissance, dans les formes et avec les conséquences énoncées par la présente loi.

Ces arrêtés seront pris par la Commission départementale, sur la proposition du préfet, après enquête publique, dans les formes prescrites par l'ordonnance des 23 Août, 9 Septembre 1835, et sur l'avis du Conseil municipal.

Ils désigneront, d'après l'état des lieux, au moment de l'opération, la direction des chemins ruraux, leur longueur sur le territoire de la commune et leur largeur sur les différents points.

Ils devront être affichés dans la commune, et notifiés par voie administrative à chaque riverain, en ce qui concerne sa propriété.

Un plan sera annexé à l'état de reconnaissance.

Les dispositions de l'article 88 de la loi du 10 Août 1871, relatives aux droits d'appel devant le Conseil général et de recours devant le Conseil d'État, sont applicables aux arrêtés de reconnaissance.

Art. 5. — Ces arrêtés vaudront prise de possession, sans préjudice des droits antérieurement acquis à la commune, conformément à l'article 23 du Code de procédure. Cette possession pourra être contestée dans l'année de la notification.

Art. 6. — Les chemins ruraux qui ont été l'objet d'un arrêté de reconnaissance deviennent imprescriptibles.

Art. 7. — Les contestations qui peuvent être élevées par toute partie intéressée sur la propriété ou sur la possession totale ou partielle des chemins ruraux sont jugées par les tribunaux ordinaires.

Art. 8. — Pour assurer l'exécution de la présente loi, le préfet de chaque département fera un règlement général sur les chemins ruraux reconnus.

Ce règlement sera communiqué au Conseil général et transmis, avec ses observations, au ministre de l'intérieur pour être approuvé s'il y a lieu.

Art. 9. — L'autorité municipale est chargée de la police et de la conservation des chemins ruraux.

Art. 10. — Elle pourvoit à l'entretien des chemins ruraux reconnus, dans la mesure des ressources dont elle peut disposer.

En cas d'insuffisance des ressources ordinaires, les communes sont autorisées à pourvoir aux dépenses des chemins ruraux reconnus, à l'aide soit d'une journée de prestation, soit de centimes extraordinaires en addition au principal des quatre contributions directes.

Les dispositions des articles 5 et 7 de la loi du 24 juillet 1867 seront applicables, lorsque l'imposition extraordinaire excédera trois centimes.

Art. 11. — Toutes les fois qu'un chemin rural reconnu, entretenu à l'état de viabilité, sera habituellement ou temporairement dégradé par des exploitations de mines, de carrières, de forêts ou de toute autre entreprise industrielle appartenant à des particuliers, à des établissements publics ou à l'État, il pourra y avoir lieu à imposer aux entrepreneurs ou propriétaires, suivant que l'exploitation ou les transports auront lieu pour les uns ou les autres, des subventions spéciales, dont la quotité sera proportionnée à la dégradation extraordinaire qui devra être attribuée aux exploitations.

Ces subventions pourront, au choix des subventionnaires, être acquittées en argent ou en prestations en nature, et seront exclusivement affectées à ceux des chemins qui y auront donné lieu.

Elles seront réglées annuellement, sur la demande des communes, ou à leur défaut, à la demande des syndicats, par les conseils de préfecture, après des expertises contradictoires, et recouvrées comme en matière de contributions directes.

Les experts seront nommés d'après l'article 17 de la loi du 21 mai 1836.

Ces subventions pourront aussi être déterminées par abonnement : les traités devront être approuvés par la commission départementale.

Art. 12. — Le maire accepte les souscriptions volontaires et en dresse l'état qui est rendu exécutoire par le préfet.

Si les souscriptions ont été faites en journées de prestation, elles seront, après mise en demeure restée sans effet, converties en argent, conformément au tarif adopté pour la prestation de la commune.

Le Conseil de préfecture statuera sur les réclamations des souscripteurs.

Art. 13. — L'ouverture, le redressement, la fixation de la largeur et de la limite des chemins ruraux sont prononcés par la commission départementale, conformément aux dispositions des cinq derniers paragraphes de l'article 4.

À défaut du consentement des propriétaires, l'occupation des terrains nécessaires pour l'exécution des travaux d'ouverture, de redressement ou d'élargissement, ne peut avoir lieu qu'après une expropriation poursuivie conformément aux dispositions des paragraphes 2 et suivants de l'article 16 de la loi du 21 mai 1836.

Quand il y a lieu à l'occupation, soit des maisons, soit de cours ou jardins y attenant, soit de terrains clos de murs ou de haies vives, la déclaration d'utilité publique devra être prononcée par un décret, le Conseil d'État entendu, et l'expropriation sera poursuivie comme il est dit dans le paragraphe précédent.

La Commune ne pourra prendre possession des terrains expropriés avant le paiement de l'indemnité.

Art. 14. — Lorsque des extractions de matériaux, des dépôts ou enlèvements de terre, ou des occupations temporaires de terrains sont nécessaires pour les travaux de réparation ou d'entretien des chemins ruraux, effectués par les communes, il est procédé à la désignation et à la délimitation des lieux et à la fixation de l'indemnité, conformément à l'article 17 de la loi du 21 mai 1836.

Art. 15. — L'action en indemnité, dans les cas prévus par les deux articles précédents, se prescrit par le laps de deux ans, conformément à l'article 18 de la même loi.

Art. 16. — Les arrêtés portant reconnaissance, ouverture ou redressement, peuvent être rapportés dans les formes prescrites par l'article 4 ci-dessus.

Lorsqu'un chemin rural cesse d'être affecté à l'usage du public, la vente peut en être autorisée par un arrêté du préfet, rendu conformément à la délibération du Conseil municipal, et après une enquête précédée de trois publications faites à quinze jours d'intervalle.

L'aliénation n'est point autorisée, si, dans le délai de trois mois les intéressés formés en syndicat, conformément aux articles 19 et suivants, consentent à se charger de l'entretien.

Art. 17. — Lorsque l'aliénation est ordonnée, les propriétaires riverains sont mis en demeure d'acquérir les terrains attenant à leurs propriétés, par un avertissement qui leur est notifié en la forme administrative. En ce cas, le prix est réglé à l'amiable, ou fixé par deux experts dont un sera nommé par la commune, l'autre par le riverain ; à défaut d'accord entre eux, un tiers expert sera nommé par ces deux experts. S'il n'y a pas entente pour cette désignation, le tiers expert sera nommé par le juge de paix.

Si dans le délai d'un mois, à dater de l'avertissement, les propriétaires riverains n'ont pas fait leur soumission, il est procédé à l'aliénation des terrains selon les règles suivies pour la vente des propriétés communales.

Art. 18. — Les plans, procès-verbaux, certificats, significations, jugements, contrats, marchés, adjudications de travaux, quittances et autres actes ayant pour objet exclusif la construction, l'entretien et la réparation des chemins ruraux, seront *enregistrés* moyennant le droit de un franc cinquante centimes (1 fr. 50 c.).

Les actions civiles intentées par les communes ou dirigées contre elles, relativement à leurs chemins, seront jugées comme affaires sommaires et urgentes, conformément à l'article 405 du Code de procédure civile.

SECTION II

Des syndicats pour l'ouverture, le redressement, l'élargissement, la réparation et l'entretien des chemins ruraux.

Art. 19. — Lorsque l'ouverture, le redressement ou l'élargissement a été régulièrement autorisé, conformément à l'article 13, et que les travaux ne sont pas exécutés, ou lorsqu'un chemin reconnu n'est pas entretenu par la commune, le maire peut d'office, ou doit, sur la demande qui lui est faite par trois intéressés au moins, convoquer individuellement tous les intéressés. Il les invite à délibérer sur la nécessité des travaux à faire, et à se charger de leur exécution, tous les droits de la commune restant réservés.

Le maire recueille les suffrages, constate le vote des personnes présentes qui ne savent signer et mentionne les adhésions envoyées par écrit.

Art. 20. — Si la moitié plus un des intéressés, représentant au moins les deux tiers de la superficie des propriétés desservies par le chemin, ou si les deux tiers des intéressés représentant plus de la moitié de la superficie, consentent à se charger des travaux nécessaires pour mettre ou maintenir la voie en état de viabilité, l'association est constituée.

Elle existe même à l'égard des intéressés qui n'ont pas donné leur adhésion.

Pour les travaux d'amélioration et d'élargissement partiel, l'assentiment de la moitié plus un des intéressés représentant au moins les trois quarts de la superficie des propriétés desservies, ou des trois quarts des intéressés représentant plus de moitié de la superficie sera exigé.

Pour les travaux d'ouverture, de redressement et d'élargissement d'ensemble, le consentement unanime des intéressés sera nécessaire.

Art. 21. — Le maire dresse un procès-verbal et constate la formation de l'association, en spécifie le but, fait connaître sa durée, le mode d'administration qui a été adopté, le nombre des syndics, l'étendue de leurs pouvoirs, et enfin les voies et moyens qui ont été votés.

Art. 22. — Ce procès-verbal est transmis au préfet par le maire, avec son avis et l'avis du conseil municipal.

Le préfet, après avoir constaté l'observation des formalités exigées par la loi, autorise l'association, s'il y a lieu.

Si la commune a consenti à contribuer aux travaux, le préfet approuve, dans son arrêté, le mode et le montant de la subvention promise par le conseil municipal.

Art. 23. — Un extrait du procès-verbal constatant la constitution de l'association et l'arrêté du préfet, en cas d'approbation, ou en cas de refus, l'arrêté du préfet, sont affichés dans la commune où le chemin est situé et publiés dans le recueil des actes de la préfecture.

Art. 24. — Les syndics de l'association sont élus en assemblée générale.

Si la commune a accordé une subvention, le maire nomme un nombre de syndics proportionné à la part que la subvention représente dans l'ensemble de l'entreprise.

Les autres syndics sont nommés par le préfet, dans le cas où l'assemblée générale, après deux convocations, ne se serait pas réunie ou n'aurait pas procédé à leur élection.

Art. 25. — Les associations ainsi constituées peuvent ester en justice par leurs syndics ; elles peuvent emprunter. Elles peuvent aussi acquérir les parcelles de terrain nécessaires pour l'amélioration, l'élargissement, le redressement ou l'ouverture du chemin régulièrement entrepris ; les terrains réunis à la voie publique deviennent la propriété de la commune.

Art. 26. — Le syndicat détermine le mode d'exécution des travaux, soit en nature, soit en taxe ; il répartit les charges entre les associés proportionnellement à leur intérêt ; il règle l'accomplissement des travaux en nature ou le recouvrement des taxes en un ou plusieurs exercices.

Art. 27. — Les rôles pour le recouvrement de la taxe due par chaque intéressé sont dressés par le syndicat, approuvés, s'il y a lieu, et rendus exécutoires par le préfet, qui peut ordonner préalablement la vérification des travaux.

Ces rôles sont recouvrés, dans la forme des contributions directes, par le receveur municipal.

Dans ces rôles seront compris les frais de perception, dont le montant sera déterminé par le préfet, sur l'avis du trésorier-payeur général.

Art. 28. — Dans le cas où l'exécution des travaux entrepris par l'association syndicale exige l'expropriation de terrains, il y est procédé conformément à l'article 13 ci-dessus.

Art. 29. — A défaut par une association d'entreprendre les travaux pour lesquels elle a été autorisée, le préfet rapportera, s'il y a lieu, et après mise en demeure, l'arrêté d'autorisation.

Dans le cas où l'interruption ou le défaut d'entretien des travaux entrepris par une association pourrait avoir des conséquences nuisibles à l'intérêt public, le préfet, après mise en demeure, pourra faire procéder d'office à l'exécution des travaux nécessaires pour obvier à ces conséquences.

Art. 30. — Les intéressés et les tiers peuvent déférer au ministre de l'intérieur, dans le délai d'un mois à partir de l'affiche, les arrêtés qui autorisent ou refusent d'autoriser les associations syndicales.

Le recours est déposé à la préfecture et transmis avec le dossier au ministre dans le délai de quinze jours.

Il est statué par un décret rendu en Conseil d'État.

Art. 31. — Toutes contestations relatives au défaut de convocation d'une partie intéressée, à l'absence ou au défaut d'intérêt des personnes appelées à l'association, ou au degré d'intérêt des associés, ainsi qu'à la répartition, à la réception et à l'accomplissement des taxes et prestations, à la nomination des syndics, à l'exécution des travaux et aux mesures ordonnées par le préfet en vertu du dernier paragraphe de l'article 29 ci-dessus, sont jugées par le conseil de préfecture, sauf recours au conseil d'Etat.

Il est procédé à l'apurement des comptes de l'association, selon les règles établies pour les comptes des receveurs municipaux.

ART. 32. — Nulle personne comprise dans l'association ne pourra contester sa qualité d'associé ou la validité de l'acte d'association, après le délai de trois mois à partir de la notification du premier rôle des taxes ou prestations.

SECONDE LOI.
SECTION III.
Des chemins et sentiers d'exploitation.

ART. 33. — Les chemins et sentiers d'exploitation sont ceux qui servent exclusivement à la communication entre divers héritages, ou à leur exploitation. Ils sont, en l'absence de titre, présumés appartenir aux propriétaires riverains, chacun en droit soi ; mais l'usage en est commun à tous les intéressés.

L'usage de ces chemins peut être interdit au public.

ART. 34. — Tous les propriétaires dont ils desservent les héritages sont tenus les uns envers les autres de contribuer, dans la proportion de leur intérêt, aux travaux nécessaires à leur entretien et à leur mise en état de viabilité.

ART. 35. — Les chemins et sentiers d'exploitation ne peuvent être supprimés que du consentement de tous les propriétaires qui ont le droit de s'en servir.

ART. 36. — Toutes les contestations relatives à la propriété et à la suppression de ces chemins et sentiers sont jugées par les tribunaux comme en matière sommaire.

Le Juge de paix statue, sauf appel, s'il y a lieu, sur toutes les difficultés relatives aux travaux prévus par l'article 34.

ART. 37. — Dans les cas prévus par l'article 34, les intéressés pourront toujours s'affranchir de toute contribution en renonçant à leurs droits, soit d'usage, soit de propriété, sur les chemins d'exploitation.

---

26 Août 1882. — Loi faisant partie du *Code rural* et portant modification des articles du Code civil relatifs à la *mitoyenneté des clôtures*, aux *plantations* et aux *droits de passage* en cas d'enclave.

ARTICLE UNIQUE — Sont modifiés ainsi qu'il suit les articles 666 à 673 et 682 à 685 du Code civil.

ART. 666. — Toute clôture qui sépare des héritages est réputée mitoyenne, à moins qu'il n'y ait qu'un seul des héritages en état de clôture, ou s'il y a titre, prescription ou marque contraire.

Pour les fossés, il y a marque de non-mitoyenneté, lorsque la levée ou le rejet de la terre se trouve d'un côté seulement du fossé.

Le fossé est censé appartenir exclusivement à celui du côté duquel le rejet se trouve.

ART. 667. — La clôture mitoyenne doit être entretenue à frais communs ; mais le voisin peut se soustraire à cette obligation en renonçant à la mitoyenneté.

Cette faculté cesse, si le fossé sert habituellement à l'écoulement des eaux.

ART. 668. — Le voisin dont l'héritage joint un fossé ou une haie non mitoyens ne peut contraindre le propriétaire de ce fossé ou de cette haie à lui céder la mitoyenneté.

Le co-propriétaire d'une haie mitoyenne peut la détruire jusqu'à la limite de sa propriété, à la charge de construire un mur sur cette limite.

La même règle est applicable au co-propriétaire d'un fossé mitoyen qui ne sert qu'à la clôture.

ART. 669. — Tant que dure la mitoyenneté de la haie, les produits en appartiennent aux propriétaires par moitié.

ART. 670. — Les arbres qui se trouvent dans la haie mitoyenne sont mitoyens comme la haie. Les arbres plantés sur la ligne séparative de deux héritages sont aussi réputés mitoyens. Lorsqu'ils meurent ou lorsqu'ils sont coupés ou arrachés, ces arbres sont partagés par moitié.

Les fruits sont recueillis à frais communs et partagés aussi par moitié, soit qu'ils tombent naturellement, soit que la chute en ait été provoquée, soit qu'ils aient été cueillis.

Chaque propriétaire a le droit d'exiger que les arbres mitoyens soient arrachés.

ART. 671. — Il n'est permis d'avoir des arbres, arbrisseaux et arbustes près de la limite de la propriété voisine qu'à la distance prescrite par les réglements particuliers actuellement existants, ou par des usages constants et reconnus et, à défaut de réglements et usages, qu'à la distance de deux mètres de la ligne séparative des deux héritages pour les plantations dont la hauteur dépasse deux mètres, et à la distance d'un demi-mètre pour les autres plantations.

Les arbres, arbustes et arbrisseaux de toute espèce peuvent être plantés en espaliers, de chaque côté du mur séparatif, sans que l'on soit tenu d'observer aucune distance, mais ils ne pourront dépasser la crête du mur.

Si le mur n'est pas mitoyen, le propriétaire seul a le droit d'y appuyer ses espaliers.

ART. 672. — Le voisin peut exiger que les arbres, arbrisseaux et arbustes, plantés à une distance égale, soient arrachés ou réduits à la hauteur déterminée dans l'article précédent, à moins qu'il n'y ait titre, destination du père de famille ou prescription trentenaire.

Si les arbres meurent, ou s'ils sont coupés ou arrachés, le voisin ne peut les remplacer qu'en observant les distances légales.

ART. 673. — Celui sur la propriété duquel avancent les branches des arbres du voisin peut contraindre celui-ci à les couper. Les fruits tombés naturellement de ces branches lui appartiennent.

Si ce sont les racines qui avancent sur son héritage, il a le droit de les y couper lui-même.

Le droit de couper les racines ou de faire couper les branches est imprescriptible.

ART. 682. — Le propriétaire dont les fonds sont enclavés et qui n'a sur la voie publique aucune issue, ou qu'une issue insuffisante pour l'exploitation, soit agricole, soit industrielle de sa propriété, peut réclamer un passage sur les fonds de ses voisins, à la charge d'une indemnité proportionnée au dommage qu'il peut occasionner.

ART. 683. — Le passage doit régulièrement être pris du côté où le trajet est le plus court du fonds enclavé à la voie publique.

Néanmoins, il doit être fixé dans l'endroit le moins dommageable à celui sur le fonds duquel il est accordé.

ART. 684. — Si l'enclave résulte de la division d'un fonds par suite d'une vente, d'un échange, d'un partage ou de tout autre contrat, le passage ne peut être demandé que sur les terrains qui ont fait l'objet de ces actes.

Toutefois, dans le cas où un passage suffisant ne pourrait être établi sur les fonds divisés, l'article 682 serait applicable.

ART. 685. — L'assiette et le mode de servitude de passage pour cause d'enclave sont déterminés par trente ans d'usage continu.

L'action en indemnité, dans le cas prévu par l'article 682, est prescriptible, et le passage peut être continué, quoique l'action en indemnité ne soit plus recevable.

---

27 Août 1881. — Loi réduisant de 10 à 6 pour cent le taux de *l'intérêt légal de l'argent en Algérie.*

---

31 Août 1881. — Décret réglementant le fonctionnement des Caisses d'épargnes postales.

---

7 Septembre 1881. — Décret portant *abaissement des taxes postales.*

---

14 Novembre 1881. — Loi abrogeant l'art. 15 du décret du 23 prairial an XII, relatif aux *Chaetières.*

L'article abrogé portait : « Dans les communes où l'on professe

« plusieurs cultes, chaque culte doit avoir un lieu d'inhumation parti-
« culier ; et dans le cas où il n'y aurait qu'un seul cimetière, on le
« partagera par des murs, haies ou fossés, en autant de parties qu'il y
« a de cultes différents avec une entrée particulière pour chacune et
« en proportionnant cet espace au nombre d'habitants de chaque
« culte »

20 et 26 Décembre 1881.— Décrets rendant exécutoire en Algérie
la loi sur le timbre des effets de commerce et les règlements sur la
plaidoirie.

14 Février 1882. — Loi relative aux droits des *enfants nés en
France* d'un père étranger naturaalisé après leurs naissance ou d'un
père ayant perdu la qualité de Français qu'il a recouvrée.

Art. unique. — L'art. 2 de la loi du 7 février 1851,
relative aux enfants d'étranger naturalisé est modifié ainsi
qu'il suit :

L'art. 9 du Code civil est applicable aux enfants de
l'étranger naturalisé, quoique nés en pays étrangers, s'ils
étaient mineurs lors de la naturalisation. A l'égard des
enfants nés en France ou à l'étranger, qui étaient majeurs
à cette même époque, l'art. 9 du Code Civil leur est applicable dans l'année qui suivra la naturalisation.

Les enfants mineurs, même ceux nés à l'étranger avant
la naturalisation des parents, peuvent soit s'engager volontairement dans les armées de terre et de mer, soit contracter
l'engagement conditionnel d'un an, conformément à la loi
du 27 juillet 1872, titre 4, 3ᵉ section, soit entrer dans les
écoles du Gouvernement, à l'âge fixé par les lois et les
règlements, en déclarant qu'ils renoncent à la qualité d'é-
tranger et adoptent la nationalité française. Cette déclaration
ne peut être faite qu'avec le consentement exprès et spécial
du père ; à défaut du père, de la mère, et à défaut du père et
de la mère, avec l'autorisation de famille conformément au
statut personnel. Elle ne doit être reçue qu'après les
examens d'admissions, et s'ils sont favorables. La même
faculté est accordée, et aux mêmes conditions, aux enfants
mineurs d'un français qui aurait perdu la qualité de français
par l'une des trois causes exprimées dans l'art. 17 du Code
civil, si le père recouvre sa nationalité d'origine conformément à l'art. 18. Les enfants majeurs pourront réclamer
la qualité de français par une déclaration faite dans l'année
qui suivra le jour où le père a recouvré sa nationalité.

8 Mars 1882. — Loi qui modifie l'article 69 du Code de procédure
civile.

Art. unique. — Le paragraphe 9 de l'art. 69 du Code de
procédure civile est ainsi modifié :

Seront assignés 1 à 9.

« 9°. Ceux qui habitent le territoire français, hors de
« l'Europe et de l'Algérie et ceux qui sont établis à
« l'étranger, au parquet du procureur de la République près
« le Tribunal où la demande est portée, lequel visera l'ori-
« ginal et enverra directement la copie au ministre compé-

« tent ou à toute autre autorité déterminée par les
« conventions diplomatiques.

16 Mars 1882. — Loi sur l'administration de l'armée.

28 Mars 1882. — Loi qui constitue l'état civil des (indigènes musulmans de l'Algérie et les actes de l'état civil.

Le Décret règlementaire est du 13 mars 1883.

28 Mars 1882. — Loi qui attribue aux Conseils municipaux dans les
chefs lieux de département, d'arrondissement et de canton la *nomination des maires et adjoints* en abrogeant le dernier paragraphe
de l'article 2 de la loi du 12 Août 1876,

28 Mars 1882. — Loi sur l'*Enseignement primaire* obligatoire
et laïque (quant au programme).

4 Avril 1882. — Loi relative à la restauration et à la conservation
des terrains en montagne ainsi qu'à la réglementation des pâturages
communaux. — Le Décret règlementaire est du 11 juillet 1882.

5 Avril 1882. — Loi abrogeant les dispositions législatives concernant l'*adjonction des plus imposés*.

Art. unique. — Sont abrogées les dispositions législatives
ou réglementaires exigeant l'adjonction des plus imposés
soit en matière d'impositions extraordinaires ou d'emprunts
à voter par le conseil municipal, soit en toutes autres
matières.

19 Juin 1882. — Loi élevant de 1000 à 2000 fr. le maximum des
quittances, factures, billets, traites et généralement les valeurs
commerciales ou autres dont le Gouvernement est autorisé à faire
effectuer le recouvrement par la poste en vertu des lois du 3 Avril
1879 et 17 juillet 1880.

26 Juin 1882. — Décret concernant les *certificats de vie* à produire par les pensionnaires de la Caisse des Invalides de la Marine,
résidant à l'étranger.

29 Juin 1882. — Loi qui crée des *bons de poste* de sommes fixes
payables à présentation dans un délai de trois mois dans les bureaux
de poste.

15 Juillet 1882. — Loi portant réduction du délai de conservation
des *valeurs confiées à la poste de 8 à 5 ans* et augmentant le délai
de prescription de *3 à 5 ans*.

29 Juillet 1882. — Loi portant établissement *d'un décime* à percevoir en *Algérie* au profit du service de l'assistance publique, sur les
impôts et produits dont le recouvrement est confié à l'administration
de l'Enregistrement.

3 Août 1882. — Loi créant des timbres spéciaux pour la constatation des versements sur les livrets de la Caisse d'épargne postale.

6 Août 1882. — Décret qui autorise les Sociétés des États-Unis d'Amérique, soumises à l'autorisation de leur gouvernement et qui l'ont obtenue à exercer leurs droits et ester en justice en France en se conformant aux lois.

---

9 Octobre 1882. — Décret prescrivant qu'à partir du premier Octobre 1884 il faudra, pour être nommé *Notaire en Algérie*, justifier d'un certificat d'études de droit administratif et de coutumes indigènes.

---

11 Novembre 1882. — Décret sur les adjudications et *marchés au nom de l'État*.

---

30 Novembre 1882. — Décret relatif aux règles à suivre pour obtenir un *livret* de la Caisse Nationale d'épargne.

---

9 Décembre 1882. — Décret concernant l'émission de *bons de poste* de 20 francs.

---

5 Janvier 1883. — Loi portant modification de l'article *1734* du Code Civil, relatif aux *risques locatifs*.

ART. 1. — L'article 1734 du Code civil est modifié ainsi qu'il suit :

S'il y a plusieurs locataires, tous sont responsables de l'incendie proportionnellement à la valeur locative de la partie de l'immeuble qu'ils occupent : à moins qu'ils ne prouvent que l'incendie a commencé dans l'habitation de l'un d'eux, auquel cas celui-là seul en est tenu, ou que quelques uns ne prouvent que l'incendie n'a pu commencer chez eux : auquel cas ceux-là n'en sont pas tenus.

---

27 Janvier 1er Février 1883. — Décret relatif au *mariage* des Français en Cochinchine, les dispensant de certaines formalités exigées par le Code civil (art. 70, 148 à 153, 159, 160, 167 et 168).

---

27 Mars 1883. — Loi portant organisation de la juridiction française en *Tunisie*, l'art. 16 porte que les fonctions de *Notaire* continueront à être exercées dans la Régence par les agents consulaires français jusqu'à ce que le Notariat y ait été organisé par un règlement d'administration publique.

---

14 Mars 1883. — Décret autorisant l'inscription au grand livre de la Dette publique d'une somme de *rente 3 pour cent amortissable* pour la consolidation de la dette flottante jusqu'à concurrence de douze cent millions de francs.

---

27 Avril 1883. — Loi concernant le *remboursement et la conversion de la rente 5 pour cent en 4 et demi pour cent* à compter du 16 avril 1883 et suspendant l'exercice du droit de remboursement de l'État pour la nouvelle rente 4 et demi pour cent pendant un délai de dix années.

Décrets des 27 Avril, 12 Mai, 27 Juin et 12 Juillet relatifs à la rente « 5 pour cent en 4 et demi pour cent et au remboursement des rente « 5 pour cent. »

---

6 Juin 1883. — Décret chargeant le caissier payeur central du Trésor à Paris, d'opérer, pour le compte des habitants du département de la Seine, et sans frais, les ventes et achats de rentes et valeurs du Trésor public comme les Trésoriers payeurs généraux dans les départements.

---

27 Juin 1883. — Loi fermant le livre des rentes 5 pour cent, ouvrant un nouveau livre pour les fonds 4 et demi pour cent et portant règlement d'administration publique pour la transcription, l'inscription et la délivrance des titres du nouveau fonds.

---

21 Juin 1883. — Loi relative aux enfants mineurs nés en France d'une femme française mariée avec un étranger.

ARTICLE UNIQUE. — Pourront à l'âge fixé par les lois et réglements, s'engager dans les armées de terre et de mer, contracter l'engagement volontaire d'un an, se présenter aux écoles du Gouvernement, les enfants mineurs nés d'une femme française mariée à un étranger, lorsqu'elle recouve la qualité de française conformément à l'art. 19 du Code civil. — Auront les mêmes droits les mineurs orphelins de père et de mère, nés en France d'une femme française mariée avec un étranger. — Lesdits mineurs pourront, dans les cas prévus par les deux paragraphes précédents, s'engager, concourir pour les écoles et opter pour la nationalité française aux conditions et suivant les formes déterminées par la loi du 14 février 1882.

---

7 Juillet 1883. — Décret instituant un ordre du *mérite agricole* destiné à récompenser les services rendus à l'agriculture.

---

3 Août 1883. — Décret déclarant exécutoire la convention conclue le 27 Septembre 1882, entre la France et la Suisse, en vue d'établir la réciprocité d'assistance en ce qui concerne les enfants abandonnés et les aliénés indigents.

---

8 Août 1883. — Loi concernant les pensions de retraite du personnel non officier de la marine.

---

30 Août 1883. — Loi sur la *Réforme de l'Organisation judiciaire*.

ART. 1er. — En toute matière, les arrêts des Cours d'appel sont rendus par des magistrats délibérant en nombre impair.

Ils sont rendus par cinq juges au moins, président compris.

Lorsque les membres d'une Cour siégeant dans une affaire seront en nombre pair, le dernier des conseillers dans l'ordre du tableau devra s'abstenir.

Pour le jugement des causes qui doivent être portées aux audiences solennelles, les arrêts sont rendus par neuf juges au moins.

Le tout à peine de nullité.

ART. 2. — Chaque Cour d'appel comprendra le nombre de chambres déterminé au tableau A annexé à la présente loi et sera composée, outre le premier président, du nombre de présidents et de conseillers indiqué au même tableau. Outre les chambres, dont le nombre est ainsi déterminé, les Cours comprendront une chambre d'accusation constituée conformément au décret du 12 juin 1880.

Il y aura près de chaque Cour un procureur général, des avocats généraux et substituts, un greffier en chef et des commis greffiers, en nombre déterminé au même tableau.

Si les besoins du service l'exigent, il pourra être formé, par règlement d'administration publique, une chambre temporaire composée de conseillers pris dans d'autres chambres.

Il pourra aux mêmes conditions, être nommé un deuxième substitut dans les Cours qui, d'après le tableau A, n'en ont qu'un seul.

ART. 3. — Toutes les Cours d'appel, hors celle de Paris, sont assimilées ; toute distinction de classe est supprimée.

Les traitements des magistrats composant les Cours sont fixés ainsi qu'il suit :

A Paris : Premier président, 25,000 fr. — Présidents, 13,750 fr. — Conseillers, 11,000 fr. — Procureur général, 25,000 fr. — Avocats généraux, 13,200 fr. — Substitut, 11,000 fr. — Greffier en chef, 8,000 fr. — Commis greffier 5,000 fr.

Dans les autres Cours : Premier président, 18,000 fr. — Présidents, 10,000 fr. — Conseillers, 7,000 fr. — Procureur général, 18,000. — Avocats généraux, 8,000. — Substituts, 6,000 fr. — Greffiers en chef, 4,200 fr. — Commis greffiers, 3,500 fr.

ART. 4. — Les jugements des tribunaux de première instance sont rendus par des magistrats délibérant en nombre impair.

Ils sont rendus par trois juges au moins. Lorsque les membres d'un tribunal siégeant dans une affaire seront en nombre pair, le dernier des juges dans l'ordre du tableau devra s'abstenir.

Le tout à peine de nullité.

ART. 5. — Les tribunaux seront composés conformément aux indications du tableau B annexé à la présente loi.

En outre, toutes les fois que les besoins du service l'exigeront, il pourra, par un décret rendu en Conseil d'Etat, être créé dans les Tribunaux chefs-lieux de Cours d'assises, un nouvel emploi de juge. Dans tous les Tribunaux, il pourra, suivant les besoins du service, être créé aux mêmes conditions un emploi de substitut.

ART. 6. — Un substitut ou un juge suppléant pourra, si les besoins du service l'exigent, être délégué par le procureur général pour remplir dans le ressort de la Cour, près d'un autre Tribunal que celui de sa résidence, les fonctions du ministère public.

ART. 7. — Les Tribunaux, celui de la Seine excepté, sont répartis en trois classes.

Les traitements des magistrats des Tribunaux sont fixés ainsi qu'il suit :

1° A Paris ; le président, 20,000 fr. — Les vice-présidents, 10,000 fr. — Les juges d'instruction, 10,000 fr. — Les juges, 8,000 fr. — Le procureur de la République, 20,000 fr. — Les substituts, 8,000 fr. — Le greffier en chef, 6,000 fr. — Les commis greffiers, 4,000 fr.

2° Dans les villes dont la population atteint le chiffre de 80,000 habitants : Les présidents, 10,000 fr. — Vice-présidents, 7,000 fr. — Juges d'instruction, 6,500 fr. — Juges, 6,000 fr. — Procureurs, 10,000 fr. — Substituts, 5,000 fr. — Greffiers, 2,400 fr. — Commis greffiers, 3,000 fr.

Les Tribunaux de Nice et de Versailles sont assimilés, au point de vue du traitement des magistrats, aux Tribunaux siégeant dans les villes dont la population atteint 80,000 habitants.

3° Dans les villes dont la population atteint le chiffre de 20,000 habitants : Les présidents, 7,000 fr. — Les vice-présidents, 5,500 fr. — Les juges d'instruction, 5,000 fr. — Les juges, 4,000 fr. — Les procureurs, 7,000 fr. — Les substituts, 3,500 fr. — Les greffiers, 1,500 fr. — Les commis greffiers, 2,500 fr.

4° Dans les autres villes : Les présidents, 5,000 fr. — Les vice-présidents, 4,000 fr. — Juges d'instruction, 3,500 fr. — Juges, 3,000 fr. — Procureurs, 5,000 fr. — Substituts, 2,800 fr. — Greffiers, 1,200 fr. — Commis greffiers, 2,000 fr.

ART. 8. — Le Tribunal d'Alger est assimilé, au point de vue du traitement des magistrats, aux Tribunaux siégeant dans les villes dont la population atteint 80,000 habitants.

Les membres des Tribunaux de Constantine, d'Oran, de Blidah, de Bône et de Tlemcen reçoivent le traitement alloué aux membres des Tribunaux siégeant en France dans les villes dont la population atteint 20,000 habitants.

Les traitements des magistrats des Tribunaux de Batna, Bougie, Guelma, Mascara, Mostaganem, Orléansville, Philippeville, Sétif, Sidi-bel-Abbès et Tizi-Ouzou sont fixés ainsi qu'il suit :

Présidents, 6,000 fr. — Juges d'instruction, 4,300 fr. — Juges, 3,750 fr. — Procureurs, 6,000. — Substituts, 3,500 fr.

Les dispositions des lois, décrets et ordonnances réglant le traitement des juges suppléants près les Tribunaux de l'Algérie, des assesseurs musulmans ou kabiles qui font partie des juridictions algériennes et des interprètes attachés à ces juridictions continuent à recevoir leur application.

Il n'est apporté aucune modification aux traitements actuels des greffiers près ces Tribunaux : mais ceux des commis greffiers sont augmentés de 500 francs.

ART. 9. — Les traitements des juges de paix, ceux des greffiers près les Tribunaux de commerce demeurent, jusqu'à ce qu'il en ait été autrement ordonné, fixés aux chiffres auxquels ils s'élèvent actuellement.

Art. 10. — Ne pourra à peine de nullité, être appelé à composer la Cour ou le Tribunal, tout magistrat titulaire ou suppléant dont l'un des avocats ou avoués représentant l'une des parties intéressées au procès sera parent ou allié jusqu'au troisième degré inclusivement.

ART. 11. — Dans un délai de trois mois à partir de la promulgation de la présente loi, il sera procédé par application des règles ci-dessus établies à la réduction du personnel des Cours d'appel et des Tribunaux.

Les éliminations porteront sur l'ensemble du personnel indistinctement.

Le nombre des magistrats éliminés, soit parce qu'ils n'auront pas été maintenus dans les fonctions judiciaires, soit parce qu'ils n'auront pas accepté le poste nouveau qui leur a été offert, ne pourra dépasser le chiffre des sièges supprimés.

Ne seront pas maintenus, à quelque juridiction qu'ils appartiennent, les magistrats qui, après le 2 décembre 1851, ont fait partie des commissions mixtes.

Art. 12. — Les magistrats qui, par application de la présente loi, n'auront pas été maintenus ou n'auront pas accepté le poste nouveau qui leur aurait été offert, recevront, à titre de pension de retraite, savoir :

Au-dessus de vingt ans et au-dessous de trente ans de services, la moitié ; au-dessus de dix ans de service et au-dessous de vingt ans, les deux cinquièmes ; au-dessus de six ans et au-dessous de dix ans, le quart du traitement moyen dont ils ont joui pendant les six dernières années.

Au-dessous de six ans de service, ils recevront le cinquième du traitement moyen dont ils ont joui depuis leur entrée en fonctions.

Les dispositions qui précèdent ne sont pas applicables aux magistrats qui, s'ils restaient en fonctions jusqu'à l'âge fixé par le décret du 1er mars 1852, ne pourraient acquérir droit à pension aux termes de l'art. 5 de la loi du 9 juin 1853, ni invoquer la disposition finale de l'art. 11 de ladite loi pour être admis exceptionnellement à une pension de retraite. Il sera alloué à ces magistrats jusqu'à cet âge, une indemnité annuelle calculée sur les bases ci-dessus.

Les magistrats qui ne seront pas maintenus auront droit, s'ils comptent plus de trente ans de services, et quel que soit leur âge, à un soixantième de leur traitement moyen de retraite par année de service en sus de trente. En aucun cas, les pensions et indemnités servies en exécution des dispositions qui précèdent, ne pourront excéder le maximum fixé par la loi du 9 juin 1853.

Art. 13. — La Cour de cassation constitue le Conseil supérieur de la Magistrature. Elle ne peut statuer en cette qualité que toutes chambres réunies.

Le procureur général près la Cour de cassation représente le Gouvernement devant le Conseil supérieur.

Art. 14. — Le Conseil supérieur de la Magistrature exercera à l'égard des premiers présidents, présidents de chambre, conseillers de la Cour de cassation et des Cours d'appel, des présidents, vice-présidents, juges, juges suppléants des Tribunaux de première instance et de paix tous les pouvoirs disciplinaires actuellement dévolus à la Cour de cassation, ainsi qu'aux Cours et Tribunaux, conformément aux dispositions de l'art. 82 du sénatus-consulte du 16 thermidor an XI, du chapitre VII de la loi du 20 avril 1810, et des articles 2 4 et 5 du décret du 1er avril 1852.

Toute délibération politique est interdite aux corps judiciaires.

Toute manifestation ou démonstration d'hostilité au principe ou à la forme du Gouvernement de la République est interdite aux magistrats.

L'infraction aux dispositions qui précèdent constitue une faute disciplinaire.

Art. 15. — Après l'expiration de la période de réorganisation prévue à l'art. 11, aucun premier président, président de chambre, conseiller de Cour d'appel ; aucun président, vice-président, juge ou juge suppléant des Tribunaux de première instance, ne pourra être déplacé que sur l'avis conforme du Conseil supérieur. Ce déplacement ne devra entraîner pour le magistrat qui en sera l'objet aucun changement de fonctions, aucune diminution de classe ni de traitement.

Les magistrats que des infirmités graves et permanentes mettraient hors d'état d'exercer leurs fonctions, pourront être mis d'office à la retraite sur avis conforme du Conseil supérieur ; cet avis sera donné dans les formes et conditions prescrites par la loi du 16 juin 1824.

Art. 16. — Le Conseil supérieur ne pourra être saisi que par le Garde des sceaux et il ne devra statuer ou donner son avis qu'après que le magistrat aura été entendu ou dûment appelé.

Art. 17. — Le Garde des sceaux a sur les magistrats de toutes les juridictions civiles et commerciales un droit de surveillance.

Il peut leur adresser une réprimande ; cette réprimande est notifiée au magistrat qui en est l'objet par le premier président pour les présidents de chambre, conseillers, présidents, juges et juges suppléants ; par le procureur général pour les officiers du ministère public.

Le Garde des sceaux peut mander tout magistrat afin de recevoir ses explications sur les faits qui lui sont imputés.

Art. 18. — Les dispositions ci-dessus relatives au traitement des magistrats recevront leur application à partir du 1er janvier 1884.

Les diminutions de traitement résultant des dispositions des art. 3 et 7 qui précèdent, ne seront pas applicables aux magistrats et aux greffiers en fonctions au moment de la promulgation de la présente loi. Ces magistrats continueront à jouir, à titre personnel, du traitement qui leur est alloué aux termes des lois en vigueur.

Art. 19. — Sont abrogés :

L'art. 83 du sénatus-consulte du 16 thermidor an XI ;

Les art. 51 et 56 de la loi du 28 avril 1810 ;

Les articles de la loi du 16 Juin 1824 contraires aux dispositions de l'art. 13 ci-dessus ;

L'art. 3 de l'ordonnance du 27 Septembre 1828 ;

Les art. 3 et 6 de la loi du 11 avril 1838 ;

Et, en général, toutes les dispositions antérieures contraires aux dispositions qui précèdent.

NOMENCLATURE des 27 COURS D'APPEL et des DÉPARTEMENTS qui en ressortissent et *Tableaux législatifs* A *et* B annexés à la Loi du 30 Août 1883.

Agen. — Gers. — Lot. — Lot et Garonne.
Aix — Basses-Alpes. — Alpes-Maritimes. — Bouches-du-Rhône. — Var.
Alger. — Alger. — Constantine. — Oran.
Amiens. — Aisne. — Oise. — Somme.
Angers. — Maine-et-Loire. — Mayenne. — Sarthe.
Bastia. — Corse.
Besançon. — Doubs. — Jura. — Haut Rhin. — Haute-Saône.
Bordeaux. — Charente. — Dordogne. — Gironde.
Bourges. — Cher. — Indre. — Nièvre.
Caen. — Calvados. — Manche. — Orne.
Chambéry. — Savoie. — Haute-Savoie.
Dijon. — Côte-d'Or. — Haute-Marne. — Saône-et-Loire.
Douai. — Nord. — Pas-de-Calais.
Grenoble. — Hautes-Alpes. — Drôme. — Isère.
Limoges. — Corrèze. — Creuse. — Haute-Vienne.
Lyon. — Ain. — Loire. — Rhône.

Montpellier. — Aude. — Aveyron. — Hérault. — Pyrénées-Orientales.
Nancy. — Ardennes. — Meurthe-et-Moselle. — Meuse. — Vosges.
Nîmes. — Ardèche. — Gard. — Lozère. — Vaucluse.
Orléans. — Indre-et-Loire. — Loir-et-Cher. — Loiret.
Paris. — Aube. — Eure-et-Loir. — Marne. — Seine. — Seine-et-Marne. — Seine-et-Oise. — Yonne.
Pau. — Landes. — Basses-Pyrénées. — Hautes-Pyrénées.
Poitiers. — Charente-Inférieure. — Deux-Sèvres. — Vendée. — Vienne.
Rennes. — Côtes-du-Nord. — Finistère. — Ille-et-Vilaine. — Loire-Inférieure. — Morbihan.
Riom. — Allier. — Cantal. — Haute-Loire. — Puy-de-Dôme.
Rouen. — Eure. — Seine-Inférieure.
Toulouse. — Ariège. — Haute-Garonne. — Tarn. — Tarn-et-Garonne.

Tableau A. — COURS D'APPEL.

COURS D'APPEL.	CHAMBRES.	PREMIER PRÉSIDENT.	PRÉSIDENTS DE CHAMBRE.	CONSEILLERS.	PROCUREURS GÉNÉRAUX.	AVOCATS GÉNÉRAUX.	SUBSTITUTS.	GREFFIERS EN CHEF.	COMMIS-GREFFIERS.
Paris	9	1	9	62	1	7	11	1	12
Alger	4	1	4	24	1	4	4	1	6
Aix	3	1	3	19	1	3	2	1	4
Bordeaux	3	1	3	19	1	3	2	1	4
Douai	3	1	3	19	1	3	2	1	4
Lyon	3	1	3	19	1	3	2	1	4
Montpellier	3	1	3	19	1	3	2	1	4
Rennes	3	1	3	19	1	3	2	1	4
Rouen	3	1	3	19	1	3	2	1	4
Agen	2	1	2	15	1	2	2	1	3
Amiens	2	1	2	15	1	2	2	1	3
Besançon	2	1	2	15	1	2	2	1	3
Caen	2	1	2	15	1	2	2	1	3
Dijon	2	1	2	15	1	2	2	1	3
Grenoble	2	1	2	15	1	2	2	1	3
Nancy	2	1	2	15	1	2	2	1	3
Nîmes	2	1	2	15	1	2	2	1	3
Poitiers	2	1	2	15	1	2	2	1	3
Riom	2	1	2	15	1	2	2	1	3
Toulouse	2	1	2	15	1	2	2	1	3
Angers	1	1	1	10	1	1	1	1	2
Bastia	1	1	1	8	1	1	1	1	2
Bourges	1	1	1	10	1	1	1	1	2
Chambéry	1	1	1	9	1	1	1	1	2
Limoges	1	1	1	10	1	1	1	1	2
Orléans	1	1	1	10	1	1	1	1	2
Pau	1	1	1	10	1	1	1	1	2
TOTAUX	63	27	63	451	27	61	59	27	93

544   147

Ce Tableau se résume par 544 Magistrats assis et 147 du Parquet, pour ces 27 Cours ayant 63 chambres.

Tableau B. — TRIBUNAUX DE PREMIÈRE INSTANCE.
(1re Partie.)

TRIBUNAUX.	CHAMBRES.	PRÉSIDENTS.	VICE-PRÉSIDENTS.	JUGES D'INSTRUCTION.	JUGES.	JUGES SUPPLÉANTS.	PROCUREURS.	SUBSTITUTS.	GREFFIERS.	COMMIS GREFFIERS.
Paris	11	1	11	22	42	20	1	28	1	40

Tribunaux des Villes de 80,000 Habitants et au-dessus.

TRIBUNAUX.	CHAMBRES.	PRÉSIDENTS.	VICE-PRÉSIDENTS.	JUGES D'INSTRUCTION.	JUGES.	JUGES SUPPLÉANTS.	PROCUREURS.	SUBSTITUTS.	GREFFIERS.	COMMIS GREFFIERS.
Bordeaux	4	1	3	3	8	6	1	5	1	5
Le Havre	2	1	1	1	4	4	1	3	1	2
Lille	3	1	2	2	6	6	1	4	1	3
Lyon	4	1	3	3	8	6	1	6	1	4
Marseille	4	1	3	3	8	6	1	6	1	4
Nantes	2	1	1	1	4	4	1	3	1	3
Reims	2	1	1	1	4	3	1	2	1	2
Rouen	3	1	2	2	6	6	1	3	1	3
St-Étienne	3	1	2	2	5	4	1	3	1	3
Toulouse	3	1	2	2	5	4	1	3	1	3
TOTAUX	30	10	20	20	58	49	10	38	10	32
Amiens	2	1	1	1	4	3	1	2	1	2

2e Partie. — *Tribunaux des Villes de 20,000 à 80,000 Habitants.*

Il y en a **69** au lieu de 70, (1) Amiens est passé dans la classe ci-dessus ayant eu 80,288 habitants au recensement de 1886.

	CHAMBRES	PRÉSIDENTS	VICE-PRÉSIDENTS	JUGES D'INSTRUCTION	JUGES	JUGES SUPPLÉANTS	PROCUREURS	SUBSTITUTS	GREFFIERS	COMMIS GREFFIERS
69 avec	91	69	22	71	184	»	69	89	69	111

3e Partie. — *Tribunaux des Villes de moins de 20,000 Habitants.*

	CHAMBRES	PRÉSIDENTS	VICE-PRÉSIDENTS	JUGES D'INSTRUCTION	JUGES	JUGES SUPPLÉANTS	PROCUREURS	SUBSTITUTS	GREFFIERS	COMMIS GREFFIERS
Il y en a 294 avec	304	201	10	294	393	»	294	139	294	332
	ch.	pr.	v-p.	j-i.	jug.		pro.	sub.	gr.	cg.

(1) Ces **69 Villes** sont : Agen. Aix. Alais. Albi. Alger. Angers. Angoulême. Arras. Avignon. Bastia. Besançon. Béziers. Blidah. Blois. Bône, Boulogne. Bourges. Brest. Caen. Cambrai. Carcassonne. Castres. Châlons-sur-Saône. Châlons-sur-Marne. Chartres. Chateauroux. Cherbourg, Clermont-Ferrand. Constantine. Dieppe. Dijon. Douai. Dunkerque. Grenoble. Laval. Le Mans. Limoges. Lorient. Montauban. Montluçon. Montpellier, Moulins. Nancy. Narbonne. Nevers. Nice. Nîmes. Niort. Oran. Orléans. Pau. Périgueux. Perpignan. Poitiers. Rennes. Roanne. Rochefort. La Rochelle, Saint-Quentin. Saint-Omer. Tarbes. Tlemcen. Toulon. Tours. Troyes. Valenciennes. Versailles. Vienne et Valence.

Tous les autres Tribunaux de France et d'Algérie sont compris dans la 3me partie qui compte **294** villes avec 304 Chambres, soit 10 avec 2 Chambres, savoir : Annecy. Avesnes. Chambéry. Laon. Montbrisson. Pontoise. Le Puy. Rodez. Saint-Gaudens et Tulle.

3 Octobre 1883. — Décrets rendant *applicables à la Cochinchine les dispositions du Code civil* relatives aux *personnes* sous diverses modifications et concernant les *actes de l'état-civil.*

———

8 Décembre 1883. — Loi relative à l'élection des membres des Tribunaux de Commerce.

———

30 Janvier 1884. — Loi qui fixe au maximum de 3 milliards 500 millions, le chiffre maximum des billets de banque de France.

———

27 Février 1884. — Loi révisant les *bases des cautionnements des divers percepteurs.*

———

21 Mars 1884. — Loi relative à la *Création de Syndicats* professionnels.

———

5 Avril 1884. — Loi sur l'*Organisation municipale* en 168 articles.

———

10 Juin 1884. — Décret relatif à la certification des transferts par les agents de change des départements.

———

27 Juillet 1884. — Loi sur le *Divorce.*

Art. 1er. — La loi du 8 mai 1816 est abrogée.

Les dispositions du Code civil abrogées par cette loi sont rétablies, à l'exception de celles qui sont relatives au divorce par consentement mutuel, et avec les modifications suivantes, apportées aux art. 230, 232, 234, 235, 261, 263, 295, 296, 298, 299, 306, 307 et 310.

Art. 230. — La femme pourra demander le divorce pour cause d'adultère de son mari.

Art. 232. — La condamnation de l'un des époux à une peine afflictive et infamante sera pour l'autre époux une cause de divorce.

CHAPITRE II.

De la procédure du divorce.

Section 1re.

Des formes du divorce.

Art. 234. — La demande en divorce ne pourra être formée qu'au tribunal de l'arrondissement dans lequel les époux auront leur domicile.

Art. 235. — Si quelques-uns des faits allégués par l'époux demandeur donnent lieu à une poursuite criminelle de la part du ministère public, l'action en divorce restera suspendue jusqu'après la décision de la juridiction répressive : alors elle pourra être reprise sans qu'il soit permis d'inférer de cette décision aucune fin de non-recevoir ou exception préjudicielle contre l'époux demandeur.

Art. 261. — Lorsque le divorce sera demandé par la raison qu'un époux est condamné à une peine afflictive et infamante, les seules formalités à observer consisteront à présenter au tribunal de première instance une expédition en bonne forme de la décision portant condamnation, avec un certificat du greffier constatant que cette décision n'est plus susceptible d'être réformée par les voies légales ordinaires. Le certificat du greffier devra être visé par le procureur général ou par le procureur de la République.

Art. 263. — L'appel ne sera recevable qu'autant qu'il aura été interjeté dans les deux mois à compter du jour de la signification du jugement rendu contradictoirement ou par défaut. Le délai pour se pourvoir à la Cour de cassation contre un jugement en dernier ressort sera aussi de deux mois à compter de la signification. Le pourvoi sera suspensif.

Section II.

Des mesures provisoires auxquelles peut donner lieu la demande en divorce.

. . . .

Section III.

Des fins de non-recevoir contre l'action en divorce.

. . . .

CHAPITRE III.

Des effets du divorce.

Art. 295. — Les époux divorcés ne pourront plus se réunir, si l'un ou l'autre a, postérieurement au divorce, contracté un nouveau mariage suivi d'un second divorce. Au cas de réunion des époux, une nouvelle célébration du mariage sera nécessaire.

Les époux ne pourront adopter un régime matrimonial autre que celui qui réglait originairement leur union.

Après la réunion des époux, il ne sera reçu de leur part aucune nouvelle demande de divorce, pour quelque cause que ce soit, autre celle d'une condamnation à une peine afflictive et infamante prononcée contre l'un d'eux depuis leur réunion.

Art. 286. — La femme divorcée ne pourra se remarier que dix mois après que le divorce sera devenu définitif.

Art. 298. — Dans le cas de divorce admis en justice pour cause d'adultère, l'époux coupable ne pourra jamais se marier avec son complice.

Art. 299. — L'époux contre lequel le divorce aura été prononcé perdra tous les avantages que l'autre époux lui avait faits, soit par contrat de mariage, soit depuis le mariage.

CHAPITRE IV.

De la séparation de corps.

Art. 306. — Dans le cas où il y a lieu à demande en divorce, il sera libre aux époux de former une demande en séparation de corps.

Art. 307. — Elle sera intentée, instruite et jugée de la même manière que tout autre action civile.

Art. 310. — Lorsque la séparation de corps aura duré trois ans, le jugement pourra être converti en jugement de divorce sur la demande formée par l'un des époux.

Cette nouvelle demande sera introduite par assignation, à huit jours francs, en vertu d'une ordonnance rendue par le président.

Elle sera débattue en chambre du conseil.

L'ordonnance nommera un juge rapporteur, ordonnera la communication au ministère public, et fixera le jour de la comparution.

Le jugement sera rendu en audience publique.

Sont abrogés les art. 233, 275 à 294, 297, 305, 308 et 309 du Code civil.

Art. 2. — Le paragraphe ajouté à l'art. 313 du Code civil par la loi du 6 décembre 1850 est modifié comme il suit :

« En cas de jugement ou même de demande, soit de divorce, soit de séparation de corps, le mari pourra désavouer l'enfant qui sera né trois cents jours après la décision qui aura autorisé la femme à avoir un domicile séparé, et moins de cent quatre-vingts jours depuis le rejet définitif de la demande, ou depuis la réconciliation. L'action en désaveu ne sera pas admise s'il y a eu réunion de fait entre les époux. »

Art. 3. — La reproduction des débats sur les instances en divorce ou en séparation de corps est interdite sous peine de l'amende de 100 à 2,000 francs édictée par l'art. 39 de la loi du 30 juillet 1881.

Disposition transitoire.

Art. 4. — Les instances en séparation de corps pendantes au moment de la promulgation de la présente loi pourront être converties par les demandeurs en instance de divorce. Cette conversion pourra être demandée même en Cour d'appel.

La procédure spéciale au divorce sera suivie à partir du dernier acte valable de la procédure en séparation de corps.

Pourront être convertis en jugements de divorce, comme il est dit à l'art. 310, tous jugements de séparation de corps devenus définitifs avant ladite promulgation.

Art. 5. — La présente loi est applicable à l'Algérie et aux colonies de la Martinique, de la Guadeloupe et de la Réunion.

Nota. — Voir ci-après la loi du 18 avril 1886 sur la procédure en matière de divorce.

———

29 Juillet et 13 Septembre 1884. — Décret concernant les *Greffiers Notaires* en Algérie, et étendant leurs attributions.

———

2 Août 1884. — Loi sur le *Code rural* : de l'action en garantie dans les ventes ou échanges d'animaux domestiques, et des *vices rédhibitoires* donnant ouverture aux actions résultant des art. 1641 et suivants du Code civil pour le cheval, l'âne et le mulet, et pour les espèces ovine et porcine.

15 Août 1884. — Loi portant révision et complément de certains articles (5 et 8) de la loi constitutionnelle du 25 Février 1875 et de celle du 16 Juillet 1875.

———

25 Août 1884. — Décret appliquant aux Colonies la loi sur le Divorce et la séparation de corps.

———

23 Octobre 1884. — Loi sur les *Ventes judiciaires d'immeubles*.

Art. 1er. § 1 — Les ventes judiciaires d'immeubles dont le prix principal d'adjudication ne dépassera pas deux mille francs (2,000 francs), seront l'objet des dégrèvements prévus aux art. 3 et 4 de la présente loi.

§ 2. — Les lots mis en vente par le même acte seront réunis pour le prix d'adjudication, et la valeur des lots non adjugés entrera dans ce calcul pour leurs mises à prix.

La vente ultérieure des lots non adjugés profitera du bénéfice de la loi, d'après les mêmes règles.

Art. 2. § 1er. — Le bénéfice de la présente loi s'applique à toutes les ventes judiciaires d'immeubles de la valeur constatée, comme il est dit en l'art. 1er, ainsi qu'à leurs incidents de subrogation, de surenchère et de folle enchère.

§ 2. Dans les procédures n'ayant d'autre objet que la vente sur licitation, si les immeubles à liciter, dont les mises à prix seront inférieures à 2,000 francs, appartiennent indivisément à des mineurs ou incapables et à des majeurs, ces derniers pourront se réunir aux représentants de l'incapable pour que la vente ait lieu sur requête, comme si les immeubles appartenaient seulement à des mineurs. L'avis du conseil de famille ne sera pas nécessaire lorsque la vente sera provoquée par les majeurs.

§ 3. — Dans les procédures où la licitation est incidente aux opérations de liquidation et partage, le bénéfice de la présente loi sera acquis à tous les actes nécessaires pour parvenir à l'adjudication, à partir du cahier des charges inclusivement ; les frais antérieurs ne seront pas employés.

Art. 3. § 1er. — Lorsque le prix d'adjudication, calculé comme il est dit en l'art. 1er, ne dépassera pas deux mille francs (2,000 francs) et sera devenu définitif par l'expiration du délai de la surenchère (prévue par les art. 708 et 965 du Code de procédure et 573 du Code de commerce), toutes les sommes payées au Trésor public pour droit de timbre, d'enregistrement, de greffe et d'hypothèques, applicables aux actes rédigés en exécution de la loi pour parvenir à l'adjudication, seront restituées, ainsi qu'il est stipulé dans l'art. 4 ci-après.

§ 2. — Lorsque le prix d'adjudication ne dépassera pas mille francs (1000 francs), les divers agents de la loi subiront une réduction d'un quart sur les émoluments à eux dus et alloués en taxe, conformément au tarif du 10 octobre 1841.

§ 3. — L'état des frais de poursuite sera dressé par distinction entre les droits du Trésor et ceux des agents de la loi ; il sera taxé et annexé au jugement ou au procès-verbal d'adjudication.

Art. 4. — Le jugement ou le procès-verbal d'adjudication constatera que le bénéfice de la présente loi est acquis à la vente si le prix d'adjudication ne dépasse pas deux mille francs (2,000 francs). Il ordonnera la restitution par le Trésor public des sommes à lui payées pour les causes énoncées en l'art. 3, lesquelles devront être retranchées de l'état taxé ; et, de plus, il réduira d'un quart les émoluments des agents de la loi compris en l'état, si le prix d'adjudication est inférieur ou égal à mille francs (1000 francs). La disposition du jugement ou du procès-verbal d'adjudication relative à la fixation des droits à restituer, sera susceptible d'opposition pendant trois jours, à compter de l'enregistrement de l'acte de vente, de la part des intéressés. Cette opposition sera formée et jugée comme en matière d'opposition à taxe. S'il n'y a pas eu d'opposition, il en sera justifié par un certificat du greffier ; en cas de jugement rendu sur l'opposition, il sera produit un extrait de ce jugement : le tout aura lieu sans frais.

§ 2. — Le receveur de l'enregistrement qui procédera à l'enregistrement du jugement ou du procès-verbal d'adjudication restituera à l'avoué poursuivant, sur sa simple décharge et sur la remise d'un extrait délivré sans frais de l'ordre de restitution, les sommes perçues par le Trésor public et comprises en l'état taxé.

§ 3. — Le greffier du tribunal ou *le notaire* délégué pour la vente délivrera à l'adjudicataire un extrait suffisant pour la transcription de son titre, et au vendeur, mais seulement dans le cas de non-payement du prix ou de non-exécution des conditions de l'adjudication, un extrait en la forme exécutoire.

Art. 5. — Le tribunal devant lequel se poursuivra une vente d'immeubles dont la mise à prix sera inférieure à deux mille francs (2,000 francs) pourra, par le jugement qui doit fixer les jours et les conditions de l'adjudication, ou par le jugement qui autorisera la vente, ordonner :

1° Que les placards et insertions ne contiendront qu'une désignation très sommaire des immeubles ; le prix des insertions sera de la moitié de celui fixé pour les autres ventes judiciaires :

2° Que les placards seront manuscrits et apposés, sans procès-verbal d'huissier, dans les lieux que le tribunal indiquera, et ce par dérogation à l'art. 699 du Code de procédure civile.

Art. 6. — Les dispositions de la présente loi ne pourront éter appliquées qu'aux ventes judiciaires d'immeubles dont la poursuite ne serait pas commencée avant sa promulgation.

---

3 Novembre 1884. — Loi concernant les droits fiscaux à percevoir sur les *échanges d'immeubles ruraux*.

Art. 1er. — A partir de la promulgation de la présente loi, il ne sera perçu, sur les échanges d'immeubles ruraux que 20 centimes par 100 francs pour tout droit proportionnel d'enregistrement et de transcription, lorsque les immeubles échangés seront situés dans la même commune ou dans les communes limitrophes.

En dehors de ces limites, le tarif ainsi fixé ne sera applicable que si l'un des immeubles échangés est contigu aux propriétés de celui des échangistes qui le recevra et dans le cas seulement où ces immeubles auront été acquis par les contractants par acte enregistré depuis plus de deux ans. ou recueillis à titre héréditaire.

Art. 2. — Dans tous les cas, le contrat d'échange renfermera l'indication de la contenance, du numéro, de la section, du lieu dit, de la classe, de la nature et du revenu du cadastre de chacun des immeubles échangés; et un extrait de la matrice cadastrale dudit bien, qui sera délivré gratuitement soit par le Maire, soit par le Directeur des contributions directes, sera déposé au bureau de l'enregistrement.

Art. 3. — Le droit réglé par l'art. 52 de la loi du 28 avril 1816 sera payé sur le montant de la soulte ou de la plus value.

Art. 4. — Les dispositions des lois des 27 juillet 1870 et 21 juin 1875 sont abrogées en ce qu'elles ont de contraire à la présente loi.

Note. — Voir l'instruction de la Régie du 4 Novembre 1884, qui commente cette loi, à la deuxième partie ci-après.

---

9 Décembre 1884. — Loi portant modification aux lois organiques sur le Sénat et les élections des Sénateurs.

---

29 Décembre 1884. — Loi sur la contribution foncière applicable aux terrains à usage commercial et industriel, tels que chantiers, etc. 1° à raison de leur superficie et 2° d'après leur valeur locative.

---

29 Décembre 1884. — Loi de finance concernant 1° le paiement par voie *d'abonnement du droit de timbre des contrats d'assurances* contre l'incendie et sur la vie, par les Compagnies et les Sociétés (art. 8) ; 2° et *l'impôt sur le revenu* et le droit d'accroissement auxquels sont assujeties les *Congrégations religieuses* et les sociétés ou associations dont l'objet n'est pas de distribuer leurs produits entre leurs membres (art. 9).

Art. 9. — Les impôts établis par les art. 3 et 4 de la loi de finances du 28 Décembre 1880 seront payés par toutes les congrégations, communautés et associations religieuses, autorisées ou non autorisées, et par toutes les sociétés ou associations, désignées dans cette loi, dont l'objet n'est pas de distribuer leurs produits en tout ou en partie entre leurs membres.

Le revenu est déterminé à raison de 5 % de la valeur des biens meubles et immeubles possédés ou occupés par les sociétés, à moins qu'un revenu supérieur ne soit constaté, et la taxe est acquittée sur la remise d'une déclaration détaillée faisant connaître distinctement la consistance et la valeur de ces biens.

Ces Sociétés seront assujetties aux vérifications autorisées par l'art. 7 de la loi du 21 juin 1875.

Sont maintenues toutes les dispositions de la loi du 28 Décembre 1880, qui n'ont rien de contraire à la présente loi.

Nota. — Une instruction de la Régie du 3 juin 1885 commente longuement cet important article de loi. *(V. Dufrénois 1885, p. 616.)*

---

28 Mars 1885. — Loi sur les *marchés à terme* abrogeant les articles 421 et 422 du Code pénal et les art. 85 § 3 et 86 du Code du Commerce.

Art. 1. — Tous marchés à terme sur effets publics et autres ; tous marchés à livrer sur denrées et marchandises sont reconnus légaux.

Nul ne peut, pour se soustraire aux obligations qui en résultent, se prévaloir de l'art. 1965 du Code civil, lors même qu'ils se résoudraient par le paiement d'une simple différence.

Art. 2. — Les art. 421 et 422 du Code pénal sont abrogés.

Art. 3. — Sont abrogées les dispositions des anciens arrêts du Conseil des 24 sept. 1724, 7 août , 2 octob. 1785, 22 septembre 1786, etc., et les art. 85 § 3 et 86 du Code de commerce.

Art. 4. — L'art. 13 de l'arrêté du 27 prairial an x est modifié ainsi qu'il suit : « chaque *Agent de change est res-« ponsable* de la livraison et du paiement de ce qu'il aura « vendu et acheté. Son cautionnement sera affecté à cette « garantie. »

Nota. — Cet article 13 déclarait que « les transferts d'inscription « seraient faits au Trésor en présence d'un Agent de change qui certi-« fierait l'identité du propriétaire, la vérité de la signature et des pièces « produites. »

Art. 5. — Les conditions d'exécution des marchés à terme par les Agents de change seront fixées par le réglement d'administration publique prévu par l'art. 90 du Code de commerce.

---

30 Mars 1885. — Décret déclarant exécutoire, en Algérie, la loi du 3 Novembre 1884 concernant les *échanges d'immeubles ruraux* sous la réserve de la réduction du tarif du 19 Octob. 1841.

---

31 Mars 1885. — Décret déclarant exécutoire, en Algérie, la loi du 23 Octob. 1884 sur les ventes judiciaires d'immeubles.

---

15 Avril 1885. — Loi concernant les pensions des veuves de militaires et marins décédés hors d'Europe et les délais pendant les quels elles peuvent réclamer leurs pensions.

---

30 Avril 1885. — Décret portant modification au décret du 30 Mars 1808 en ce qui touche les *appels relatifs aux instances en divorce*, les quels seront, à l'avenir, jugés en audience ordinaire.

16 Juin 1885. — Loi ayant pour objet de *modifier la loi électorale*.

Art. 1. — Les membres de la Chambre des Députés sont élus au scrutin de liste.

Art. 2. — Chaque département élit le nombre des Députés qui lui est attribué par le tableau annexé à la présente loi, à raison d'un Député par 70,000 habitants, les étrangers non compris. Néanmoins il sera tenu compte de toute fraction inférieure à 70,000.

Chaque département élit au moins trois Députés.

Il est attribué deux Députés au territoire de Belfort, six à l'Algérie et dix aux colonies, conformément aux indications du tableau.

Ce tableau ne pourra être modifié que par une loi.

Art. 3. — Le département ne forme qu'une seule circonscription.

Art. 4. — Les membres des familles qui ont régné sur la France sont inéligibles à la Chambre des Députés.

Art. 5. — Nul n'est élu au premier tour de scrutin, s'il n'a réuni :

1° La majorité absolue des suffrages exprimés ;

2° Un nombre de suffrages égal au quart du nombre des électeurs inscrits ;

Au deuxième tour la majorité relative suffit.

En cas d'égalité de suffrages, le plus agé des candidats est élu.

Art. 6. — Sauf le cas de dissolution prévu et réglé par la constitution, les élections générales ont lieu dans les soixante jours qui précèdent l'expiration des pouvoirs de la Chambre des Députés.

Art. 7. — Il n'est pas pourvu aux vacances survenues dans les six mois qui précèdent le renouvellement de la Chambre.

Nota. — Cette loi a été remplacée par celle du 13 Février 1889 qui a abrogé les les art. 1, 2 et 3 ci-dessus.

---

20 Juin 1885. — Loi portant que les déclarations et certificats de transferts de rentes sur l'Etat sont dressés, signés et scellés dans les bureaux de l'Agent de change négociateur et déposés ensuite au trésor.

---

4 Juillet 1885. — Décret fixant l'époque et la durée des *vacances judiciaires*.

Art. 1er. — Les vacances des Chambres civiles de la Cour de cassation, des Cours d'appel et des Tribunaux de première instance, commenceront le 15 Août et se termineront le 15 Octobre.

Le procès-verbal constatant les noms des membres présents à l'audience de rentrée et les lettres d'excuse des magistrats absents, sera immédiatement transmis au garde des Sceaux.

---

8 Juillet 1885. — Décret créant des *timbres mobiles* pour les effets de commerce et les warrants au dessus de 20,000 fr.

10 Juillet 1885. — Loi ayant pour objet de modifier et remplacer celle du 10 Décembre 1874 sur *l'hypothèque maritime*.

Art. 1er. — Les navires sont susceptibles d'hypothèques ; ils ne peuvent être hypothéqués que par la convention des parties.

Art. 2. — Le contrat par lequel l'hypothèque maritime est consentie doit être rédigé par écrit ; il peut être fait par actes sous signatures privées.

Le droit d'enregistrement de l'acte constitutif d'hypothèque authentique ou sous seing privé est fixé à un franc (1 fr.) par mille francs (1000 fr.) des sommes ou valeurs portées au contrat.

Art. 3. — L'hypothèque sur le navire ne peut être consentie que par le propriétaire ou par son mandataire justifiant d'un mandat spécial.

Si le navire a plusieurs propriétaires, il pourra être hypothéqué par l'armateur titulaire pour les besoins de l'armement ou de la navigation, avec l'autorisation de la majorité, telle qu'elle est établie par l'art. 220 du Code de commerce, et celle du juge, comme il est dit à l'art. 233.

Dans le cas où l'un des copropriétaires voudrait hypothéquer sa part indivise dans le navire, il ne pourra le faire qu'avec l'autorisation de la majorité, conformément à l'art. 220 du Code de commerce.

Art. 4. — L'hypothèque consentie sur le navire ou sur portion de navire s'étend, à moins de convention contraire, au corps du navire, aux agrès, apparaux, machines et autres accessoires.

Art. 5. — L'hypothèque maritime peut être constituée sur un navire en construction. Dans ce cas, l'hypothèque doit être précédée d'une déclaration faite au receveur principal du bureau des douanes dans la circonscription duquel le navire est en construction.

Cette déclaration indiquera la longueur de la quille du navire et approximativement ses autres dimensions, ainsi que son tonnage présumé. Elle mentionnera l'emplacement de la mise en chantier du navire.

Art. 6. — L'hypothèque est rendue publique par l'inscription sur un registre spécial tenu par le receveur principal du bureau des douanes dans la circonscription duquel le navire est en construction, ou du bureau dans lequel le navire est immatriculé, s'il est déjà pourvu d'un acte de francisation.

Des décrets détermineront, pour les chantiers de construction établis en dehors du rayon maritime, le bureau des douanes dans la circonscription duquel ils devront être compris.

Art. 7. — Tout propriétaire d'un navire construit en France, qui demande à le faire admettre à la francisation, est tenu de joindre aux pièces requises à cet effet un état des inscriptions prises sur le navire en construction ou un certificat qu'il n'en existe aucune.

Les inscriptions non rayées sont reportées d'office à leurs dates respectives, par le receveur des douanes, sur le registre du lieu de francisation, si celui-ci est autre que celui de la construction.

Si le navire change de port d'immatricule, les inscriptions non rayées sont pareillement reportées d'office, par le receveur des douanes du nouveau port où il est immatriculé, sur son registre et avec mention de leurs dates respectives.

Art. 8. — Pour opérer l'inscription, il est présenté au bureau du receveur des douanes un des originaux du titre constitutif d'hypothèque, lequel y reste déposé s'il est sous seing privé ou reçu en brevet, ou une expédition s'il en existe minute.

Il est joint deux bordereaux signés par le requérant, dont l'un peut être porté sur le titre présenté. Ils contiennent :

1° Les noms, prénoms et domiciles du créancier et du débiteur, et leur profession, s'ils en ont une ;

2° La date et la nature du titre ;

3° Le montant de la créance exprimée dans le titre ;

4° Les contraventions relatives aux intérêts et au remboursement ;

5° Le nom et la désignation du navire hypothéqué, la date de l'acte de francisation ou de la déclaration de la mise en construction ;

6° Election de domicile par le créancier dans le lieu de la résidence du receveur des douanes.

Art. 9. — Le receveur des douanes fait mention sur son registre du contenu aux bordereaux, et remet au requérant l'expédition du titre, s'il est authentique, et l'un des bordereaux, au pied duquel il certifie avoir fait l'inscription.

Art. 10. — S'il y a deux ou plusieurs hypothèques sur le même navire ou sur la même part de propriété du navire, le rang est déterminé par l'ordre de priorité des dates de l'inscription.

Les hypothèques inscrites le même jour viennent en concurrence, nonobstant la différence des heures de l'inscription.

Art. 11. — L'inscription conserve l'hypothèque pendant dix ans, à compter du jour de sa date ; son effet cesse si l'inscription n'a pas été renouvelée avant l'expiration de délai sur le registre tenu en douane.

Art. 12. — Si le titre constitutif de l'hypothèque est à ordre, sa négociation par voie d'endossement emporte la translation du droit hypothécaire.

Art. 13. — L'inscription garantit, au même rang que le capital, deux années d'intérêt en sus de l'année courante.

Art. 14. — Les inscriptions sont rayées, soit du consentement des parties intéressées ayant capacité à cet effet, soit en vertu d'un jugement en dernier ressort ou passé en force de chose jugée.

Art. 15. — A défaut de jugement, la radiation totale ou partielle de l'inscription ne peut être opérée par le receveur des douanes que sur le dépôt d'un acte authentique de consentement à la radiation donnée par le créancier ou son cessionnaire justifiant de ses droits.

Dans le cas où l'acte constitutif de l'hypothèque est sous seing privé, ou si, étant authentique, il a été reçu en brevet, il est communiqué au receveur des douanes, qui y mentionne, séance tenante, la radiation totale ou partielle.

Art. 16. — Le receveur des douanes est tenu de délivrer à tous ceux qui le requièrent l'état des inscriptions subsistant sur le navire, ou un certificat qu'il n'en existe aucune.

Art. 17. — Les créanciers ayant hypothèque inscrite sur un navire ou portion de navire le suivent, en quelque main qu'il passe, pour être colloqués et payés suivant l'ordre de leurs inscriptions.

Si l'hypothèque ne grève qu'une portion du navire, le créancier ne peut saisir et faire vendre que la portion qui lui est affectée. Toutefois si plus de la moitié du navire se trouve hypothéquée, le créancier pourra, après saisie, le faire vendre en totalité, à charge d'appeler à la vente les copropriétaires.

Dans tous les cas de copropriété, par dérogation à l'art. 883 du Code civil, les hypothèques consenties durant l'indivision par un ou plusieurs des copropriétaires, sur une portion du navire, continuent à subsister après le partage ou la licitation.

Toutefois si la licitation s'est faite en justice dans les formes déterminées par les articles 23 et suivants de la présente loi, le droit des créanciers n'ayant hypothèque que sur une portion du navire, sera limité au droit de préférence sur la partie du prix afférente à l'intérêt hypothéqué.

Art. 18. — L'acquéreur d'un navire ou d'une portion de navire hypothéqué, qui veut se garantir des poursuites autorisées par l'article précédent, est tenu, avant la poursuite ou dans le délai de quinzaine, de notifier à tous les créanciers inscrits sur le registre du port d'immatricule, au domicile élu dans leurs inscriptions :

1° Un extrait de son titre indiquant seulement la date et la nature de l'acte, le nom du vendeur, le nom, l'espèce et le tonnage du navire, et les charges faisant partie du prix ;

2° Un tableau sur trois colonnes, dont la première contiendra la date des inscriptions, la seconde le nom des créanciers, la troisième le montant des créances inscrites.

Cette notification contiendra constitution d'avoué.

Art. 19. — L'acquéreur déclarera par le même acte qu'il est prêt à acquitter sur-le-champ les dettes hypothécaires jusqu'à concurrence de son prix, sans distinction des dettes exigibles ou non exigibles.

Art. 20. — Tout créancier peut requérir la mise aux enchères du navire ou portion de navire en offrant de porter le prix à un dixième en sus et de donner caution pour le payement du prix et des charges.

Art. 21. — Cette réquisition, signée du créancier, doit être signifiée à l'acquéreur dans les dix jours des notifications. Elle contiendra assignation devant le tribunal civil du lieu où se trouve le navire, ou s'il est en cours de voyage, du lieu où il est immatriculé, pour voir ordonner qu'il sera procédé aux enchères requises.

Art. 22. — La vente aux enchères aura lieu à la diligence, soit du créancier qui l'aura requise, soit de l'acquéreur, dans les formes établies pour les ventes sur saisies.

Art. 23. — Au cas de saisie, le saisissant devra, dans le délai de trois jours, notifier au propriétaire copie du procès-verbal de saisie et le faire citer devant le tribunal civil du lieu de la saisie, pour voir dire qu'il sera procédé à la vente des choses saisies.

Si le propriétaire n'est pas domicilié dans le ressort du tribunal, les significations et citations lui seront données en la personne du capitaine du bâtiment saisi, ou, en son absence, en la personne de celui qui représentera le propriétaire ou le capitaine, et le délai de trois jours sera augmenté d'un jour par cinq myriamètres de la distance de son domicile, sans que le délai puisse dépasser un mois.

S'il est étranger, hors de France et non représenté, les citations et significations seront données, ainsi qu'il est prescrit par l'art. 69 du Code de procédure civile.

Art. 24. — Le procès-verbal de saisie sera transcrit au bureau du receveur des douanes du lieu où le navire est en construction ou de celui où il est immatriculé, dans le délai fixé au § 1er de l'article précédent, avec augmentation d'un jour par cinq myriamètres de la distance du lieu où se trouve le tribunal qui doit connaître de la saisie et de ses suites.

Dans la huitaine, le receveur des douanes délivrera un état des inscriptions, et dans les trois jours qui suivront (avec augmentation du délai à raison des distances comme il est dit ci-dessus), la saisie sera dénoncée aux créanciers inscrits, aux domiciles élus dans leurs inscriptions, avec indication du jour de la comparution devant le tribunal civil ;

Le délai de la comparution sera calculé à raison d'un jour par cinq myriamètres de distance entre le lieu où le navire est immatriculé et le lieu où siège le tribunal dans le ressort duquel la saisie a été pratiquée, sans qu'en aucun cas et tous calculs faits il puisse dépasser les termes fixés par les deux derniers paragraphes de l'art. 23.

Art. 25. — Le tribunal fixera par son jugement la mise à prix et les conditions de la vente. Si, au jour fixé par la vente, il n'est pas fait d'offres, le tribunal déterminera par jugement le jour auquel les enchères auront lieu sur une nouvelle mise à prix inférieure à la première, et qui sera déterminée par le jugement.

Art. 26. — La vente se fera à l'audience des criées du tribunal civil quinze jours après une apposition d'affiche et une insertion de cette affiche dans un des journaux imprimés au lieu où siège le tribunal, et, s'il n'y en a pas, au chef-lieu du département, sans préjudice de toutes autres publications qui seraient autorisées par le tribunal.

Néanmoins, le tribunal pourra ordonner que la vente sera faite soit devant un autre tribunal civil, soit en l'étude et par le ministère d'un notaire, soit par un courtier conducteur de navire, à la Bourse ou dans tout autre lieu du port où se trouve le navire saisi.

Dans ces divers cas, le jugement réglementera la publicité locale.

Art. 27. — Les affiches seront apposées au grand mât ou sur la partie la plus apparente du bâtiment saisi ; à la porte principale du tribunal devant lequel on procédera ; dans la place publique et sur le quai du port où le bâtiment sera amarré, ainsi qu'à la bourse de commerce, s'il y en a une.

Art. 28 — Les annonces et les affiches devront indiquer :

Les nom, profession et demeure du poursuivant ;

Les titres en vertu desquels il agit ;

Le montant de la somme qui lui est due ;

L'élection de domicile par lui faite dans le lieu où siège le tribunal civil et dans le lieu où se trouve le bâtiment ;

Les nom, profession et domicile du propriétaire du bâtiment saisi ;

Le nom du bâtiment, et, s'il est armé ou en armement, celui du capitaine ;

La mode de puissance motrice du navire, à voiles ou à vapeur, à roues ou à hélice ; s'il est à voiles, son tonnage légal ; s'il est à vapeur, les deux tonnages légaux, bruts et nets, ainsi que le nombre des chevaux nominaux de sa machine motrice ;

Le lieu où il se trouve.

La mise à prix et les conditions de la vente :

Les jour, lieu et heure de l'adjudication

Art. 29. — La surenchère n'est pas admise en cas de vente judiciaire.

Art. 30. — L'adjudicataire sur saisie, comme l'adjudicataire par suite de surenchère, sera tenu de verser son prix, sans frais, à la Caisse des dépôts et consignations, dans les vingt-quatre heures de l'adjudication, à peine de folle enchère.

Il devra, dans les cinq jours suivants, présenter requête au président du tribunal civil, pour faire commettre un juge devant lequel il citera les créanciers par acte signifié aux domiciles élus, à l'effet de s'entendre à l'amiable sur la distribution du prix.

L'acte de convocation sera affiché dans l'auditoire du tribunal et inséré dans l'un des journaux imprimés au lieu où siège le tribunal, et, s'il n'y en a pas, dans l'un de ceux qui seront imprimés dans le département.

Le délai de la convocation sera de quinzaine sans augmentation à raison de la distance.

Art. 31. — Dans le cas où les créanciers ne s'entendraient pas sur la distribution du prix, il sera dressé procès-verbal de leurs prétentions et contredits.

Dans la huitaine, chacun des créanciers devra déposer au greffe une demande de collocation contenant constitution d'avoué avec titres à l'appui.

A la requête du plus diligent, les créanciers seront, par un simple acte d'avoué à avoué, appelés devant le tribunal qui statuera à l'égard de tous, même des créanciers privilégiés.

Art. 32. — Le jugement sera signifié dans les trente jours de sa date, à avoué seulement pour les parties présentes, et aux domiciles élus pour les parties défaillantes. Ce jugement ne sera pas susceptible d'opposition

Le délai d'appel sera de dix jours à compter de la signification du jugement, outre un jour par 5 myriamètres de distance entre le siège du tribunal et le domicile élu dans l'inscription.

L'acte d'appel contiendra assignation et l'énonciation des griefs à peine de nullité.

La disposition finale de l'art. 762 du Code de procédure civile sera appliquée, ainsi que les art. 761, 763 et 764 du même Code, relativement à la procédure devant la cour.

Dans les huit jours qui suivront l'expiration du délai d'appel, et s'il y a appel dans les huit jours de l'arrêt, le juge, déjà désigné, dressera l'état des créances colloquées, en principal, intérêts et frais. Les intérêts des créances utilement colloquées cesseront de courir à l'égard de la partie saisie. Les dépens des contestations ne pourront être pris sur les deniers à distribuer, sauf les frais de l'avoué le plus ancien.

Sur ordonnance rendue par le juge-commissaire, le greffier délivrera les bordereaux de collocation exécutoires contre la Caisse des dépôts et consignations, dans les termes de l'art. 770 du Code de procédure civile. La même ordonnance autorisera la radiation par le receveur des douanes des inscriptions des créanciers non colloqués. Il sera procédé à cette radiation sur la demande de toute partie intéressée.

Art. 33. — La vente volontaire d'un navire grevé d'hypothèques à un étranger soit en France, soit à l'étranger, est interdite. Tout acte fait en fraude de cette disposition est nul et rend le vendeur passible des peines portées par l'art. 108 du Code pénal. L'art. 463 du même Code pourra être appliqué

Les hypothèques consenties à l'étranger n'ont d'effet à l'égard des tiers, comme celles consenties en France, que du jour de leur inscription sur les registres de la recette principale des douanes du port d'immatricule du navire.

Sont néanmoins valables les hypothèques constituées sur le navire acheté à l'étranger avant son immatriculation en France, pourvu qu'elles soient régulièrement inscrites par le consul français sur le congé provisoire de navigation, et reportées sur le régistre du receveur des douanes du lieu où le navire sera immatriculé.

Ce report sera fait sur la réquisition du créancier, qui devra produire à l'appui le bordereau prescrit par l'art. 3 de la présente loi.

Les dispositions du présent article seront mentionnées sur l'acte de francisation.

Art. 34. — L'art. 191 du Code de commerce est terminé par la disposition suivante :

« Les créanciers hypothécaires sur le navire viennent, dans leur ordre d'inscription, après les créanciers privilégiés. »

Art. 35. — L'art. 233 du Code de commerce est modifié ainsi qu'il suit :

« Si le bâtiment est frété du consentement des propriétaires et que quelques-uns fassent refus de contribuer aux frais nécessaires pour l'expédition, le capitaine peut, en ce cas, vingt-quatre heures après sommation faite aux refusants de fournir leur contingent, emprunter hypothécairement pour leur compte, sur leur part dans le navire, avec l'autorisation du juge.

« Au cas où la part serait déjà hypothéquée, la saisie pourra être autorisée par le juge et la vente poursuivie devant le tribunal civil, comme il est dit ci-dessus.

Art. 36. — Les navires de vingt tonneaux et au-dessus seront seuls susceptibles de l'hypothèque créée par la présente loi.

Art. 37. — Le tarif des droits à percevoir par les employés de l'administration des douanes, ainsi que le cautionnement spécial à leur imposer, à raison des actes auxquels donnera lieu la présente loi, les émoluments et honoraires dus aux notaires et aux courtiers-conducteurs de navires pour les ventes dont ils pourront être chargés, seront fixés par des décrets rendus dans la forme des règlements d'administration publique.

La responsabilité de la régie des douanes du fait de ses agents ne s'applique pas aux attributions conférées aux receveurs par les dispositions qui précèdent.

Art. 38. — L'intérêt conventionnel en matière de prêts hypothécaires sur navires est libre. L'intérêt légal est de six pour cent (6 p. 100), comme en matière commerciale.

Art. 39. — Sont abrogés :

Le paragraphe 9 de l'art. 191 et le paragraphe 7 de l'art. 192 du Code de commerce ;

Les art. 201, 202, 203, 204, 205, 206 et 207 du même code ;

La loi du 10 décembre 1874 sur l'hypothèque maritime ;

Et généralement toutes les dispositions contraires à la présente loi.

---

11 Juillet 1885. — Loi qui interdit sous peine d'emprisonnement et d'amende, de fabriquer, vendre, colporter ou distribuer tous *imprimés* ou formules *simulant les billets de banque* et autres valeurs fiduciaires.

---

25 Juillet 1885. — Décret réglementant l'acceptation et l'emploi des *dons et legs* faits en faveur des facultés et écoles d'enseignement supérieur, ainsi que *l'administration* des fonds acceptés par ces facultés et écoles.

---

1 Août 1885. — Loi de finance relative à *l'impôt foncier* des propriétés bâties et aux *vacances de maisons* ou parties de maisons.

Art. 34. — A partir du 1er Janvier 1886 l'administration des Contributions directes procédera au *recensement* de toutes les propriétés bâties avec évaluation de la valeur locative actuelle de chacune d'elles.

Art. 35. — A partir du 1er Janvier 1886, les vacances de maisons, de parties de maisons ne donneront lieu à *remise* ou *modération d'impôt foncier*, que lorsque *l'inhabitation aura duré une année* au moins.

Toutes les dispositions des lois antérieures contraires au présent article sont abrogées.

---

12 Août 1885. — Loi portant *modification* des articles 216, 258, 262, 263, 265, 315, 334 et 347 du *Code de commerce*, (Navigation, matelots, loyers, assurances maritimes et prêts à la *grosse*) et abrogation des art. 259, 318 et 386 du même Code.

---

14 Août 1885. — Loi sur les moyens de prévenir la récidive : régime disciplinaire des établissements pénitentiaires, libération conditionnelle et *réhabilitation*, suppression des art. 630 à 632 du Code d'inst. crim. et modification des art. 621, 623, 624, 628, 629, 633 et 634 dudit Code.

---

17 Décembre 1885. — Loi approuvant la convention du 14 Mai 1881 entre la France et l'Espagne relative à *l'assistance judiciaire*.

---

29 Décembre 1885. — Décret relatif à la *légalisation* de la signature des Notaires sur les *certificats de vie*, qui devra être faite à l'avenir par les Présidents des Tribunaux de première instance ou par les Juges de Paix.

---

12 Janvier 1886. — Loi relative au *taux de l'intérêt* de l'argent.

Article unique. — Les lois des 3 Septembre 1807 et 19 Décembre 1850 dans leurs dispositions relatives à l'intérêt conventionnel sont abrogées en matière de commerce : elles restent en vigueur en matière civile.

---

1 Février, 11 Mars 1886. — Décret qui investit les résidents, vice-résidents et chanceliers en Annam et au Tonkin, ainsi qu'à Madagascar, des attributions respectives des consuls et chanceliers de consulat, les charge de recevoir et délivrer les actes de l'état civil, les actes du ministère du Notariat, les certificats de vie, les légalisations, etc.

---

1 Mars 1886. — Loi déclarant *jours fériés légaux* le lundi de Pâques et le lundi de la Pentecôte, (rendue applicable aux colonies, D. 19 Septembre 1886).

---

17 Mars 1886. — Décret de l'Empereur d'Allemagne, qu'il est intéressant de connaître, sur la *discipline et la comptabilité du Notariat en Alsace Lorraine*, rendu en vertu de la loi du 25 Ventôse an XI, et de la loi de finances du 28 Avril 1816 :

Art. 1er. — Il est ajouté à l'art. 12 de l'ordonnance du 4 Janvier 1843, concernant l'organisation des chambres de Notaires et la discipline du Notariat, la disposition additionnelle suivante :

Il est également défendu aux Notaires :

1° De recevoir des fonds autrement que sans intérêt et pour les garder ou en faire emploi au nom des mandataires ;

2° De se faire attribuer par les parties, des créances provenant d'actes qu'ils ont rédigés et signés eux mêmes, même dans le cas où une remise serait stipulée en faveur du Notaire. Dans des cas urgents toutefois, l'autorité peut permettre, dans certains ressorts d'Amtsgérichte (autrefois Justices de paix) ou parties de ces ressorts, aux Notaires l'acceptation de transferts de cette nature, à titre révocable et sous des conditions déterminées.

ART. 2. — Les Notaires ne peuvent accepter ou garder en dépôt pendant plus de six mois des sommes d'argent se montant à plus de 500 marcs (625 fr.), qu'ils ont perçues ou qui leur ont été confiées pour compte d'autrui, ou à quelque titre que ce soit, à moins d'une autorisation formelle de l'autorité compétente, accordée en considération du cas spécial.

Si la somme confiée au Notaire ne peut pas être remise aux ayantdroit dans le délai fixé, le Notaire aura à verser cette somme à la caisse des Dépôts et Consignations.

Le ministère prendra les dispositions nécessaires sur le dépôt et le remboursement des sommes versées à la caisse des Dépôts et Consignations.

ART. 3. — Les Notaires devront se faire remettre une procuration par écrit avant d'accepter des capitaux pour le compte d'autrui.

ART. 4. — Les *opérations financières des Notaires* sont placées sous la surveillance du Ministère public et des Chambres de Notaires.

Il est enjoint aux Notaires de tenir des *registres* très exacts et très complets sur leurs opérations financières et de soumettre en tout temps, sur requête, ces livres avec les pièces à l'appui, aux fonctionnaires du Ministère public près l'Obertandesgericht (tribunal supérieur) et le Landgericht (tribunal régional) à la Chambre des Notaires, ainsi qu'au syndic, au rapporteur et autres membres de la Chambre des Notaires, chargés de l'examen de ces registres.

Les fonctionnaires et organes de surveillance ci-dessus désignés sont autorisés à s'assurer si les fonds confiés aux Notaires existent dans leurs caisses.

Les dispositions spéciales relatives à la surveillance des opérations financières et à la tenue des livres qui s'y rapportent sont fixées par l'autorité compétente.

27 Mars 1886. — Loi approuvant 1° les actes additionnels au traité international de l'*Union postale universelle* et aux arrangements concernant les lettres avec valeurs délarées, les mandats de poste et les colis postaux et 2° un arrangement concernant le service des recouvrements par la poste.

Le décret réglementaire est du 1er Avril 1886.

28 Mars 1886. — Loi modifiant l'art. 30 de la loi du 10 Août 1871 sur les *Conseils généraux*. (renvoi au lundi suivant en cas de non réunion au jour fixé ou d'insuffisance de membres).

18 Avril 1886. — Loi sur la *procédure* en matière de *divorce* et de *séparation de corps*, remplaçant les art. 234 à 252 et 307 du Code civil, abrogeant les art. 253 à 274 c. c., 881 du Code de proc. civ. et les art. 2, 3 et 4 de la loi du 27 Juillet 1884.

ART. 1er. — Les articles 234 à 252 et l'art. 307 du Code civil sont remplacés par les dispositions suivantes :

ART. 234. — L'époux qui veut former une demande en divorce présente, en personne, sa requête au président du tribunal ou au juge qui en fait fonctions.

En cas d'empêchement dûment constaté, le magistrat se transporte, assisté de son greffier, au domicile de l'époux demandeur.

En cas d'interdiction légale résultant d'une condamnation, la requête à fin de divorce ne peut être présentée par le tuteur que sur la réquisition ou avec l'autorisation de l'interdit.

ART. 235. — Le juge, après avoir entendu le demandeur et lui avoir fait les observations qu'il croit convenable, ordonne au bas de la requête que les parties comparaîtront devant lui au jour et à l'heure qu'il indique, et commet un huissier pour notifier la citation.

ART. 236. — Le juge peut, par l'ordonnance permettant de citer, autoriser l'époux demandeur à résider séparément en indiquant, s'il s'agit de la femme, le lieu de la résidence provisoire.

ART. 237. — La requête et l'ordonnance sont signifiées en tête de la citation donnée à l'époux défendeur trois jours au moins avant le jour fixé pour la comparution, outre les délais de distance, le tout à peine de nullité.

Cette citation est délivrée par huissier commis et sous pli fermé.

ART. 238. — Au jour indiqué, le juge entend les parties en personne ; si l'une d'elles se trouve dans l'impossibilité de se rendre auprès du juge, ce magistrat détermine le lieu où sera tentée la conciliation, ou donne commission pour entendre le défendeur ; en cas de non-conciliation ou de défaut, il rend une ordonnance qui constate la non-conciliation ou le défaut et autorise le demandeur à assigner devant le tribunal.

Le juge statue, à nouveau, s'il y a lieu, sur la résidence de l'époux demandeur, sur la garde provisoire des enfants, sur la remise des effets personnels, et il a la faculté de statuer également, s'il y a lieu, sur la demande d'aliments.

Cette ordonnance est exécutoire par provision ; elle est susceptible d'appel dans les délais fixés par l'article 809 du Code de procédure.

Par le fait de cette ordonnance, la femme est autorisée à faire toutes procédures pour la conservation de ses droits et à ester en justice jusqu'à la fin de l'instance et des opérations qui en sont les suites.

Lorsque le tribunal est saisi, les mesures provisoires prescrites par le juge peuvent être modifiées ou complétées au cours de l'instance, par jugement du tribunal, sans préjudice du droit qu'a toujours le juge de statuer, en tout état de cause, en référé sur la résidence de la femme.

Le juge, suivant les circonstances, avant d'autoriser le demandeur à citer, peut ajourner les parties à un délai qui n'excède pas vingt jours, sauf à ordonner les mesures provisoires nécessaires.

L'époux demandeur en divorce devra user de la permission de citer qui lui a été accordée, par l'ordonnance du président, dans un délai de vingt jours à partir de cette ordonnance.

Faute par l'époux demandeur d'avoir usé de cette permission dans ledit délai, les mesures provisoires ordonnées à son profit cesseront de plein droit.

ART. 239. — La cause est instruite et jugée dans la forme ordinaire, le ministère public entendu.

Le demandeur peut, en tout état de cause, transformer sa demande en divorce en demande en séparation de corps.

Les demandes reconventionnelles en divorce peuvent être introduites par un simple acte de conclusions.

Les tribunaux peuvent ordonner le huis clos.

La reproduction des débats par la voie de la presse, dans les instances en divorce, est interdite, sous peine de l'amende de 100 à 2,000 fr., édictée par l'art. 39 de la loi du 30 juillet 1881.

ART. 240. — Le tribunal peut, soit sur la demande de l'une des parties intéressées, soit sur celle de l'un des membres de la famille, soit sur les réquisitions du ministère public, soit même d'office, ordonner toutes les mesures provisoires qui lui paraissent nécessaires dans l'intérêt des enfants.

Il statue aussi sur les demandes relatives aux aliments pour la durée de l'instance, sur les provisions et sur toutes les autres mesures urgentes.

Art. 241. — La femme est tenue de justifier de sa résidence dans la maison indiquée toutes les fois qu'elle en est requise ; à défaut de cette justification, le mari peut refuser la provision alimentaire, et, si la femme est demanderesse en divorce, la faire déclarer non-recevable à continuer ses poursuites.

Art. 242. — L'un ou l'autre des époux peut, dès la première ordonnance et sur l'autorisation du juge, donnée à la charge d'en référer, prendre pour la garantie de ses droits des mesures conservatoires, notamment requérir l'apposition des scellés sur les biens de la communauté.

Le même droit appartient à la femme même non commune, pour la conservation de ceux de ses biens dont le mari a l'administration ou la jouissance.

Les scellés sont levés à la requête de la partie la plus diligente, les objets et valeurs sont inventoriés et prisés, l'époux qui est en possession en est constitué gardien judiciaire, à moins qu'il n'en soit décidé autrement.

Art. 243. — Toute obligation contractée par le mari à la charge de la communauté, toute aliénation par lui faite des immeubles qui en dépendent, postérieurement à la date de l'ordonnance dont il est fait mention en l'article 235, sera déclarée nulle, s'il est prouvé d'ailleurs qu'elle a été faite ou contractée en fraude des droits de la femme.

Art. 244. — L'action en divorce s'éteint par la réconciliation des époux survenue, soit depuis les faits allégués dans la demande, soit depuis cette demande.

Dans l'un et l'autre cas, le demandeur est déclaré non-recevable dans son action ; il peut, néanmoins, en intenter une nouvelle pour cause survenue ou découverte depuis la réconciliation et se prévaloir des anciennes causes à l'appui de sa nouvelle demande.

L'action en divorce s'éteint également par le décès de l'un des époux survenu avant que le jugement soit devenu irrévocable par la transcription sur les registres de l'état civil.

Art. 245. — Lorsqu'il y a lieu à enquête, elle est faite conformément aux dispositions des articles 252 et suivants du Code de procédure civile.

Les parents, à l'exception des descendants, et les domestiques des époux peuvent être entendus comme témoins.

Art. 246. — Lorsque la demande en divorce a été formée pour toute autre cause que celle qui est prévue par l'article 232, le tribunal, encore que cette demande soit bien établie, peut ne pas prononcer immédiatement le divorce.

Dans ce cas, il maintient ou prescrit l'habitation séparée et les mesures provisoires pendant un délai qui ne peut excéder six mois.

Après le délai fixé par le tribunal, si les époux ne se sont pas réconciliés, chacun d'eux peut faire citer l'autre à comparaître devant le tribunal dans le délai de la loi pour entendre prononcer le jugement de divorce.

Art. 247. — Lorsque l'assignation n'a pas été délivrée à la partie défenderesse en personne et que cette partie fait défaut, le tribunal peut, avant de prononcer le jugement sur le fond, ordonner l'insertion dans les journaux d'un avis destiné à faire connaître à cette partie la demande dont elle a été l'objet.

Le jugement ou l'arrêt qui prononce le divorce par défaut est signifié par huissier commis.

Si cette signification n'a pas été faite à personne, le président ordonne sur simple requête la publication du jugement par extrait dans les journaux qu'il désigne. L'opposition est recevable dans le mois de la signification, si elle a été faite à personne, et, dans le cas contraire, dans les huit mois qui suivront le dernier acte de publicité.

Art. 248. — L'appel est recevable pour les jugements contradictoires dans les délais fixés par les articles 443 et suivants du Code de procédure civile.

S'il s'agit d'un jugement par défaut, le délai ne commence à courir qu'à partir du jour où l'opposition n'est plus recevable.

En cas d'appel, la cause s'instruit à l'audience ordinaire et comme affaire urgente.

Les demandes reconventionnelles peuvent se produire en appel, sans être considérées comme demandes nouvelles.

Le délai pour se pourvoir en cassation court du jour de la signification à partie, pour les arrêts contradictoires ; et, pour les arrêts par défaut, du jour où l'opposition n'est plus recevable.

Le pourvoi est suspensif.

Art. 249. — Le jugement ou l'arrêt qui prononce le divorce n'est pas susceptible d'acquiescement.

Art. 250. — Extrait du jugement ou de l'arrêt qui prononce le divorce est inséré aux tableaux exposés tant dans l'auditoire des tribunaux civils et de commerce que dans les *chambres* des avoués et *des notaires*.

Pareil extrait est inséré dans l'un des journaux qui se publient dans le lieu où siège le tribunal, ou, s'il n'y en a pas, dans l'un de ceux publiés dans le département.

Art. 251. — Le dispositif du jugement ou de l'arrêt est transcrit sur les registres de l'état civil du lieu où le mariage a été célébré.

Mention est faite de ce jugement ou arrêt en marge de l'acte de mariage, conformément à l'article 49 du Code civil. Si le mariage a été célébré à l'étranger, la transcription est faite sur les registres de l'état civil du lieu où les époux avaient leur dernier domicile, et mention est faite en marge de l'acte de mariage, s'il a été transcrit en France.

Art. 252. — La transcription est faite à la diligence de la partie qui a obtenu le divorce ; à cet effet, la décision est signifiée, dans un délai de deux mois, à partir du jour où elle est devenue définitive, à l'officier de l'état civil compétent, pour être transcrite sur les registres. A cette signification doivent être joints les certificats énoncés en l'article 548 du Code de procédure civile, et, en outre, s'il y a eu arrêt, un certificat de non-pourvoi.

Cette transcription est faite par les soins de l'officier de l'état civil, le cinquième jour de la réquisition, non compris les jours fériés, sous les peines édictées par l'article 50 du Code civil.

A défaut, par la partie qui a obtenu le divorce, de faire la signification dans le premier mois, l'autre partie a le droit, concurremment avec elle, de faire cette signification dans le mois suivant.

A défaut par les parties d'avoir requis la transcription dans le délai de deux mois, le divorce est considéré comme nul et non avenu.

Le jugement dûment transcrit remonte, quant à ses effets entre époux, au jour de la demande.

Art. 307. — Elle (la séparation de corps) sera intentée, instruite et jugée de la même manière que toute autre action civile ; néanmoins, les articles 236 à 241 lui seront applicables ; elle ne pourra avoir lieu par le consentement mutuel des époux.

Le tuteur de la personne judiciairement interdite peut, avec l'autorisation du conseil de famille, présenter la requête et suivre l'instance à fin de séparation.

Art. 2. — Le paragraphe suivant est ajouté à l'art. 310 :

Art. 310. — « La cause en appel sera débattue et jugée en chambre du conseil, sur rapport, le ministère public entendu. L'arrêt sera rendu en audience publique. »

Art. 3. — Le paragraphe ajouté à l'art. 343 du Code civil, par la loi du 6 décembre 1850, est modifié ainsi qu'il suit :

Art. 313. — En cas de jugement ou même de demande soit de divorce, soit de séparation de corps, le mari peut désavouer l'enfant né trois cents jours après la décision qui a autorisé la femme à avoir un domicile séparé et moins de cent quatre-vingts jours depuis le rejet définitif de la demande ou depuis la réconciliation.

L'action en désaveu n'est pas admise s'il y a eu réunion de fait entre les époux.

Art. 4. — Sont abrogés les articles 253 à 274 du Code civil, l'art. 881 du Code de procédure civil, les art. 1, 2, 3 et

4 de la loi du 27 juillet 1884, et toutes les dispositions contraires à la présente loi.

Art. 5. — La présente loi est applicable à l'Algérie et aux colonies de la Martinique, de la Guadeloupe et de la Réunion.

Dispositions Transitoires.

Art. 6. — Les instances en séparation de corps pendantes au moment de la promulgation de la loi du 27 juillet 1884 peuvent être converties, par le demandeur, en instance de divorce.

Cette conversion peut être demandée même en cours d'appel.

La procédure spéciale du divorce sera suivie à partir du dernier acte valable de la procédure de séparation de corps.

Peuvent être convertis en jugement de divorce, comme il est dit en l'article 310 du Code civil tous jugements de séparation de corps, antérieurs à la promulgation de la présente loi, devenus définitifs depuis trois ans.

Art. 7. — La présente loi s'appliquera aux instances de divorce commencées sous l'empire de la loi du 27 juillet 1884.

5 Mai 1886. — Nota. Une instruction générale de l'Enregistrement à cette date relative à l'exécution de la loi ci-dessus en tire les *conséquences fiscales* qui suivent :

1. Le *jugement* reste soumis au droit fixe de 75 francs, et *l'arrêt* au droit fixe de 150 fr. comme par le passé.

2. La *transcription* du jugement ou de l'arrêt sur les registres de l'état-civil et la mention qui doit être faite en marge de l'acte de mariage ne donnent ouverture, par elles mêmes, à aucun droit d'enregistrement.

3. La *perception du droit* de 150 fr. s'opère désormais ainsi :

S'il n'y a pas appel du jugement de première instance, le droit de 150 fr. est dû sur la *première expédition* de la transcription de ce jugement ou de l'acte de mariage modifié par la mention faite en marge.

En cas d'appel, le droit étant perçu par l'arrêt lors de l'enregistrement, ne doit pas être exigé sur l'expédition de la transcription ou de la mention de cet arrêt.

4. L'expédition assujétie à l'enregistrement doit recevoir la formalité *en débet*, quand elle est délivrée à l'époux demandeur ou défendeur, *judiciairement assisté.*

5. La formalité est donnée *gratis* (Art. 4. L. du 10 décembre 1850,) lorsque l'expédition est délivrée pour le *mariage d'un indigent.* La faveur octroyée par cet article s'applique aux pièces nécessaires pour le mariage des Français indigents à célébrer à l'étranger, mais il faut que les certificats d'indigents délivrés par les autorités compétentes soient revêtues du *visa* des agents consulaires de France.

---

3 Mai 1886. — Décret qui fixe la nomenclature et la division en 3 classes des *établissements insalubres, dangereux. et incommodes.*
— Voir un décret complémentaire du 5 mai 1888.

---

22 Juin 1886. — Loi relative aux *membres des familles ayant régné sur la France* :

1° Interdiction du territoire aux chefs de famille et à leurs héritiers directs dans l'ordre de la primogéniture ;

2° Autorisation d'interdire le territoire aux autres membres des dites familles, par décret du Président rendu en Conseil des ministres ;

3° Interdiction aux membres de ces familles d'entrer dans les armées de terre et de mer et d'exercer aucune fonction publique et aucun mandat électif.

20 Juillet 1886. — Loi relative à la Caisse Nationale des *retraites pour la vieillesse.*

Art. 1. — A partir du 1er janvier 1887, la caisse des retraites, créée par la loi du 18 juin 1850, prendra le nom de : *Caisse nationale de retraites pour la vieillesse* ; elle fonctionnera, sous la garantie de l'Etat, dans les conditions ci-après énoncées :

Art. 2. — La caisse nationale des retraites pour la vieillesse est gérée par l'administration de la caisse des dépôts et consignations, qui pourvoit aux frais de gestion.

Art. 3. — Il est formé, auprès du ministère du commerce, une commission supérieure chargée de l'examen de toutes les questions qui concernent la caisse nationale des retraites pour la vieillesse.

Cette commission présente chaque année au Président de la République, sur la situation morale et matérielle de la caisse, un rapport qui est distribué au Sénat et à la Chambre des députés.

Elle est composée de seize membres, ainsi qu'il suit :

2 Sénateurs nommés par le Sénat ;

2 Députés nommés par la Chambre ;

2 Conseillers d'Etat nommés par le Conseil d'Etat ;

2 Présidents de Sociétés de secours mutuels désignés par le Ministre de l'intérieur ;

1 Industriel désigné par le Ministre du commerce.

Ces membres sont nommés pour trois ans.

Font partie de droit de la commission :

Le Président de la Chambre de commerce de Paris ;

Le Directeur général de la Caisse des dépôts et consignations ;

Le Directeur du commerce intérieur au ministère du commerce ;

Le Directeur général de la comptabilité publique au ministère des finances ;

Le Directeur du mouvement général des fonds au ministère des finances ;

Le Directeur de la dette inscrite au ministère des finances ;

Le Directeur du secrétariat et de la comptabilité au ministère de l'intérieur.

La commission élit son président.

Art. 4. — Le capital des rentes viagères est formé par les versements volontaires des déposants.

Art. 5. — Les versements sont reçus et liquidés à partir de 1 fr. et sans fraction de franc.

Ils peuvent être faits, soit à *capital aliéné*, soit à *capital réservé.*

Art. 6. — Le *maximum de la rente viagère* que la caisse nationale des retraites est autorisée à inscrire sur la même tête est fixé à *douze cents francs.*

Art. 7. — Les sommes versées dans une année, au compte de la même personne, ne peuvent dépasser *1,000 francs.*

Ne sont pas astreints à cette limite :

1° Les versements effectués en vertu d'une décision judiciaire ;

2° Les versements effectués par les administrations publiques avec les fonds provenant des cotisations annuelles des agents non admis au bénéfice de la loi du 9 juin 1853 sur les pensions civiles ;

3° Les versements effectués par les sociétés de secours mutuels avec les fonds de retraite inaliénables déposés par elles à la caisse des dépôts et consignations.

En aucun cas, ces versements ne pourront donner lieu à l'ouverture d'une pension supérieure à 1,200 fr.

Art. 8. — Les rentes viagères constituées par la caisse national des retraites sont *incessibles et insaisissables* jusqu'à concurrence de 360 fr.

Art. 9. — Le montant de la rente viagère à servir est calculé conformément à des tarifs tenant compte pour chaque versement :

1° De l'intérêt composé du capital, fixé conformément à l'article 12 de la présente loi.

2° Des chances de mortalité, en raison de l'âge des déposants et de l'âge auquel commence la retraite, calculées d'après les tables dites de Deparcieux. — Ces tables seront ultérieurement rectifiées d'après les résultats dûment constatés des opérations de la caisse ;

3° Du remboursement, au décès, du capital versé, si le déposant en a fait la demande au moment du versement.

ART. 10. — L'entrée en jouissance de la pension est fixée, au choix du déposant, à partir de chaque année d'âge accomplie de *cinquante à soixante-cinq ans*.

Les tarifs sont calculés jusqu'à ce dernier âge.

Les rentes viagères au profit des personnes âgées de plus de soixante-cinq ans sont liquidées suivant les tarifs déterminés pour l'âge de soixante-cinq ans.

ART. 11. — Dans le cas de blessures graves ou d'infirmités prématurées régulièrement constatées, conformément au décret du 27 juillet 1861, et entraînant incapacité absolue de travail, la pension peut être liquidée même avant cinquante ans et en proportion des verse_ ments faits avant cette époque.

Les pensions ainsi liquidées pourront être bonifiées à l'aide d'un crédit ouvert chaque année au budget du ministère de l'intérieur.

Dans aucun cas, le montant des pensions bonifiées ne pourra être supérieur au triple du produit de la liquidation, ni dépasser un maximum de trois cent soixante francs (360 fr.), bonification comprise.

La commission supérieure statuera sur toutes les demandes de bonification et devra en maintenir les concessions dans la limite des crédits disponibles.

ART. 12. — Les tarifs établis en conformité de l'art. 9 sont calculés sur un taux d'intérêt gradué par quart de franc.

Un décret du Président de la République fixe au mois de *décembre de chaque année*, en tenant compte du taux moyen des placements de fonds en rentes sur l'État effectués par la caisse pendant l'année, celui des *tarifs qui doit être appliqué l'année suivante*.

Ce décret est rendu sur la proposition du Ministre des finances, après avis de la commission supérieure.

ART. 13. — Les versements peuvent être faits au profit de toute personne âgée de plus de trois ans.

Les versements opérés par les *mineurs* âgés de moins de seize ans doivent être autorisés par leur père, mère ou tuteur.

Le versement opéré antérieurement au mariage reste propre à celui qui l'a fait.

Les *femmes mariées*, quel que soit le régime de leur contrat de mariage, sont admises à faire des versements sans l'assistance de leur mari.

Le versement fait pendant le mariage, par l'un des deux conjoints, profite séparément à chacun d'eux par moitié.

Peut, néanmoins, profiter à celui des conjoints qui l'effectue, le versement opéré après que l'autre conjoint a atteint le maximum de rente ou après que les versements faits dans l'année au profit exclusif de celui-ci, soit antérieurement au mariage, soit par donation, ont atteint le maximum des versements annuels.

Le déposant marié qui justifiera, soit de sa séparation de corps, soit de sa séparation de biens contractuelle ou judiciaire, sera admis à effectuer des versements à son profit exclusif.

En cas d'absence ou d'éloignement d'unes deux conjoints depuis plus d'une année, le juge de paix peut accorder l'autorisation de faire des versements, au profit exclusif du déposant.

Sa décision peut être frappée d'appel devant la chambre du conseil du tribunal de première instance.

ART. 14. — Les *étrangers résidant* en France sont autorisés à faire des versements à la caisse des retraites pour la vieillesse aux mêmes conditions que les nationaux.

Toutefois ces étrangers ne pourront jouir, en aucun cas, des bonifications dont il est parlé au deuxième paragraphe de l'art. 11.

ART. 15. — Le déposant qui a stipulé le remboursement à son décès du capital versé peut, à toute époque, faire *abandon* de tout ou partie de ce capital, à l'effet d'obtenir une augmentation de rente, sans qu'en aucun cas le montant total puisse excéder douze cents francs.

Le donateur qui a stipulé le *retour du capital*, soit à son profit, soit au profit des ayants droit du donataire, peut également, à toute époque, faire l'*abandon du capital*, soit pour augmenter la rente du donataire, soit pour se constituer à lui-même une rente, si la réserve avait été stipulée à son profit.

ART. 16. — L'ayant droit à une rente viagère qui a fixé son entrée en jouissance à un âge inférieur à soixante-cinq ans peut, dans le trimestre qui précède l'ouverture de la rente, reporter sa jouissance à une autre année d'âge accomplie, sans que, en aucun cas, la rente, augmentée d'après les tarifs en vigueur, puisse excéder 1,200 fr. ni qu'il y ait lieu au remboursement d'une partie du capital déposé.

ART. 17. — Au décès du titulaire de la rente, avant ou après l'époque d'entrée en jouissance, le capital déposé est remboursé sans intérêts aux ayants droit si la réserve a été faite au moment du dépôt et s'il n'a pas été fait usage de la faculté accordée par l'art. 15 ci-dessus.

Les *certificats de propriété* destinés aux retraits de fonds versés à la caisse des retraites de la vieillesse doivent être délivrés dans les formes et suivant les règles prescrites par la loi du 28 floréal an VII.

ART. 18. — Le capital réservé reste acquis à la caisse des retraites en cas de déshérence ou par l'effet de la *prescription*, s'il n'a pas été réclamé dans les *trente années* qui auront suivi le décès du titulaire de la rente.

ART. 19. — Sont *remboursées sans intérêts* les sommes qui, lors de la liquidation définitive, seraient insuffisantes pour produire une rente viagère de deux francs, ou qui dépasseraient soit la somme de mille francs (1,000 fr.) par année, soit le capital nécessaire pour produire une rente de douze cents francs (1,200 fr.).

Est également remboursée sans intérêts par la caisse toute somme versée irrégulièrement par suite de fausse déclaration sur les qualités civiles, noms et âge des déposants ; ces irrégularités ne peuvent être invoquées par le titulaire du livret ou ses représentants pour exiger le remboursement du capital.

ART. 20. — Il est tenu à la caisse des dépôts et consignations un *grand-livre* sur lequel les rentes viagères pour la vieillesse sont enregistrées.

Un double de ce grand-livre est conservé au ministère des finances.

L'extrait d'inscription à délivrer à la partie doit, pour former titre valable contre l'État, être revêtu du *visa* du contrôle institué près la caisse des dépôts et consignations par la loi du 24 juin 1833.

ART. 21. — Il est *remis à chaque déposant un livret* sur lequel sont inscrits les versements par lui effectués et les rentes viagères correspondantes.

ART. 22. — Les fonds de la caisse nationale des retraites sont employés en rentes sur l'État, en valeurs du Trésor ou, sur la proposition de la commission supérieure et avec l'autorisation du ministre des finances, soit en valeurs garanties par le Trésor, soit en obligations départementales et communales.

Les sommes nécessaires pour assurer le service des arrérages sont déposées en compte courant au Trésor.

Le taux de l'intérêt dudit compte est fixé par le ministre des finances et ne peut être inférieur au taux d'après lequel est calculé, pour l'année, le montant des rentes viagères à servir aux déposants.

ART. 23. — La caisse nationale des retraites établit *chaque année le bilan* de ses opérations.

ART. 24. — Les *certificats, actes de notoriétés* et autres pièces exclusivement relatives à l'exécution de la présente loi seront délivrés *gratuitement* et *dispensés des droits de timbre et d'enregistrement*.

ART. 25. — Un *règlement* d'administration publique déterminera les mesures propres à assurer l'exécution de la présente loi et notamment : 1° les attributions et le mode de fonctionnement de la commission supérieure ; 2° la forme des *livrets* et des *extraits d'inscription* ; 3° le mode d'après lequel les versements seront faits soit directement par l' s°

déposants, soit pour leur compte par les caisses d'épargne et les associations de prévoyance mutuelle.

Art. 26. — Dans un délai qui ne pourra excéder une année après la promulgation de la présente loi, l'administration de la caisse des retraites devra s'être entendue avec les ministres des finances, des postes et des télégraphes pour permettre les versements chez les comptables directs du Trésor et chez les receveurs des postes, soit en espèces, soit en timbres postes,

Art. 27. — Dans le délai de six mois après la promulgation de la présente loi, une *instruction* pratique resumant les avantages et le fonctionnement de la caisse nationale des retraites sera rédigée, après avis de la commission supérieure, par l'administration de la caisse; cette instruction sera affichée :

1· Dans toutes les mairies ;

2· Dans tous les bureaux des comptables directs du Trésor.

3· Dans tous les bureaux de poste ;

4· Dans toutes les écoles publiques ;

Art. 28. — A partir du premier Janvier 1887 seront abrogées les lois des 18 Juin 1850, 28 mai 1853, 7 Juillet 1856, 12 Juin 1861, 4 Mai 1864, 20 décembre 1872, ainsi que toutes autres dispositions qui seraient contraires à la présente loi.

10 Septembre 1886. — Décret sur l'organisation de la justice musulmane en *Algérie*, sur les actes reçus par les Cadis ou par les *Notaires* avec le *tarif des droits et actes.*

26 Octobre 1886. — Décret fixant les formalités des *Actes notariés en Algérie.*

Art. 1er. — Les actes notariés sont reçus en Algérie par le Notaire en présence de deux témoins, mâles, citoyens français, jouissant de leurs droits civils et justifiant de leur inscription sur les listes électorales sachant signer et domiciliés dans l'arrondissement communal ou l'acte sera passé.

Art. 2. — L'art. 15 de l'arrêté du 30 Décembre 1842 est abrogé.

28 Décembre 1886. — Décret réglementant la nouvelle *organisation de la Caisse* des retraites pour la vieillesse, en 37 articles.

Nota. — Ce décret très long se trouve au n· *7564* de la Revue du Notariat de Mars 1887 et au Répertoire Defrenois, T. 7, Législ. p. 155.

31 Décembre 1886. — Décret relatif à l'apposition des scellés et à l'*inventaire* lors du décès d'un officier supérieur de la marine en activité de service.

31 Décembre 1886. — Décret qui déclare authentiques les tableaux de la *population de la France*, dressés par les préfets en exécution de la loi du 5 Avril 1886.

D'après ce dernier dénombrement, la France compte 87 départements, 362 arrondissements, 2,871 cantons, 36,121 communes et 38,218,903 habitants, soit 546,855 en plus qu'en 1881.

8 Janvier 1887. — Décret relatif à l'impôt de 3 0[0 sur le *revenu des valeurs mobilières* et aux droits de mutation sur les *accroissements* entre associés rendus exécutoires et applicables en Algérie.

Art. 1. — Sont déclarés exécutoires en Algérie les art 3 et 4 de la loi de finances du 28 décembre 1880 et l'art. 9 de loi de finances du 29 décembre 1884, sous la réserve toutefois des modifications et exceptions résultant des art, 2 et 4 de l'ordonnance du 19 octobre 1841.

Ces articles y seront en effet publiés et promulgués à la suite du présent décret qui sera inséré au journal officiel et au Bulletin des lois.

28-30 Mars 1887. — Loi qui approuve la Convention signée à Berne le 9 septembre 1886 concernant la création d'une *Union internationale* pour la protection des œuvres littéraires et artistiques.

Le décret promulguant cette loi est du 16 septembre,

30 Mars 1887. — Loi relative à la conservation des monuments et objets d'art ayant un intérêt historique et artistique

28 Avril 1887. — Loi ayant pour objet de modifier et de compléter la loi du 26 juillet 1873 sur l'établissement et la conservation de la propriété en Algérie.

11 Juin 1887. — Loi concernant la *diffamation et l'injure* commises par les *correspondances* postales ou télégraphiques circulant à *découvert.*

Art. 1. — Quiconque aura expédié par l'administration des postes et télégraphes, une correspondance à découvert contenant une diffamation, soit envers les particuliers, soit envers les corps ou les personnes désignés par les art. 26, 30, 31, 36 et 37 de la loi du 29 Juillet 1881, sera puni d'un emprisonnement de cinq jours à six mois, et d'une amende de 25 fr. à 3.000 fr. ou à l'une de ces deux peines seulement.

Si la correspondance contient une injure, cette expédition sera punie d'un emprisonnement de cinq jours à deux mois, et d'une amende de 16 fr. à 300 fr., ou de l'une de ces deux peines seulement.

Art. II. — Les délits prévus par la présente loi sont de la compétence des tribunaux correctionnels.

Les dispositions des art. 35, 46, 47, 60, 61, 62, 63, 64, 65 et 69 de la loi du 29 juillet 1881 leurs sont applicables.

29 Juillet 1887. — Décrets relatifs à la *naturalisation* en Tunisie, en Annam et au Tonkin.

22 Août 1887. — Décret organisant le régime disciplinaire des relégués collectifs aux colonies. (V. D. 18 Février 1888.)

24 Août 1887. — Décret portant *organisation du Notariat* dans les *établissements Français de l'Inde* et supprimant l'ancien Notariat et le tabellionage établis par les édits des 18 Novembre 1769, 30 Décembre 1775, 27 Janvier 1778 et l'arrêté du 6 Décembre 1838.

Ce décret, en 70 articles, est la reproduction presque littérale des 69 articles de la loi du 25 Ventôse an XI avec mêmes titres et mêmes sections, sauf les modifications et additions exigées par la situation des lieux et l'époque actuelle, et dont les principales, qui indiquent les tendances de la Chancellerie, nous paraissent intéressantes à être connues des Notaires et vont être reproduites.

Art. 6. — Il est défendu à tout Notaire d'instrumenter hors de son ressort, à peine d'être suspendu, etc.

« Dans les établissements où il n'existe qu'une étude, le Notaire en
« cas de décès, ou d'empéchement pour cause de parenté, de maladie
« ou d'absence légalement constatée, sera remplacé par une personne
« désignée par ordonnance du Juge président du Tribunal de première
« Instance ou du Juge de paix à compétence étendue.

Art. 11. — Nul acte notarié ne pourra être écrit qu'en langue Française. (Amendement) :

« Toutefois, lorsque les parties ou l'une d'elles en feront la demande,
« l'acte pourra être reçu dans la langue native la plus usitée dans
« chaque localité. Dans ce cas, la traduction en langue française devra
« toujours être immédiatement transcrite aux pieds de l'acte par le
« soin du Notaire et signé de lui ainsi que de l'interprète assistant,
« s'il y a lieu.

« Les copies, grosses ou expéditions devront toujours être délivrées
« dans les deux langues.

Art. 29. — Lorsque les actes sont produits hors de la colonie, les
signatures des Notaires qui les ont reçus ou des dépositaires qui en
délivrent copie sont *légalisées* par le Président du Tribunal de première
Instance ou le Juge de paix à compétence étendue.

« La signature du Président ou du Juge de paix est ensuite légalisée
« par le Procureur Général.

« La signature du Procureur Général est légalisée par le Gouver-
« neur ou l'Officier d'administration délégué par lui.

Art. 30. — Les Notaires tiennent *répertoire* de tous les actes qu'ils
reçoivent.

« Ces répertoires contiennent : 1º le numéro d'ordre de l'article ;
« 2º la date de l'acte ; 3º sa nature ; 4º son espèce, c'est-à-dire la men-
« tion qu'il est en minute ou en brevet ; 5º les nom, prénoms, qualités
« et demeure des parties ; 6º l'indication des biens, leur situation et le
« prix, lorsqu'il s'agira d'actes ayant pour objet la propriété, l'usufruit
« ou la jouissance des biens immeubles ; 7º la somme prêtée, cédée ou
« transportée, s'il s'agit d'obligation, cession ou transport ; 8º la rela-
« tion de l'enregistrement.

« Les notaires font *mention sur leurs répertoires, tous les trois mois*
« et avant visa du Receveur d'enregistrement, *des noms des clercs* qui
« pendant le précédent trimestre, ont été en cours de stage dans leurs
« études, du temps de travail accompli et du rang de cléricature.

Art. 31. — Les Notaires devront, en outre, *tenir un registre* particulier qui sera visé et parafé, comme il est dit pour le répertoire en
l'article précédent, et sur lequel ils inscrivent, à la date du dépôt, les
nom, prénoms, professions, domicile et lieu de naissance des personnes
qui leur remettront un *testament olographe*. Ce registre ne fera aucune
mention de la teneur du testament déposé.

« Si à l'époque où ils auront connaissance du décès de la personne
dont le testament olographe aura été déposé en leur étude, aucune
partie intéressée ne se présente pour requérir l'application de l'art 1007
« du Code civil, ils devront eux mêmes faire les diligences nécessaires
« pour la présentation dudit testament au Président du Tribunal de
« première Instance du ressort, ou au Juge de paix à compétence éten-
« due, après en avoir donné avis au parquet.

Art. 32. — Indépendamment du répertoire et du registre prescrits par
les articles précédents, les *notaires tiendront un registre* coté et parafé
soumis au visa du receveur du domaine, sur lequel ils devront mentionner jour par jour, sans blancs, lacunes ni transports en marge :
1º toutes les sommes ou valeurs qu'ils recevront en *dépôt* à quelque
titre que ce soit ; 2º les nom, prénoms, profession et demeure des déposants ; 3º la date des dépôts ; 4º l'emploi qui aura été fait des valeurs
déposées.

« La *vérification de ce registre et des fonds ou valeurs* reçus par le
« Notaire, sera faite ou ordonnée par les soins du *parquet*, au moins
« une fois par année.

Art. 33. — Les Notaires retiennent aux frais des parties pour le
dépôt des chartes coloniales créé par l'édit de Juin 1776, une *copie
figurée des actes* dont ils doivent garder minute, à l'exception toutefois
des inventaires ou des ventes sur inventaires.

« Pour les testaments, les Notaires sont tenus de remplacer la
« seconde minute par une expédition dans les quinze jours de l'ouver-
« ture et de la publication dudit testament.

« Les copies signées, suivant le cas, par le Notaire en second ou les
« témoins instrumentaires sont remises, en même temps que la
« minute au receveur de l'enregistrement qui la collectionne et la vise
« sans frais.

« En cas de perte du titre original elle fait la même foi que lui.

« Les Notaires tiennent, en outre, *répertoire des copies figurées*.

Art. 34. — *Les copies figurées ainsi que les répertoires sont, à la
diligence du Procureur de la République, déposés au greffe* du Tribunal
de première instance ou de la justice de paix dans les deux premiers mois
de chaque année, sous peine d'une amende de 50 fr. contre les retar-
dataires pour chaque mois de retard, et en outre de telles poursuites
disciplinaires et de dommages-intérêts qu'il appartiendra.

Art. 35. — *Les expéditions* des actes déposés actuellement par les
Notaires aux archives coloniales, et celles des actes qui auront été
reçus avant l'époque fixée pour l'exécution du présent décret, *feront foi
en justice et tiendront lieu des originaux*, si ceux-ci venaient à être
perdus.

Art. 41. — Les Notaires sont assujettis à un *cautionnement* qui
demeure fixé.... en immeubles à....., ou en argent à....

Art. 42. — Le *cautionnement en immeubles* est reçu et discuté par
le Procureur de la République du lieu, qui est chargé de pourvoir à
l'ensemble des diligences que comportent la constitution et la garantie
de ce cautionnement.

Art. 46. — Tout postulant doit justifier de sa *moralité et de sa
capacité*.

« À cet effet il présentée requête au Gouverneur qui l'autorise à se
« pourvoir devant la Cour, il fait viser ses pièces par le Procureur
« Général et les dépose au greffe.

« Le Président désigne un rapporteur, chargé de recueillir des ren-
« seignements sur la conduite du requérant et de lui faire subir un
« examen en présence de deux Notaires et d'un membre du parquet
« désigné par le Procureur Général. Extrait de la requête est affichée
« pendant un mois avec le nom du rapporteur, tant dans l'auditoire de
« la Cour que dans celui du Tribunal dans le ressort duquel le postu-
« lant doit exercer ; il est inséré, à trois reprises différentes, et à huit
« jours d'intervalle, dans une des feuilles publiques de la colonie.

Art. 47. — Dans les huit jours qui suivent l'expiration des délais
ci-dessus, le conseiller désigné fait son rapport en chambre du conseil,
et la Cour, le Procureur général entendu, émet son avis.

« Cet avis est transmis par le Procureur général au gouverneur qui
« délivre, s'il y a lieu, une commission provisoire au postulant.

« La commission énonce le lieu de sa résidence.

« Les Notaires sont définitivement nommés par le Président de la
« République, sur la proposition du Ministre de la marine et des
« colonies. »

Art. 52. — *La discipline* des Notaires appartient au Procureur
général.

Art. 53. — Au commencement de chaque année, le Procureur général
nomme parmi les Notaires en résidence dans le ressort du tribunal de
première instance de Pondichéry un *Syndic* dont les attributions con-
sistent :

1º A donner son avis, après information, s'il y a lieu, sur toutes les
plaintes qui seraient formées contre un Notaire de la colonie ;

2º A intervenir officieusement et comme conciliateur dans les debats
qui s'élèveraient soit entre des Notaires, soit entre les Notaires et leurs
clients ;

3º A donner son avis, lorsqu'il en est requis par les magistrats, sur
les difficultés qui feraient naître les réclamations d'honoraires, vacations et droits formées par les Notaires ;

4º A représenter les Notaires toutes les fois qu'il s'agit de leurs intérêts collectifs, et dans toutes leurs relations ou communications avec
l'autorité judiciaire.

« Le Syndic sortant peut être indéfiniment renommé ; il continue ses
« fonctions jusqu'à son remplacement. »

Art. 54. — Les *honoraires et vacations* non tarifés sont *réglés à
l'amiable* entre les Notaires et les parties, si non, conformément à un
tarif qui sera soumis à l'approbation du Ministre de la marine et des
colonies.

Art. 55. — Il est défendu aux Notaires de s'associer soit avec d'autres Notaires, soit avec des tiers pour l'exploitation de leurs offices.

« Il leur est également défendu, soit par eux-mêmes, soit par personnes interposées, soit directement soit indirectement. »

1º 2º à 6º — Voir art. 12, ordon. 4 janv. 1813.

7º Et spécialement de faire ou laisser intervenir leurs *clercs* ou quaté de *mandataires* d'une ou plusieurs des parties qui contractent devant eux.

ART. 59. — Les Notaires destitués peuvent être relevés des déchéances et incapacités résultant de leur destitution et jouir du bénéfice de la loi du 14 août 1885 sur la réhabilitation.

ART. 60. — Toutes les dispositions de la loi du 11 août 1885 relatives à la réhabilitation des condamnés à une peine correctionnelle sont déclarées applicables aux demandes formées en vertu de l'article précédent.

« Le délai de trois ans fixé par le dernier paragraphe de l'art. 62 du Code d'instruction criminelle, court du jour de la cessation des fonctions. »

ART. 61. — Le Gouverneur peut, sur le rapport du Procureur général accorder, pour des motifs graves des *congés aux Notaires*.

« *Les intérimaires* présentés par eux doivent, dans ce cas, justifier des conditions d'âge, de moralité et de capacité exigées des titulaires. »

---

26 Août 1887. — Décret déclarant applicable aux *colonies* la loi du 10 juillet 1885 sur l'*hypothèque maritime*.

---

22 Octobre 1887. — Décrets relatifs au transfert à Lille des facultés des lettres et de droit de Douai.

---

24 Octobre et 14 Mai 1887. — Décret portant réorganisation des *Archives nationales*.

---

7 Novembre 1887. — Loi portant *conversion des rentes 4 1/2 º/₀* (ancien fonds) et des rentes 4 º/₀, *en rentes 3 º/₀*, suivie d'un décret et d'un arrêté ministériel du même jour fixant les conditions d'exécution de cette loi.

ART. 1. — Le Ministre des finances est autorisé :

1° à inscrire au grand livre de la dette publique et à aliéner au mieux des intérêts du trésor une somme de 37,632,997 fr. de rente 3 º/₀, portant jouissance du 1er janvier 1888 ;

2° à rembourser à raison de 100 fr. par 4. 50 de rente, 4. 1/2 º/₀ ou par 4 fr. de rente 4 º/₀ les rentes 4. 1/2 º/₀ (anciens fonds) et les rentes 4 º/₀ inscrites au grand livre de la dette publique.

ART. 2. — Dans l'attribution des rentes 3 º/₀ à aliéner en exécution de l'art. 1er ci-dessus, un droit de préférence sera réservé aux détenteurs de rentes, dont le remboursement est autorisé par le même article.

Ce droit de préférence pourra être exercé par le détenteur de titres de rente 4. 1/2 º/₀ (anciens fonds) ou de rente 4 º/₀.

Soit jusqu'à concurrence seulement de la rente 3 º/₀ à laquelle lui donne droit le taux de conversion fixé par un décret, en échange des rentes 4 1/2 º/₀ ou à 4 º/₀ dont il est détenteur ;

Soit en outre, pour une somme de rente 3 º/₀ égale au montant de la réduction que sa rente à subie par le fait de la conversion, sans toutefois que cette somme de rente puisse comprendre des fractions de francs.

ART. 3. — Tout propriétaire de rente 4. 1/2 º/₀ (ancien fonds) ou de rente 4 º/₀ qui, dans un délai de dix jours à courir de l'époque qui sera fixée par un décret, n'aura pas demandé le remboursement effectif, ou fait connaître son intention de souscrire à l'intégralité de la rente à laquelle il a droit, en vertu de l'art. précédent, sera considéré comme exerçant son droit de préférence jusqu'à concurrence de la rente à la quelle lui donne droit le taux fixé pour la conversion.

ART. 4. 5. et 6.

ART. 7. — En ce qui concerne les propriétaires de rentes qui n'ont par la libre administration de leurs biens, l'acceptation de la conversion sera assimilée à un acte de simple administration et sera dispensée d'autorisation spéciale et de toute autre formalité judiciaire.

Les tuteurs, curateurs et administrateurs pourront, nonobstant toute disposition contraire, et notamment par dérogation de l'art. 3 de la loi du 27 février 1880, recevoir et aliéner ultérieurement, sans autorisation, les promesses de rente au porteur, représentatives des fractions de franc non inscriptibles résultant de la conversion des rentes appartenant aux incapables qu'ils représentent.

ART. 8. — Pour les rentes grévées d'usufruit, la demande de remboursement devra être faite par le nu-propriétaire et l'usufruitier conjointement, si elle est faite par l'un deux seulement, le Trésor sera valablement libéré en déposant à la caisse des dépôts et consignations, le capital de la rente.

Il en sera de même en ce qui concerne le remboursement des sommes représentant les fractions de franc non inscriptibles résultant de la conversion des rentes grévées d'usufruit, si la quittance de ces sommes n'est pas donnée à la fois par le propriétaire et par l'usufruitier.

Si le dépôt résulte du fait de l'usufruitier, celui-ci n'aura droit jusqu'à l'emploi, qu'aux intérêts que la caisse est dans l'usage de servir ; s'il résulte du fait du propriétaire, ce dernier sera tenu de bénéficier à l'usufruitier la différence entre le taux des intérêts payés et celui qui serait résulté de de la conversion. Toutefois il n'est porté aucune atteinte aux stipulations particulières qui règlent les droits du nu-propriétaire et de l'usufruitier (1).

ART. 9. — Tous les titres et expéditions à produire pour la conversion des rentes 4 1/2 º/₀ et 4 º/₀, pourvu que cette destination y soit exprimée et en tant qu'ils serviront

---

(1) *Nu-propriétaires usufruitiers*.

Au sujet des droits, et des rapports des nu-propriétaires et des usufruitiers, rappelons une difficulté qui se présente assez communément pour la production de l'inscription de rente qui reste entre les mains de l'usufruitier pendant toute la durée de l'usufruit.

Lorsque le nu-propriétaire d'une rente sur l'État vient à aliéner ses droits en totalité ou en partie, il y a lieu de faire parvenir à la Dette inscrite, en vue de la mutation à effectuer, un *certificat de propriété*

uniquement aux opérations nécessitées par la présente loi, seront visés pour timbre et *enregistrés gratis*.

ART. 10, 11, 12, et 13.

DÉCRET du même jour 7 mai 1887.

ART. 7. Les rentes, dont le remboursement n'aura pas été demandé dans les délais de l'art. 1er (du 14 novembre au 23 mai 1887), seront converties en rentes 3 % à raison de 83 centimes 3 millimes de rente 3 %, pour 1 fr. de rente 4 1/2 % et de 93 centimes 7 millimes de rente 3 % pour 1 fr. de rente 4 0/0.

ART. 8. — Les détenteurs de rentes 4 1/2 % ou de rentes 4 % converties, qui désireront user du droit de préférence qui leur est réservé par le § 4 de l'art. 2 de la loi du 7 novembre 1887, et obtenir en 3 % la somme de rente dont leur inscription a été réduite par la conversion, devront dans le délai de 10 jours de l'art. 1er dudit décret effectuer le dépôt de leurs titres et souscrire l'engagement d'acquitter le versement du prix de la rente complémentaire à laquelle ils ont droit.

La rente souscrite devra être égale à la différence entre la rente 4 1/2 % ou à 4 % présentée à la conversion et la rente 3 % attribuée en échange, déduction faite des fractions de francs. Il ne sera pas admis de souscription inférieure.

ART. 9. — Ces rentes seront remises au taux de 80 fr. 10 centimes par 3 fr. de rente et porteront jouissance du 1er janvier 1888.

ART. 10, 11 et 12

---

délivré par le Notaire détenteur de l'acte de cession.

En attendant que le dépôt de l'extrait d'inscription permette au Trésor de donner cours à cette opération, la rente est frappée d'un empêchement administratif pour assurer l'effet du transfert consenti ; de plus, le comptable qui paie les arrérages invite le porteur du titre à le lui laisser en échange d'un récipissé émanant de la Direction centrale.

Toutefois l'administration n'a pas le pouvoir de contraindre l'usufruitier à se dessaisir de son inscription ; et en cas de contestation, c'est aux parties intéressées qu'il appartient d'en poursuivre la remise à fin de régularisation. (2).

Lorsque par suite de mutation d'une rente inscrite pour l'usufruit au nom d'une personne et au nom de plusieurs autres pour la nu-propriété les nu-propriétaires demandent des titres séparés, la Dette Inscrite est dans l'usage de n'opérer cette division qu'autant qu'il lui est attesté que l'usufruitier y consent.

L'usufruitier peut, à son gré, disposer de son usufruit, sauf condition contraire, l'acquéreur ne devant en jouir que pendant la vie et sur la tête du vendeur.

Lors de l'extinction de l'usufruit par le fait du décès de l'usufruitier, la mutation de la rente, en pleine propriété au nom du nu-propriétaire, s'opère sur la simple *production de l'acte de décès*, accompagnée s'il y a lieu, du *certificat de vie du nu-propriétaire*.

Quand, au jour du décès de l'usufruitier, il est dû un prorata d'arrérages revenant à sa succession, le Trésor peut demander un *certificat de propriété* attribuant ce prorata à qui de droit, ou, à défaut, laisser ledit prorata en suspens, au compte du Trésor ; le nu-propriétaire peut aussi payer aux héritiers un prorata couru et produire un certificat

---

11 Novembre 1887. — DÉCRET réglant les formalités à remplir pour le *mariage des condamnés à la relégation* transférés dans les colonies françaises.

ART. 1er. — Les individus condamnés à la relégation et transférés dans les établissements pénitentiaires créés dans les colonies françaises en vertu de la loi du 27 mai 1885, sont, s'ils veulent y contracter mariage, dispensés des obligations imposées par les art. 151, 152 et 153 du Code civil.

ART. 2. — Les publications faites dans la colonie seront suffisantes pour la régularité du mariage, même dans le cas où le domicile des parties ne serait pas établi par un séjour de six mois.

ART. 3. — Les actes de l'État civil exigés par le Code civil pour pouvoir contracter mariage pourront être remplacés soit par un extrait de la feuille matriculaire, soit par un acte de notoriété, soit par toute autre pièce jugée suffisante par le Gouverneur en conseil privé.

---

15 Novembre 1887. — DÉCRETS réorganisant *l'administration de la justice* en Cochinchine et au Cambodge : les greffiers de justice de paix remplissent les fonctions de *Notaires* et celles de commissaire-priseur.

---

15 Novembre 1887. — Loi sur la *liberté des funérailles*.

ART. 1. — Toutes les dispositions légales relatives aux honneurs funèbres seront appliquées, quelque soit le caractère des funérailles, civil ou religieux.

ART. 2. — Il ne pourra jamais être établi, même par voie d'arrêté, des prescriptions particulières applicables aux funérailles, en raison de leur caractère civil ou religieux.

ART. 3. — Tout majeur ou mineur émancipé, en état de tester peut régler les conditions de ses funérailles, notamment en ce qui concerne le caractère civil ou religieux à leur donner et le mode de sa sépulture. Il peut charger

---

de propriété lui attribuant la rente avec droit à tous les arrérages dûs. enfin il a la faculté de verser ce reliquat à la Caisse des dépôts et consignation, et d'obtenir le résultat ci-dessus en déposant, avec l'acte de décès, le récipissé du versement.

Voir instruction sur la forme des certificats de propriété, 1874, 2e partie ci-après et l'excellent Manuel de Gorges et Bezard, sur les transferts et mutations.

(2) *Du refus de l'usufruitier d'aider de son titre le nu-propriétaire.*

Voici une *disposition légale* peu connue que nous sommes heureux de faire connaître aux Notaires et qui peut leur faciliter de tirer leurs clients d'embarras.

14 Ventôse an 3 (1 Mars 1795) DÉCRET qui modifie et interprète diverses dispositions de la loi du 14 Août 1793 sur la dette consolidée.

ART. 6. — Les créanciers de la nue-propriété des inscriptions sur le Grand livre ne pourront pas réclamer des extraits de leur inscription, leurs droits étant suffisamment établis et garantis par la mention faite sur le Grand livre. Mais lorsqu'ils voudront disposer de cette propriété, ils en feront la déclaration devant un Juge de paix ou un Notaire. Cette déclaration sera signifiée au Conservateur des oppositions, visée par le liquidateur de la Trésorerie et portée par le Directeur du Grand livre sur un livre particulier qui sera destiné pour le transfert des nues-propriétés. Cependant le Trésorier National *délivrera aux nus-propriétaires qui le demanderont un titre* pour prouver leurs droits à la nue-propriété d'après le mode qui sera déterminé par le Comité des finances.

Ce qui précède s'applique, bien entendu, à toutes mutations, transferts et autres opérations quelconques ayant pour objet des nues-propriétés de rentes dont on ne produirait pas les titres.

une ou plusieurs personnes de veiller à l'exécution de ses dispositions.

Sa volonté, exprimée dans un testament ou dans une déclaration faite en forme testamentaire, soit par devant *Notaire*, soit sous signature privée, a la même force qu'une disposition testamentaire relative aux biens ; elle est soumise aux mêmes règles, quant aux conditions de la révocation.

Un réglement d'administration publique déterminera les conditions applicables aux divers modes de sépulture. Toute contravention aux dispositions de ce réglement sera punie des peines édictées par l'article 5 de la présente loi.

Art. 4. — En cas de contestation sur les conditions des funérailles, il est statué, dans le jour, sur la citation de la partie la plus diligente par le juge paix du lieu du décès, sauf appel devant le président du tribunal civil de l'Arrondissement, qui devra statuer dans les 24 heures.

La décision est notifiée au maire, qui est chargé d'en assurer l'exécution.

Il n'est apporté par la présente loi aucune restriction aux attributions des maires, en ce qui concerne les mesures à prendre dans l'intérêt de la salubrité publique.

Sera punie des peines portées aux art. 199 et 200 du Code pénal, sauf application de l'art. 463 dudit Code, toute personne qui aura donné aux funérailles un caractère contraire à la volonté du défunt ou à la décision judiciaire, lorsque l'acte contenant la volonté du défunt ou la décision du juge lui aura été dûment notifié.

Art. 5. — La présente loi est applicable à l'Algérie et aux Colonies.

1er Décembre 1887. — Loi exonérant de l'impôt foncier les terrains nouvellement plantés en vignes âgées de moins de quatre ans, dans les départements ravagés par le phylloxera, et ce pendant quatre ans.

Nota. — Le Décret réglementaire est du 2 mai 1888.

---

1 et 3 Décembre 1887. — Démission de M. Grévy, comme *Président de la République* et nomination par l'Assemblée Nationale de M. Sadi Carnot, en remplacement et pour sept ans.

---

26 Décembre 1887. — Loi concernant les incompatibilités parlementaires des art. 8 et 9 de la loi du 30 Novembre 1875, rendues applicables aux élections sénatoriales.

---

4 Février 1888. — Loi réprimant les fraudes dans le commerce des *engrais*.

---

23 Février 1888. — Décret relatif à l'autorisation de procéder aux *adjudications forestières* (de bois morts, de bois dépérissants et de coupes vendues par unités de marchandises) dans les chefs lieux de canton ou les communes riveraines des forêts et dispensant les *affiches* annonçant ces ventes de la formalité du *visa* par les préfets et les sous-préfets.

---

30 Mars 1888. — Loi soumettant au timbre de 10 centimes les quittances d'arrérages de rentes viagères sur la vieillesse.

---

11 Avril 1888. — Loi portant modification des art. 105 et 107 du Code de Commerce concernant la *réception des objets transportés* et la *prescription des actions* contre les voituriers, commissionnaires, etc.

Art. 1er. — Les articles 105 et 108 du Code de commerce sont remplacés par les articles suivants :

Art. 105. — La réception des objets transportés et le paiement du prix de la voiture éteignent toute action contre le voiturier pour avarie ou perte partielle, si dans les trois jours, non compris les jours fériés, qui suivent celui de cette réception et de ce paiement, le destinataire n'a pas notifié au voiturier par acte extra-judiciaire ou par lettre recommandée sa protestation motivée.

Toutes stipulations contraires sont nulles et de nul effet. Cette dernière disposition n'est pas applicable aux transports internationaux.

Art. 108. — Les actions pour avaries, pertes ou retard, auxquelles peut donner lieu contre le voiturier le contrat de transport, sont prescrites dans le délai *d'un an*, sans préjudice des cas de fraude ou d'infidélité.

Toutes les autres actions auxquelles ce contrat peut donner lieu, tant contre le voiturier ou le commissionnaire que contre l'expéditeur ou le destinataire, aussi bien que celles qui naissent des dispositions de l'art. 541 du Code de procédure civile, sont prescrites dans le délai de *cinq ans*.

Le délai de cette prescription est compté, dans le cas de perte totale, du jour où la remise de la marchandise aurait dû être effectuée, et dans tous les autres cas, du jour où la marchandise aura été remise ou offerte au destinataire.

Le délai pour intenter chaque action récursoire est d'un mois, cette prescription ne court que du jour de l'exercice de l'action contre le garanti.

Dans le cas de transports faits pour le compte de l'État, la prescription ne commence à courir que du jour de la notification de la décision ministérielle emportant liquidation ou ordonnancement

Art. 2. — Dans les cas prévus par la présente loi, les prescriptions commencées au moment de la promulgation seront acquises par *cinq ans* à dater de cette promulgation, si, d'après la loi antérieure il reste un temps plus long à courir.

Art. 3. — La présente loi est applicable aux colonies de la Martinique, de la Guadeloupe et de la Réunion

---

14 Avril 1888. — Décret instituant un Conseil supérieur de *l'Assistance publique*.

---

4 Juin 1888. — Décret fixant les conditions exigées des *Sociétés d'ouvriers* français, pour pouvoir soumissionner les travaux ou fournitures faisant l'objet des *adjudications de l'État*.

16 Juin 1888. — Loi qui abaisse le *prix des passeports* à l'intérieur et à l'étranger à cinquante centimes en principal, compris frais de copier, de timbre et d'expédition.

Un décret du 24 juin rend cette loi applicable à l'Algérie.

———

26 Juin 1888. — Loi relative au *recrutement des sous-lieutenants de réserve* de l'armée active, de l'armée territoriale et de sa réserve.

ART. 1er. — Pourront être nommés au grade de sous-lieutenant dans le cadre des officiers de réserve, s'ils ont été proposés pour ce grade par leurs chefs directs :

1° Les sous-officiers appartenant par leur âge à la réserve de l'armée active qui satisferont à certaines conditions d'aptitude déterminées par le Ministre de la guerre ;

2° Les anciens engagés conditionnels d'un an appartenant par leur âge à la réserve de l'armée active qui satisferont à des examens déterminés par le Ministre de la guerre.

ART. 2. — Pourront être nommés au grade de sous-lieutenant dans l'armée territoriale s'ils ont été proposés pour ce grade par leurs chefs directs :

1° Les sous-officiers appartenant par leur âge à l'armée territoriale ou à sa réserve, qui satisferont à certaines conditions d'aptitude déterminées par le Ministre de la Guerre.

2° Les anciens engagés conditionnels d'un an, appartenant par leur âge à l'armée territoriale ou à sa réserve, qui satisferont à des examens déterminés par le Ministre de la Guerre.

ART. 3. — Selon les besoins du service, le Ministre de la Guerre est autorisé à affecter, en cas de mobilisation, au service de l'armée territoriale, les sous-lieutenants et les sous-officiers de la réserve de l'armée active. Ces officiers et sous-officiers n'en resteront pas moins soumis, en temps de paix, à toutes les obligations de leur classe.

———

25 et 28 Juin 1888. — Décret portant règlement pour l'avancement des lieutenants et sous-lieutenants de réserve. Ils pourront obtenir de l'avancement jusqu'au grade de capitaine inclusivement, mais au tour de choix et sur toute l'arme.

———

26 Juin 1888. — Loi relative au recrutement des sous-lieutenants de réserve de l'armée active, de l'armée territoriale et de sa réserve.

———

5 Juillet 1888. — Décret relatif aux *honoraires dus en Algérie aux Notaires*, à raison des *partages ou licitations*.

ART. 1er. — Les honoraires dus aux Notaires, Greffiers-Notaires et défenseurs ou Avoués, à raison des partages et licitations poursuivis en conformité de l'art. 19 de la loi du 28 avril 1887, seront provisoirement liquidés, avec réduction d'un dixième, sur le taux du n° 11 de l'art. 71 du tarif annexé au décret du 10 sept. 1886.

NOTA. — « Ce n° 11 du dit article 71 du tarif des droits à prélever par les Cadis et les autres Agents de la justice musulmane stipule :

« Acte de vente : au-dessous de 200 fr., 5 fr.; — de 200 fr. à 500 fr., 8 fr.; — de 500 fr. à 1000 fr., 12 fr.; — de 1000 fr. à 1500 fr., 15 fr. — de 1500 fr. à 2000 fr., 20 fr.; — de 2000 fr. à 4000 fr., 25 fr.; — de 4000 fr. à 10,000 fr., 30 fr.; — au-dessus de 10,000 fr., 40 fr.; plus 25 centimes par millier de francs au-dessus de 10,000 fr. »

———

8-12 Septembre 1888. — Décret portant *organisation de la justice au Tonkin.*

———

18 Septembre 1888. — Décret réglementant la procédure à suivre dans les Cours et Tribunaux de la Cochinchine, du Cambodge et du Tonkin en matière civile, criminelle, correctionnelle de simple police

———

2 Octobre 1888. — Décret relatif aux *étrangers résidant en France.*

ART. 1. — Tout étranger non admis à domicile qui se proposera d'établir sa résidence en France devra, dans le délai de quinze jours à partir de son arrivée faire à la Mairie de la commune où il voudra fixer sa résidence, une déclaration annonçant : 1° ses nom et prénoms, ceux de ses père et mère ; 2° sa nationalité ; 3° le lieu de sa naissance ; 4° le lieu de son dernier domicile ; 5° sa profession ou ses moyens d'existence ; 6° le nom, l'âge et la nationalité de sa femme et de ses enfants mineurs, lorsqu'il sera accompagné par eux.

Il devra produire toutes pièces justificatives à l'appui de sa déclaration. S'il n'est pas porteur de ces pièces, le maire pourra, avec l'approbation du préfet du département, lui accorder un délai pour se les procurer.

Un récépissé de sa déclaration sera délivré gratuitement à l'intéressé.

ART. 2. — Les déclarations seront faites à Paris au préfet de police et à Lyon au préfet du Rhône.

ART 3. — En cas de changement de domicile une nouvelle déclaration sera faite devant le maire de la commune où l'étranger aura fixé sa nouvelle résidence.

ART. 4. — Il est accordé aux étrangers résidant actuellement en France, et non admis à domicile un délai d'un mois pour se conformer aux prescriptions qui précèdent.

ART. 5. — Les infractions aux formalités édictées par le présent décret seront punies de peines de simple police, sans préjudice du droit d'expulsion qui appartient au ministre de l'intérieur en vertu de la loi du 13 décembre 1849, art. 7.

« Un Décret, du 27 oct. 1888, a prorogé le délai accordé aux étrangers par l'art. 14 pour faire leur déclaration de résidence, jusqu'au 1er janvier 1889. »

———

26 Octobre 1888. — Loi qui ajoute un paragraphe à l'art. 463 du Code pénal.

ART. 1er. — Le paragraphe suivant est ajouté à l'art. 463 du Code pénal :

« Dans les cas où l'amende est substituée à l'emprisonnement, si la peine de l'emprisonnement est seule prononcée par l'article dont il est fait application, le maximum de cette amende sera de 3000 fr.

Art. 2. — « La présente loi est applicable aux colonies de la Martinique, de la Guadeloupe et de la Réunion. »

------

26 Octobre 1888. — Loi relative à la création d'une *section temporaire du contentieux* au Conseil d'État pour concourir au jugement des affaires d'élections et de contributions directes ou taxes assimilées.

« Un décret du 9 novembre 1888 a créé cette section du contentieux *pour une durée d'une année*, à compter de son installation. « s'il n'en est autrement ordonné par un décret postérieur et réglementant l'exécution de la dite loi. »

------

5 Novembre 1888. — Décret relatif aux fonctions *d'avocats-défenseurs en Cochinchine.*

------

15 Décembre 1888. — Loi relative à la *création de syndicats* autorisés pour la défense des *vignes* contre le phylloxéra.

------

17 Décembre 1888. — Loi relative au transfert à *Lille* du chef-lieu d'*Académie fixé à Douai* par la loi du 14 juin 1854.

------

22 Décembre 1888. — Loi ayant pour objet de modifier et étendre la loi du 21 juin 1865 sur les *associations syndicales* pour l'exécution et l'entretien de travaux divers entre propriétaires intéressés.

------

28 Décembre 1888. — Décret sur le taux d'intérêt des rentes de la Caisse nationale des retraites pour la vieillesse, fixé à 4 °[., pour les versements effectués en 1889. (Art. 12, Loi 20 juil. 1886).

------

5 Janvier 1889. — Décret autorisant les fonctionnaires publics à *faire emploi* pour leur correspondance officielle expédiée en franchise *de cartes* simples destinées à *circuler à découvert*

------

13 Février 1889. — Loi rétablissant le *scrutin uninominal* pour l'élection des Députés.

Art. 1er. — Les articles 1, 2 et 3 de la loi du 16 juin 1885 sont abrogés.

Art. 2. — Les membres de la Chambre des Députés sont élus au scrutin individuel. Chaque arrondissement administratif dans les départements et chaque arrondissement municipal à Paris et à Lyon nomme un Député. Les arrondissements dont la population dépasse 100,000 habitants nomment un Député de plus par 100,000 ou fraction de 100,000 habitants. Les arrondissements, dans ce cas, sont divisés en circonscriptions dont le tableau est annexé à la présente loi et ne pourra être modifié que par une loi.

Art. 3. — Il est attribué un Député au territoire de Belfort, six à l'Algérie et dix aux colonies, conformément aux indications du tableau.

Art. 4. — A partir de la promulgation de la présente loi, jusqu'au renouvellement de la Chambre des Députés, il ne sera pas pourvu au remplacement des Députés dont le siège est vacant.

------

14 Février 1889. — Décret relatif aux curatelles aux successions et *biens vacants* dans les colonies du Pacifique, rendant applicable à la *Nouvelle Calédonie* le décret du 21 janv. 1882, en ce qui concerne les allocations attribuées au *curateur* à titre de vacations ou d'indemnités, lequel fixe le *taux des honoraires* à 1 1/2 o/o sur les *recettes*, 1 1/2 o/o sur les *dépenses* et 5 o/o sur le *solde créditeur*.

------

13 Février 1889. — Loi ajoutant à la loi du 23 mars 1855 sur la transcription une disposition sur la *renonciation par la femme à son hypothèque légale* par son concours à la vente notariée d'immeubles du mari ou de la communauté.

Article unique. — Il sera ajouté à l'article 9 de la loi du 23 mars 1855 une disposition ainsi conçue :

« La renonciation par la femme à son hypothèque légale au profit de l'acquéreur d'immeubles grevés de cette hypothèque en emporte l'extinction et vaut purge à partir, soit de la transcription de l'acte d'aliénation, si la renonciation y est contenue, soit de la mention faite en marge de la transcription de l'acte d'aliénation, si la renonciation a été consentie par acte authentique distinct.

« Dans tous les cas, cette renonciation n'est valable et ne produit les effets ci-dessus que si elle est contenue dans un acte authentique.

« En l'absence de stipulation expresse, la renonciation par la femme à son hypothèque légale ne pourra résulter de son concours à l'acte d'aliénation que si elle stipule, soit comme co-venderesse, soit comme garante ou caution du mari.

« Toutefois, la femme conserve son droit de préférence sur le prix, mais sans pouvoir répéter contre l'acquéreur le prix ou la partie du prix par lui payé de son consentement et sans préjudice du droit des autres créanciers hypothécaires.

« Le concours ou le consentement donné par la femme, soit à un acte d'aliénation contenant quittance totale ou partielle du prix, soit à l'acte ultérieur de quittance totale ou partielle, emporte même, à due concurrence, subrogation à l'hypothèque légale sur l'immeuble vendu, au profit de l'acquéreur, vis-à-vis des créanciers hypothécaires postérieurs en rang ; mais cette subrogation ne pourra préjudicier aux tiers qui deviendraient cessionnaires de l'hypothèque légale de la femme sur d'autres immeubles du mari, à moins que l'acquéreur ne se soit conformé aux prescriptions du paragraphe premier du présent article.

« Les dispositions qui précèdent sont applicables à la Guadeloupe, à la Martinique et à la Réunion.

------

19 Février 1889. — Loi relative 1° à la restriction du *privilège du bailleur d'un fonds rural* (art. 2102 C. c.) et 2° à l'attribution des indemnités dues par suite d'assurances (art. 1733 et 1690 C. c.)

Art. 1er. — Le privilège accordé au bailleur d'un fonds

rural par l'article 2102 du Code civil ne peut être exercé, même quand le bail a acquis date certaine, que pour les fermages des deux dernières années échues, de l'année courante et d'une année, à partir de l'expiration de l'année courante, ainsi que pour tout ce qui concerne l'exécution du bail et pour les dommages-intérêts qui pourront lui être accordés par les Tribunaux.

La disposition contenue dans le paragraphe précédent ne s'applique pas aux baux ayant acquis date certaine avant la promulgation de la présente loi.

Art. 2. — Les indemnités dues par suite d'assurances contre l'incendie, contre la grêle, contre la mortalité des bestiaux ou les autres risques, sont attribuées, sans qu'il y ait besoin de délégation expresse, aux créanciers privilégiés ou hypothécaires suivant leur rang.

Néanmoins les payements faits de bonne foi avant opposition sont valables.

Art. 3. — Il en est de même des indemnités dues en cas de sinistre par le locataire ou par le voisin, par application des art. 1733 et 1382 du Code civil.

En cas d'assurance du risque locatif ou du recours du voisin, l'assuré ou ses ayants-droits ne pourront toucher tout ou partie de l'indemnité sans que le propriétaire de l'objet loué, le voisin ou le tiers subrogé à leurs droits, aient été dé-intéressés des conséquences du sinistre.

Art. 4. — Les dispositions de l'article 2 ne préjudicieront pas aux droits des intéressés dans le cas où l'indemnité aurait fait l'objet d'une cession éventuelle à un tiers, par acte ayant date certaine au jour où la présente loi sera exécutoire, à la condition, toutefois, que le transport, s'il n'a pas été notifié antérieurement, en conformité de l'article 1690 du Code civil, le soit au plus tard dans le mois qui suivra.

---

4 mars 1889. — Loi modifiant la législation des *faillites* et créant la *liquidation judiciaire* (commerciale).

Art. 1er — Tout commerçant qui cesse ses payements peut obtenir, en se conformant aux dispositions suivantes, le bénéfice de la liquidation judiciaire telle qu'elle est réglée par la présente loi.

Art. 2. — La liquidation judiciaire ne peut être ordonnée que sur requête présentée par le débiteur au tribunal de commerce de son domicile, dans les quinze jours de la cessation de ses payements. Le droit de demander cette liquidation appartient au débiteur assigné en déclaration de faillite pendant cette période.

La requête est accompagnée du bilan et d'une liste indiquant le nom et le domicile de tous les créanciers.

Peuvent être admis au bénéfice de la liquidation judiciaire de la succession de leur auteur, les héritiers qui en font la demande dans le mois du décès de ce dernier décédé dans la quinzaine de la cessation de ses payements, s'ils justifient de leur acceptation pure et simple ou bénéficiaire.

Art. 3. — En cas de cessation de payement d'une Société en nom collectif ou en commandite, la requête contient le nom et l'indication du domicile de chacun des associés solidaires, et elle est signée par celui ou ceux des associés ayant la signature sociale.

En cas de cessation de payement d'une Société anonyme, la requête est signée par le directeur ou l'administrateur qui en remplit les fonctions.

Dans tous les cas, elle est déposée au greffe du tribunal dans le ressort duquel se trouve le siège social. A défaut du siège social en France, le dépôt est effectué au greffe du tribunal dans le ressort duquel la Société a son principal établissement.

Art. 4. — Le jugement qui statue sur une demande d'admission à la liquidation judiciaire est délibéré en Chambre du conseil et rendu en audience publique. Le débiteur doit être entendu en personne, à moins d'excuses reconnues valables par le tribunal. Si la requête est admise, le jugement nomme un des membres du tribunal juge-commissaire et un ou plusieurs liquidateurs provisoires. Ces derniers, qui sont immédiatement prévenus par le greffier, arrêtent et signent les livres du débiteur dans les vingt-quatre heures de leur nomination, et procèdent avec celui-ci à l'inventaire. Ils sont tenus dans le même délai de requérir les inscriptions d'hypothèques mentionnées en l'article 490 du Code de commerce.

Dans le cas où une Société est déclarée en état de liquidation judiciaire, s'il a été nommé antérieurement un liquidateur, celui-ci représentera la Société dans les opérations de la liquidation judiciaire. Il rendra compte de sa gestion à la première réunion des créanciers. Toutefois, il pourra être nommé liquidateur provisoire.

Le jugement qui déclare ouverte la liquidation judiciaire est publié conformément à l'article 442 du Code de commerce. Il n'est susceptible d'aucun recours, et ne peut être attaqué par voie de tierce opposition. Cependant, si le tribunal est saisi en même temps d'une requête en admission au bénéfice de la liquidation judiciaire et d'une assignation en déclaration de faillite, il statue sur le tout par un seul et même jugement, rendu dans la forme ordinaire, exécutoire par provision, et susceptible d'appel dans tous les cas.

Art. 5. — A partir du jugement qui déclare ouverte la liquidation judiciaire, toute action mobilière ou immobilière et toute voie d'exécution, tant sur les meubles que sur les immeubles, doivent être intentées ou suivies à la fois contre les liquidateurs et le débiteur.

Il ne peut être pris sur les biens de ce dernier d'autres inscriptions que celles mentionnées en l'article 4, et les créanciers ne peuvent poursuivre l'expropriation des immeubles sur lesquels ils n'ont pas d'hypothèque. De son côté le débiteur ne peut contracter aucune nouvelle dette, ni aliéner tout ou partie de son actif, sauf dans les cas qui sont énumérés ci-après.

Art. 6. — Le débiteur peut, avec l'assistance des liquidateurs, procéder au recouvrement des effets et créances exigibles, faire tous actes conservatoires, vendre les objets sujets à dépérissement ou à dépréciation imminente ou dispendieux à conserver, et intenter ou suivre toute action mobilière ou immobilière. Au refus du débiteur, il pourra être procédé par les liquidateurs seuls, avec l'autorisation du juge-commissaire. Toutefois, s'il s'agit d'une action à intenter, cette autorisation ne sera pas demandée, mais les liquidateurs devront mettre le débiteur en cause.

Le débiteur peut aussi, avec l'assistance des liquidateurs et l'autorisation du juge-commissaire, continuer l'exploitation de son commerce ou de son industrie.

L'ordonnance du juge-commissaire qui autorise la continuation de l'exploitation est exécutoire par provision, et peut être déférée, par toute partie intéressée, au tribunal de commerce.

Les fonds provenant des recouvrements et ventes sont remis aux liquidateurs, qui les versent à la Caisse des dépôts et consignations.

Art. 7. — Le débiteur peut, après l'avis des contrôleurs qui auraient été désignés conformément à l'article 9, avec l'assistance des liquidateurs et l'autorisation du juge-commissaire, accomplir tous actes de désistement, de renonciation ou d'acquiescement.

Il peut, sous les mêmes conditions, transiger sur tout litige dont la valeur n'excède pas quinze cents francs. Si l'objet de la transaction est d'une valeur indéterminée ou excédant quinze cents francs, la transaction n'est obligatoire qu'après avoir été homologuée dans les termes de l'article 487 du Code de commerce.

L'article 1er de la loi du 11 avril 1838 sur les tribunaux civils de première instance est applicable à la détermination de la valeur des immeubles sur lesquels a porté la transaction. Tout créancier peut intervenir sur la demande en homologation de la transaction.

Art. 8. — Le jugement qui déclare ouverte la liquidation judiciaire rend exigibles, à l'égard du débiteur, les dettes passives non échues ; il arrête, à l'égard de la masse seulement, le cours des intérêts de toute créance non garantie par un privilège, par un nantissement ou par une hypothèque.

Les intérêts des créances garanties ne peuvent être réclamés que sur les sommes provenant des biens affectés au privilège, à l'hypothèque ou au nantissement.

Art. 9. — Dans les trois jours du jugement, le greffier informe les créanciers, par lettres et par insertions dans les journaux, de l'ouverture de la liquidation judiciaire et les convoque à se réunir, dans un délai qui ne peut excéder quinze jours, dans une des salles du tribunal, pour examiner la situation du débiteur. Le jour de la réunion est fixé par le juge-commissaire.

Au jour indiqué, le débiteur, assisté des liquidateurs provisoires, présente un état de situation qu'il signe et certifie sincère et véritable et qui contient l'énumération et l'évaluation de tous ses biens mobiliers ou immobiliers, le montant des dettes actives et passives, le tableau des profits et pertes et celui des dépenses.

Les créanciers donnent leur avis sur la nomination des liquidateurs définitifs. Ils sont consultés par le juge-commissaire sur l'utilité d'élire immédiatement parmi eux un ou deux contrôleurs.

Ces contrôleurs peuvent être élus à toute période de la liquidation, s'ils ne l'ont été dans cette première assemblée.

Il est dressé de cette réunion et des dires et observations des créanciers un procès-verbal portant fixation par le juge-commissaire, dans un délai de quinzaine, de la date de la première assemblée de vérification des créances.

Ce procès-verbal est signé par le juge-commissaire et par le greffier. Sur le vu de cette pièce et le rapport du juge-commissaire, le tribunal nomme les liquidateurs définitifs.

Art. 10. — Les contrôleurs sont spécialement chargés de vérifier les livres et l'état de situation présenté par le débiteur et de surveiller les opérations des liquidateurs ; ils ont toujours le droit de demander compte de l'état de la liquidation judiciaire, des recettes effectuées et des versements faits.

Les liquidateurs sont tenus de prendre leur avis sur les actions à intenter ou à suivre.

Les fonctions de contrôleurs sont gratuites. Ils ne peuvent être révoqués que par le tribunal de commerce, sur l'avis conforme de la majorité des créanciers et la proposition du juge-commissaire. Ils ne peuvent être déclarés responsables qu'en cas de faute lourde et personnelle.

Les liquidateurs peuvent recevoir, quelle que soit leur qualité, une indemnité qui est taxée par le juge-commissaire.

Art. 11. — A partir du jugement d'ouverture de la liquidation judiciaire, les créanciers pourront remettre leurs titres, soit au greffe, soit entre les mains des liquidateurs. En faisant cette remise, chaque créancier sera tenu d'y joindre un bordereau énonçant ses nom, prénoms, profession et domicile, le montant et les causes de sa créance, les privilèges, hypothèques ou gages qui y sont affectés.

Cette remise n'est astreinte à aucune forme spéciale.

Le greffier tient état des titres et bordereaux qui lui sont remis et en donne récépissé. Il n'est responsable des titres que pendant cinq années à partir du jour de l'ouverture du procès-verbal de vérification.

Les liquidateurs sont responsables des titres, livres et papiers qui leur ont été remis, pendant dix ans, à partir du jour de la reddition de leurs comptes.

Art. 12. — Après la réunion dont il est parlé en l'article 9, ou le lendemain au plus tard, les créanciers sont convoqués en la forme prévue par le même article pour la première assemblée de vérification. Les lettres de convocation et les insertions dans les journaux portent que ceux d'entre-eux qui n'auraient pas fait à ce moment la remise des titres et bordereaux mentionnés en l'article 11 doivent faire cette remise, de la manière indiquée audit article, dans le délai fixé pour la réunion de l'assemblée de vérification. Ce délai peut être augmenté par ordonnance du juge-commissaire, à l'égard des créanciers domiciliés hors du territoire continental de la France.

La vérification et l'affirmation des créances ont lieu dans la même réunion et dans les formes prescrites par le Code de commerce en tout ce qui n'est pas contraire à la présente loi.

Art. 13. — Le lendemain des opérations de la première assemblée de vérification il est adressé en la forme prescrite par l'art. 9, une convocation à tous les créanciers, invitant ceux qui n'ont pas produit à faire leur production. Les créanciers sont prévenus que l'Assemblée de vérification à laquelle ils sont convoqués sera la dernière. Cette assemblée a lieu quinze jours après la première.

Si des lettres de change ou des billets à ordre souscrits ou endossés par le débiteur et non échus au moment de cette dernière assemblée sont en circulation, les liquidateurs pourront obtenir du juge-commissaire la convocation d'une nouvelle assemblée de vérification.

Art. 14. — Le lendemain de la dernière assemblée, dans laquelle le juge-commissaire prononce la clôture de la vérification, tous les créanciers vérifiés, ou admis par provision, sont invités, en la forme prescrite par l'art. 9, à se réunir pour entendre les propositions de concordat du débiteur et en délibérer.

Cette réunion a lieu quinze jours après la dernière assemblée de vérification.

Toutefois, en cas de contestation sur l'admission d'une ou plusieurs créances, le tribunal de commerce peut augmenter ce délai sans qu'il soit dérogé pour le surplus aux dispositions des art. 499 et 500 du code de commerce.

Art. 15. — Le traité entre les créanciers et le débiteur ne peut s'établir que s'il est consenti par la majorité de tous les créanciers vérifiés et affirmés ou admis par provision, représentant en outre les deux tiers de la totalité des créances vérifiées et affirmées ou admises par provision, le tout à peine de nullité.

Si le concordat est homologué, le tribunal déclare la liquidation judiciaire terminée. Lorsque le concordat contient abandon d'un actif à réaliser, les créanciers sont consultés sur le maintien ou le remplacement des liquidateurs et des contrôleurs. Le tribunal statue sur le maintien ou le remplacement des liquidateurs. Les opérations de réalisation et de répartition de l'actif abandonné se suivent conformément aux dispositions de l'art. 541 du code de commerce.

Dans la dernière assemblée, les liquidateurs donnent connaissance de l'état de leurs frais et indemnités, taxés par le juge-commissaire. Cet état est déposé au greffe. Le débiteur et les créanciers peuvent former opposition à la taxe dans la huitaine. Il est statué par le tribunal en chambre de conseil.

Dans tous les cas où il y a lieu à reddition de comptes par les liquidateurs, la disposition du paragraphe précédent est applicable.

Art. 16. — Sont nuls et sans effet, tant à l'égard des parties intéressées qu'à l'égard des tiers, tous traités ou concordats qui après l'ouverture de la liquidation judiciaire, n'auraient pas été souscrits dans les formes ci-dessus prescrites.

Art. 17. — Les prescriptions du décret du 18 juin 1880, contenant le tarif des droits et émoluments que les greffiers des tribunaux de commerce sont autorisés à percevoir, sont applicables au cas de liquidation judiciaire comme au cas de faillite.

Art. 18. — La notification à faire, s'il y a lieu, au propriétaire dans les termes de l'art. 450 du code de commerce, est faite par le débiteur et les liquidateurs avec l'autorisation du juge-commissaire, les contrôleurs entendus. Ils ont, pour cette notification, un délai de 8 jours à partir de la première assemblée de vérification.

Art. 19. — La faillite d'un commerçant admis au bénéfice de la liquidation judiciaire peut être déclarée par jugement du tribunal de commerce, soit d'office, soit sur la poursuite des créanciers :

1° S'il est reconnu que la requête à fin de liquidation judiciaire n'a pas été présentée dans les quinze jours de la cessation des payements ;

2° Si le débiteur n'obtient pas de concordat. Dans ce cas, si la faillite n'est pas déclarée, la liquidation judiciaire continue jusqu'à la réalisation et la répartition de l'actif, qui se feront conformément aux dispositions du deuxième alinéa de l'article 15 de la présente loi, si la faillite est déclarée, conformément aux art. 529 et suivants du code de commerce.

Le tribunal déclare la faillite à toute période de la liquidation judiciaire :

1° Si, depuis la cessation des payements ou dans les dix jours précédents, le débiteur a consenti l'un des actes mentionné dans les art. 446, 447, 448 et 449 du code de commerce, mais dans le cas seulement ou la nullité aura été prononcée par les tribunaux compétents ou reconnue par les parties ;

2° Si le débiteur a dissimulé ou exagéré l'actif ou le passif, omis sciemment le nom d'un ou de plusieurs créanciers, ou commis une fraude quelconque, le tout sans préjudice des poursuites du ministère public ;

3° Dans les cas d'annulation ou de résolution du concordat ;

4° Si le débiteur en état de liquidation judiciaire a été comdamné pour banqueroute simple et frauduleuse.

Les opérations de la faillite sont suivies sur les derniers errements de la procédure de la liquidation.

Art. 20. - L'art. 11 et les dispositions des paragraphes 1er, 3° et 4° de l'article 15 de la présente loi sont applicables à l'état de faillite.

Sont également applicables à l'état de faillite les dispositions de la loi présente concernant l'institution des contrôleurs.

Art. 21. - A partir du jugement d'ouverture de la liquidation judiciaire, le débiteur ne peut être nommé à aucune fonction élective ; s'il exerce une fonction de cette nature, il est réputé démissionnaire.

Art. 22. - L'art. 549 du code de commerce est modifié ainsi qu'il suit :

« Art. 549. - Le salaire acquis aux ouvriers directement employés par le débiteur, pendant les trois mois qui ont précédé l'ouverture de la liquidation judiciaire ou la faillite, est admis au nombre des créances privilégiées, au même rang que le privilège établi par l'art. 2101 du code civil pour le salaire des gens de service.

« Les salaires dus aux commis pour les six mois qui précèdent le jugement déclaratif sont admis au même rang ».

Art. 23. - Le premier paragraphe de l'article 438 du code de commerce et le n° 1 de l'énumération faite par l'article 586 sont modifiés comme il suit :

« Art. 438, § 1er. - Tout failli sera tenu, dans les 15 jours de la cessation de ses payements, d'en faire la délaration au greffe du tribunal de commerce de son domicile. Le jour de la cessation de payements sera compris dans les quinze jours. »

« Art. 586, 4°.... Si, dans les quinze jours de la cessation de ses payements, il n'a pas fait au greffe la déclaration exigée par les art. 438 et 439, ou si cette déclaration ne contient pas les noms de tous les associés solidaires. »

Art. 24. - Toutes les dispositions du code de commerce qui ne sont pas modifiées par la présente loi continueront à recevoir leur application en cas de liquidation judiciaire comme en cas de faillite.

DISPOSITIONS TRANSITOIRES.

Art. 25. - Le commerçant en état de cessation de payements dont la faillite n'aura pas été déclarée, ou dont le jugement déclaratif de faillite ne sera pas devenu définitif à la date de la promulgation de la présente loi, pourra obtenir le bénéfice de la liquidation judiciaire. Cette faculté s'exercera devant la juridiction saisie. La requête devra, dans tous les cas, être présentée dans la quinzaine de la promulgation.

Les faillites déclarées antérieurement à cette promulgation continueront à être régies par les dispositions du code de commerce ; sont toutefois applicables à ces faillites les dispositions de la présente loi concernant l'institution des contrôleurs.

Le jugement qui homolguera le concordat obtenu par le débiteur dont la faillite aura été déclarée antérieurement à la promulgation de la présente loi, ou qui déclarera celui-ci excusable, pourra décider que le failli ne sera soumis qu'aux incapacités édictées par l'art. 21 contre les débiteurs admis à la liquidation judiciaire.

Cette disposition sera applicable à tout ancien failli qui aura obtenu son concordat ou qui aura été déclaré excusable. Il devra saisir par requête le tribunal de commerce qui aura déclaré sa faillite et produire son casier judiciaire. Cette requête sera affichée pendant quinze jours dans l'auditoire. Le tribunal statuera en chambre du conseil. Sa décision n'est susceptible d'aucun recours.

L'inscription sur les listes électorales pourra être faite, à la suite de ces formalités, jusqu'au 31 mars date de la clôture des listes.

Art. 26. - La présente loi est applicable aux colonies de la Guadeloupe, de la Martinique et de la Réunion.

---

18 Mars 1889. - Loi relative aux *rengagements des sous-officiers* en 34 articles : - chap. I. art. 1 à 7. État des sous-officiers rengagés ou commissionnés. - Chap. 2. art. 7 à 30. Avantages pécuniaires. emplois civils ou militaires. - Chap. 3. art. 30 à 33. D'spositions spéciales à la gendarmerie, à l'armée de terre et aux troupes coloniales. - Art. 33. Dispositions transitoires. - L'art. 34 abroge la loi du 24 juillet 1873 sur les emplois civils réservés aux sous-officiers et celle du 21 juillet 1881, ainsi que toutes dispositions contraires à la présente loi.

---

19 mars 1889. - Loi relative aux *annonces sur la voie publique.*

Art. 1. — Les journaux et tous les écrits ou imprimés distribués ou vendus dans les rues et lieux publics ne pourront être annoncés que par leurs titres, leur prix, l'indication de leur opinion et les noms de leurs auteurs ou rédacteurs. — Aucun titre obscène ou contenant des imputations diffamatoires ou expressions injurieuses pour une ou plusieurs personnes ne pourra être annoncé sur la voie publique.

Art. 2 — Les infractions aux dispositions qui précèdent seront punies d'une amende de 1 fr. à 15 fr., et en cas de récidive d'un emprisonnement de 1 jour à 3 jours Toutefois l'art. 463 du Code pénal pourra toujours être appliqué.

---

28 Mars 1889. - DÉCRET relatif à la fabrication des cartes à jouer.

Avril 1889. *Loi sur le Code rural.*

(Titre VI. — Des animaux employés à l'exploitation des propriétés rurales).

SECTION I.

Des bestiaux et des chèvres.

Art. 1er. — Lorsque les animaux non gardés ou dont le gardien est inconnu ont causé du dommage, le propriétaire lésé a le droit de les conduire sans retard au lieu de dépôt désigné par le maire, qui, s'il connaît la personne responsable du dommage, aux termes de l'article 1385 du Code civil, lui en donnera immédiatement avis.

Si les animaux ne sont pas réclamés, et si le dommage n'est pas payé dans la huitaine du jour où il a été commis, il est procédé à la vente sur ordonnance du juge de paix, qui évalue les dommages.

Cette ordonnance sera affichée sur papier libre et sans frais à la porte de la mairie.

Le montant des frais et des dommages sera prélevé sur le produit de la vente.

En ce qui concerne la fixation du dommage, l'ordonnance ne deviendra définitive, à l'égard du propriétaire de l'animal, que s'il n'a pas formé opposition par simple avertissement dans la huitaine de la vente.

Cette opposition sera même recevable après le délai de huitaine, si le juge de paix reconnaît qu'il y a lieu, en raison des circonstances, de relever l'opposant de la rigueur du délai.

ART. 2. — Les préfets peuvent, après avoir pris l'avis des conseils généraux et des conseils d'arrondissement, déterminer par des arrêtés les conditions sous lesquelles les chèvres peuvent être conduites et tenues au pâturage.

ART. 3. — Les propriétaires de chèvres conduites en commun sont solidairement responsables des dommages qu'elles causent.

SECTION II.

Des animaux de basse cour, pigeons, abeilles et vers à soie.

ART. 4. — Celui dont les volailles passent sur la propriété voisine et y causent des dommages, est tenu de réparer ces dommages. Celui qui les a soufferts peut même tuer les volailles, mais seulement sur les lieux au moment du dégât, et sans pouvoir se les approprier.

ART. 5. — Les volailles et autres animaux de basse cour qui s'enfuient dans les propriétés voisines ne cessent pas d'appartenir à leur maître quoiqu'il les ait perdus de vue.

Néanmoins, celui-ci ne pourra plus les réclamer un mois après la déclaration qui devra être faite à la mairie par les personnes chez lesquelles ces animaux se sont enfuis.

ART. 6. — Les préfets, après avis des conseils généraux, déterminent, chaque année pour tous le département, ou séparément pour chaque commune, s'il y a lieu, l'époque de l'ouverture et de la clôture des colombiers.

ART. 7. — Pendant le temps de la clôture des colombiers, les propriétaires et les fermiers peuvent tuer et s'approprier les pigeons qui seraient trouvés sur leurs fonds, indépendamment des dommages-intérêts et des peines de police encourues par les propriétaires des pigeons.

En tout autre temps, les propriétaires et fermiers peuvent exercer, à l'occasion des pigeons trouvés sur leurs fonds, les droits déterminés par l'article 4 ci-dessus.

ART. 8. — Les préfets déterminent, après avis des conseils généraux, la distance à observer entre les ruches d'abeilles et les propriétés voisines ou la voie publique, sauf, en tout cas, l'action en dommage s'il y a lieu.

ART. 9. — Le propriétaire d'un essaim a le droit de le réclamer et de s'en ressaisir, tant qu'il n'a point cessé de le suivre ; autrement l'essaim appartient au propriétaire du terrain sur lequel il s'est fixé.

ART. 10. — Dans le cas où les ruches à miel pourraient être saisies séparément du fonds auquel elles sont attachées, elles ne peuvent être déplacées que pendant les mois de décembre, janvier et février.

ART. 11 — Les vers à soie ne peuvent être saisis pendant leur travail. Il en est de même des feuilles de mûrier qui leur sont nécessaires.

---

4 Avril 1889. — Loi autorisant le Crédit Foncier à émettre, à l'occasion de l'Exposition universelle de 1889, 1.200.000 bons de 25 fr. avec lots, munis de 25 tikets d'entrée de 1 fr., remboursables en 75 ans avec 81 tirages, dont 6 pendant l'exposition du 31 mai au 31 octobre, soit 5 lots de 100.000 francs et un lot de 500.000 francs.

---

8 Avril 1889. — DÉCRET constituant le Sénat en *Haute Cour de Justice* pour statuer sur les faits *d'attentat contre la sûreté de l'État* et autres faits connexes relevés à la charge du Général Boulanger, député, et de tous autres que l'instruction aura fait connaître, et convoquant la Haute Cour à se réunir au palais du Luxembourg le 12 avril.

---

10 Avril 1889. — Loi sur la *procédure à suivre devant le Sénat pour juger toute personne inculpée d'attentat commis contre la sûreté de l'État.*

---

16 Avril 1889. — Loi fixant à 0 fr. 15 cent. la taxe des lettres officielles non affranchies émanées des fonctionnaires et des personnes jouissant de la franchise illimitée pour la réception de leur correspondances de service et adressées à des destinataires vis-à-vis desquels ces fonctionnaires et ces personnes ne possédent aucun droit de franchise postale.

---

18 Avril 1889. — Loi ayant pour objet de compléter les dispositions de l'art. 1953 du Code civil en limitant la *responsabilité des aubergistes et hôteliers.*

ARTICLE UNIQUE. — Il sera ajouté à l'art. 1953 du Code civil le paragraphe suivant :

« Cette responsabilité est limitée à 1.000 fr. pour les espèces monnayées et les valeurs ou titres au porteur de toute nature non déposés réellement entre les mains des aubergistes ou hôteliers. »

DEUXIÈME PARTIE.

CIRCULAIRES, INSTRUCTIONS & LETTRES.

De MM. les Ministres, Préfets, Procureurs Généraux et de première instance, Directeurs généraux de l'Enregistrement, etc.

1873 A 1889.

1873 et 1874. — Instructions du Trésor sur la *Forme* et la *Délivrance* des *certificats de propriété*. (1)

DE LA FORME DES CERTIFICATS DE PROPRIÉTÉ POUR MUTATION DE RENTES NOMINATIVES

§ I. — *Désignation des Inscriptions.*

Les certificats de propriété à produire au Trésor pour la mutation des rentes sur l'État doivent énoncer en tête les inscriptions qui en font l'objet, par *série, numéros et sommes de rente* et en reproduire le libellé complet. (Un seul certificat est suffisant pour tous les titres dépendant d'une même succession, quelle que soit leur nature.)

§ II. — *Énonciation des Actes et Pièces.*

Les actes et pièces établissant les droits des parties y sont mentionnés par ordre de date et analysés sommairement ; il suffit d'en relater les stipulations relatives aux rentes dont la mutation est requise.

Quand le certificat comprend plusieurs inscriptions de rentes à partager entre divers ayants droit, il est nécessaire d'indiquer la portion revenant à chacun d'eux, non dans chaque rente isolément, mais dans l'ensemble des

titres, à moins que le Notaire ne juge cette distinction utile pour conserver la trace de l'origine.

Néanmoins, s'il y a plusieurs natures de rente, chaque espèce doit faire l'objet d'une attribution séparée.

§ III. *Certifié.*

Dans la disposition finale où se trouve la certification du droit de propriété, le Notaire doit désigner les nouveaux propriétaires par noms et prénoms, sans omettre les qualités civiles de : fille majeure, femme de....., ou veuve de..... et déterminer la portion de rente afférente à chacun. Il mentionne, lorsqu'il y a lieu, qu'ils sont légataires ou héritiers sous bénéfice d'inventaire. Pour les mineurs et interdits, il indique les noms, prénoms et qualités des tuteurs, administrateurs ou conseils judiciaires. Cette certification, spécialement quand il y a plusieurs rentes et plusieurs nouveaux titulaires peut être faite ainsi : « En conséquence, je certifie que les rentes énoncés en tête des présentes, s'élevant ensemble à...... appartiennent aux ci-après nommés et doivent être immatriculées comme suit, etc., etc.

Nota. — Lors qu'une rente revient pour l'usufruit à une personne et pour la nue-propriété à d'autres, l'usufruitier doit être désigné avant le nu-propriétaire.

§ IV. — *Titres collectifs. — Attribution divise ou sans distinction de parts.*

Lorsque plusieurs ayants droit figurent sur un même titre, il est nécessaire de faire connaître la somme de rente ou la quotité revenant à chacun, ou bien de dire qu'ils possèdent indivisément, sans que, dans aucun cas, on puisse laisser en doute le mode de possession, ni exprimer en

---

(1) L'importance et la fréquence de plus en plus grandes, des certificats de propriété dans la pratique Notariale, nous engage à reproduire ici les deux instructions du Trésor que nous trouvons dans l'excellent *Manuel des Transferts et mutations de rentes* sur l'État de MM. Gorges et Bézard, Chef et Sous-Chef du bureau central de la dette inscrite au Ministère des finances.

Nous recommandons spécialement à nos confrères cet ouvrage auquel la Chambre des Notaires de Paris et la Chambre Syndicale des agents de Change, en appréciant justement la valeur, ont souscrit 250 exemplaires. Il contient un recueil de renseignements et de documents, ainsi que de nombreuses formules de certificats de propriété qui peuvent être fort utiles aux Notaires.

même temps la division et l'indivision par des termes contradictoires, tels que « *conjointement ou chacun par moitié* « un quart, etc.; ou *indivisément ou chacun par moitié, un* « quart, etc. »

A défaut de constatation divise, formellement exprimée sur le titre, celui des intéressés qui voudrait ultérieurement se dessaisir de sa portion de rente aurait à réclamer le concours de ses co-propriétaires, ou à justifier de ses droits divis en produisant un nouveau certificat de propriété.

Une rente supérieure à 50 francs, recueillie dans une succession par des majeurs et des mineurs, peut être vendue sans qu'il soit besoin de l'autorisation du conseil de famille, lorsque cette rente leur est attribuée par le certificat de propriété divisément dans la proportion de leurs droits héréditaires et que la part divise des mineurs est inférieure à 50 francs. (Loi du 24 mars 1806.) Cette loi ayant été abrogée par la loi du 27 février 1880, ce dernier § est annulé.

§ V. — *Fractions de Franc.*

Dans le cas où le chiffre de rente ne se divise pas exactement sans fractions de franc, on peut toujours obtenir des titres distincts au moyen de cessions de centimes entre les co-propriétaires, constatées, à cet effet, dans le certificat de propriété.

§ VI. — *Mentions particulières à insérer dans les nouveaux Titres.*

Lorsque les énonciations contenues dans le certificat de propriété font connaître que les rentes sont soumises à certaines clauses ayant pour effet d'en restreindre la libre disposition, telles que l'incessibilité, la dotalité, la substitution, le droit de retour, les envois en possession, usufruits successifs, etc..., les actes stipulant les indisponibilités ou seulement la faculté d'aliéner à certaines conditions sont relatés dans le certificat, qui est alors terminé par une réquisition d'immatricule présentant textuellement les termes dans lesquels les nouveaux titres doivent être expédiés.

Même réquisition complète d'immatricule est nécessaire pour toutes opérations sur les nu-propriétés, telles que transferts, cantissements, etc.

Sauf ces cas d'indisponibilité, l'origine des rentes ne se mentionne pas sur les titres.

§ VII. — *Bénéfice d'Inventaire.*

Lors qu'une acceptation bénéficiaire concernant des mineurs ou autres incapables est relatée dans le cours du certificat de propriété, ce bénéfice d'inventaire doit être rappelé au certifié pour être mentionné sur les nouveaux titres.

§ VIII. — *Succession laissée dans l'indivision et gérée par un Administrateur.*

Pour les successions gérées provisoirement par un administrateur judiciaire, les noms, prénoms et qualités des héritiers ou légataires ne sont pas rappelés au certifié; la rente peut être inscrite simplement au nom de la succession du titulaire avec l'indication des noms et prénoms de l'administrateur ayant pouvoir soit de vendre et transférer la rente, soit seulement de toucher les arrérages, en vertu du jugement rendu par le tribunal de...... le......

Il en est de même quand une rente doit être immatriculée au nom d'un usufruitier et que les droits des nu-propriétaires ne peuvent être établis régulièrement, soit parce qu'ils sont inconnus, soit parce qu'il y a intérêt à ne pas les inscrire immédiatement, la nu-propriété est attribuée à la succession du *de cujus* ou à ses héritiers et légataires d'une manière générale.

§ IX. — *Rente prélevée pour acquit du Passif.*

Quand, dans un partage de succession, une partie de rente forme l'objet d'un prélèvement pour l'acquit du passif avec pouvoir à l'un des héritiers ou à un tiers d'en faire la réalisation, le Notaire peut se borner à certifier que la portion de rente affectée à l'acquit du passif dépend de la succession de M....... et que M....... a qualité pour vendre et transférer et en toucher le prix.

Il est inutile alors d'en requérir l'immatriculation au nom de la succession ou des héritiers par voie de mutation; l'opération s'effectue, dans ce cas, au moyen d'un transfert par le ministère d'un agent de change auquel on remet les pièces, sans qu'il soit besoin d'y joindre aucun extrait de procuration ou de liquidation.

§ X. — *Arrérages.*

Les arrérages doivent, à moins d'empêchement, être touchés avant la mutation.

Lorsque des titres distincts doivent être attribués aux nouveaux propriétaires, et qu'il est dû des arrérages arriérés, ces arrérages doivent, autant que possible, leur être attribués dans la même proportion que les rentes elles-mêmes.

Nota. — Quand un prorata d'arrérages dépend de la succession d'un usufruitier, il est utile d'en faire l'attribution au nu-propriétaire ou à ses représentants.

§ XI. — *Rectification de Noms et Prénoms.*

Les rectifications concernant les erreurs de noms et prénoms des titulaires peuvent être faites dans un certificat de propriété, en visant seulement la minute d'un acte de notoriété, sans qu'il soit besoin d'y relater l'annexe des actes de l'état civil.

Cette annexe n'est nécessaire que dans le cas où l'acte de notoriété est produit isolément, et encore elle n'est pas exigée par une simple interversion de prénoms ni pour une légère différence dans l'orthographe du nom.

§ XII. — *Établissements Religieux.*

Lors qu'il s'agit de dons ou de legs à des établissements religieux, l'immatricule est déterminée par les termes mêmes du décret ou de l'arrêté préfectoral qui a autorisé l'acceptation ou l'emploi en rentes. (Lettre du Garde des Sceaux du 30 mars 1865.)

§ XIII. — *Rentes au Porteur.*

Les rentes au porteur trouvées dans une succession ne sont pas assujetties à la double formalité de la cote et du parafe. (Arrêt de la Cour de cassation du 15 avril 1861). Aussi elles ne doivent pas figurer dans les certificats de propriété.

On doit s'abstenir également d'y requérir la délivrance des rentes au porteur, attendu que la conversion des inscriptions nominatives en rentes au porteur ne peut avoir lieu qu'en vertu d'un transfert et par le ministère d'un agent de change. (Ordonnance du 29 avril 1831, art. 2.)

§ XIV. — *Certificats collectifs.*

Deux Notaires exerçant dans le même ressort peuvent concourir à la rédaction d'un seul et même certificat de propriété. Dans ce cas, leur certification est collective ; elle ne doit pas être suivie de l'expression restrictive : chacun en ce qui le concerne.

Les certificats de propriété sont produits en originaux et non en expéditions, même lors qu'ils sont délivrés à l'étranger.

Le dépôt des pièces étrangères n'est obligatoire qu'à l'égard des procurations pour transférer.

Les cachets des deux Notaires doivent être apposés simultanément sur les certificats de propriété ainsi délivrés.

§ XV. — *Certificats de payement des droits de Succession.*

Lorsque la mutation d'une rente est requise par suite de décès (postérieur à la promulgation de la loi du 18 mai 1850 (lettre du Directeur général de l'enregistrement et des domaines, en date du 27 octobre 1868), le certificat de propriété doit toujours être appuyé du certificat de l'enregistrement prescrit par l'article 25 de la loi du 8 juillet 1852, à l'effet de constater que la rente a été comprise dans la déclaration de biens faite à cette administration.

Il est également exigé pour les successions vacantes ainsi que pour les successions ouvertes à l'étranger.

Ce certificat est affirmatif ou négatif, selon que le droit de mutation est dû ou non, ce que les agents de l'enregistrement sont exclusivement chargés d'apprécier ; par suite il n'y a pas lieu de s'en tenir au texte littéral de la loi du 8 juillet 1852 « Certificat constatant *l'Acquittement* des droits de mutation. »

§ XVI. — *Cas dans lesquels il est produit.*

Ainsi il doit être produit, notamment dans les circonstances suivantes :

1° Révision ou ouverture soit de propriétés, soit d'usufruit au profit de propriétaires ou usufruitiers conjoints ou successifs ;

2° Droit de retour au profit du donateur en cas de prédécès du donataire ;

3° Rentes inscrites postérieurement au décès de l'ayant droit, soit comme achats, soit en vertu de répartition tontinière ou d'emploi de fonds versés à la Caisse d'épargne ;

4° Décès, soit d'un donateur ou d'un cédant avant l'immatricule au nom des donataires ou cessionnaires des rentes données ou cédées, soit d'un titulaire qui serait reconnu par jugement ou autrement n'avoir jamais eu de droit à la rente ;

5° Décès des grévés de restitutions, de fidéicommissaires, exécuteurs testamentaires ou administrateurs quelconques, spécialement pour les rentes possédées par des étrangers ;

6° Attributions des biens de la communauté à l'époux survivant à titre de convention de mariage, en paiement de ses reprises, ou pour tout autre cause, renonciation à la communauté par la femme ou ses représentants.

Dans tous les cas ainsi que dans ceux analogues, le certificat de l'Enregistrement sera affirmatif ou négatif, mais spécial aux inscriptions qui doivent être désignées par sommes et numéros. (Instruc. de l'Enreg. du 27 avril 1875).

§ XVII. — *Cas de dispense.*

Il n'y a pas lieu à sa production dans les cas ci-après :

1° Décès antérieur à la promulgation de la loi du 18 mars 1850. (Lettre du Direct. 28 octobre 1868 ;

2° Décès de personnes domiciliées en Algérie et dans les colonies Françaises où les lois précitées n'ont pas été promulguées. (Instr. de l'Enregist. du 31 décembre 1857).

3° Décès de personnes domiciliées en Alsace-Lorraine, lorsque ce décès a eu lieu antérieurement au traité du 2 mars 1871. (Décision Ministérielle du 3 décembre 1873) ;

4° Successions en déshérence recueillies par le Domaine, les droits ne devenant exigibles que dans les cas où les héritiers du décédé auraient obtenu la remise des biens administrés par le Domaine.

5° Décès d'un usufruitier, lorsque par suite de l'extinction de l'usufruit, il y a réunion de cet usufruit à la nue propriété.

§ XVIII. — *Prescription.*

La prescription établie par la loi du 8 juillet 1852 est de trente ans.

DE LA DÉLIVRANCE DES CERTIFICATS DE PROPRIÉTÉ.

Sont appelés à délivrer les certificats de propriété relatifs aux rentes sur l'État, d'après l'ordre indiqué par l'art. 6 de la loi du 28 floréal an VII ;

1° Les notaires ;

2° Les juges de paix ;

3° Les greffiers des tribunaux de première instance et d'appel ;

4° Et à l'étranger, les magistrats autorisés par les lois de leur pays.

La compétence des juges de paix et des greffiers est limitée aux cas déterminés par la loi, tandis que celle des notaires peut être admise dans toutes les circonstances qui nécessitent la délivrance d'un certificat de propriété.

§ 1. — NOTAIRES.

1° Le notaire certificateur doit avoir la minute de l'un des actes translatifs de propriété.

Le droit de délivrance appartient au notaire détenteur :

Soit de la minute de l'un des quatre actes mentionnés en l'article 6 de la loi du 27 floréal an VII : inventaire, partage, donation, testament ;

Soit de la minute d'un acte translatif quelconque, ayant trait à la propriété de la rente, telle que :

Contrat de mariage, transports de droits successifs, acceptation de donation, délivrance de legs, dépôt avec reconnaissance d'écritures, d'actes sous seing privé, nantissements, etc....

L'énumération faite en la loi du 28 floréal an VII ne peut être, en effet, considérée comme limitative, et une extension doit être admise pour tous les autres actes attributifs ou translatifs de propriété.

Ainsi, sauf l'exception indiquée au n° 8 ci-après, le notaire qui n'est détenteur d'aucune minute ne peut avoir qualité, quand même il aurait reçu en dépôt les expéditions de tous les actes justificatifs des droits des parties.

2° Aucune distinction n'est à faire entre ces différents actes.

L'arrêt de la Cour des comptes du 24 Juin 1835 décide en principe *qu'il n'est pas besoin, de la part du Trésor, de faire un choix entre ses actes, et de distinguer ceux qui sont principaux de ceux qui ne sont qu'accessoires.*

Le notaire détenteur de la minute du dernier acte qui a fixé la propriété dans les mains des parties prenantes au jour du certificat de propriété, n'a pas un droit exclusif, mais un simple droit de préférence, et c'est en ce sens que doit être interprétée la délibération de la chambre des notaires de Paris du 9 ventôse an XIII, article 17.

Par suite, si deux ou plusieurs de ces actes ont été dressés par des notaires différents, et que ces notaires ne croient pas devoir concourir ensemble à la délivrance du certificat, ou qu'ils ne puissent le faire, comme n'étant pas du même ressort, le droit de délivrance appartient indistinctement au notaire détenteur de l'une quelconque des minutes, à la condition de faire le dépôt dont il va être ci-après parlé.

3° Dépôt à faire en l'étude du notaire certificateur.

Le notaire qui n'est détenteur que de l'une ou de plusieurs des minutes des actes translatifs de propriété doit viser en outre les expéditions ou extraits, à lui déposés pour minute, de tous autres actes reçus par d'autres notaires, et qui seraient nécessaires pour compléter l'établissement des droits des nouveaux propriétaires de la rente.

Ce dépôt pour minute est autorisé, même pour des actes reçus par des notaires de la même résidence ou du même ressort que le notaire certificateur. (*Statuts de la chambre des notaires, 1er mai 1870, art. 30 IIe partie*).

La représentation que le notaire certificateur se ferait faire de ces expéditions ou extraits serait insuffisante et ne pourrait tenir lieu du dépôt; il en serait de même, à plus forte raison, de la simple énonciation de ces actes.

Il se fera également déposer tous autres actes et pièces de toute nature qui seraient utiles, tels que : copies d'actes de l'état-civil, grosses ou extraits de jugement, originaux de significations, certificats de non-opposition ni appel, etc.

4° Actes de notoriété

La minute d'un simple acte de notoriété dressé à défaut d'inventaire, pour établir les qualités héréditaires des parties ou constater l'absence d'héritiers réservataires en cas de donation universelle ou de legs au même titre, ne peut suffire pour conférer au notaire qui en est détenteur la faculté de dresser le certificat de propriété, dès lors qu'il existe dans une autre étude la minute soit de l'un des actes visés en la loi de floréal, soit d'un acte quelconque translatif de propriété.

Ce notaire n'aurait donc pas qualité pour agir, même en se faisant déposer l'expédition ou l'extrait de ce dernier acte.

Telle est la prescription formelle imposée par l'arrêt précité du 24 Juin 1835 ; il établit comme règle absolue que la loi du 28 floréal a entendu *déléguer, pour dresser le certificat de propriété, le notaire détenteur de la minute de l'un des actes qui y sont indiqués et que cette délégation lui est essentiellement restrictive.*

Cet arrêt a été confirmé par deux autres arrêts de la Cour des comptes des 30 mars 1857 et 8 juin 1859.

Néanmoins, lorsque la mutation n'a pas d'autre cause de transmission que le fait du décès, cas dans lequel le juge de paix semble être le seul fonctionnaire désigné par la loi, le certificat de propriété délivré par un notaire et basé uniquement sur la minute d'un acte de notoriété ou sur le brevet original d'un acte de notoriété déposé pour minute, est reconnu comme suffisant et peut être admis.

5° Actes de cession de rentes.

Les transferts de rentes sur l'État ne peuvent s'opérer que sur la certification d'un agent de change. (*Loi du 28 floréal an VII ; arrêté du 27 prairial an X ; ordonnance du 14 avril 1819, art. 6, et arrêté du 30 janvier 1822*).

Par suite, un certificat de propriété délivré sur le vu de la minute d'un acte contenant transfert pur et simple d'une rente par le titulaire, au profit d'un tiers, ne peut être accepté pour faire opérer la mutation au nom de ce dernier. (*Décision ministérielle du 7 août 1821*).

Cependant de pareils certificats sont admis lorsqu'il s'agit d'une cession d'usufruit ou de nu-propriété ou bien lorsque la cession de la pleine propriété n'est que le complément ou l'accessoire de conventions ou obligations précédentes, telles que, par exemple, le cas de dation en payement par un acquéreur à son vendeur, liquidation de reprises, constitution de rente viagère, cession de fractions non inscriptibles, etc.

6° *Actes de réquisition*.

La minute d'un simple acte de réquisition ne peut conférer au notaire qui en est détenteur le droit de délivrer le certificat, à moins que la réquisition faite par *toutes les parties majeures et maîtresses de leurs droits* ne soit accompagnée d'une déclaration expresse de *leur part*, contenant division des rentes ou consentement de rester dans l'indivision.

Mais la réquisition faite seulement dans le certificat délivré en brevet est insuffisante ; il en serait de même de toute réquisition en minute émanant d'un *seul* ayant droit ou *d'incapables*.

7° *Jugements*.

Si la mutation s'est opérée en vertu d'un jugement, le notaire pourra avoir qualité, ainsi que le greffier, pour délivrer le certificat de propriété, parce que les droits des parties qui ont été l'objet d'une contestation peuvent résulter partiellement d'actes ayant précédé ou suivi ce jugement.

Il suffira alors que le notaire soit détenteur de la minute de l'un de ces actes, et il se fera déposer en outre la grosse du jugement et les pièces constatant son exécution, ou qu'il est passé en force de chose jugée, ainsi que les expéditions ou extraits de tous autres actes authentiques utiles, dont il n'aurait pas les minutes.

8° *Actes reçus à l'étranger*.

Quand il s'agit d'actes reçus à l'étranger et même dans les colonies françaises, un notaire français est également compétent en faisant déposer ces actes eux-mêmes, ou leurs expéditions ou extraits dûment légalisés.

L'arrêt de la cour des comptes précité, du 24 juin 1835, donne même un droit de préférence aux certificats délivrés par les notaires français.

9° *Légalisation*.

La signature des notaires, excepté pour le département de la Seine, est légalisée par le président du tribunal civil de l'arrondissement. Elle peut l'être aussi par le juge de paix de leur canton, lorsqu'ils n'exercent pas dans les chefs-lieux de département ou d'arrondissement. (*Loi du 25 ventôse an XI, art. 28, et loi du 2 mai 1861*).

§ II. — JUGES DE PAIX.

Compétence.

Les juges de paix ne sont compétents pour délivrer les certificats concernant les titulaires décédés dans leur ressort, qu'en l'absence de tout acte translatif ou attributif de propriété, et lorsque les droits des nouveaux propriétaires résultent uniquement des dispositions de la loi, sans être modifiés ou constatés par aucun acte antérieur ou postérieur au décès du titulaire. (*Annotation se trouvant à la suite du décret du 18 Septembre 1806*).

Incompétence.

Ainsi ils cessent d'avoir qualité pour cette délivrance lorsqu'il existe :

Actes notariés.

1° Un acte notarié quelconque ayant trait à l'hérédité ;

NOTA. — Une exception est faite pour un simple acte de notoriété qui aurait été dressé par un notaire à défaut d'inventaire pour constater des qualités héréditaires, acte que le juge de paix doit d'ailleurs s'abstenir de relater dans son certificat.

Jugements,

2° Un jugement en vertu duquel la mutation s'est opérée ;

Il en est ainsi non-seulement quand le jugement a statué sur la propriété des titres de rentes par suite d'une contestation survenue entre les parties, mais encore lorsqu'il a prononcé :

Soit l'envoi en possession provisoire ou définitive par suite d'absence ;

Soit la déclaration de vacance ou de déshérence d'un succession ;

Soit l'envoi en possession au profit d'un conjoint survivant ou de tout autre successeur irrégulier appelé a succéder à défaut d'héritiers légitimes.

Actes judiciaires.

3° Actes quelconques dressés au greffe d'un tribunal, tels que actes d'acceptation ou de renonciation, soit d'une communauté, soit d'une succession ;

Actes sous seing privé.

4° Actes sous seing privé, tels que ceux contenant partage ou transport des droits successifs ; ces sortes d'actes ne peuvent servir de base à l'établissement des droits des parties qu'autant qu'ils sont devenus authentiques par le dépôt avec reconnaissance d'écritures, en l'étude d'un notaire, ou que cette reconnaissance ait eu lieu en justice ; un greffier de justice de paix ne pouvant recevoir régulièrement le dépôt d'actes sous seing privé et les ranger dans les minutes du greffe. (*Arrêt de la Cour de cassation, chambre civile, audiences des 13 et 14 février 1866*).

Légalisation.

Les certificats de propriété sont délivrés en brevet par les juges de paix ; leur signature doit être légalisée par le président du Tribunal civil de l'arrondissement dans lequel ils exercent leurs fonctions.

Ainsi l'expédition, que délivrerait un greffier de justice de paix, d'un certificat de propriété conservé dans les minutes du greffe, ne pourrait être admise.

§ III. — GREFFIERS.

Jugement ou arrêt opérant une mutation.

Le greffier du Tribunal civil ou de la Cour d'appel délivre le certificat de propriété lorsque, par suite de contestations litigieuses, les droits des nouveaux propriétaires de la rente sont établis par un jugement ou un arrêt.

Mais si un jugement a pour objet seulement de prescrire des mesures conservatoires, telles que la nomination d'un administrateur, ou d'autoriser le transfert des rentes dépendant d'une succession, c'est au Notaire détenteur de la minute de l'un des actes qui ont dû précéder ou suivre l'obtention du jugement qu'appartient le droit exclusif de la délivrance.

Légalisation.

La signature du greffier du Tribunal ou de la Cour d'appel est légalisée par le président du Tribunal ou de la Cour.

§ IV. — NOTAIRES OU MAGISTRATS ÉTRANGERS ET CONSULS.

Notaires, magistrats.

Quant aux successions ouvertes à l'étranger, les certificats peuvent être délivrés par les magistrats, notaires ou autres fonctionnaires autorisés par les lois de leur pays, par la justification d'un certificat de coutume attestant que les signatures des certificats de propriété ont qualité à cet effet. *(Instruction relative à l'exécution de la loi du 14 avril 1819).*

Consuls étrangers.

Les consuls étrangers en France peuvent également délivrer des certificats de propriété pour les rentes qui dépendent des successions de leurs nationaux, mais seulement lorsque le droit d'instrumenter leur a été formellement reconnu par une convention diplomatique.

Consuls français.

De même les consuls français hors de France sont admis à délivrer des certificats de propriété pour les successions des Français décédés, domiciliés dans l'étendue de leur juridiction.

Légalisation.

Les certificats délivrés par les magistrats ou fonctionnaires étrangers sont légalisés en premier lieu par les autorités du pays, et ensuite par les consuls français et au ministère des affaires étrangères en France.

Ceux que délivrent les consuls étrangers ou français sont légalisés au ministère des affaires étrangères. *(Ordonnance des 23, 25 et 28 octobre 1833.*

1876. — Autre INSTRUCTION du Trésor sur les pièces à produire pour obtenir la *liquidation des arrérages* après décès des pensionnaires.

1° Le certificat d'inscription. S'il est adiré, une déclaration de perte faite devant le maire, en présence de deux témoins.

2° L'acte de décès du titulaire de la pension.

Cet acte doit être expédié sur papier timbré ; toutefois il peut être expédié sur papier libre pour les pensions militaires et de veuves de militaires et les pensions à titre de récompense nationale : mais il doit y être dit qu'il a été spécialement délivré pour servir à toucher les arrérages de la pension du défunt.

Quand il n'est pas délivré à Paris, la signature du maire ou de l'officier qui le remplace doit être légalisée : en France ou dans les possessions françaises, par le président du tribunal civil ou par le juge de paix, selon le cas, d'après la loi du 2 mai 1861 : à l'étranger, par l'autorité locale ; La signature de cette autorité sera légalisée par l'ambassadeur français ou par le fonctionnaire qui en remplit les fonctions, et celle de ce dernier par le Ministre des affaires étrangères.

On est dispensé de produire cette pièce au Trésor lorsque, dans le certificat de propriété, le notaire déclare en avoir une expédition dans ses archives.

3° Un certificat de propriété délivré, en exécution de l'article 6 de la loi du 28 floréal an VII, soit par le notaire détenteur de la minute de l'inventaire ou de tout acte translatif de propriété, soit par le juge de paix du domicile du défunt, à défaut d'inventaire, partage, etc.

Ce certificat doit être timbré (1). La signature des notaires et des juges de paix autres que ceux du département de la Seine sera dûment légalisée. Toute pièce rédigée en langue étrangère doit être traduite par un traducteur juré, dont la signature sera légalisée par le président du tribunal auprès duquel il est assermenté.

Quand un pensionnaire meurt, ses héritiers doivent réclamer le décompte des arrérages dus à son décès dans un délai de trois ans : sinon, leurs droits sont prescrits en vertu de la loi du 9 juin 1853.

Le *certificat de propriété* est dispensé de l'enregistrement, en vertu d'une loi du 13 décembre 1830 et d'une décision ministérielle du 29 octobre 1842.

Cette dispense s'applique aux pensions de toute nature.

Les héritiers d'un pensionnaire devront produire, en outre, une *déclaration de non-cumul*, conforme au modèle.

Cette déclaration ne peut être faite que par les héritiers eux-mêmes ou par l'un deux se portant fort pour les autres. Un mandataire ne peut le faire qu'autant que son mandat contient un pouvoir spécial à cet effet.

---

(1) Loi du 13 Brumaire an 7. Décision Minist. des Fin. 14 février 1877.

La déclaration doit être faite devant le maire ou devant le notaire. La signature de ce fonctionnaire sera légalisée suivant les règles indiquées plus haut.

La déclaration peut être comprise au certificat de propriété, qui sera, dans ce cas, signé par les déclarants.

Sont seuls dispensés de produire cette pièce les héritiers des donataires dépossédés, des donataires du Mont-de-Milan, et ceux des pensionnaires à titre de récompense nationale, lorsque, pour ces derniers, la loi qui a concédé la récompense a accordé la faveur de la pouvoir cumuler avec toute autre pension.

20 Avril 1874. — CIRCULAIRE de M. le Ministre de la Guerre rappelant que conformément à l'arrêté du 13 Nivôse an X, *les scellés doivent être apposés* sur les papiers, etc., de tous les officiers supérieurs décédés en activité de service ou en retraite, quelles qu'aient été leurs fonctions ou position.

2 Octobre 1874. — CIRCULAIRE de M. le Garde des Sceaux signalant les inconvénients de la *cote et du parafe* par les Notaires sur les *titres ou valeurs au porteur* dans les inventaires.

M. LE PROCUREUR GÉNÉRAL,

« Il résulte de renseignements qui me sont transmis par M. le Préfet de la Seine que son administration est fréquemment saisie de demandes en réfection d'obligations de la ville de Paris, rendues non négociables par la cote et le parafe que les notaires chargés de dresser l'inventaire où figurent ces valeurs, croient devoir y apposer, par une interprétation erronée des dispositions de l'art. 943 § 6 du Code de procédure civile.

« M. le Préfet de la Seine a consenti exceptionnellement, dans des espèces favorables, à donner suite à la demande de certains propriétaires, ainsi privés d'un des principaux avantages du titre au porteur; Mais son administration ne saurait, en principe, autoriser la délivrance de duplicata des obligations municipales, en dehors des cas formellement prévus et des conditions imposées par la loi.

« J'ai du, dès lors, me demander s'il n'y aurait pas opportunité, dans l'intérêt des propriétaires des titres, et conformément au désir qui m'a été exprimé par ce haut fonctionnaire, *à inviter les notaires à s'abstenir dorénavant de coter et parafer les titres au porteur qu'ils inventorient dans les successions.*

« L'interprétation donnée par la Cour de Cassation à la disposition précitée du code de proc. civ. ne nous permet pas d'hésiter. L'arrêt du 15 avril 1861 a, en effet, formellement décidé que la disposition du paragraphe 6 de l'art. 943, portant que les papiers à inventorier seront cotés et et parafés, n'est pas applicable aux titres au porteur, *dont ces formalités. — dit cet arrêt, — entraveraient nécessairement la négociation et par suite pourraient déprécier la valeur.* Il suffit, pour donner satisfaction au vœu de la loi et assurer la conservation de ces titres, de

« leur description et de leur remise entre les mains d'une personne convenue ou nommée par le président, conformément au § 9 de l'article précité.

« Cette pratique est depuis quelque temps déjà celle des notaires de Paris. Les résultats utiles qu'elle a produits me font penser qu'elle devrait être uniformément adoptée. Il y a donc lieu d'en recommander l'observation à toutes les chambres des notaires. »

Le Garde des Sceaux, Ministre de la Justice,
A. TAILHAND.

18 Février 1875. — CIRCULAIRE de M. le Ministre de la Guerre sur les *permissions de mariage des officiers* et assimilés.

Il m'a paru utile de compléter par les dispositions suivantes les prescriptions de la circulaire du 17 décembre 1843 (1) relative aux permissions de mariage des officiers et assimilés :

1° Les déclarations d'apport de la future avant comme après le mariage seront faites désormais par *acte notarié* (2), cet acte n'exclura pas la production du certificat mentionné au § 3 de la circulaire précitée ;

2° Il ne sera pas tenu compte dans la composition de l'apport de la future, de la valeur attribuée aux effets, bijoux et autres objets mobiliers composant son trousseau ou qui pourront lui être donnés à l'occasion de son mariage ;

3° L'apport dotal ne pourra être constitué en argent comptant ni en valeurs au porteur ;

4° La dot de la future ne saurait jamais être inférieure à un revenu personnel et non viager de 1.200 fr. au minimum.

Le ministre de la Guerre: DE CISSEY.

(1) La *circulaire* ministérielle du 17 décembre 1843, porte :

.... 3° toute demande d'un officier tendant à obtenir la permission de se marier sera accompagnée 1° d'un *certificat constatant l'état des parents de la future, le sien, la réputation* dont elle jouit ainsi que sa famille, *le montant et la nature de la dot* qu'elle doit recevoir, et la *fortune à laquelle elle doit prétendre.* Ce certificat sera délivré par le maire du domicile de la future et approuvé par le sous-préfet de l'arrondissement ; 2° d'un *extrait du projet de contrat* de mariage relatau l'*apport* de la future.

Le chef du corps, le général de brigade et le général de division devront, en transmettant la demande, y joindre leur avis motivé sur la moralité de la future épouse, sur la constitution de sa dot et sur la convenance de l'union projetée. A cet effet ils doivent recueillir, par l'intermédiaire de l'autorité militaire du domicile de la future, et donner des renseignements analogues à ceux que doit constater l'autorité civile.

(2) Une *circulaire du 26 juin 1888,* de M. de Freycinet, Ministre de la Guerre a décidé que les officiers supérieurs, etc., dont la solde est de 5.000 francs au moins, pourront être autorisés à se marier, sans que leur future ait à justifier d'un apport dotal. (Voir aussi 23 Août 1888).

3 Avril 1875. — CIRCULAIRE de M. le Garde des Sceaux sur les *Contrats de mariage des officiers.*

M. le Procureur Général, M. le Ministre de la Guerre a jugé utile de compléter par les dispositions de sa circulaire du 18 février dernier es prescriptions de la circulaire du 17 décembre 1843, relative aux permissions de mariage des officiers et assimilés.

Mon collègue a pensé qu'il y aurait intérêt pour assurer l'exécution de ces dispositions à ce que la *déclaration d'apport* faite ainsi par les parties devant *Notaire* fut rédigée par ces officiers publics d'après une *formule uniforme* offrant toutes les garanties désirables au point de vue de la sincérité des déclarations.

Ce résultat nous a paru pouvoir être atteint par l'adoption du modèle suivant :

DÉCLARATION D'APPORT

(A délivrer en brevet légalisé.)

PAR DEVANT. . . . . ONT COMPARU

« M. *(nom, prénoms, grade et domicile du futur époux).*

D'UNE PART

« Et Mlle *(nom, prénoms, qualité et domicile de la future épouse).*

D'AUTRE PART.

« Lesquels, pour se conformer aux prescriptions des circulaires de « M. le Ministre de la guerre du 17 décembre 1843 et du 18 février 1875, « ont, dans la vue du mariage projeté entr'eux, établi ainsi qu'il suit « l'apport de Mlle . . . , future épouse.

« Dans le contrat qui doit régler les clauses et conditions civiles « de son mariage avec M. . . . Mlle . . . . comparante, apportera en mariage et se constituera en dot les biens et valeurs dont la désignation suit .

(Désigner les biens composant l'apport de la future).

« Déclarant et affirmant SUR L'HONNEUR, lui comparante, ès-qualités « des notaires soussignés, l'existence des biens et valeurs ci-dessus « désignés, lesquels seront et demeureront affectés réellement à la « constitution de dot, et n'ont été empruntés ni en totalité ni en « partie en vue du mariage projeté :

« DONT ACTE :

« FAIT ET PASSÉ, etc.

Si la future épouse était mineure, elle devrait, dans la déclaration dont le modèle précède, être assistée de ceux dont le consentement est nécessaire pour la validité du mariage.

Si une dot devait être constituée ou une donation faite à la future épouse, il y aurait lieu de faire comparaître le donateur avec les futurs époux.

Et, dans ce cas, après l'apport personnel constaté comme dessus, on ajouterait :

« De son côté M. *(le donateur)* . . . . « se propose dans le même contrat qui doit régler les conditions civiles « du mariage de M. . . . avec Mlle . . . de faire à cette dernière « une donation dans les termes suivants :

« En considération du mariage projeté, M. . . . . . . donne et « constitue en dot à Mlle . . . . future épouse « les biens et valeurs dont la désignation suit :

(Désignation des biens et valeurs donnés).

Telle est la formule de l'acte qui, par sa forme et son caractère, a semblé mieux réunir les conditions exigées.

Je vous prie de vouloir bien veiller à ce que ces instructions soient portées à la connaissance des Chambres de Notaires de votre ressort. Recevez, Monsieur le Procureur Général, etc.

Le Garde des Sceaux, ministre de la Justice

J. DUFAURE.

---

12 Août 1875. — Circulaire de M. le Garde des Sceaux complétant les deux circulaires ci-dessus.

« Depuis la circulaire du 3 avril 1875, relative aux formalités à remplir par les officiers qui demandent l'autorisation de contracter mariage, Monsieur le Ministre de la Guerre a été consulté sur les points suivants :

« 1° Est-il indispensable que l'officier qui désire se marier compa-

raisse en personne devant le Notaire rédacteur de la déclaration d'apport ?

« 2° Faut-il absolument que la future épouse se constitue personnel_ lement la dot réglementaire et le capital ou la rente que le donateur (parent ou ami de la future) déclare vouloir lui constituer en dot à l'occasion du mariage projeté. S'il repose sur de bonnes valeurs, bien garanties, mais inscrites au nom du donateur, doit-il être absolument, avant que le mariage soit effectué, transféré au nom de la future épouse ?

« Mon collègue, qui a bien voulu me consulter préalablement à ce sujet, a décidé, en réponse à ces deux questions :

« 1° Que l'officier, futur époux, pouvait lorsqu'il lui serait impossible d'assister lui-même à la passation de l'acte d'apport, être dispensé de cette formalité. Dans ce cas, il suffira de l'affirmation sur l'honneur, faite par le futur, et par ses assistants, s'il y a lieu, que les biens et valeurs énoncées dans la dite déclaration, lesquels doivent demeurer affectés réellement à la constitution de la dot, n'ont été empruntés, ni en totalité, ni en partie, en vue du mariage projeté. (Décision ministérielle du 14 avril 1875).

« 2° Il n'est pas indispensable que la future se constitue personnellement la dot réglementaire. De plus, les valeurs reposant sur de bonnes garanties, mais inscrites au nom du donateur, et qu'il déclare affecter à la constitution de la dot de la future épouse, doivent être acceptées dans la déclaration d'apport et la constitution de dot de la future épouse.

« Je vous prie de vouloir bien inviter vos substituts à faire porter ces décisions, par l'intermédiaire des chambres de discipline, à la connaissance des Notaires de leurs arrondissements. Ces officiers publics auront, en effet, à en tenir compte pour la *rédaction de l'acte de déclaration d'apport*, dont je vous ai transmis le modèle par ma circulaire du 3 avril dernier. »

J. DUFAURE.

---

29 Octobre 1875. — Circulaire de M. le Garde des Sceaux sur la reconstitution des *actes de l'état-civil de Paris*, se trouvant dans les études de Notaires et annexés à leurs actes et minutes, en *exécution* de la loi du 3 avril 1875.

1875. — Lettre aux Notaires de France du Président de la Commission de reconstitution desdits *actes de l'état-civil* de Paris, leur adressant copie de l'*instruction rédigée* à cet effet *par la Chambre des Notaires de Paris* et de la formule à mettre en tête des copies, avec prière de suivre les règles de cette instruction très complète et les modèles et formules qui l'accompagnent.

---

25 Juin 1876. — Décision du Ministre des Finances que les *reçus délivrés par les Trésoriers payeurs généraux de fonds versés en compte courant*, ne sont sujets qu'au timbre de 0 fr. 10 cent. lorsqu'ils sont purs et simples, ne contenant pas d'indications ou stipulations précises qui leur impriment le caractère d'obligations de sommes ; dans les autres cas, ils sont passibles du droit proportionnel.

---

8 Août 1876. — Circulaire de M. le Garde des Sceaux recommandant aux Notaires de ne point mentionner dans les actes qu'ils font signer à des *détenus*, qu'ils ont *reçu leurs signatures* dans des *prisons, maisons de détention, réclusion* ou autres.

Monsieur le Procureur Général,

Il arrive souvent que les Notaires, lorsqu'ils ont à dresser des actes où des détenus sont parties, se croient obligés de désigner la prison ou la maison de détention dans laquelle ils instrumentent

De cette mention résulte, pour la famille des détenus, une sorte de flétrissure d'autant plus regrettable que les actes qui la contiennent sont fréquemment annexés aux registres de l'état-civil, et reçoivent ainsi une publicité qui perpétue le souvenir de la pénalité encourue.

L'Administration pénitentiaire a tenté de remédier à cet inconvénient en autorisant le tranfèrement des détenus dans les études des notaires.

Mais cette dérogation au régime des prisons soulève d'assez graves objections et rend plus difficile la surveillance. Aussi M. le Ministre de l'intérieur désire-t-il y mettre un terme le plus tôt possible. Dans ce but, il m'a prié de faire observer aux notaires appelés dans les prisons pour dresser des actes de leur ministère, qu'ils ne sont point tenus de désigner le lieu précis où leurs actes sont reçus.

En effet, si l'ordonnance de 1679 (art. 167) les obligeait à mentionner « la maison où le contrat était passé, » la loi du 25 ventôse an XI, (art. 12), n'a pas reproduit cette disposition ; elle exige seulement l'*énonciation du lieu où les actes sont passés*. Cette expression ne doit pas être entendue dans le sens étroit qu'impliquait nécessairement la prescription ancienne. Il paraît naturel d'en limiter la signification à la section de territoire qui forme la base de notre organisation administrative, c'est-à-dire la commune.

La doctrine et la jurisprudence ont admis, d'un commun accord, que la désignation de la ville où l'acte était dressé suffisait pour en assurer la validité. (Voir Larombière, art. 1317, n° 21, arrêt de cassation du 23 novembre 1825)

Cependant, si le notaire tient à inscrire dans les actes des indications plus précises, il lui est loisible de spécifier la rue ou tout autre renseignement complémentaire ; mais il doit faire en sorte de ne pas désigner le lieu du contrat par les mentions expresses de : *prison, maison de détention, de réclusion ou maison centrale.*

En cas de décès dans les prisons, le législateur a pris soin (art. 85 du Code civil) d'interdire expressément la mention du lieu où le décès est survenu. Cette disposition indique nettement l'esprit de notre législation et fixe implicitement la règle à laquelle les officiers ministériels doivent se conformer.

Je vous prie, Monsieur le Procureur Général, de communiquer aux Chambres de discipline de votre ressort les considérations qui précèdent, j'ai lieu d'espérer que les notaires s'appliqueront désormais à concilier, d'une part, l'intérêt des détenus et de leurs familles, et, d'autre part, l'exacte observation des formalités prescrites par la loi du 25 ventôse an XI.

Vous voudrez bien m'accuser réception de la présente circulaire dont je vous envoie un exemplaire pour chacun de vos substituts.

Recevez, Monsieur le Procureur général, etc.

Le Garde des Sceaux, Ministre de la Justice, et des Cultes,
J. DUFAURE.

19 Octobre 1876. — Circulaire de M. Dufaure, Ministre de la Justice et des Cultes, *sur le Notariat* avec la lettre d'envoi du président de la Chambre des Notaires d'Amiens à tous ses Confrères.

Monsieur le Procureur Général,

Il s'est produit, à la suite des événements de 1870-1871, un assez grand nombre de désastres dans le notariat. Tous les ressorts judiciaires n'ont pas été atteints dans la même proportion ; certains d'entre eux ont eu le privilége d'être entièrement épargnés ; d'autres ont vu les ruines s'accumuler dans l'espace de quelques années. L'inégalité qui existe, à ce point de vue, entre les divers ressorts, démontre que les habitudes du notariat ne sont pas les mêmes dans toutes les régions, que les réglements ne sont pas observés partout avec la même exactitude, et que l'action des Chambres de discipline manque, en certains arrondissements, soit de la fermeté, soit de l'autorité nécessaires.

Si les sages prescriptions de l'ordonnance du 4 janvier 1843 avaient été partout respectées, les événements de 1870-1871 n'auraient pas eu les funestes contre-coups que je viens de signaler. Le nombre des destitutions prononcées contre des Notaires, qui ne dépassait pas, avant 1870, la moyenne annuelle de 12 ou 13, ne se serait pas élevé subitement, dans les dernières années, au chiffre de 19 ou 20 et même de 28 en 1875. L'ordonnance de 1843, promulguée à une époque où le développement de la fortune mobilière avait amené une fièvre de spéculation, a eu pour but de protéger les Notaires contre des entraînements et des tentations auxquels il leur serait parfois difficile de résister. L'article 12 de cette ordonnance, dont les termes ont besoin d'être rappelés, défend expressément aux Notaires « de se livrer à aucune spéculation de bourse « ou opération de commerce, banque, escompte et cour « tage ; de s'immiscer dans l'administration d'aucune « société, entreprise ou compagnie de finances, de com « merce ou d'industrie ; de faire des spéculations relatives « à l'acquisition et à la revente des immeubles, à la cession « des créances, droits successifs, actions industrielles et « autres droits incorporels ; de s'intéresser dans aucune « affaire pour laquelle ils prêtent leur ministère ; de placer « en leur nom personnel des fonds qu'ils auraient reçus, « même à la condition d'en servir l'intérêt ; enfin, de se « constituer garants ou cautions, à quelque titre que ce « soit, des prêts qui auraient été faits par leur intermé « diaire ou qu'ils auraient été chargés de constater par un « acte public ou privé.

J'ai le regret de constater que, malgré ces prescriptions, un trop grand nombre de Notaires s'adonnent aux pratiques dangereuses qui sont formellement condamnées. Les uns espèrent accroître ainsi les revenus de leur office ; d'autres ne font que céder aux sollicitations d'une partie de leur clientèle ; d'autres enfin se croient obligés d'imiter leurs confrères, par une sorte de concurrence regrettable. Quel que soit le mobile qui les porte à violer la loi, tous devraient savoir qu'en s'écartant des règles professionnelles, ils compromettent gravement le caractère dont ils sont investis et s'exposent à la ruine et au déshonneur. Les abus invétérés dans quelques ressorts, et les désastres qui en sont trop souvent la conséquence, sont de nature à ébranler la confiance dont le notariat a besoin d'être entouré pour remplir sa mission. Cette vieille et nécessaire institution, si respectée et si digne de l'être dans la plupart de ses représentants, finirait par être menacée non-seulement dans sa réputation, mais encore dans l'existence de ses priviléges, si nous ne nous efforcions, avec l'aide des Chambres de discipline, d'arrêter le mal partout où il se révèle.

Votre premier soin, Monsieur le Procureur général, devra être d'étudier l'état du notariat dans chacun des arrondissements de votre ressort. Vous devrez, au cours de vos tournées périodiques, ne négliger à cet égard aucun moyen d'information. En outre, vos substituts seront invités par vous à vous adresser, avant le 1er janvier prochain des rapports qui me seront ensuite transmis avec vos observations personnelles. Vous me signalerez les causes générales ou locales de tous les abus qui existeraient dans un canton ou dans un arrondissement. Vous vous concerterez, soit par vous-même, soit par l'intermédiaire de vos substituts, avec les présidents des Chambres de discipline. Je ne doute pas que celles-ci ne tiennent à honneur de vous aider de leur concours, ou tout au moins de leur bonne volonté, pour ramener à l'observation des réglements les Notaires qui s'en écarteraient. Il ne serait pas inutile que les Chambres prissent des délibérations pour rappeler les interdictions contenues dans l'ordonnance de 1843; le texte de ces délibérations pourrait même être affiché dans toutes les études. C'est en usant de ce procédé que certaines compagnies de Notaires sont parvenues à détruire plusieurs abus et à protéger leurs membres contre les sollicitations indiscrètes de certains clients.

Toutes les fois qu'un Notaire vous sera dénoncé par vos substituts comme se livrant aux opérations interdites par l'ordonnance, vous n'hésiterez pas à l'avertir, et, s'il persiste, à le faire traduire devant la chambre de discipline ou devant le tribunal. Vous me rendrez compte de ces avertissements et de ces poursuites. Les débats des audiences civiles, auxquelles assistent vos substituts, seront assez souvent pour eux une source d'indications utiles, qu'ils ne doivent pas négliger; il est rare que les habitudes d'un Notaire ne se révèlent pas à l'occasion de quelque débat judiciaire.

Lorsqu'un Notaire cédera son office, vous vérifierez avec soin si dans sa pratique il s'est conformé aux réglements; vous vous expliquerez sur ce point important dans tous les rapports que vous m'adresserez. Dans le cas où des contraventions fréquentes auraient été relevées, je me verrais forcé de réduire le prix de l'office dans la proportion qui sera nécessaire pour que le successeur ne soit pas, en quelque sorte, obligé de continuer les mêmes errements et d'augmenter les produits de l'étude par des opérations irrégulières. Vous exigerez, en outre, du successeur qui sera proposé à mon agrément l'engagement formel de renoncer à ces pratiques, et vous me direz s'il présente des garanties morales suffisantes pour qu'on puisse avoir une entière confiance en sa parole.

Grâce à ces mesures, dont le succès dépend de votre fermeté et de celle des Chambres de discipline j'espère que nous ne serons pas obligés de recourir à des moyens plus énergiques, ni à l'intervention du pouvoir législatif.

Je dois appeler votre attention sur un autre abus, moins grave, mais qui peut avoir néanmoins des conséquences fâcheuses : il s'agit du retard que mettent certains Notaires à opérer le recouvrement de leurs honoraires et déboursés. En règle générale, ces recouvrements devraient être faits dans l'année; mais souvent, par crainte de mécontenter leurs clients ou pour les retenir plus sûrement, des Notaires s'abstiennent pendant plusieurs années de réclamer les sommes dont ils sont créanciers. Il n'est pas rare qu'un Notaire, en se retirant, soit obligé de se consacrer à une véritable liquidation des exercices antérieurs remontant parfois à huit ou dix années. De telles habitudes ne sont pas sans danger : en effet, le successeur, qui compte sur les produits déclarés de l'office, ne touche pendant longtemps qu'avec difficulté une faible partie de ses honoraires et déboursés. S'il n'a pas un fonds de roulement relativement considérable, il est exposé à des tentations ou condamné à des expédients toujours regrettables. Les Chambres de discipline pourraient mettre un terme à cet abus si préjudiciable aux intérêts des compagnies, en prenant des délibérations qui obligeraient les Notaires à ne pas différer au-delà d'une année leurs recouvrements : ces délibérations devraient être portées à la connaissance du public.

En ce qui vous concerne, je désire que vous exigiez à l'avenir des Notaires qui céderont leur offices un *état des recouvrements restant à opérer*; cet état sera divisé en deux colonnes : l'une pour les honoraires, l'autre pour les déboursés. Lorsque le montant des sommes dues excédera la moyenne du produit de plusieurs années, je me réserve de faire subir au prix stipulé dans le traité une réduction motivée par la situation désavantageuse qui sera faite au successeur.

Vos substituts devront s'assurer, par *l'examen des livres de comptabilité*, que les états de recouvrements, aussi bien que les états de produits des cinq dernières années, sont l'expression de la vérité. *Il est essentiel de rappeler aux Notaires que leur comptabilité doit être tenue avec soin et régularité*; rien n'est plus nécessaire à un Notaire que de pouvoir se rendre compte, jour par jour, de sa situation vis-à-vis de chacun de ses clients.

Cependant je vois, par les rapports qui me sont adressés, que certains Notaires, heureusement en petit nombre, n'ont aucune comptabilité, et que d'autres plus nombreux n'ont qu'une comptabilité incomplète et mal tenue. Vous ne sauriez trop appeler sur ce point l'attention des Chambres de discipline. Les Notaires qui se rendent coupables de détournements n'ont pas tous été de mauvaise foi, dès le début de leur exercice; mais souvent le défaut d'écritures les a trompés sur leur situation Ils se sont aperçus trop tard que leurs dépenses étaient supérieures aux produits de leur étude; placés sur une pente glissante, ils se sont laissé entraîner jusqu'à disposer des fonds de leurs clients. Je désire que les rapports qui vous seront envoyés par vos substituts, à l'occasion des traités de cession, s'expliquent sur l'état de la comptabilité tenue par le cédant ; si cette comptabilité est défectueuse ou insuffisante, ils devront inviter le successeur à en établir une sur de meilleures bases.

J'ai confiance que les recommandations qui précèdent, inspirées par le désir de conserver au notariat sa vieille réputation d'intégrité, ne seront pas sans efficacité, grâce à l'esprit de modération et de fermeté dans lequel vous les appliquerez, et aussi grâce au concours des Chambres de discipline et du Notariat tout entier.

Je vous prie de m'accuser réception de la présente circulaire dont je vous envoie des exemplaires, pour tous les substituts et pour les Chambres de discipline de votre ressort.

Recevez, Monsieur le Procureur général, etc.

Le Garde des Sceaux, Ministre de la Justice et des Cultes,
J. DUFAURE.

La Chambre, à qui j'ai communiqué la circulaire de Monsieur le Garde des Sceaux du 19 octobre dernier, que m'avait transmise Monsieur le Procureur de la République, a décidé d'en envoyer deux exemplaires que vous trouverez ci-inclus, à chacun des Notaires de l'arrondissement et de les inviter à se conformer le plus scrupuleusement possible aux prescriptions si sages et si justes qu'elle renferme.

Vous n'êtes pas sans avoir remarqué que notre Règlement contient et nous prescrit plus d'une mesure conseillée aux Notaires et aux Chambres de discipline par Monsieur le Garde des Sceaux. Après la grande publicité donnée à cette circulaire dans tous les journaux, la Chambre n'a pas cru nécessaire de prendre une délibération remettant en lumière les interdictions de l'art. 12 de l'ordonnance du 4 janvier 1843, et prescrivant l'affichage dans nos études de cet article 12, dont elle se contente de vous recommander expressément l'exécution rigoureuse. Les deux exemplaires que je vous adresse devront vous servir à l'occasion de sauvegarde pour repousser des sollicitations indiscrètes et des demandes intéressées de certains clients qui iraient à l'encontre des prescriptions légales, et d'arme offensive pour vous faire régler vos frais d'actes et *ne pas différer au delà d'une année vos recouvrements.*

La Chambre, invitée à rechercher et à arrêter les abus qui peuvent s'être glissés dans les habitudes des Notaires de son ressort, tiendra à honneur de ramener à l'observation stricte de la loi et des règlements ceux qui pourraient s'en écarter et méconnaître leurs devoirs professionnels : elle s'associe pleinement aux excellents conseils, aux sages recommandations qu'adresse au Notariat Monsieur le Ministre de la Justice, inspiré, dit-il, « par le désir de lui conserver sa vieille réputation d'intégrité. »

Elle croit essentiel de rappeler aussi à tous les Notaires de l'arrondissement de *tenir leur comptabilité avec soin et régularité*, pour qu'ils puissent se rendre un compte exact et jour par jour de leurs situation vis-à-vis de leurs clients, d'autant plus que Monsieur le Ministre se réserve de réduire les traités de cessions d'office de ceux, qui lors de leur retraite du Notariat, resteront avec un trop grand nombre de recouvrements à opérer, ou dont la comptabilité aura été trouvée défectueuse et insuffisante.

Cependant, au nom et dans l'intérêt des Notaires, comme Président de la Chambre, j'ai cru devoir, en accusant réception de la circulaire du 19 octobre à Monsieur le Procureur de la République, lui adresser quelques réserves et observations respectueuses contre les mesures d'investigation et de suspicion générales, conseillées par Monsieur le Ministre de la Justice à MM. les Procureurs et Substituts lors des traités des cessions d'offices : la remise par le cédant de l'état complet des recouvrements qui lui resteront à opérer et de ses livres de comptabilité, pour être examinés et contrôlés au l'arquet.

Dans l'espoir que vous vous efforcerez de vous conformer aux prescriptions légales et réglementaires, aux recommandations ministérielles et aux conseils et avis de la Chambre, Recevez, etc.

DOURNEL.

Post scriptum. — Je crois devoir vous informer que Monsieur le Procureur de la République, avec qui j'ai conféré de sa lettre du 29 novembre à Messieurs les Juges de paix les invitant à nous demander la production de nos livres de comptabilité, lettre qui nous a justement émus, m'a déclaré n'avoir eu en vue que de s'assurer si tous les Notaires de l'arrondissement d'Amiens avaient une comptabilité régulière, pour pouvoir affirmer le fait dans le rapport qui lui est demandé d'ici le 1er janvier par la circulaire. C'est donc la constatation et la vue des registres, mais nullement leur examen et leur vérification qu'il a demandés.

Voudriez vous bien me dire aussitôt que possible, si vous avez une comptabilité exactement tenue, et, en peu de mots, si vous n'y voyez pas d'inconvénients, en quoi elle consiste !

Je transmettrai verbalement votre déclaration et celle de nos confrères à Monsieur le Procureur de la République : j'espère qu'elles le satisferont et lui montreront que le refus presque unanime opposé par nous à la communication de nos registres, n'avait pour cause que le respect de nos droits, de nos devoirs professionnels et du secret que la loi et notre conscience nous imposent dans l'intérêt de nos clients.

---

14 Février 1877. — DÉCISION du Ministre des Finances que les *certificats de propriété* délivrés par les Notaires ou les juges de paix sont *sujets au timbre*, lors même que les ayant droit seraient des veuves et orphelins de pensionnés militaires ou de dotataires dépossédés.

---

21 Avril 1877. — LETTRE de M. le Procureurs Général rappelant aux Notaires détenteurs d'actes de l'état-civil de Paris l'obligation d'en envoyer des extraits et copies à la Commission de reconstitution de ces actes, au palais de la Bourse de Paris. (L. du 31 août 1873).

---

31 Août 1877. — CIRCULAIRE de M. de Broglie, Garde des Sceaux sur la *cote et le parafe des titres au porteur* dans les inventaires.

Monsieur le Procureur général,

M. le Ministre des travaux publics me fait connaître que, dans les inventaires après décès, certains Notaires, se fondant sur l'article 943 du Code de procédure civile, cotent et parafent les actions et obligations de chemins de fer au porteur. Cette pratique a pour effet de rendre les titres invendables à la Bourse et de nécessiter leur renouvellement, ce qui donne lieu à des plaintes nombreuses de la part des propriétaires de titres et des compagnies.

Pour répondre au désir de mon collègue, j'ai pensé qu'il était opportun de rappeler à votre attention les instructions contenues dans la circulaire de mon département, du 2 octobre 1874. J'estime, en effet, avec mon prédécesseur et par les mêmes motifs, que l'article 943 n'est pas applicable aux titres au porteur.

Cette interprétation a été consacrée par un arrêt de la Cour de cassation du 15 avril 1861 : « Attendu, dit cet « arrêt, que l'inventaire et les formalités qui sont prescrites « dans l'article 943 ayant pour objet la constatation exacte « et la conservation pour tout ayant droit des valeurs d'une « succession dans leur intégrité, l'on doit en conclure que, « si le paragraphe 6 de l'article précité ordonne la cote et « le parafe des papiers, le législateur n'a pu y comprendre « les titres au porteur et les soumettre à une formalité dont « l'effet serait d'en dénaturer le caractère, et qui, en signa- « lant leur passage en diverses mains, pourrait donner lieu « à des recherches ou à des garanties incompatibles avec « les avantages de la libre circulation, qui est de leur « essence..... »

Telle est la doctrine qui a prévalu en jurisprudence et à laquelle se sont rangés de nombreux auteurs. (Voir arrêt de la Cour de Douai du 17 janvier 1870, Belleyme, *Référés*, tome II, p. 289; Massé, *Parfait Notaire*, tome III, p. 335; Chauveau, *Lois de la procédure civile et administrative*, n° 3148 *quinquies*.)

En conséquence, la mesure prescrite par le paragraphe 6 de l'article 943 ne doit être appliquée qu'aux titres nominatifs seuls, les mentions faites par le Notaire ne présentant pas, dans ce cas, les mêmes inconvénients; mais en ce qui concerne les titres au porteur, leur conservation peut être assurée par la description et, s'il y a lieu, par la remise entre les mains d'une tierce personne, conformément aux paragraphes 3 et 9 de l'article 943. (Voir arrêt de la Cour de Paris du 12 juillet 1861.)

C'est ainsi que, depuis quelque temps déjà, procèdent les Notaires de Paris, et il y a intérêt à ce que cette pratique soit uniformément adoptée.

Je vous prie de vouloir bien communiquer les observations qui précèdent aux Chambres des Notaires de votre ressort, et m'accuser réception de la présente circulaire.

Recevez, Monsieur le Procureur général, etc.

Signé : BROGLIE.

---

24 Décembre 1877. — CIRCULAIRE du Trésor relative aux *procu-rations* à produire pour *transfert de rentes* : 1° notariées et en minute pour transfert de rentes au-dessus de 50 francs et 2° pou-voirs en brevet ou sous-seing privé non assujettis à la formalité du dépôt, mais dûment certifiés et légalisés.

19 Janvier 1878. — LETTRE de M. le Procureur Général demandant aux Compagnies des Notaires de son ressort *d'annuler leurs règle-ments* qui contiennent pour la plupart des dispositions contraires à la loi et d'en *formuler de nouveaux* susceptibles de l'approbation ministérielle, communiquée par M. le Procureur de la république d'Amiens au Président de la Chambre des Notaires d'Amiens.

Monsieur le Président,

J'ai l'honneur de vous adresser la copie d'une circulaire de M. le Procureur général, ainsi conçue :

« Le 19 Janvier 1878.

« Monsieur le Procureur de la République, En examinant « les délibérations prises par la Compagnie des Notaires « de votre arrondissement, j'ai constaté qu'il y était fré- « quemment fait allusion à des réglements qui, d'après les « renseignements que j'ai recueillis, n'avaient point reçu « l'approbation de M. le Garde des Sceaux et n'avaient, « dès lors, aucune force d'obligation. La plupart de ces « réglements, que je me suis fait communiquer, contien- « nent des dispositions contraires à la loi et M. le Garde « des Sceaux ne pourrait évidemment les approuver sans « prescrire de nombreuses modifications.

« J'ai pensé, dès lors, qu'il y aurait intérêt, pour les com- « pagnies, à prendre, le plus tôt possible, une délibération « annulant tous les réglements antérieurs et à formuler un « projet de réglement qui, soumis ensuite par mes soins à « l'approbation de M. le Garde des Sceaux, deviendrait « obligatoire pour tous. Je vous prie de faire connaître « mon appréciation à cet égard à M. le Président de la « Chambre de discipline de votre arrondissement. »

Je vous serai obligé de communiquer cette circulaire à MM. vos confrères et de me faire connaître si votre Com-pagnie consent à proposer ce nouveau réglement.

Agréez, Monsieur le Président, etc.   A. COQUILLIÈTE.

12 Février 1878. — RÉPONSE de M. le Président de la Chambre à la lettre de M. le Procureur de la République du 20 janvier 1878, lui demandant l'indication des articles à supprimer ou à modifier avant de proposer l'annulation du règlement actuel et le vote d'un nouveau.

« La réponse avec les renseignements réclamés est toujours à venir. »

Février 1878. — LETTRE de M. le Procureur de la République d'Amiens qui réclame, comme en 1877, pour la statistique civile à MM. les Notaires : 1° *un état de leurs actes* de l'année rédigé con-formément au modèle ci-après et 2° un nouveau *tableau de leurs ventes judiciaires* dans l'année (suivant le modèle ci-après) : le tout pour être envoyé tous les ans à M. le Greffier du Tribunal en même temps que la copie du répertoire pour le 20 février au plus tard.

Mon Cher Confrère.

Monsieur le Procureur de la République me prie de vous rappeler que vous avez à adresser, comme l'année dernière, à M. le Greffier du Tri-bunal civil le tableau statistique de vos actes en 1877, conforme au modèle que je vous ai envoyé alors et que j'insère de nouveau ci contre avec quelques rectifications.

Je vous adresse aussi sur sa demande, avec prière de vous y conformer, un nouveau modèle de l'état des ventes judiciaires que vous aurez faites dans l'année, lequel remplacera celui adopté jusqu'ici et inséré à la page 37 de notre Code Manuel. M. le Greffier du Tribunal nous réclame la remise de ce cet état en même temps que le tableau statistique de nos actes et la copie de notre répertoire pour nous éviter tout oubli.

Veuillez tenir bonne note de ces recommandations et de l'envoi de ces trois pièces à faire chaque année au greffe pour le 20 février, de manière à permettre à M. le Greffier de préparer un résumé général de nos tableaux que M. le Procureur lui réclame pour le premier mars.

Je compte donc sur vous, Mon cher Confrère, pour satisfaire exactement dans l'avenir aux demandes nouvelles qui nous sont adressées par le Parquet, et je vous prie d'agréer l'assurance de mes sentiments les plus dévoués.

DOURNEL

Nombre et nature des Actes reçus par Me Notaire à pendant l'année 18 .	*Nombre.*
Adjudications volontaires d'immeubles.	
Ventes judiciaires d'immeubles . . .	
Ventes volontaires d'immeubles . . .	
Ventes mobilières.	
Baux.	
Contrats de Mariages. — Communauté	
Régime dotal	
Autres	
Quittances	
Décharges	
Donations. — Entre époux	
Autres	
Liquidations et Partages	
Obligations et Transports	
Actes de Société	
Inventaires.	
Testaments.	
Procurations	
Actes de Notoriété	
Actes de Mainlevée	
Actes divers	
Actes en Brevet	
Total égal à celui des actes portés au Répertoire.	

28 Mars 1878. — Instruction du Directeur Général de l'Enregistrement, relative à l'exécution de la loi du 26 mars 1875, sur le *droit de transcription des donations à titre de partage anticipé* réduit à 0 fr. 50 cent par 100 francs, et prorogeant d'une nouvelle année le délai d'un an accordé par cette loi, pour admettre à ce tarif réduit les donations antérieures à la promulgation de la loi.

10 Octobre 1878. — Instruction de la Direction générale de l'Enregistrement relative aux *successions en déshérence.* (Extrait numéro 2602).

Art. 34. — Le receveur est autorisé à conserver dans sa caisse les titres *nominatifs* ou *mixtes* dépendant de l'hérédité, il en recouvre successivement les revenus ainsi que le capital pouvant provenir de leur remboursement, et il se concerte, à cet effet, en ce qui concerne les sommes dont le recouvrement ne peut être fait dans sa propre résidence, avec ses collègues compétents, chargés de lui en transmettre le montant par virement.

Une formalité particulière est prescrite en ce qui concerne les *inscriptions nominatives ou mixtes de rente sur l'État.* Dès que le Tribunal a prononcé le jugement d'envoi en possession définitive, l'Administration fait immatriculer provisoirement ces rentes au nom du domaine et à cet effet le directeur transmet à la direction de la dette inscrite, conformément à la lettre circulaire du 17 septembre 1844 et aux dispositions de l'instruction n° 2594 :

1° Une demande de mutation présentée par le receveur ;

2° Le certificat d'inscription ;

3° Un *certificat de propriété* délivré par le Notaire rédacteur de l'inventaire.

D'après la dite lettre circulaire, ce dernier certificat doit relater le jugement d'envoi en possession rendu au profit de l'État. Mais par une solution du 2 avril 1878, l'administration a reconnu qu'une simple relation ou mention de jugement ne serait pas suffisante; il est indispensable que le Notaire se déclare, dans le certificat, dépositaire de l'expédition ou d'un extrait du jugement, mis au rang de ses minutes,

Si à raison de circonstances exceptionnelles, il n'avait pas été rédigé d'inventaire, le certificat de propriété serait délivré par le *Notaire* détenteur de la minute d'un acte de notoriété, dressé pour suppléer à cet inventaire, et de l'expédition ou extrait du jugement déposé pour minute.

Art. 35. — Les titres de rente, d'actions, d'obligations ou autres valeurs assimilables, nominatives, ne doivent être aliénés qu'avec l'autorisation de justice.

Lorsque les titres sont cotés à la Bourse, soit à Paris, soit dans les départements, la vente en est faite par le ministère d'un Agent de change.

Les directeurs se concertent, pour l'aliénation des rentes sur l'État, avec l'agent comptable des transferts à Paris, et

Etat des ventes judiciaires renvoyées devant Me Notaire à par le Tribunal civil d'Amiens et auxquelles il a procédé en 18										
Numéros d'ordre.	DATE du jugement ordonnant la vente.	NATURE de la vente et nom du propriétaire ou de la cohérie.	DATE du dépôt du cahier des charges.	INCIDENTS conversion de saisie, baisse de mise à prix, etc.	DATE de l'adjudication définitive.	MONTANT de la mise à prix des lots vendus.	MONTANT du prix d'adjudication.	MONTANT des frais taxés payés en sus du prix.	MONTANT des frais taxés imputés sur le prix.	OBSERVATIONS
										Nota.— Pour les ventes comprenant plusieurs lots mentionner le total (et non le détail) des mises à prix, des prix, et des frais des lots vendus.

dans les Départements avec les Trésoriers-payeurs généraux, à qui ils remettent s'il s'agit d'inscriptions nominatives toutes les pièces nécessaires au transfert des titres. Les pièces exigées par le service de la dette inscrite sont ordinairement les suivantes : 1° l'extrait d'inscription; 2° un certificat de propriété délivré par le Notaire rédacteur de l'inventaire, et, s'il n'y en a pas eu, de l'acte de notoriété dressé pour en tenir lieu; 3° une procuration donnée par le receveur des domaines du lieu de l'ouverture de la succession au syndic des Agents de change près la Bourse de Paris.

Il importe que le certificat de propriété vise, dans tous les cas, le jugement qui a autorisé le domaine à aliéner la rente et qu'il fasse mention du dépôt d'une expédition ou d'un extrait de ce jugement au rang des minutes du Notaire rédacteur.

S'il s'agissait de titres précédemment immatriculés au nom du domaine et pour lesquels, par conséquent un certificat de propriété aurait déjà été fourni (V. n° 34), un nouveau certificat serait inutile, mais l'Administration aurait à fournir un extrait délivré par le greffier du jugement autorisant l'aliénation.

La *procuration* doit être passée devant *Notaire*, en minute, lorsque la rente à aliéner excède le chiffre de 50 fr.; pour les rentes de 50 fr. et au-dessous il suffit de produire une procuration en brevet ou sous seing privé (circ. 26 décem. 1877) duement certifiée et légalisée, soumise au droit minimum de 3 fr., mais non assujétie à la formalité du dépôt. Le décret du 6 février 1862, aux termes duquel ces procurations étaient admissibles pour l'aliénation des rentes excédant le chiffre de 50 fr., n'a pas été promulgué; il y a lieu, en conséquence, de le tenir pour non avenu.

Les procurations sous seing privé sont certifiées par le Maire, dont la signature doit être légalisée par le Préfet ou le Sous-Préfet.

Les signatures apposées par les Notaires sur les procurations en brevet sont légalisées conformément à la loi du 25 mai 1861.

Art. 69. — Les rentes sur l'État, nominatives, mixtes ou au porteur, dont le domaine devient propriétaire incommutable, ne doivent pas en général, être aliénées.

Il appartient aux directeurs de prendre les mesures prescrites par l'instr. 2594 pour les *faire annuler* avec jouissance courante, au crédit de l'État, c'est à-dire au compte des réductions. Décis. min. 14 déc. 1877. — L'aliénation des rentes définitivement acquises à l'État ne pourrait être autorisée que si elle était nécessitée par des circonstances exceptionnelles, dont il serait rendu compte à l'Administration centrale.

Avril 1880. — Instruction du Crédit Foncier relative au *remboursement des titres nominatifs* de cette Société.

Les titres nominatifs d'obligations du Crédit Foncier envoyés ou présentés pour le remboursement doivent être *signés* par les titulaires, leurs représentants légaux — leurs ayants droit — ou par un mandataire justifiant de ses pouvoirs.

Les *signatures* doivent être *certifiées* par un Receveur des finances — un Notaire — ou par le Maire de la résidence signant en cette qualité. Le Receveur des finances — le Notaire — le Maire appose à côté de la certification le *cachet* de la Recette des finances — de l'étude — de la mairie. L'administration accepte aussi la certification d'un agent de change, s'il est en relations avec le Crédit foncier ou de l'un des commissaires de police de Paris.

Quand la signature certifiée est celle d'une fille majeure ou d'une femme veuve, le Receveur des finances — le Notaire — le Maire — l'Agent de change — le Commissaire de police certifient en outre que la signataire est fille majeure ou femme veuve.

Voici pour les cas les plus fréquents, les *pièces* et *signatures* que l'Administration du Crédit Foncier demande :

Procuration.

Les procurations peuvent être en brevet. Le nom du mandataire doit y être porté, l'administration n'acceptant pas de procuration en blanc.

Usufruitier et nu-propriétaire.

Signature de l'usufruitier et du nu-propriétaire. — La signature de l'usufruitier seul, s'il est justifié que ce dernier est dispensé de faire emploi; — si l'usufruitier est décédé produire l'acte de décès.

Mineur.

1° Administration légale du père — Tutelle légale de la mère restée veuve.

Produire l'acte de naissance, si la date de naissance n'est pas inscrite sur le certificat.

Signature du père — de la mère tutrice avec certification qu'elle est restée veuve.

2° Tutelle de mère remariée, le mari co-tuteur.

Produire l'acte de naissance ; — produire en outre, si le libellé du certificat ne fait pas mention du mari co-tuteur, la délibération du conseil de famille qui a maintenu la tutelle à la mère et a nommé le mari co-tuteur.

Signature de la mère et du mari co-tuteur

3° Tutelle dative.

Produire l'acte de naissance ; — produire en outre la délibération du conseil de famille qui a nommé le tuteur, si le nom du tuteur n'est pas mentionné dans le libellé du certificat ou si le tuteur n'est plus le même, signature du tuteur.

Mineur émancipé

Si l'émancipation n'est pas mentionnée dans le libellé du certificat, produire l'acte d'émancipation.

Signature du mineur et du curateur.

Mineur titulaire devenu majeur.

Produire l'acte de naissance.

Signature du titulaire.

Personne pourvue d'un conseil judiciaire.

Si le libellé du certificat ne fait pas mention du conseil judiciaire, produire le jugement et les certificats de non-opposition ni appel.

Signature de l'intéressé et de son conseil.

Interdit.

Si l'interdiction n'est pas mentionnée dans le libellé du certificat, produire le jugement d'interdiction, les certificats de non opposition ni appel et la délibération du conseil de famille qui a nommé le tuteur. Si le tuteur n'est plus le même, produire la délibération du conseil de famille qui a nommé le nouveau tuteur.

Signature du tuteur.

Femme mariée.

Produire le contrat de mariage. — S'il n'y a pas eu de contrat, produire l'acte civil de mariage, s'il est postérieur au 1er janvier 1851, ou s'il est antérieur une déclaration sur timbre signée des deux époux, relatant qu'ils sont mariés sans avoir fait de contrat et indiquant le lieu et la date du mariage. Si l'un des époux ne sait signer, cette déclaration doit être faite devant un Notaire ; elle peut être insérée dans une procuration notariée sous forme très-précise de déclaration du mari et de la femme.

Régime dotal.

S'il résulte du contrat des obligations d'emploi pour les tiers, indiquer quel emploi on veut faire et produire une lettre du Notaire ou de l'Agent de change qui en est chargé, s'engageant à justifier dans un bref délai de cet emploi et de l'acceptation par la femme. Si le remploi doit être fait en titres du Crédit Foncier ou en valeurs cotées à la Bourse, l'Administration pourrait se charger de transmettre l'ordre d'achat à un Agent de change et de suivre la réalisation du remploi.

Séparation de biens.

Si la séparation est contractuelle, produire le contrat de mariage ; — si elle est judiciaire, produire avec le contrat de mariage le jugement et les pièces constatant l'exécution, conformément à l'article 1444 du Code civil.

Signature de la femme. La signature du mari dispenserait de produire le jugement et les pièces d'exécution.

Donation. — Partage anticipé.

Produire l'acte de donation ou de partage anticipé.

Signature du donateur et du donataire.

Titulaire décédé.

Produire l'intitulé d'inventaire, ou, à défaut un acte de notoriété.

Produire en outre le testament s'il y en a un.

Signature de tous les ayants droit.

Obligations léguées ou comprises dans un legs universel ou à titre universel.

Produire avec l'intitulé d'inventaire ou l'acte de notoriété le testament :

1° S'il y a des héritiers réservataires, l'acte de délivrance ;

2° Si le testament est olographe et qu'il n'y ait pas d'héritiers réservataires, l'ordonnance d'envoi en possession — et en outre l'acte de délivrance par le légataire universel, s'il s'agit de titres légués à titre particulier ou compris dans un legs à titre universel.

Signature des légataires des obligations.

Héritiers ou légataires mineurs.

Produire, en outre des pièces indiquées ci-dessus, l'acceptation bénéficiaire de la succession ou du legs au nom des mineurs, à moins que les mineurs ne viennent à la succession ou au legs en concours avec d'autres héritiers majeurs. Lorsqu'il n'a pas été fait d'acceptation sous bénéfice d'inventaire, l'Administration, s'il s'agit de sommes peu importantes (elle se réserve à cet égard toute liberté d'appréciation), rembourse sur la signature du tuteur et la production d'une lettre du Notaire liquidateur déclarant, sous sa responsabilité personnelle, que la succession est bonne et qu'il n'y a pas à craindre de renonciation ultérieure de la part du mineur arrivé à majorité.

Partage après décès.

Produire avec l'intitulé d'inventaire ou l'acte de notoriété l'acte de partage.

Signature des attributaires.

Partage entre héritiers majeurs et mineurs.

Produire avec l'intitulé d'inventaire ou l'acte de notoriété, le jugement d'homologation et les certificats de non-opposition ni appel.

Si le partage n'a pas été fait dans les formes déterminées par les articles 819 et suivants du Code civil, si notamment il n'a pas été procédé par voie de formation de lots et tirage au sort, soumettre à l'examen de l'Administration le tableau des abandonnements.

Certificats de propriété.

L'Administration accepte les certificats de propriété, lorsqu'ils visent et analysent suffisamment tous les actes qui constatent les qualités et droits des nouveaux propriétaires des titres. Elle se réserve toutefois de demander les pièces dont la production lui paraîtrait nécessaire et notamment les contrats de mariage.

10 Mars 1880 — Circulaire du Directeur de la dette inscrite aux Trésoriers payeurs généraux sur l'exécution de la loi du 27 février 1880 relativement aux *rentes sur l'État*.

Monsieur, le *Journal officiel* du 28 février dernier contient la promulgation de la loi concernant l'aliénation des valeurs mobilières appartenant *aux mineurs et aux interdits*. Cette loi introduit, dans la législation spéciale des rentes, des modifications essentielles dont il importe que vous vous pénétriez, attendu que vous serez appelé soit à en faire une application directe, soit à renseigner les intéressés sur la portée de ces changements.

I. *Abrogation de la loi du 24 mars 1806*. — L'innovation la plus considérable consiste dans l'abrogation de la loi du 24 mars 1806, qui, jusqu'à ce jour, avait servi de règle fondamentale à la dette inscrite pour tous les transferts de rentes intéressant les mineurs et les interdits.

II. *Nécessité d'une délibération du conseil de famille*. — D'après cette loi, les rentes sur l'État pouvaient être aliénées par le tuteur sans aucune autorisation du conseil de famille, pourvu que la quotité de ces rentes ne dépassât pas 50 fr. Désormais, une délibération du conseil de famille sera nécessaire dans tous les cas, et quelle que soit la valeur de l'inscription à transférer (art. 1er).

III. *Cas où l'homologation sera nécessaire*. — Cette délibération sera soumise à la formalité de l'homologation par le tribunal si la rente à aliéner doit produire une somme supérieure à 1.500 fr. (art. 2.)

Il n'y a pas lieu de se préoccuper des différences que pourraient entraîner les fluctuations qui se produiraient dans les cours entre la date de la délibération et celle du transfert ; la responsabilité des agents de l'Administration est couverte par l'appréciation du conseil de famille.

IV. *Des droits du père administrateur légal*. — Jusqu'à ce jour, le Trésor avait fait une assimilation complète entre la situation du tuteur et celle du père administrateur légal des biens de ses enfants mineurs ; il se fondait sur ce principe de droit qu'un administrateur ne pouvait puiser dans sa seule qualité le pouvoir de consentir une aliénation. Le transfert d'une rente au-dessus de 50 fr., possédée par un mineur placé sous l'administration légale de son père, n'était donc admis par le Trésor que s'il était justifié d'une autorisation du conseil de famille, ou, à défaut de cette autorisation, d'un jugement de la Chambre du conseil.

Cette manière de procéder, contre laquelle s'étaient élevés plusieurs jurisconsultes et qu'avait combattue un jugement du tribunal de la Seine en date du 17 décembre 1876 (affaire des mineurs Faure), doit être aujourd'hui définitivement abandonnée. La question est tranchée dans le sens de la négative, sinon par le texte de la nouvelle loi, du moins par la discussion dont elle a été l'objet tant au Sénat qu'à la Chambre des députés. Il résulte d'ailleurs du rapport présenté au Sénat par M. Denormandie, qu'en réalité cette loi est faite *contre les tuteurs, en sorte qu'elle n'est applicable, en principe, que là où il y a tutelle*. Peu importe du reste que cette tutelle soit légale ou dative (Séances du Sénat des 3 et 26 mai 1878).

Le père administrateur pourra donc désormais transférer les rentes appartenant à son fils mineur, sans aucune autorisation, quelle qu'en soit la quotité.

La qualité d'administrateur sera suffisamment constatée soit par l'énonciation faite dans une procuration ou un certificat de propriété, soit même par l'indication portée sur le titre de rente, en cas de transfert simple, sans que le Trésor ait à rechercher si un changement est survenu entre la date des procurations, certificats de propriété ou inscriptions, et la date du transfert.

V. *Des mineurs émancipés*. — L'art. 4 déclare les dispositions précédentes applicables aux mineurs émancipés, lorsque l'émancipation a lieu au cours de la tutelle ; mais les mêmes formalités ne doivent plus être exigées quand le mineur a été émancipé pendant le mariage de ses père et mère ; ou lorsque l'émancipation résulte d'un mariage par lui contracté. Le premier point a été nettement expliqué dans la discussion en réponse à une question qu'avait posée par écrit M. le Ministre des finances. Le second point est prévu par le dernier § de l'art. 4.

Il ne peut y avoir de ce chef aucune difficulté d'interprétation. Le service des transferts ne demandera plus de délibération du conseil de famille ni pour le mineur émancipé par ses père et mère, ni pour la femme mineure agissant avec le concours de son mari.

VI. *Succession vacante. Héritiers bénéficiaires*. — L'art. 12, portant abrogation expresse de la loi du 24 mars 1806, on doit considérer comme implicitement rapportés l'avis du Conseil d'État du 15 septembre 1807, approuvé le 18 même mois, et celui du 17 novembre 1807, approuvé le 11 janvier suivant, qui en avaient étendu le bénéfice aux curateurs des successions vacantes et aux héritiers bénéficiaires, en leur accordant la faculté de vendre les rentes de 50 fr. et au-dessous sans autorisation judiciaire. Cette nouvelle disposition annule en conséquence les art. 12 et 13 (1re partie) de l'instruction, 1er mai 1810.

VII. *La conversion en rentes au porteur constitue une véritable aliénation*. — Je ne vous parlerai que pour mémoire de l'art. 10, relatif à la conversion des titres nominatifs en titres au porteur. — Cet article a une grande importance pour les valeurs mobilières autres que les rentes. Il a eu pour but de réagir légitimement contre un arrêt de la Cour de cassation du 4 août 1873, qui déclarait que la conversion des titres nominatifs en titres au porteur ne constituait pas une aliénation, mais simplement un acte d'administration. Cet arrêt ne pouvait avoir d'influence sur les rentes qui n'y étaient pas formellement visées et qui se trouvaient soumises à une législation absolument contraire.

En résumé, l'ord. du 29 avril 1831 (art 2) concernant les rentes au porteur et le décret du 18 juin 1864 (art. 1er) concernant les rentes mixtes restent en vigueur. — L'art. 10 ne fait que généraliser pour toutes les valeurs mobilières la théorie déjà mise en pratique pour les rentes sur l'État.

---

20 Mai 1880. — Circulaire de M. le Ministre de la Justice sur l'exécution de la Loi du 27 Février 1880, relative à l'*aliénation des valeurs mobilières* appartenant aux mineurs et à leur *conversion en titres au porteur*.

Monsieur le Procureur général.

La loi du 27 février 1880, relative à l'aliénation des valeurs mobilières appartenant aux mineurs et aux interdits et à la conversion de ces valeurs en titres au porteur, consacre une amélioration importante. Les rédacteurs du Code civil s'étaient préoccupés surtout de sauvegarder la fortune immobilière des incapables ; ils ont entouré de formalités protectrices l'aliénation des immeubles appartenant aux mineurs et aux interdits (art. 457 et suivants du Code civil). A l'époque de la promulgation du Code, la fortune mobilière était loin d'avoir acquis l'importance qu'elle a prise aujourd'hui : il parut donc inutile d'édicter, relativement aux ventes de meubles incorporels, des dispositions spéciales. Néanmoins le législateur ne tarda pas à intervenir pour protéger des intérêts si dignes de sa sollicitude. Dès le 24 mai 1806, une loi apporta un premier changement aux conditions de la vente des valeurs mobilières, réglées jusque-là par l'article 452 du Code civil, et obligea le tuteur à obtenir *l'autorisation du conseil de famille pour les aliénations d'inscriptions de rentes supérieures à 50 francs*. Les dispositions de cette loi furent étendues aux *Actions de la Banque de France* par le décret du 25 septembre 1813. Depuis cette époque, la propriété mobilière s'est accrue dans une proportion considérable et sous les formes les plus diverses ; cependant la législation, d'une portée restreinte, établie par les dispositions précitées, n'a été ni complétée ni étendue. Elle était notoirement insuffisante ; aussi, pénétré de la nécessité de faire cesser des abus depuis longtemps signalés, le Gouvernement a-t-il saisi les Chambres d'un ensemble de dispositions destinées à combler une incontestable lacune. Le projet présenté, après avoir été adopté par les deux Assemblées, est devenu la loi du 27 février dernier.

Aux termes de l'article 1er, aucune aliénation de valeurs mobilières, quel qu'en soit le chiffre, appartenant à des mineurs en tutelle ou à des interdits, ne pourra avoir lieu sans une autorisation du conseil de famille. Cette autorisation sera suffisante, si la valeur des meubles incorporels à aliéner est inférieure à 1,500 fr. en capital ; mais si l'aliénation porte sur une somme supérieure, la délibération devra, en outre être soumise à l'homologation du tribunal (art. 2).

Je dois vous faire remarquer ici, Monsieur le Procureur général, que la loi s'applique à *tous les meubles incorporels*, quelconques ; par conséquent, en cas de cession d'un office, après le décès du titulaire, si, parmi les héritiers appelés à recevoir le prix, se trouvent des mineurs, vous devez vous assurer que le traité a été autorisé par le conseil de famille et, lorsque la valeur sera supérieure à 1,500 francs, homologué par le Tribunal. Ces formalités étaient déjà observées dans la plupart des cas, et la Chancellerie en avait recommandé l'accomplissement. Cependant, en l'absence d'un texte précis, certains tribunaux avaient cru ne pouvoir prononcer l'homologation lorsqu'elle leur était demandée. La loi nouvelle met fin à toute divergence.

La disposition relative à l'homologation peut donner lieu, en pratique, à certaines difficultés que je crois devoir signaler à votre attention. Il sera, dans certains cas, impossible de savoir, le jour où interviendra la délibération du conseil de famille, si la valeur mobilière, titre de rente, obligation de chemins de fer, etc., représentera, au moment de l'aliénation projetée, un capital inférieur ou supérieur à 1,500 francs, et si, par suite, la délibération du conseil devra être soumise à l'homologation du Tribunal ou en être dispensée. Les valeurs dont il s'agit, alors même qu'elles seraient cotées à la Bourse, sont soumises à des fluctuations diverses. Si les meubles incorporels à aliéner, d'une valeur inférieure à 1,500 fr. le jour de la délibération, ont acquis une valeur supérieure à ce chiffre le jour où il s'agira de réaliser l'aliénation, faudra-t-il admettre que cette aliénation ne pourra avoir lieu sans que la délibération ait été homologuée? M. le ministre des finances s'est préoccupé de cette question. Après l'avoir examinée, nous avons pensé, mon collègue et moi, que, dans ce cas, l'homologation ne serait pas nécessaire. Cette solution est fondée sur le texte de la loi aussi bien que sur son esprit. *Lorsque*, porte l'article 2, *la valeur des meubles incorporels à aliéner dépassera, d'après l'appréciation du conseil, etc.* Le législateur s'en remet donc à l'appréciation du conseil de famille, et quand celui-ci a estimé, au moment où il délibérait et en se renfermant, d'ailleurs, dans les termes de la loi, que l'homologation du Tribunal n'était pas nécessaire, eu égard à la valeur du titre qu'il s'agissait d'aliéner, l'aliénation autorisée par lui peut être effectuée régulièrement, alors même que la situation se trouverait modifiée au moment de la vente. Je pense, avec M. le Ministre des finances, que, dans ces conditions, l'appréciation du conseil couvrira complètement la responsabilité des représentants du Trésor et des agents de change. Par voie de conséquence, dans le cas où la valeur des titres à aliéner viendrait à diminuer après la délibération, l'homologation, jugée nécessaire au moment de cette délibération, n'en devrait pas moins être obtenue. Toutefois, pour éviter toute incertitude, il conviendra d'insérer dans les délibérations les formules suivantes, si la valeur du titre, rente sur l'État, obligation de chemins de fer, etc., n'excède pas 1,500 francs, en capital, on ajoutera : « La valeur du titre dont la désignation précède n'excédant pas 1,500 francs, la présente délibération n'est pas soumise à l'homologation du Tribunal. » Dans l'hypothèse contraire, la délibération contiendra cette mention : « La valeur du titre ou des titres dont la désignation précède excédant 1,500 francs, la délibération sera soumise à l'homologation du Tribunal. »

Il y aurait néanmoins fraude évidente à la loi, si le conseil de famille déclarait que sa délibération n'est pas soumise à l'homologation, bien que la valeur des meubles fût, au moment même de la délibération, manifestement supérieure à 1,500 francs. Cette déclaration du conseil ne pourrait lier les Agents de change, les représentants du Trésor ou des compagnies financières. Ceux-ci auraient à examiner s'ils peuvent consentir à un transfert dont l'illégalité n'est pas douteuse, sans engager leur responsabilité. En cas de refus de leur part, les tuteurs n'auraient d'autre voie à suivre que de s'adresser aux tribunaux.

M. le Ministre des finances m'a, en outre, signalé spécialement le cas où un titre de rente d'une valeur supérieure à 1,500 francs serait indivis sans attribution de parts entre plusieurs titulaires, dont quelques-uns seraient sous tutelle : mon collègue m'a demandé si une délibération du conseil de famille pourrait déclarer que la part revenant à l'incapable représente un capital inférieur à 1,500 francs. Une pareille déclaration équivaudrait à un partage; elle ne peut être insérée dans une délibération d'un conseil de famille que si elle se borne à consacrer les résultats d'un partage antérieur et régulier. Les transferts demandés sans justification du partage lui-même devraient être refusés; c'est en ce sens que j'ai répondu à M. le Ministre des finances.

D'après l'article 4 de la loi, les dispositions des articles précédents seront applicables aux mineurs émancipés, lorsque l'émancipation aura eu lieu au cours de la tutelle. Les mêmes formalités ne seront pas exigées lorsque le mineur aura été émancipé pendant le mariage de son père et de sa mère, ou lorsque l'émancipation résultera du mariage par lui contracté. Ces exceptions ont semblé justifiées par les conditions particulières dans lesquelles intervient l'émancipation.

Il faut reconnaître toutefois que la distinction établie par la loi entre les diverses catégories de mineurs émancipés aura dans la pratique des conséquences qui pourront paraître anormales.

Ainsi que l'a fait remarquer le rapport présenté au Sénat, lorsque le projet a été soumis à cette assemblée pour la seconde fois, les formalités que le mineur émancipé par le mariage devra observer pour l'aliénation de ses meubles incorporels ne sont déterminées par aucun texte formel. La loi de 1856 et le décret de 1813, spéciaux d'ailleurs à la vente des rentes sur l'État et des actions de la Banque de France, sont expressément abrogés, et le Code civil ne contient aucune disposition précise. Cette lacune est le résultat, ainsi que l'explique le rapport, d'une modification apportée au texte primitif pendant le cours de la discussion devant la Chambre des députés. Le paragraphe final de l'article 4 autorisait l'aliénation avec la seule assistance du curateur; mais la commission de la Chambre avait cru devoir imposer cette formalité non-seulement au mineur émancipé par le mariage, mais encore au mineur émancipé autorisé à faire le commerce. On fit observer que la capacité de ce mineur émancipé et commerçant, qui est assimilé au majeur pour les actes de son commerce, se trouverait ainsi restreinte. La mention du mineur autorisé à faire le commerce fut alors supprimée, et l'on jugea inutile de maintenir le paragraphe qui autorisait l'aliénation avec la seule assistance du curateur. Par suite, pour les mineurs émancipés par le mariage, et non commerçants, la loi nouvelle est déclarée inapplicable, et néanmoins aucune règle ne fixe dans quelles formes ils procéderont à l'aliénation de leurs meubles incorporels. Cependant, suivant le rapporteur, de l'ensemble de l'article 4 ressort la pensée que, d'après le droit commun, l'aliénation des valeurs mobilières peut être effectuée par le mineur émancipé avec la seule assistance de son curateur: il ajoute que le droit pour le mineur émancipé par le mariage d'aliéner, avec cette seule formalité, est reconnu, mais qu'une disposition explicite eût été, sinon nécessaire, au moins très-utile.

Le mineur émancipé en dehors du cas de tutelle, c'est-à-dire par le père du vivant de la mère, se trouve, relativement au droit d'aliéner, dans une situation identique à celle du mineur émancipé par le mariage.

Lorsque les mineurs émancipés, que ne régit pas la loi nouvelle, voudront convertir des titres nominatifs en titres au porteur, ils seront donc soumis aux règles du droit commun. On peut se demander, toutefois, en ce qui les concerne, si l'article 9 de l'ordonnance du 29 avril 1831, d'après lequel les titres de rente appartenant à tous mineurs indistinctement ne peuvent être convertis, ne doit pas être considéré comme en vigueur. En effet, cette disposition n'est pas formellement abrogée; elle est remplacée par la loi nouvelle pour les mineurs auxquels s'applique cette loi; mais on ne peut la considérer, au regard des mineurs émancipés par le mariage et de ceux qui n'étaient pas en tutelle, comme contraire au texte de la loi de 1880, puisque l'article 4 place ces mineurs en dehors de la classe des personnes auxquelles il s'applique, et les laisse ainsi dans la situation juridique où ils se trouvaient antérieurement.

Il convient enfin d'ajouter que, d'après le texte de la loi, c'est du mode seul d'après lequel le mineur a été émancipé qu'il faut tenir compte pour apprécier si la loi nouvelle lui est ou non applicable. Le mineur émancipé par le mariage et devenu veuf, celui qui aura été émancipé pendant le mariage de son père et de sa mère et sera devenu orphelin, ne seront pas, à raison de ces événements postérieurs à l'émancipation, tenus d'observer les formalités prescrites par la loi du 27 février dernier.

Les dispositions de la loi ne s'appliquent pas à l'administration légale du père de famille. Cette distinction importante entre le père administrateur légal et le tuteur résulte nettement des déclarations consignées dans les rapports et reproduites au cours de la discussion. Il a été formellement reconnu que la loi *était faite pour limiter les pouvoirs des tuteurs, en sorte qu'elle n'est applicable en principe que là où il y a tutelle.* Le père administrateur légal pourra donc, à l'avenir, et contrairement à la pratique suivie jusqu'ici par le Trésor en matières de rentes, aliéner ces valeurs appartenant à ses enfants mineurs. La loi du 24 mars 1806 et le décret du 25 septembre 1813, dont les dispositions, parfois contestées d'ailleurs, lui étaient appliquées, sont formellement abrogés par l'article 12 de la loi du 27 février.

L'interdiction de vendre sans l'autorisation du conseil de famille aurait pu être facilement éludée si elle n'avait été complétée par d'autres dispositions. Les valeurs mobilières sont représentées non seulement par des titres nominatifs, mais aussi par des titres au porteur. Tandis que l'aliénation des premiers est soumise à des conditions déterminées, les seconds sont négociables par une simple tradition; le contrôle du conseil de famille serait, en ce qui concerne ces derniers, absolument illusoire. Pour assurer l'exécution de la loi, il faut donc que les valeurs qui échoient à un incapable soient, dans un bref délai, inscrites en son nom. Il faut, en outre, qu'elles ne puissent plus être arbitrairement converties en titres au porteur. Tel est l'objet des articles 5 et 10, qui règlent également les mesures à prendre au cas où la conversion en titres nominatifs ne serait pas possible.

L'article 6 est relatif à l'emploi des capitaux qui peuvent advenir aux incapables.

L'article 7 charge le subrogé tuteur de surveiller l'accomplissement des formalités prescrites par les articles précédents. C'est également au subrogé tuteur de s'assurer que les tuteurs actuellement en fonctions se soumettent aux injonctions légales dans le délai qui leur est imparti par l'article 9.

Aux termes de l'article 8, les dispositions de la loi sont déclarées applicables aux valeurs mobilières appartenant soit aux mineurs et aux aliénés placés sous la tutelle de l'assistance publique ou des administrations hospitalières, soit aux aliénés pourvus d'administrateurs provisoires.

Je vous prie, Monsieur le Procureur général, d'assurer le fonctionnement de la loi nouvelle, et je vous laisse le soin d'adresser aux juges de paix de votre ressort des instructions plus complètes. A raison de leurs fonctions qui les appellent à présider les conseils de famille, c'est à eux qu'il appartient surtout de veiller à ce que les dispositions de cette loi soient scrupuleusement observées. Afin qu'elles soient plus rapidement connues et comprises, il sera utile qu'ils en donnent connaissance, le cas échéant, aux tuteurs et aux subrogés tuteurs, ainsi qu'aux membres des conseils de famille lorsqu'ils auront l'occasion de les réunir. Ces magistrats devront s'attacher à ce que la rédaction des délibérations autorisant des aliénations soit claire et explicite, et à ce qu'elle contienne les mentions indiquées plus haut, pour que les agents du Trésor ou les compagnies financières puissent, sans hésitation, reconnaître s'ils doivent ou non exiger la production d'une homologation judiciaire; ils devront surtout s'opposer, autant que cela pourra dépendre de leurs efforts, aux délibérations irrégulières. Vous aurez à leur rappeler également l'article 1er du décret du 18 juin 1861. D'après cet article, les titres de rentes nominatifs, munis de coupons au porteur, ne peuvent être délivrés qu'aux rentiers ayant la pleine disposition de leurs inscriptions. Les conseils de famille ne pourront donc pas désigner les titres de cette catégorie comme devant être acquis par le tuteur pour faire emploi des fonds d'un mineur.

Vous trouverez reproduite, dans le prochain fascicule du *Bulletin du Ministère de la justice,* la circulaire adressée, le 10 mars, par M. le Ministre des finances aux Trésoriers-payeurs généraux.

Vous voudrez bien m'accuser réception de la présente circulaire, dont je vous envoie des exemplaires en nombre suffisant pour chacun des substituts et des juges de paix de votre ressort.

Recevez, etc..,

---

21 Octobre 1880. — Circulaire du Garde des Sceaux pour la tenue au Greffe d'un registre mentionnant les liquidations en cours.

M. le Procureur général.

A diverses reprises l'attention de mon département a été appelée sur les lenteurs que subissent les procédures de liquidation et de partage, et sur la négligence qu'apportent parfois les avoués et les notaires au règlement de ces affaires.

La Chancellerie a procédé à une enquête à cet égard, et les renseignements recueillis ont établi que les liquidations ne sont en général terminées qu'après des retards prolongés préjudiciables aux intérêts des parties. Les magistrats du parquet ne pouvaient, en l'état de la législation, exercer une surveillance sur ceux des officiers ministériels qui n'apportaient pas une activité suffisante au règlement définitif des procédures.

J'ai dû reconnaître qu'il y avait lieu de prendre des mesures pour obvier à un état de choses regrettable, et, après avoir consulté le Conseil d'État, j'ai soumis à l'approbation du président de la République un décret qui a été publié en date du 3 octobre.

Ce décret prescrit la tenue au greffe de chaque Tribunal d'un registre spécial et l'envoi, au parquet de la Cour, d'états trimestriels analogues à ceux qui sont dressés pour les ordres et les contributions.

Sur ce registre seront inscrites toutes les liquidations ordonnées par le Tribunal, quelle que soit la date de leur ouverture. Tous les trois mois, les procureurs de la République devront vous transmettre un extrait du registre. Afin de rendre le contrôle plus facile, les affaires seront classées par canton, et dans chaque canton celles qui sont confiées au même officier public ou ministériel figureront en regard de son nom à la suite les unes des autres, jusqu'au jugement définitif.

Le registre et l'état trimestriel seront divisés en colonnes où devront être mentionnés la nature de la liquidation, les noms des parties, celui de l'avoué poursuivant, la date du jugement ordonnant la liquidation et désignant le notaire, la date de la licitation des immeubles, s'il y a été procédé, celle de la clôture du procès-verbal des opérations du notaire, celle du jugement d'homologation, les décisions des modifications au travail des notaires, et enfin la date de l'homologation définitive. Dans une colonne destinée aux observations, on indiquera les causes de retard et les diligences faites par le ministère public, tant auprès des avoués que des notaires, pour amener une prompte solution ou vérifier les motifs de retard allégués. L'exactitude des mentions inscrites aura pour garantie la surveillance des procureurs de la République.

Lorsque l'abandon d'une procédure ou une transaction seront annoncés à vos substituts, ils devront spécialement s'assurer que l'abandon est formel et que la transaction est réalisée. C'est à eux qu'il appartiendra de veiller à ce que les formalités protectrices de la loi soient remplies, toutes les fois que des incapables seront intéressés.

L'envoi trimestriel des relevés qui vous sera fait vous permettra de tenir la main à l'exécution des dispositions du décret, et je ne saurais trop vous engager à exercer un contrôle sérieux sur cette partie importante de l'administration judiciaire.

Je dois ajouter que les prescriptions du décret publié le 5 octobre n'empêcheront pas les présidents des Tribunaux où le nombre et l'importance des liquidations et des partages le rendront nécessaire, d'organiser une surveillance plus complète et notamment de prescrire l'appel trimestriel et même mensuel de ces procédures ; mais elles suffiront, je l'espère dans la plupart des cas, pour remédier aux abus qui m'ont été signalés.

Vous voudrez bien m'adresser, *chaque année, dans le courant d'avril*, un rapport destiné à me renseigner le plus exactement possible sur l'exécution du nouveau décret.

Je vous prie de m'accuser réception de la présente circulaire, dont je vous envoie des exemplaires en nombre suffisant pour les procureurs de la République de votre ressort.

Recevez, M. le procureur général, etc.

Le garde des Sceaux, Ministre de la Justice,
Jules CAZOT.

---

11 Avril 1881. — LETTRE de M. le Procureur de la République à Amiens. invitant les Notaires à lui adresser tous les 3 mois l'état de leurs liquidations.

Monsieur le Président de la Chambre des Notaires,

Le décret du 5 octobre 1880 et la circulaire de M. le Garde des sceaux du 21 du même mois ont chargé le ministère public de surveiller la marche des procédures de liquidations et partages.

Ce décret prescrit l'envoi au parquet de M. le Procureur général d'un état trimestriel sur lequel doivent figurer les procédures tant qu'elles ne sont pas terminées. Le Procureur de la République doit mentionner sur cet état les causes qui retardent la solution des procédures.

Pour me mettre à même d'exercer le contrôle ordonné par le décret et la circulaire précités, j'ai l'honneur de vous prier de vouloir bien inviter MM. les Notaires de l'arrondissement d'Amiens à me faire parvenir le *1er Janvier*, le *1er Avril*, le *1er Juillet* et le *1er Octobre*, des renseignements sur l'état de toutes les liquidations dont ils sont chargés.

Je leur serai obligé de me faire connaître sommairement leurs diligences pendant le trimestre précédent.

En examinant le modèle ci-joint de l'état trimestriel vos collègues verront sur quels points leurs renseignements devront plus particulièrement porter.

Je vous prie de vouloir bien m'accuser réception de la présente lettre dès qu'elle aura été communiquée à tous vos collègues.

Veuillez agréer, Monsieur le Président, etc.

---

30 Avril 1881. CIRCULAIRE de M. le Garde des Sceaux rappelant aux Notaires l'obligation d'exiger la *production de l'autorisation* gouvernementale avant de passer acte pour des communes, établissements publics ou religieux.

« Monsieur le Procureur Général, Par leurs circulaires « des 21 mai 1806 et 21 février 1831, mes prédécesseurs ont « appelé l'attention des Parquets, sur la nécessité pour les « Notaires d'exiger, soit des communes, soit des établis- « sements publics ou religieux, la production de l'autori- « sation du Gouvernement avant de passer acte de ventes, « acquisitions, échanges, cessions ou transports, constitu- « tions de rente, transactions, au nom de ces communes « ou de ces établissements, et ce, conformément aux pres- « criptions des ordonnances du 2 avril 1817 et 14 janvier « 1831.

« Monsieur le Ministre de l'intérieur me fait connaître « que certains notaires négligent d'exiger la production de « l'autorisation du Gouvernement avant de prêter leur mi- « nistère pour des actes de cette nature.

« J'attache, Monsieur le Procureur Général, un intérêt « spécial à la stricte observation des dispositions légales « déjà rappelées par mes prédécesseurs.

« Je vous prie, en conséquence d'appeler sur ce point « l'attention des Chambres de discipline de votre ressort. « Au cas où des infractions viendraient à votre connaissance, « les officiers publics qui s'en seraient rendus coupables, « devraient être poursuivis disciplinairement. »

---

10 Août 1881. — CIRCULAIRE de M. le Garde des Sceaux sur le changement de *date du paiement* du traitement de la légion d'honneur, etc.

Monsieur le Procureur de la République,

Je vous communique ci-dessous copie d'une circulaire de M. le Garde des sceaux en date du dix de ce mois. Je vous prie de vouloir bien prendre les mesures nécessaires pour en assurer l'exécution et m'en accuser réception.

« Monsieur le Procureur Général, aux termes de l'article « 13 de la loi de finances du 29 Juillet 1881, les traitements « de la Légion d'honneur et de la Médaille militaire seront

« payables aux époques des premier Décembre et premier
« Juin de chaque année.

« Par exception, les arrérages à payer le premier Décem-
« bre 1881 comprendront seulement le montant des cinq
« premiers mois du deuxième semestre de 1881 échus à cette
« époque.

« Cette mesure transitoire ne lèse d'ailleurs aucun intérêt
« attendu que, si les titulaires de ces traitements ne touchent
« que cinq sixièmes au lieu d'un semestre entier, ces cinq
« sixièmes leur seront payés un mois plus tôt, ce qui établit
« une compensation exacte.

« Le payement à Paris des cinq mois échus le premier
« Décembre 1881 aura lieu à la caisse des dépôts et con-
« signations. Mais les arrérages à échoir le 1er Juin 1882 et
« les arrérages ultérieurs seront payés au Trésor (*Place du
« Palais-Royal*).

« A partir du premier Juin 1882, les arrérages de la
« Légion d'honneur et de la médaille militaire, aussi bien
« à Paris que dans les départements, seront payés à la
« même caisse et aux mêmes époques que les pensions
« civiles et militaires, d'où résultera cet avantage, pour les
« membres de la Légion d'honneur qui sont en même temps
« pensionnaires de l'Etat, de ne plus être astreints, comme
« aujourd'hui, à un double déplacement et aux frais de la
« double production d'un certificat de vie.

« Je vous prie de transmettre, dans le plus bref délai
« possible, ces informations à tous les Notaires de votre
« ressort, en les invitant à délivrer exceptionnellement, le
« 30 Novembre prochain, les certificats de vie nécessaires
« aux titulaires de la Légion d'honneur et de la Médaille
« militaire.

« Vous voudrez bien leur faire savoir en même temps que
« les comptables sont chargés du soin de modifier manus-
« critement les formules de quittances imprimées au bas de
« dits certificats de vie. »

Recevez, Monsieur le Procureur de la République, etc.

Le Procureur Général, DENIS.

---

30 Août 1881. — Circulaire de M. le Garde des Sceaux sur la
déclaration dans les certificats de vie de *non cumul* par les pensionnaires de l'Etat et s'ils sont titulaires d'un bureau de tabac.

Monsieur le Procureur de la République

Je vous transmets ci-dessous la copie d'une circulaire de
M. le Garde des Sceaux, en date du 30 Août dernier. Je
vous prie de vouloir bien prendre les mesures nécessaires
pour en assurer l'exécution et m'en accuser réception.

« M. le Procureur Général, l'article 23 de l'instruction
« sur la délivrance des certificats de vie par les Notaires
« aux pensionnaires et aux rentiers viagers de l'Etat,
« enjoint à ces officiers publics de ne délivrer aucun certificat
« de vie à un pensionnaire qu'après lui avoir demandé s'il
« jouit ou non d'un traitement ou de quelque pension autre
« que celle pour laquelle il fait certifier son existence.

« La loi du 18 Août 1881, qui accorde des suppléments
« de pension aux anciens pensionnaires des armées de
« terre et de mer, ayant *prohibé le cumul* de ces supplé-
« ments avec le produit d'un bureau de tabac, M. le Minis-
« tre des Finances a décidé qu'à l'avenir, tout pension-
« naire de l'Etat devra déclarer dans son certificat de vie,
« non seulement s'il jouit d'un traitement payé des fonds de
« l'Etat, des départements ou des communes, mais encore
« s'il est ou non *titulaire d'un bureau de tabac.* »

Conformément aux instructions de M. le Garde des Sceaux
je vous prie de vouloir bien donner avis de cette décision
à tous les Notaires de votre arrondissement le plus promptement possible.

Recevez, etc. *Le Procureur Général,* DENIS.

Avis.

Conformément à la loi du 18 Août 1881, la déclaration de
non-cumul prescrite par la loi du 15 Mai 1818 doit être
ainsi complétée sur les certificats de vie des pensions militaires et des veuves de militaires.

« .... et qu'il ne jouit plus d'aucun
« traitement civil à la charge des départements ou des com-
« munes, et qu'il n'est pas titulaire d'un débit de tabac. »

---

30 Août 1881. — Circulaire du même déclarant que les officiers
ministériels ne peuvent refuser de recevoir de l'administration des
Postes des *effets à protester* sans *garantie* préalable du paiement
des droits.

Septembre 1881. — Lettre de M. le Procureur de la République
au Président de la Chambre des Notaires, déclarant illégales les délibérations de chambres de Notaires prises en vue d'interdire aux
Notaires d'accepter de l'administration des Postes des *effets à protester* sans garantie préalable du paiement des frais, et demandant la
communication du registre des délibérations de la Chambre afin de
vérifier si l'acte signalé s'est produit dans l'arrondissement d'Amiens.
— *Réponse du Président* déclarant que la Chambre n'a pris et ne prendra aucune délibération semblable et refusant communication du registre des délibérations.

---

6 Février 1882. — Circulaire de M. le Garde des Sceaux se plai-
gnant que des certificats de vie aient été délivrés par des Notaires à
des pensionnaires décédés, et rappelant, pour sauvegarder les intérêts du Trésor et des comptables, les diverses instructions ministérielles à ce sujet avec menace de poursuivre disciplinairement les
contrevenants.

---

7 Juin 1882. — Circulaire de M. le Garde des Sceaux relative aux
autorisations à obtenir du Gouvernement pour les dispositions entre-
vifs ou testamentaires au profit des hospices, des pauvres d'une
commune ou d'établissements d'utilité publique ou religieux et recommandant l'envoi aux Préfets *d'un état sommaire de l'ensemble de
ces dispositions* et d'une *expédition complète du testament* et non
plus d'un extrait.

Monsieur le Procureur Général,

Aux termes de l'art 910 du Code civil, « les dispositions
entre vifs ou par testament, au profit des hospices, des

pauvres d'une commune ou d'établissements d'utilité publique, n'ont leur effet qu'autant qu'elles ont été autorisées par un décret. »

Depuis les décrets des 25 mars 1852 et 13 avril 1861, les autorisations peuvent, dans certains cas déterminés, être accordées par de simples arrêtés préfectoraux ; mais, le plus souvent, il appartient au Chef de l'État de statuer, et il ne doit le faire qu'après avis préalable du Conseil d'État, (décrets des 30 décembre 1809, art. 113, 6 novembre 1813, art. 67 et ordonnance du 2 avril 1817, art. 1er).

Diverses prescriptions accessoires ont réglementé les formes à suivre pour l'obtention des décrets d'autorisation ; d'autres ont eu pour objet les mesures destinées à assurer la régulière exécution de la disposition légale. C'est ainsi que le décret du 30 juillet 1863, art. 1er, enjoint aux Notaires de transmettre au Préfet du département, immédiatement après l'ouverture des testaments, « un *état sommaire* de l'ensemble des dispositions faites en faveur des communes, des pauvres, des établissements publics, d'utilité publique ou religieux. » D'autre part, les légataires tenus d'obtenir une autorisation doivent, pour justifier devant le Conseil d'État de leurs droits et qualités, produire l'expédition du titre dont ils sollicitent l'exécution.

Je suis informé que les Notaires ne transmettent que rarement aux préfets l'état sommaire ci-dessus rappelé, et qu'ils ne délivrent à chaque légataire qu'un extrait du testament dans lequel est mentionné exclusivement le legs fait en sa faveur.

En premier lieu, l'inobservation du décret du 30 juillet 1863 constitue un grave abus. Dépourvus de renseignements complets, les préfets ne peuvent apprécier dans leur ensemble les questions qui doivent leur être soumises. Il importe de mettre fin immédiatement à des négligences regrettables qui doivent être considérées comme un manquement aux devoirs professionnels. Vous voudrez bien, en conséquence, inviter les Notaires de votre ressort à se conformer strictement aux prescriptions de l'article 1er du décret du 30 juillet 1863. Vous devrez me signaler, sans délai, les infractions qui vous seraient révélées, afin que des poursuites disciplinaires puissent être exercées.

Sur le second point, la délivrance d'extraits partiels ne permet pas au Conseil d'État de statuer en connaissance de cause. La nature et l'étendue des diverses libéralités contenues dans les testaments sont, en effet, des circonstances essentielles à prendre en considération pour accorder ou refuser l'autorisation demandée. Tous les légataires sont, d'ailleurs, des intéressés, et les Notaires n'ont pas à se prévaloir, à leur égard, des termes de l'article 23 de la loi du 25 ventôse an XI et du secret professionnel qu'ils sont tenus de respecter. En l'absence du texte intégral des dispositions testamentaires, la solution se trouve nécessairement ajournée jusqu'à la transmission d'une nouvelle expédition. Je vous prie donc d'informer les Notaires de votre ressort que, pour éviter des retards préjudiciables aux intéressés eux-mêmes, ils doivent toujours délivrer aux établissements légataires, ou tout au moins au plus intéressé d'entre eux, une expédition complète du testament, afin qu'elle soit produite au Conseil d'État.

Je dois appeler, en dernier lieu, toute votre attention sur l'exécution de la circulaire de mon prédécesseur, en date du 30 avril 1881. Certains Notaires négligent encore, paraît-il, de se conformer aux prescriptions de l'ordonnance du 14 janvier 1831. Je vous recommande donc, d'une façon toute spéciale, de veiller à ce que cette disposition soit très rigoureusement observée, et je vous prie de me signaler toutes les infractions qui pourraient se produire.

Vous voudrez bien m'accuser réception de cette circulaire, dont je vous envoie un nombre suffisant d'exemplaires pour que vous puissiez en adresser un à chacun de vos substituts et à chacune des Chambres de Notaires de votre ressort.

Recevez, Monsieur le Procureur général, etc...

Signé : GUSTAVE HUMBERT.

---

30 Août, 5 Septembre et 28 Octobre 1882. — CIRCULAIRES de MM. les Ministres de l'Instruction publique, de l'Intérieur et de la Justice relatives à *l'occupation* par les Notaires *pour les adjudications* auxquelles ils procèdent, des Salles d'école, de Mairie et de Justice de Paix.

30 Août   Monsieur le Préfet,

Mon attention a été appelée sur les difficultés que rencontrent souvent, dans les communes rurales, les *Notaires* qui demandent à faire usage des salles d'école pour *les adjudications publiques*.

Je ne vois aucun inconvénient à ce que ces officiers ministériels aient à leur disposition les *salles d'école*, pourvu que les adjudications n'aient lieu que les jeudis et dimanches ou, à la rigueur, les autres jours après 4 heures.

Les communes bénéficieront, au contraire, de cette tolérance, car elles auront le droit d'exiger des Notaires, au *bénéfice de la caisse des écoles*, une redevance fixée ainsi qu'il suit par séance :

5 francs pour une adjudication de 1.000 francs et au-dessus, quel que soit le nombre des lots ;

2 fr. 50 cent. si la somme est inférieure à 1,000 francs.

Veuillez porter à la connaissance de MM. les maires ces dispositions concertées avec mes collègues de la justice et de l'intérieur.

Recevez, Monsieur le Préfet, etc.

Pour le Ministre de l'Instruction publique,   F. BUISSON.

5 Septembre.   Monsieur le Préfet,

Une circulaire d'un de mes prédécesseurs, en date du 2 décembre 1854, vous invitait à engager les administrations municipales des communes rurales de votre département à mettre les salles de Mairie, d'école et de Justice de Paix à la disposition des Notaires, pour les adjudications publiques auxquelles, faute d'un local convenable, ces officiers ministériels étaient souvent obligés de procéder dans les auberges ou cabarets. Je n'ai rien à ajouter aux considérations de morale et de dignité professionnelle invoquées par cette circulaire, et qui ont conservé toute leur valeur.

M. le Ministre de la justice m'a fait connaître récemment que des difficultés se seraient élevées dans quelques départements entre des Maires et des Notaires, difficultés qui seraient de nature à entrave l'application de la circulaire précitée. Mon collègue pense, et M. le Ministre de l'Instruction publique partage son avis, qu'il conviendrait d'arrêter une mesure générale réglant uniformément, pour toute la France, la faculté pour les officiers publics de procéder à leurs adjudications dans les bâtiments communaux à des conditions nettement indiquées.

Ces conditions, indépendamment de l'observation des jours et heures fixés par les Maires suivant les exigences des services municipaux, consisteraient en une rétribution au profit de la commune, par séance de 5 francs pour une adjudication ou tentative d'adjudication de 1,000 francs et au-dessus, quel que soit le nombre des lots, et de 2 fr. 50 cent. si la somme est inférieure à 1,000 francs.

J'adhère à la manière de voir de mes collègues, et je vous prie d'adresser dans ce sens des observations aux Maires de votre département pour la mise à la disposition des Notaires des *salles de mairie*.

Vous ne perdrez pas de vue d'ailleurs, ainsi que le faisait observer la circulaire du 2 décembre 1854, que vous ne pouvez agir dans cette circonstance que par la voie de la persuasion, les conseillers municipaux ayant l'initiative des actes de propriété relatifs aux biens communaux.

Vous recevrez prochainement des instructions analogues de M. le Ministre de l'Instruction publique pour les salles d'École. M. le Ministre de la Justice les communiquera d'ailleurs aux Procureurs généraux en ce qui concerne les prétoires de justice de paix.

Recevez, Monsieur le Préfet, etc...

Le Ministre de l'Intérieur, FALLIÈRES.

28 Octobre. — Monsieur le Procureur Général.

Par une circulaire du 13 novembre 1855 l'un de mes prédécesseurs portait à la connaissance des Chambres de discipline des Notaires qu'à la suite d'un accord intervenu entre le département de l'intérieur et celui de la justice, il avait été recommandé aux Maires des communes rurales de mettre les salles de Mairie ou d'École à la disposition de ces officiers publics, pour les adjudications.

La faculté d'utiliser les bâtiments communaux demeurait, toutefois, subordonnée à la condition d'une redevance, qui devait être débattue à l'amiable entre les Chambres des Notaires et les conseils municipaux.

Des difficultés s'étant produites à ce sujet, il a paru qu'il était préférable d'arrêter une mesure générale réglant uniformément, pour toute la France, les conditions sous lesquelles les Notaires pourraient avoir la disposition des salles de Mairie, salles d'École ou *prétoires de Justices de Paix*.

Une entente s'est établie entre les divers départements ministériels intéressés. Il a été convenu que la rétribution à percevoir consisterait en une redevance, par séance, de 5 francs pour une adjudication ou tentative d'adjudication de 1,000 francs et au-dessus, quel que soit le nombre des lots, et de 2 fr. 50 cent. si la somme est inférieure à 1,000 francs.

Il demeure, d'ailleurs, entendu que les Notaires, malgré la mesure générale ainsi concertée, continueront à s'adresser aux magistrats et conseils municipaux auxquels appartient la gestion des propriétés communales. Ils devront également se conformer aux indications qui leur seront fournies relativement aux jours et heures réservés pour les services municipaux ou judiciaires. En ce qui concerne spécialement les salles d'école, les adjudications ne pourront avoir lieu que les jeudis et dimanches ou, à la rigueur, les autres jours après 4 heures.

En vous communiquant ces nouvelles mesures, que je vous prie de porter à la connaissance de vos substituts, des juges de paix et des présidents des Chambres de discipline, je joins à la présente circulaire un exemplaire des instructions adressées aux préfets par M. le Ministre de l'intérieur et par M. le Ministre de l'instruction publique.

Je vous prie de vouloir bien m'accuser réception desdites instructions.

Recevez, Monsieur le Procureur général, etc.

Le Garde des Sceaux, Ministre de la Justice, PAUL DEVÈS.

---

22 Décembre 1882. — CIRCULAIRE du Ministre de l'intérieur aux Préfets sur la *conservation des meubles et objets d'art contenus dans les édifices religieux* et confiés, qu'ils soient la propriété des communes, de l'État, ou des fabriques, à la garde des *Conseils de fabrique* par le décret du 30 septembre 1809; *rappelant* l'obligation prescrite de faire un inventaire général et un *récolement annuel* de tous les objets mobiliers de l'édifice religieux (dont un double doit être déposé à la mairie en même temps que le compte), et la défense d'aliéner sans accord préalable des assemblées fabricienne et communale et une autorisation du gouvernement ou de son délégué, ainsi que le devoir du maire membre de ces 2 assemblées, d'empêcher des aliénations inutiles, souvent consenties à vil prix et par suite sa double responsabilité.

« Les objets mobiliers ou immeubles par destination qui se trouvaient dans les églises lorsqu'elles ont été rendues au culte, ainsi que tous les objets d'art qui ont été affectés ultérieurement à leur décoration, faisaient partie du domaine public; et les fabriques à qui la garde en était remise n'en avaient la disposition qu'au point de vue de l'usage au quel ils ont été affectés. »

Cette circulaire se termine ainsi : « quant aux *notaires, commissaires priseurs et autres officiers ministériels* qui prêteraient leurs concours à des échanges, cessions ou ventes non autorisées, ils tombent sous le coup de l'art. 2 de l'ordonnance du 14 Janvier 1831. Il y aurait lieu de les dénoncer à leurs supérieurs hiérarchiques, de même que les amateurs, marchands d'antiquités et autres personnes qui traiteraient de gré à gré avec des *incapables*, devraient être signalés au parquet et poursuivis correctionnellement,

Il ne vous échappera pas que les mêmes principes s'appliquent aux *matériaux des édifices en démolition*, quand ils présentent une valeur quelconque, etc. »

---

11 Avril 1883. — DÉCISION du Ministre des finances, que les *Hospices* qui recueillent les *effets mobiliers* apportés par les malades décédés dans ces établissements où ils ont été traités gratuitement ne doivent pas supporter de *droits de mutation* par décès.

---

12 Mai 1883. — CIRCULAIRE de M. le ministre de la Justice recommandant aux Notaires, dans l'intérêt des actes et formalités hypothécaires, la plus grande *exactitude dans la désignation des noms* prénoms et surnoms des créanciers et des débiteurs et de suivre toujours un même ordre.

Monsieur le Procureur général,

Mon attention vient d'être appelée sur la rédaction des bordereaux et des actes en vertu desquels les inscriptions hypothécaires sont demandées. Les noms et prénoms du créancier et du débiteur ne sont pas toujours la reproduction exacte et fidèle des dénominations qui ont servi dans d'autres actes antérieurs à désigner les mêmes personnes. De ce manque de précision résultent d'inévitables confusions, et la tenue régulière des registres hypothécaires se trouve ainsi compromise.

Les confusions signalées proviennent de diverses causes. Certains noms, qui constituent ordinairement des prénoms, jouent parfois le rôle de noms patronymiques. Quelques personnes joignent à leur nom celui de leur femme ; d'autres ajoutent des dénominations précédées de particule à leur nom de famille, qu'elles arrivent parfois à confondre avec leurs prénoms ; d'autres enfin séparent, lorsque les syllabes qui le composent s'y prêtent, leur nom en plusieurs partios distinctes. Ces pratiques rendent périlleuses ou incertaines les recherches dans les registres : elles entraînent des erreurs qui peuvent être l'occasion de préjudices graves pour les intéressés, et qui exposent les conservateurs à des responsabilités onéreuses.

Une pétition adressée à la Chambre et envoyée à mon Département signale ce danger pour la sécurité des transactions immobilières. Il m'a paru assez grave pour justifier mon intervention.

Les inscriptions sont requises, dans la plupart des cas, en vertu de conventions passées devant Notaires ; l'observation plus rigoureuse par ces officiers publics des dispositions de l'article 13 de la loi du 25 ventôse an XI suffirait donc pour mieux sauvegarder les intérêts que garantit notre système hypothécaire. Il importe que les Notaires, en rédigeant les actes, prennent soin, conformément à cet article d'indiquer toujours le premier, et avant toutes autres dénominations, le nom patronymique. Ce nom ne peut être que celui porté sur l'acte de naissance, tel qu'il est écrit dans cet acte, et sans l'addition d'aucun autre : les prénoms doivent être placés ensuite, puis les surnoms, noms de terre et sobriquets ; il est désirable que ces prénoms et surnoms soient placés entre parenthèses et que le nom patronymique soit seul hors de la parenthèse. On arrivera ainsi à distinguer aisément le nom des autres dénominations et à éviter des confusions dangereuses.

Vous voudrez bien transmettre ces instructions aux Chambres des Notaires de votre ressort. Je ne doute pas que ces officiers publics ne comprennent l'importance que présentent les *précautions de rédaction* recommandées par les observations précédentes. Leurs clients et eux-mêmes ont trop grand intérêt à l'exactitude des mentions hypothécaires pour qu'ils n'apportent pas tous leurs soins à contribuer aux mesures qui ont pour objet d'assurer cette exactitude.

Recevez, Monsieur le Procureur général, etc.

F. MARTIN FEUILLÉE.

------

14 Juin 1883. — Décision du Ministre des Finances que la *décharge* donnée par une *personne illétrée* dans un *acte notarié* lors de la *remise des titres de rente* qui lui sont délivrés en remplacement d'anciens titres démunis de coupons, doit être *enregistrée gratis*.

D'après une décision ministérielle du 27 avril 1858, les *quittances notariées* fournies, quand la somme payée excède 150 fr. (Code civ. 1343) par les créanciers de l'État qui ne savent pas signer, sont affranchies du droit d'enregistrement

Les motifs de cette décision sont que : 1° d'après l'art. 31 de la loi du 22 frimaire an VII les droits des actes emportant libération sont à la charge des débiteurs ; 2° quand l'État est débiteur, comme il ne se paie pas d'impôt à lui même, la quittance consentie à son profit doit être exempte du droit d'enregistrement. — Ces considérations s'appliquent à l'espèce actuelle. — Dès l'instant que l'inscription de rente, dont tous les coupons sont détachés, a été déposée au Trésor, l'État est débiteur d'un nouveau titre, et l'acte constatant la remise de ce titre à 'ayant droit a évidemment pour but la libération du Trésor ; à ce point

de vue il rentre dans les termes de la décision du 27 avril 1858, et, par suite, il doit être enregistré gratis.

------

18 Septembre 1883. — Décision du Ministre des finances, reconnaissant que l'Administration de l'Enregistrement n'a pas le droit de communication dans les dépôts publics et dans les études des Notaires pour un *intérêt domanial*, ce droit ne peut être exercé qu'en matière d'enregistrement en vertu des art. 54 L. 22 frimaire an VII et 23 L. 25 ventôse an XI.

------

11 Mai 1884. — Circulaire du Ministre de la Justice sur les *dissimulations de prix* dans les traités de *cession d'office*.

Monsieur le Procureur général, un de mes prédécesseurs, par une circulaire en date du 28 juin 1849, appelait en ces termes l'attention des représentants du ministère public sur la nécessité d'assurer la sincérité des traités relatifs aux cessions d'office :

« Les dissimulations, à cet égard, sont des infractions « graves aux devoirs des officiers publics, et excitent une « juste défiance contre les candidats qui, au début de leur « carrière, cherchent à tromper les magistrats et l'autorité « supérieure. Ces dissimulations, en cachant l'exagération « des engagements, rendent inutiles les précautions que je « ne cesse de prendre et de recommander, pour éviter à « des jeunes gens, souvent sans expérience, de contracter « des obligations trop onéreuses, et de s'exposer à des « déceptions bientôt suivies de la ruine et de ses déplora- « bles conséquences. »

J'ai pu me convaincre, Monsieur le Procureur général, que, malgré les précautions prises, les contre-lettres ne sont pas moins fréquentes aujourd'hui qu'autrefois, et j'ai constaté la funeste influence qu'elles ont exercée sur les désastres financiers qui, pendant ces dernières années, ont atteint plus particulièrement le notariat. Il m'a donc paru nécessaire de faire un nouvel appel à votre vigilance.

Je vous recommande, notamment, d'exiger des contractants l'affirmation expresse que les conventions qu'ils vous soumettent sont sincères, qu'elles n'ont été précédées ou suivies d'aucune contre-lettre, et de les prévenir des conséquences rigoureuses auxquelles les exposerait toute déclaration mensongère.

Lorsque, malgré ces recommandations, la dissimulation vous paraîtra établie, vous ne devez pas hésiter à provoquer devant les tribunaux la *destitution du titulaire*. Mon Département a toujours considéré que l'application de cette peine était justifiée par la gravité de l'infraction ; la dissimulation du prix réel de cession constitue en effet, de la part d'un officier public ou ministériel, une fraude contraire à ses devoirs professionnels. Celui qui s'en rend coupable ne peut continuer à être investi d'un office qui le recommande à la confiance des parties. Je dois ajouter qu'un intérêt d'ordre public, qu'il importe de sauvegarder, exige une mesure rigoureuse et exemplaire. Aussi, est-ce avec regret que j'ai constaté que les poursuites intentées avaient été parfois suivies d'une répression insuffisante. Vous voudrez bien donner à vos substituts des instructions précises, afin qu'ils mettent tous leurs efforts à faire disparaître un abus dont la persistance compromet à la fois la discipline et le mode de transmission des offices.

J'ajoute que, non seulement le prix d'un office doit être sincère, mais qu'il doit toujours être modéré : mon département est plus que jamais résolu à n'admettre que des prix justifiés par des produits largement rémunérateurs, réguliers et constants.

Je vous prie de m'accuser réception de cette circulaire dont je vous transmets des exemplaires en nombre suffisant pour en adresser à tous vos substituts près les tribunaux de première instance. Veuillez recommander à ces magistrats d'en donner connaissance aux Chambres des notaires, avoués, huissiers et commissaires-priseurs, dans leurs ressorts respectifs.

Recevez, etc. *Le Garde des Sceaux*, MARTIN-FEUILLÉE.

———

16 Mai 1884. — Circulaire de M. le Ministre de la Justice sur les *formalités à remplir par les Notaires dans la délivrance des certificats de vie aux pensionnaires de l'État, sur la déclaration, relative au cumul, et sur la lecture de la peine édictée par la loi de 1818 en cas de fausse déclaration (radiation de la liste des pensionnaires).*

Monsieur le Procureur Général,

Aux termes de la loi du 18 août 1881, relative aux suppléments de pensions des anciens militaires et de leurs veuves, le payement de ces suppléments demeure suspendu pour les pensionnés de toute catégorie pourvus de débits de tabacs ou d'emplois civils rétribués par l'État, les départements et les communes, tant que ces pensionnaires sont en possession de ces emplois ou débits. Le Parlement, saisi de pétitions à ce sujet, a plusieurs fois confirmé cette prohibition, qui ne comporte aucune exception.

À diverses reprises, et particulièrement par les circulaires des 23 octobre 1839 et 6 mai 1844, mon Département avait appelé l'attention des Notaires sur les formalités qu'ils devaient observer dans la délivrance des certificats de vie aux pensionnaires de l'État. Une instruction du 30 août 1881, se référant spécialement à l'exécution de la loi précitée du 18 du même mois, a insisté sur l'importance des déclarations relatives au cumul. De plus, des modèles de certificat, contenant les formules nécessaires et toutes les indications de nature à prévenir les fausses déclarations, ont été préparés par les soins de M. le Ministre des finances.

Il résulte néanmoins d'une communication qui m'est faite par mon collègue, qu'il est fréquemment constaté par son Administration, près de trois années après la mise à exécution de la loi, que beaucoup de pensionnaires ne se rendent pas un compte exact de la prohibition du cumul et des

conséquences, et que certains Notaires paraissent également les avoir perdues de vue.

La loi du 15 mai 1818, article 15, autorise à rayer de la liste des pensionnaires ceux qui, par suite de fausses déclarations, auraient cumulé un traitement ou une pension. L'Administration des finances a hésité jusqu'à présent à employer ce moyen de répression : mais elle est obligée de faire rentrer les sommes perçues, et la responsabilité des payements faits sur de fausses déclarations retombe sur les comptables, qui doivent ensuite en poursuivre le recouvrement. Il y a ainsi acte d'humanité à prévenir, autant que possible, les fausses déclarations, qui peuvent entraîner une radiation, et, dans tous les cas, motivent des poursuites en restitution, désastreuses pour des pensionnaires dont les ressources sont généralement fort restreintes.

À la demande de mon Collègue, je vous prie, Monsieur le Procureur général, de vouloir bien appeler, de nouveau, l'attention des Notaires de votre ressort sur la nécessité de s'assurer, par tous les moyens d'investigation dont ils disposent, de la sincérité des déclarations faites par leurs clients. Il y aura lieu de rappeler à ces officiers publics qu'aux termes des articles 3 et 23 de l'instruction du Ministre des finances du 27 juin 1839, ils doivent non seulement interroger le pensionnaire relativement au cumul, mais encore lui donner lecture de la disposition pénale édictée par l'article 15 de la loi du 15 mai 1818, qui permet de *rayer de la liste des pensionnaires* ceux qui, par suite de fausses déclarations, auraient *cumulé un traitement avec une pension.* Ils doivent, de plus, enregistrer la déclaration, sans se faire juges, dans le cas où elle est affirmative, de la question de savoir si le cumul est ou non interdit. Plusieurs pensionnaires ont, en effet, affirmé avoir fait des déclarations dont certains Notaires auraient omis de tenir compte.

Je vous prie de vouloir bien faire remettre un exemplaire de la présente instruction à chacun de vos substituts, et à chacune des Chambres de Notaires de votre ressort.

Recevez, Monsieur le Procureur général, etc...

Signé : MARTIN FEUILLÉE.

———

2 Août 1884 — Loi sur le Code rural, des *vices rédhibitoires* dans les ventes et échanges *d'Animaux domestiques.*

« Nous avons donné le sommaire seulement de cette loi
« dans notre première partie. Mais en la relisant, son im-
« portance pour les Notaires de la campagne et leurs
« clients qui peuvent avoir besoin de la consulter souvent,
« nous a frappé, et comme elle fait partie du *Code rural,*
« que nous avons reproduit dans toutes les parties parues
« jusqu'ici, nous croyons devoir l'ajouter dans notre seconde
« partie à sa date et pour réparer cette omission nous
« l'insérons ici.

ART. 1er. — L'action en garantie, dans les ventes ou échanges d'animaux domestiques, sera régie, à défaut de conventions contraires, par ou dispositions suivantes, sans préjudice des dommages et intérêts qui peuvent être dus, s'il y a dol.

ART. 2. — Sont réputés vices rédhibitoires et donneront seuls ouverture aux actions résultant des art. 1641 et suivants du Code civil, sans distinction des localités où les ventes et échanges auront lieu, les maladies ou défauts ci-après, savoir :

Pour le cheval, l'âne et le mulet

La morve, le farcin, l'immobilité, l'emphysème pulmonaire, le cornage chronique, le tic proprement dit, avec ou sans usure des dents, les boiteries anciennes intermittentes, la fluxion périodique des yeux.

Pour l'espèce ovine.

La clavelée ; cette maladie reconnue chez un seul animal entraînera la rédhibition de tout le troupeau s'il porte la marque du vendeur.

Pour l'espèce porcine.

La ladrerie.

ART. 3. — L'action en réduction de prix, autorisée par l'art. 1644 du Code civil, ne pourra être exercée dans les ventes et échanges d'animaux énoncés à l'article précédent lorsque le vendeur offrira de reprendre l'animal vendu, en restituant le prix et en remboursant à l'acquéreur les frais occasionnés par la vente.

ART. 4. — Aucune action en garantie, même en réduction de prix, ne sera admise pour les ventes ou pour les échanges d'animaux domestiques, si le prix, en cas de vente, ou la valeur, en cas d'échange, ne dépasse pas 100 francs.

ART. 5. — Le délai pour intenter l'action rédhibitoire sera de neuf jours francs, non compris le jour fixé pour la livraison, excepté pour la fluxion périodique, pour laquelle ce délai sera de trente jours francs, non compris le jour fixé pour la livraison.

ART. 6. — Si la livraison de l'animal a été effectuée hors du lieu du domicile du vendeur, ou si, après la livraison et dans le délai ci-dessus, l'animal a été conduit hors du lieu du domicile du vendeur, le délai pour intenter l'action sera augmenté à raison de la distance, suivant les règles de la procédure civile.

ART. 7. — Quelque soit le délai pour intenter l'action, l'acheteur à peine d'être non recevable, devra provoquer, dans les délais de l'art 5, la nomination d'experts, chargés de dresser procès-verbal ; la requête sera présentée, verbalement ou par écrit, au juge de paix du lieu où se trouve l'animal ; ce juge constatera dans son ordonnance la date de la requête et nommera immédiatement un ou trois experts qui devront opérer dans le plus bref délai.

Ces experts vérifieront l'état de l'animal, recueilleront tous les renseignements utiles, donneront leur avis, et, à la fin de leur procès-verbal affirmeront, par serment, la sincérité de leurs opérations.

ART. 8. — Le vendeur sera appelé à l'expertise, à moins qu'il n'en soit autrement ordonné par le juge de paix, à raison de l'urgence et de l'éloignement.

La citation à l'expertise devra être donnée au vendeur dans les délais déterminés par les art. 5 et 6 ; elle énoncera qu'il sera procédé même en son absence.

Si le vendeur a été appelé à l'expertise, la demande pourra être signifiée dans les trois jours à compter de la clôture du procès-verbal, dont copie sera signifiée en tête de l'exploit.

Si le vendeur n'a pas été appelé à l'expertise, la demande devra être faite dans les délais fixés par les art. 5 et 6.

ART. 9. — La demande est portée devant les tribunaux compétents, suivant les règles ordinaires du droit.

Elle est dispensée de tout préliminaire de conciliation et, devant les tribunaux civils, elle est instruite et jugée comme matière sommaire.

ART. 10. — Si l'animal vient à périr, le vendeur ne sera pas tenu de la garantie, à moins que l'acheteur n'ait intenté une action régulière dans le délai légal, et ne prouve que la perte de l'animal provient de l'une des maladies spécifiées dans l'art. 2.

ART. 11. — Le vendeur sera dispensé de la garantie résultant de la morve ou du farcin pour le cheval, l'âne et le mulet, et de la clavelée pour l'espèce ovine, s'il prouve que l'animal, depuis la livraison, a été mis en contact avec des animaux atteints de ces maladies.

ART. 12. — Sont abrogés tous règlements imposant une garantie exceptionnelle aux vendeurs d'animaux destinés à la boucherie.

Sont également abrogés la loi du 20 mai 1838 et toutes les dispositions contraires à la présente loi.

----

26 Septembre 1884. — CIRCULAIRE du Directeur général de l'Enregistrement aux Préfets sur l'exécution de la *loi du Divorce* du 28 juillet 1884.

La législation fiscale a établi des tarifs particuliers sur certains actes relatifs au divorce. Elle a notamment assujetti : 1° au droit fixe de 5 francs, les jugements interlocutoires ou préparatoires des divorces ; 2° au droit de 50 francs, les jugements de première instance prononçant un divorce ; et 3° au droit de 100 francs, les arrêts de Cour d'appel qui prononcent définitivement sur une demande en divorce.

Les dispositions qui précèdent n'ont jamais été abrogées. Elles sont restées sans exécution pendant tout le temps que le divorce a été aboli. Mais elles reprennent de plein droit leur efficacité par le rétablissement de cette procédure. Elles doivent être, par conséquent, appliquées à partir de cette dernière date, avec la modification du tarif résultant de l'art. 4 de la loi du 28 février 1872.

D'après la loi du 28 juillet 1884, le divorce doit être admis par un jugement ou par un arrêt et être prononcé par l'officier de l'état civil. Aux termes de l'art. 49, paragraphe 2, de la loi du 28 avril 1816, lorsqu'il n'y a pas appel du jugement de première instance prononçant sur la demande en divorce, le droit fixe de 100 francs (élevé à 150 francs) est dû sur l'acte de l'officier de l'état civil. La perception est établie, suivant l'art. 7 de la loi du 22 frimaire an VII, sur l'expédition de l'acte de divorce, de la même manière que pour les expéditions des actes de l'état civil portant légitimation et reconnaissance des enfants naturels.

On rappelle à cet égard que le droit n'est perçu que sur la première expédition, lors de sa délivrance aux intéressés ; que l'officier de l'état civil doit, sous sa responsabilité personnelle, indiquer en marge de la minute la formalité donnée à la première expédition, et qu'il doit faire la même indication dans les expéditions ultérieures, à défaut de quoi le droit d'enregistrement devient exigible sur les expéditions dépourvues de la mention de la formalité.

Le Directeur général de l'enregistrement, E. BOULANGER.

----

3 Octobre 1884. — Circulaire de M. le Garde des Sceaux sur l'application de la *Loi sur le Divorce*.

Monsieur le Procureur général.

La loi du 17 juillet 1884, portant rétablissement du divorce, crée pour les officiers de l'état civil des devoirs nouveaux, au sujet desquels il me paraîtrait utile que des instructions leur fussent communiquées.

La dissolution du mariage ne résulte pas de la décision judiciaire qui admet le divorce. Les art. 258 et 264 du Code civil, remis en vigueur par la loi précitée, obligent les parties contre lesquelles un jugement de divorce a été rendu à se présenter devant l'officier d'état civil, dans un délai déterminé, sous peine de déchéance des effets du jugement (art. 266); mais la loi n'indique pas devant quel officier d'état civil les parties doivent se présenter. J'estime que c'est à l'officier d'état civil du domicile du mari au moment où la décision a été rendue qu'il appartient de prononcer le divorce.

En effet, le mariage subsistant d'après les articles sus-visés jusqu'à la prononciation du divorce, le domicile légal des deux époux est, jusqu'à ce moment, le domicile du mari. Lorsqu'une séparation de corps est intervenue antérieurement, la femme a pu acquérir un domicile spécial, mais elle n'en est pas moins soumise à l'autorité maritale, et, même en ce cas, c'est devant l'officier d'état civil compétent, à raison du domicile du mari qu'il convient de se présenter.

Lorsque le mari est sans domicile connu en France, je pense, conformément à la jurisprudence admise en Belgique, que le Tribunal, en admettant la demande en divorce, pourra commettre un officier de l'état civil pour prononcer la dissolution; mais, en règle générale, c'est l'officier d'état civil du domicile du mari qui devra être requis de prononcer le divorce, et, dans le plus grand nombre de cas, la prononciation interviendra ainsi dans l'arrondissement même où le divorce aura été admis judiciairement.

D'après l'art. 264, c'est à l'époux qui a obtenu le divorce qu'il appartient de requérir cette formalité. L'officier d'état civil doit être mis en mesure de savoir d'une façon précise si la décision qui a autorisé le divorce n'est pas susceptible d'être réformée, et, d'autre part, si le délai de deux mois, indiqué par l'art. 264, n'est pas expiré. Le Code civil ne détermine pas les pièces qui devront être produites, mais il est facile de suppléer à son silence par l'application des principes généraux (voir 548, C. proc. civ.). Les pièces qui doivent être remises au maire pour rester annexées au registre sont :

1° L'expédition du jugement ou de l'arrêt autorisant le divorce;

2° Un certificat de l'avoué, attestant que cette décision a été signifiée et indiquant la date de la signification;

3° Un certificat du greffier du Tribunal ou de la Cour constatant qu'il n'y a pas de pourvoi. Cette dernière pièce est indispensable pour les décisions rendues sur une demande de divorce, par ce motif que le pourvoi en cette matière est suspensif;

4° L'original de l'acte d'huissier par lequel l'autre époux a été appelé à comparaître devant l'officier d'état civil (art. 264, C. civ.). Cette pièce peut n'être pas produite quand l'époux défendeur est présent à la dénonciation.

Il appartiendra aux officiers de l'état civil, sur le vu de ces diverses pièces, de vérifier si les délais d'appel, d'opposition ou de pourvoi en cassation sont périmés, sans qu'aucune de ces voies de recours ait été exercée, et de rechercher ensuite si, depuis le jour où la décision est devenue définitive, il ne s'est pas écoulé plus de deux mois.

Comme les autres actes de l'état civil, les actes de divorce doivent être dressés en présence de témoins. J'estime que quatre témoins devront être présents. Il en était ainsi lors de la première application du Code civil.

En leur transmettant des instructions à ce sujet, vos substituts devront inviter les officiers d'état civil à prendre l'avis des parquets dans les cas où ils éprouveraient des hésitations. Ces magistrats devront également, surtout pendant les premiers temps de l'application de la loi, exercer une surveillance très sérieuse sur cette partie des fonctions d'officier d'état civil, et se faire représenter fréquemment les registres pour examiner si les actes de divorce sont dressés régulièrement.

------

30 Septembre 1884. — Décision du Ministre des Finances sur les *successions d'étrangers* décédés en France, appréhendées par les *Consuls* et sur les *justifications à produire*, ainsi que sur les successions pour lesquelles il n'existe pas d'ayant droit connu, considérées comme *succession en déshérence* et appréhendées par l'État.

La question s'est élevée de savoir quelles justifications peuvent être exigées des Consuls étrangers ayant droit d'administrer les successions de leurs nationaux, pour les mettre en possession des sommes dépendant de celles de ces successions qui se trouvent déposées dans les caisses publiques.

Le 30 septembre 1884, le ministre des finances a fourni à ses collègues des affaires étrangères et de la justice les explications suivantes :

Les conventions diplomatiques conclues avec les gouvernements étrangers confèrent aux consuls des pouvoirs très étendus pour tout ce qui se rattache à l'administration et à la liquidation des successions de leurs nationaux, et les autorisent spécialement à faire procéder à la levée des scellés, à la confection d'un inventaire, à la vente des objets mobiliers et au règlement du passif. Dans ces conditions, les consuls peuvent se borner à produire, à l'appui de leur revendication, un intitulé d'inventaire, ou un acte de notoriété, ou bien encore un simple certificat délivré par eux-mêmes et indiquant qu'il n'existe en France aucun exécuteur testamentaire du défunt, et que les héritiers naturels ou testamentaires sont mineurs, incapables, ou absents ; ils doivent, en outre, faire connaître les noms et le degré de parenté des héritiers qui se trouvent dans le pays d'origine.

Telles sont les règles suivies par la Caisse des consignations.

Mais il importe de ne pas perdre de vue que ces conventions diplomatiques supposent toujours que l'étranger décédé en France a laissé, dans son pays d'origine, des héritiers ou des légataires. On n'y trouve en effet, aucune disposition s'appliquant aux successions pour lesquelles il n'existe pas d'ayant droit. Dans ce cas, la dévolution s'opère conformément aux règles établies pour les successions en déshérence, et le droit d'appréhender l'hérédité abandonnée appartient exclusivement à l'État sur le territoire duquel sont situés les biens qui en dépendent.

Il convient d'ajouter que, si les consuls n'ont pas été investis, par des conventions, du droit d'administrer et de liquider les successions de leurs nationaux, ou si les conventions ne renferment pas de prescriptions spéciales sur la matière, on suit, pour l'appréciation des droits des héritiers, la loi du pays *de cujus*, d'après des certificats de coutume régulièrement établis ; les consuls agissant alors en qualité de mandataires, doivent être munis de procuration d'héritiers ou des ayants droit.

Cette manière de procéder est en usage à la Caisse d'épargne de Paris.

------

31 Octobre 1884. — Lettre du Ministre des postes, déclarant qu'on doit considérer comme *papiers d'affaires* à affranchir moyennant 5 centimes par 50 grammes, les réquisitions d'états d'inscriptions adressées aux conservateurs des hypothèques, soit isolément, soit avec les actes de vente ou autres auxquelles elles se rapportent.

------

4 Novembre 1884. — Instruction de l'Administration de l'Enregistrement sur la loi du 3 novembre 1884, concernant les *droits fiscaux* à percevoir sur les *échanges d'immeubles ruraux* et qui en forme le commentaire.

La loi du 3 novembre 1884 a édicté des dispositions particulières au sujet du droit d'enregistrement de certains échanges d'immeubles. Elle s'est proposé de favoriser par une réduction de tarifs : 1° les échanges qui opèrent le rapprochement des parcelles appartenant au même propriétaire afin de rendre l'exploitation plus profitable; 2° les échanges de biens contigus qui facilitent la reconstitution des terrains trop morcelés.

A cet effet, elle a fixé à 20 centimes par 100 francs le droit proportionnel applicable à ces deux sortes d'échanges.

Le but que veut atteindre le législateur en accordant ce bénéfice aux contrats dont il s'agit étant de favoriser la culture du sol, la réduction du tarif se restreint aux échanges d'*immeubles ruraux*. Le sens de cette expression déjà employée dans les lois antérieures (LL. 16 juin 1824, art. 2; 27 juillet 1870, art. 4 et 21 juin 1875, art. 2) a été nettement déterminé à l'occasion de la dernière loi. « C'est la nature et non la situation d'un fonds qui doit être considérée pour savoir s'il est rural ou urbain. Le caractère de l'immeuble se détermine par sa principale destination. Est *urbain* l'immeuble principalement affecté à l'habitation ou à un usage, soit industriel, soit commercial. Est *rural* l'immeuble principalement affecté à la production des récoltes agricoles, à la production des fruits naturels ou artificiels, prairies, terres labourables ou vignobles. » (Rapport sur la loi du 21 juin 1875.)

Il est nécessaire, pour jouir du bénéfice de la loi, que les immeubles échangés de part et d'autre soient des biens ruraux. L'échange d'immeubles urbains ou l'échange d'un immeuble rural contre un immeuble urbain donnerait lieu au tarif ordinaire.

Mais la loi du 3 novembre 1884 comprend tous les biens ruraux sans exception. Elle s'applique donc aux biens ruraux bâtis comme à ceux qui ne sont pas bâtis. Ses dispositions sont plus générales sur ce point que celles de la loi du 27 juillet 1870, qui étaient limitées aux immeubles ruraux non bâtis.

La première catégorie des échanges prévus par la loi, ceux qui opèrent le rapprochement des parcelles du même propriétaire, profitent de l'abaissement du droit, à la seule condition qu'ils aient pour objet des immeubles ruraux situés dans la même commune ou dans des communes limitrophes. La loi n'exige pas que ces communes dépendent du même canton ou du même département. Elle ne se préoccupe pas non plus de la contiguïté des immeubles.

La seconde catégorie des échanges visés par la loi, c'est-à-dire les échanges effectués en vue de la reconstitution des parcelles morcelées entre des immeubles ruraux, dont tous ou quelques-uns sont contigus aux immeubles du copermutant, sont soumis à des conditions particulières.

En ce qui les concerne, la loi ne s'est pas préoccupée de la situation des biens échangés. Mais deux conditions ont été imposées pour l'application du tarif réduit. Il est indispensable : 1° que la contiguïté existe pour l'un des immeubles échangés; 2° que les biens aient été acquis par acte enregistré depuis plus de deux ans, ou qu'ils aient été recueillis à titre héréditaire.

En principe un immeuble est contigu à un autre immeuble quand il n'en est séparé par aucune propriété. Pour l'application de la loi nouvelle, l'appréciation de cette contiguïté doit être faite dans l'esprit qui a déterminé la réduction du tarif. Le législateur ayant voulu favoriser la réunion des exploitations, il y a lieu de considérer comme contigus des immeubles qui, sans être naturellement voisins les uns des autres, sont cependant considérés comme les parties d'un même héritage. Ainsi, deux terrains séparés par un chemin rural ou vicinal, par un ruisseau ou par toute autre voie n'empêchant pas la communauté d'exploitation des parcelles, sont réputés contigus dans le sens de la loi de 1884. Mais ce caractère n'appartiendra pas à des immeubles séparés par un fleuve, par un chemin de fer ou par tout autre obstacle constituant une interruption réelle de communication entre les propriétés.

L'immeuble qui produit la contiguïté doit être d'ailleurs, comme celui auquel il doit se joindre, un immeuble rural. Cette conséquence résulte nécessairement de l'économie de la loi qui a eu pour but exclusif la reconstitution des parcelles trop morcelées et d'une exploitation agricole trop difficile.

La condition de possession est exigée par la loi pour les immeubles respectivement échangés et pour la parcelle dont la contiguïté justifie l'application du tarif réduit. La condition de possession a été imposée, en effet, pour prévenir le retour de fraudes auxquelles avait donné lieu l'ancienne législation sur les échanges de biens contigus. Sans cette précaution, il eût été facile de créer une contiguïté factice, en achetant, immédiatement avant l'échange, une minime portion du terrain à recevoir du copermutant, puis de réaliser l'échange pour le surplus, en profitant de la réduction du tarif des échanges de biens contigus. C'est afin d'éviter cette combinaison que la loi du 2 novembre 1884, reproduisant

une disposition analogue de la loi du 27 juillet 1870, a dû exiger un intérêt préexistant et assez ancien, pour n'être pas suspecte d'avoir été créée exclusivement en vue d'un échange projeté entre les parties.

C'est dans le même esprit qu'a été édictée la disposition relative à la possession des biens à titre héréditaire.

L'application du tarif réduit étant subordonnée aux deux conditions ci-dessus énumérées, il s'ensuit que les parties doivent en faire la justification au moment de l'enregistrement. La même règle gouvernait l'exécution de la loi du 27 juillet 1870. Ainsi que le rappelle l'instruction n° 2404, « ni la teneur, ni le mode des justifications ne sont indiquées » ; mais, comme il s'agit d'une modération de taxe qui rentre dans les exceptions de droit étroit, les parties devront fournir, sur chacune de ces conditions, des indications assez précises pour permettre d'établir la justification au moment même de l'enregistrement. Ainsi, par exemple, la contiguïté peut être justifiée par la désignation des tenants et aboutissants des parcelles échangées. La possession antérieure est établie par l'indication de la date des actes d'acquisition et de leur enregistrement, ou par des déclarations constatant la transmission par décès. Il suffit de l'énonciation des cantons et des lieux-dits, en ce qui concerne la situation des immeubles.

La loi a fourni à l'Administration un moyen particulier de vérifier l'exactitude de plusieurs de ces énonciations. Elle a décidé, par l'art. 2, que tous les actes d'échanges appelés à bénéficier de la réduction de tarif doivent mentionner la contenance, le numéro de la section, le lieu-dit, la classe et la nature des immeubles d'après le cadastre. En outre, elle a imposé aux parties l'obligation de remettre au bureau de l'enregistrement, au moment où la formalité est requise, un extrait de la matrice cadastrale de chacun des immeubles échangés, délivré, sans frais et sur papier non timbré, par le Maire ou par le Directeur des Contributions directes.

Les receveurs devront reproduire, dans les enregistrements, avec une entière exactitude, les indications cadastrales insérées dans le contrat, et s'assurer qu'elles sont conformes à celles de l'extrait déposé au bureau. Cet extrait demeurera annexé à l'enregistrement ou sera classé à sa date dans un dossier spécial. Mention de ce dépôt sera faite dans le contexte même de l'enregistrement.

On appelle leur attention, d'une manière toute spéciale, sur l'utilisation des renseignements fournis par l'extrait de la matrice cadastrale. L'expérience a démontré que les échanges, surtout lorsqu'ils ont pour objet des immeubles dépendant de communes différentes, servent très facilement à dissimuler des soultes ou des plus-values qui échappent à la perception de l'impôt. Les extraits matriciels permettront de faire immédiatement une première comparaison, qui pourra mettre le service sur la voie de la fraude et en facilitera la constatation, s'il y a lieu, au moyen de recherches ultérieures.

Le bénéfice de la loi n'est accordé qu'aux actes renfermant les énonciations prescrites par l'art. 2, et pour lesquels l'extrait matriciel est déposé au bureau au moment de l'enregistrement. Il n'est pas permis de suppléer à ces formalités au moyen d'une déclaration ou d'un dépôt postérieur. Les droits ordinaires demeureraient acquis au Trésor.

Il en est de même lorsque des inexactitudes ou des dissimulations sont constatées dans les indications prescrites. Si l'acte avait été enregistré moyennant le tarif réduit, il y aurait lieu de poursuivre, en la forme ordinaire, le recouvrement des droits supplémentaires exigibles. Toutefois ce principe doit être appliqué avec tempérament, lorsqu'il s'agit d'erreurs de peu d'importance et qui n'entravent pas sérieusement le contrôle de l'Administration. En cas de difficultés à cet égard, il en sera référé aux directeurs qui prendront, s'il y a lieu, les ordres de l'Administration.

Le tarif applicable aux échanges qui remplissent les conditions imposées par la loi est de 20 cent. par 100 francs. Il comprend le droit de transcription. Lors de la formalité au bureau des hypothèques, il n'y aura pas lieu à la perception du droit fixe de 1 franc établi par l'art. 61 de la loi du 28 avril 1816 : « La Commission a adhéré à la pensée qu'il convenait que cette taxe modique (20 cent. p. 100) tînt lieu, non seulement du droit d'enregistrement et du droit de transcription perçus au bureau d'enregistrement, mais encore du droit fixe de 1 franc perçu au bureau des hypothèques en exécution de l'art. 61 de la loi du 28 avril 1816. » (Rapport au Sénat. — Séance du 21 février 1884).

Ce droit réduit n'est applicable qu'aux dispositions de l'échange qui rentrent dans les prévisions de la loi. Si des biens ruraux étaient cédés en échange d'immeubles urbains et d'immeubles ruraux, si l'un des lots échangés comprenait des biens situés dans des communes limitrophes et d'autres biens situés au delà, si la contiguïté n'existait que pour l'une ou quelques-unes des propriétés distinctes comprises dans l'échange, le contrat ne profiterait de la réduction du tarif que pour partie. Les ventilations nécessaires à la perception seraient faites en conformité de l'art. 16 de la loi du 22 frimaire an VII. A défaut, le tarif ordinaire sera appliqué à la totalité du contrat.

La liquidation du droit de 20 cent. p. 100 s'opérera conformément aux règles tracées par les art. 15 de la loi du 22 frimaire an VII et de celles du 21 juin 1875.

Le droit exigible sur les soultes ou plus-values devra être perçu, dans tous les cas, d'après le tarif des ventes, déterminé par l'art. 52 de la loi du 28 avril 1816. L'art. 3 de la loi abroge, sur ce point, la disposition de la loi du 27 juillet 1870 qui fixait à 1 p. 100 le droit dû sur les soultes ou les plus-values des échanges opérés conformément à ses dispositions, lorsque ces soultes ou plus-values n'excédaient pas un quart de la valeur de la moindre part.

Il n'est rien innové en ce qui concerne la liquidation de ce droit.

Les agents de recette et de contrôle devront vérifier avec soin l'exactitude des énonciations du contrat d'échange, afin de s'assurer que le bénéfice de la loi du 3 novembre 1884 est réellement acquis à la convention. La constatation des inexactitudes dans les déclarations autoriserait l'Administration à appliquer à l'échange le tarif ordinaire : mais il ne serait dû ni amende, ni droit en sus.

La loi n'a pas reproduit, au sujet de la prescription des suppléments de droits qui peuvent être dus à la suite de ces constatations, le dernier paragraphe de l'art. 4 de la loi du 27 juillet 1870 fixant à deux ans le délai dans lequel l'action de l'Administration devait être exercée. En l'absence de toute disposition à cet égard, il y aura lieu d'appliquer les principes admis par la jurisprudence au sujet de la demande des droits dus sur les contrats annulés.

Indépendamment des fraudes résultant des dissimulations de soulte ou de plus-value, des déclarations inexactes sur la situation, la contiguïté, la nature et l'ancienneté de la possession des immeubles, on a paru craindre que la réduction du tarif ne fût de nature à favoriser certaines combinaisons ayant pour objet de réaliser deux ventes, en payant un seul droit de vente et un seul droit d'échange. L'attention du service est appelé sur ces combinaisons. Les Directeurs voudront bien, en adressant leur état comparatif annuel des produits (Instr. 2580 § 2), indiquer sommairement si la loi nouvelle a donné lieu à cette pratique et qu'elles en ont été approximativement les conséquences financières pour le Trésor.

Le Droit de 20 cent. p. 100 à percevoir sur les échanges d'immeubles ruraux situés dans la même commune ou dans des communes limitrophes (1er alinéa de l'art. 1er de la nouvelle loi) celui auquel donneront lieu les échanges d'immeubles ruraux contigus (2e alinéa du même art.), devront figurer distinctement dans les écritures de comptabilité, conformément aux instructions qui seront adressées, à cet égard, par la Direction générale de la comptabilité publique.

Ces recettes seront également portées, en nombre et en produits, sous un article spécial des états comparatifs annuels prescrits par l'instruction n° 2580.

Le Directeur général de l'Enregistrement des domaines et du Timbre.

BOULANGER.

(Voir l'instruction ci-après du 29 janvier 1885).

1er Décembre (12 Août, 15 Septembre) 1884, — Décision concertée entre les Ministres de la Justice et des Cultes, de l'Intérieur et des Finances.

« La loi du 5 avril 1884 sur l'organisation municipale n'a point modifié la règle d'après laquelle la délibération d'un *conseil de fabrique* qui consent une *main levée d'hypothèque*, doit être, après avis du Conseil municipal, approuvée par le Préfet en Conseil de préfecture.

« La connaissance des difficultés qui s'élèvent entre un Conservateur des hypothèques et une fabrique, relativement à la radiation de l'inscription appartient exclusivement au Tribunal civil. »

---

3 Décembre 1884. — Instruction arrêtée de concert entre le Ministre de la Justice et le Ministre des finances, relative à la loi du 23 Octobre 1884 sur les *ventes judiciaires d'immeubles*, qu'elles aient lieu à l'audience des criées ou devant Notaire commis.

Cette Instruction contient un véritable commentaire de la loi tendant à résoudre les différentes questions qu'elle pouvait soulever pour son application pratique. Cette loi n'a qu'un caractère provisoire et ne remplit qu'en partie le but cherché, on attend de nouvelles améliorations et une révision plus complète des lois sur la procédure simplifiée, nous ne reproduisons pas ici cette longue et importante instruction, et nous renvoyons à la *Revue du Notariat* 1885, n° 7039, pages 58 à 72, les Notaires qui voudront la consulter.

En voici les divers paragraphes : 1. Caractère des ventes judiciaires ; 2. Prix principal, Charges ; 3. Valeur des biens ; 4. Même acte ; 5. Lots non adjugés, mise à prix ; 6. Non adjudication, poursuite abandonnée ; 7. Revente des lots non adjugés ; 8. Meubles et immeubles ; 9. Incidents de la vente ; 10. Prix définitif ; 11. Adjudication et actes postérieurs ; 12. Actes antérieurs ; 13. Licitations ; 14. Droits à restituer ; 15. Droits non perçus ; 16. Amendes et droits en sus ; 17. Salaires des conservateurs ; 18. Déclaration du Tribunal ou du Notaire commis ; 19. Ordres de restitution ; 20. Oppositions, Intéressés ; 21. Délai de l'opposition ; 22. Forme et procédure de l'opposition ; 23. Restitution Justifications ; 24. Restitution. Opposition ; 25. Restitution, Surenchère ; 26. Délai de la restitution ; 27. Paiement à l'Avoué poursuivant ; 28. Décharge ; 29. Emploi en dépenses, remises ; 30. Prescription ; 31. Effet limité de la loi ; 32. Employés supérieurs ; 33. Date de l'exécution de la loi ; 34. Statistique.

---

29 Janvier 1885. — Décision du Ministre des finances sur les conditions de la *délivrance gratuite des extraits de matrice cadastrale* pour les échanges d'immeubles ruraux exigée par l'art. 2 de la loi du 3 novembre 1884.

1° La délivrance de la matrice cadastrale doit précéder la rédaction des contrats, attendu que, sans cet extrait, la rédaction de l'acte serait le plus souvent, hors d'état de fournir d'une manière exacte les indications prescrites par l'art. 2.

2° La délivrance de l'extrait par le Directeur des Contributions directes est subordonnée au dépôt d'une réquisition signée par les deux échangistes, et dans laquelle ils déclarent avoir conclu définitivement échange et n'avoir plus qu'à passer acte.

3° Les réquisitions dont il s'agit seront communiquées aux agents de l'Enregistrement, chargés d'en vérifier l'exactitude.

4° S'il était constaté qu'il y eût eu fraude, en ce sens que la réquisition tendrait à un objet autre que celui prévu par la loi nouvelle, l'indemnité due au Directeur des contributions directes deviendrait exigible.

5° Il appartient aux requérants de choisir, au point de vue postal, la voie qu'ils jugent la plus expéditive ou la plus commode, sans qu'il puisse en résulter aucuns frais pour les Directeurs des contributions directes.

---

9 Mai 1885. — Décision du Ministre des Finances, sur la proposition de la Régie, que la première *expédition de l'acte du divorce*, nécessaire à un Français *indigent* pour se remarier à l'étranger, est *exempte du droit d'enregistrement*.

Il a été reconnu :

D'une part, que l'art. 4 de la loi du 10 décembre 1850, qui a pour objet de faciliter le mariage des indigents est conçu en termes généraux et s'applique à tous les actes et extraits des registres de l'état-civil dont la production est nécessaire à ces mariages.

D'autre part : 1o que l'exemption des droits de timbre et d'enregistrement, par l'art. 4 de ladite loi est applicable aux pièces nécessaires aux mariages de Français indigents à célébrer à l'étranger ; 2o qu'il y a lieu d'admettre, pour la constatation de l'indigence, les certificats délivrés en pays étranger, suivant les formes usitées dans ces pays par les autorités remplissant des fonctions analogues à celles des autorités françaises désignées par l'art. 6, et à la condition que ces certificats soient revêtus du *visa* des agents consulaires de France.

3 Juin 1885. — Instruction de l'Enregistrement no 2712, donnant un commentaire complet de la loi du 29 décembre 1884, art. 9, (sur les Congrégations ou Sociétés ne distribuant pas de produit.)

12 Juin 1885. — Solution de l'Enregistrement dispensant du droit de timbre les *fonds d'États étrangers qui n'ont pas de titres* distincts d'inscription. (rentes anglaises, hollandaises, etc.)

Les Consolidés anglais nominatifs n'étant représentés par aucun titre distinct, et le droit des créanciers résultant uniquement de leur inscription sur le grand livre de la Dette publique, les lois du 30 mars et 25 mai 1872 sont inapplicables, et le droit du timbre qu'elles édictent n'est pas exigible lors que ces valeurs ont fait l'objet d'une énonciation dans un acte passé en France.

25 Septembre 1885. — Instruction de la Régie, rappelant la nécessité pour les *avoués* d'avoir et de justifier d'un *pouvoir écrit* pour surenchérir, à *défaut d'acceptation des adjudicataires* dont ils déclaraient être les mandataires verbaux, et portant que l'avoué, dernier enchérisseur, est réputé adjudicataire en son nom personnel, et se *rend*, par suite, *débiteur du droit de mutation*, s'il se borne, à défaut d'acceptation de l'adjudicataire, à déclarer qu'il a agi en vertu d'un mandat verbal.

Nota. — Par arrêt du 3 décembre 1884, la Cour de cassation (ch. civ.) a jugé que l'avoué dernier enchérisseur, devenu adjudicataire personnel faute d'avoir fait connaître son mandat dans les 3 jours, conformément à l'art. 707, C. pr. civile, ne jouit pas d'un nouveau délai de 24 heures pour faire élection de command, bien que la faculté d'élire command ait été réservée dans le cahier des charges. En conséquence la *déclaration faite le quatrième jour* par l'avoué au profit de son client, qui accepte, est tardive et *opère une nouvelle mutation*, donnant ouverture au droit proportionnel.

Par arrêt du 21 juin 1886, la Cour (req.) a jugé que les avoués ne peuvent exercer leurs fonctions que dans le ressort du Tribunal près lequel ils sont établis (art. 94. L. 27 vent. an VIII) et qu'en conséquence ils sont non recevables à réclamer des *droits de transport* pour assistance à une adjudication renvoyée devant notaire (établi) en dehors du ressort de cet avoué.

20 Janvier 1886. — Circulaire de la comptabilité publique portant que la *légalisation des certificats de vie* qui, depuis le décret du 29 décembre 1855 doit être donnée par les présidents des tribunaux de première instance ou les juges de paix, n'est nécessaire qu'autant qu'il doit être fait usage du certificat *hors du département* où le notaire certificateur a sa résidence. Elle ne l'est pas pour les certificats de vie produits aux comptables du département dans lequel réside le notaire qui les a délivrés par application du § 100 du règlement de comptabilité du 26 décembre 1866.

15 et 17 Avril 1886. — Avis du Conseil d'État sur la modification proposée à l'art. 1097 du Code civil, tendant à *valider* la *réserve d'usufruit ou de rente viagère réversible sur la tête du survivant des ascendants donateurs dans les partages anticipés*, 1075, 1080 C. c., au rapport de M. Dupré, Conseiller d'État.

Le Conseil d'État

Qui, sur le renvoi ordonné par M. le Garde des Sceaux, Ministre de la justice, a pris connaissance d'une pétition de Me Renault, notaire à Châteaudun, transmise à son département par la Commission de la Chambre des députés qui en était saisie ;

Ladite pétition tendant à faire affranchir de la prohibition de l'art. 1097 du Code civil les clauses par lesquelles les père et mère, dans les partages autorisés par l'art. 1075, se réservent, comme condition du partage, soit un usufruit, soit une rente viagère, intégralement réversible sur la tête du survivant d'entre eux ;

Considérant que l'art. 1097 du Code civil, qui dispose que les époux ne peuvent se faire, pendant le mariage, aucune donation mutuelle par un seul et même acte et interdit ainsi, pour ces libéralités, les formes contractuelles, impliquant chez elles une présomption de dépendance réciproque, n'est que la conséquence et la sanction de l'art. 1096, aux termes duquel toute donation faite entre époux au cours du mariage est et demeure constamment révocable ;

Qu'ainsi, réduite à elle-même, la proposition soumise à l'examen du Conseil serait sans effet utile, puisqu'elle laisserait sous le coup d'une révocabilité constante les clauses mêmes dont elle a en vue d'assurer le libre effet ;

Qu'il y a lieu, par suite, de joindre ces deux articles dans l'examen de la modification législative proposée et d'examiner s'il convient ou non de soustraire les stipulations d'usufruit ou de rente viagère dont il s'agit, non seulement à l'action de l'art. 1097, mais encore à celle de l'art. 1096, avec lequel l'art 1097 est en étroite connexité ;

En ce qui touche l'usufruit :

Considérant que, dans l'esprit de la pétition, l'exception proposée serait accordée, sans distinction, à toutes les réserves d'usufruit que les époux auteurs d'une donation-partage peuvent stipuler, dans l'acte, à leur profit commun ;

Qu'il s'agirait, dès lors, d'assurer la libre insertion dans les actes de cette nature, avec l'irrévocabilité qui leur appartient, non seulement de réserves partielles n'affectant que d'une manière restreinte la jouissance des biens mis en partage, mais encore de celles qui pourraient s'étendre jusqu'à la jouissance totale de ces mêmes biens ;

Considérant que ni le caractère ni la légitimité de ces réserves ne sauraient être identiques dans les deux cas :

Que, lorsque deux époux, dans la distribution de leur patrimoine, non contents de se réserver, chacun de son côté, vis-à-vis des enfants entre lesquels ils les partagent, la jouissance de leur part respective des biens conjointement donnés, stipulent encore à leur profit mutuel la réversibilité de cette jouissance d'une tête sur l'autre, le bénéfice de l'acte de partage tourne entièrement en leur faveur ;

Qu'en effet, dans cette hypothèse, la donation-partage, en ne conférant aux enfants que la nue-propriété d'un héritage dont ils avaient l'expectative légale en propriété pleine, retarde encore à leur préjudice le terme normal de la consolidation de cette même propriété entre leurs mains.

Qu'il est impossible alors de ne pas voir dans la clause en vertu de laquelle cette prolongation de jouissance s'opère au profit du survivant des donateurs, une libéralité mutuelle et réciproque entre époux, tombant dans le droit actuel, sous le coup des art. 1096 et 1097 du Code civil, et légitimement atteinte par ces deux articles à raison de son caractère excessif ;

Qu'en pareil cas, l'exception proposée à la règle de ces articles n'aurait d'autre effet, à l'égard des actes autorisés par l'art. 1075, que de fausser leur caractère même, en y laissant prédominer l'intérêt des époux donateurs sur l'intérêt et les droits des enfants ;

Que, toutes les fois qu'au contraire, l'usufruit réservé n'étant assis que sur une partie des biens mis en partage, la valeur en reste inférieure à la part de jouissance que les époux s'abstiennent de retenir, la réserve d'usufruit, dans son ensemble, se résout en une charge alimentaire que légitime le sacrifice fait aux enfants par les époux ;

Qu'ainsi restreinte la clause de réversibilité ne présente plus d'une libéralité entre époux que les apparences et qu'elle échappe alors, même dans le droit actuel et sans qu'il soit nécessaire d'en modifier les termes, à l'art. 1097 et à l'art. 1096 tout à la fois ;

Considérant qu'il n'appartient qu'aux tribunaux de reconnaître sur chaque espèce, d'après l'ensemble des dispositions du partage et en tenant compte de l'importance respective des avantages que les époux y concèdent et de ceux qu'ils s'attribuent, les cas où les deux articles s'appliquent et ceux où ils ne s'appliquent pas ;

En ce qui touche les rentes viagères :

Considérant que la clause par laquelle les époux, auteurs d'une donation-partage, obligent les bénéficiaires du partage à leur servir une rente viagère réversible sur la tête du survivant, se résout en une double constitution de rente pour chaque époux, à son profit propre et au profit de l'autre tout à la fois :

Que, dès lors, ces nouvelles clauses, au point de vue où la pétition se place, présentent tous les caractères des premières et doivent être tenues, comme elles, pour des libéralités réciproques ou pour de simples charges du partage, suivant leur importance au regard des biens distribués :

Considérant, toutefois, qu'aux termes de l'art. 1973 du Code civil, les rentes viagères constituées au profit d'un tiers, même lorsqu'elles affectent le caractère de libéralité, ne sont pas assujetties aux formes prescrites pour les donations ;

Qu'il semblerait, dès lors, que la prohibition de l'art. 1097 du Code civil, ne les atteignait dans aucun cas, et que, pour ces nouvelles clauses, la pétition fut sans objet.

Mais considérant qu'au sens de l'art. 1973, les *formes prescrites pour les donations* ne sont autres que les règles générales qui sont inscrites, dans le Code civil, au chapitre IV du titre *des Donations ;*

Que, d'autre part, les libéralités consenties par un époux au profit de l'autre dans les conditions de l'art. 1973 ne sont évidemment pas affranchies, faute d'une dispense spéciale qui n'est formulée nulle part, du principe de révocabilité de l'art. 1096, dont la protection n'est jamais plus nécessaire que dans le cas d'aliénations en viager.

Considérant qu'ainsi, les solutions données, sous les distinctions faites, s'appliquent aux réversibilités de rente viagère comme aux réversibilités d'usufruit ;

Est d'avis :

Qu'il y a lieu de répondre à la question posée dans le sens des observations qui précèdent. *(Projet de l'amendement proposé à l'art. 1097 C.c.)*

Cet avis a été délibéré et adopté par le Conseil d'État, dans ses séances des 15 et 17 avril 1886.

Le Vice-Président, E. LAFERRIÈRE·

Le Conseiller d'État, rapporteur, P. DUPRÉ.

Mai 1886. — LETTRE de M. le Conservateur des Hypothèques d'Amiens rappelant aux Notaires que « l'on peut obtenir la radiation « d'inscriptions en vertu *d'extraits littéraux* d'un acte qui en porte « main-levée, mais que le Notaire doit *certifier qu'il n'existe dans l'acte* « *aucune clause modifiant la partie extraite.* »

---

8 Juillet 1887. — DÉCISION du Ministre des Finances que les certificats de vie délivrés par les *Notaires* aux pensionnaires des *Caisses de retraite départementales et communales* ne sont pas, comme pour

le paiement des rentes viagères et pensions sur l'État, exemptés des droits d'enregistrement. Ils sont soumis au droit fixe de 1 fr. 50 payable dans le délai légal.

---

30 Septembre 1887. — INSTRUCTION de la Régie portant :

1^ut. — *Société. — Communication. — Comptes courants.*

Les dispositions relatives au droit de communication dans les Sociétés par actions sont générales et absolues, et permettent à l'Administration d'exiger la communication de toutes les pièces de comptabilité, sans distinction, et notamment d'un compte courant, sans que la Société puisse invoquer, pour s'y refuser, le secret professionnel. (Cass. 22 Mars 1887.)

2^ont. — *Prêt. —* **Absence de subrogation.** *— Deux droits de 1 % et de 0,50 c.*

Contient deux dispositions indépendantes passibles chacune d'un droit particulier (obligation et quittance) l'acte qui constate, d'une part, la réalisation d'un prêt consenti par le Crédit Foncier, et d'autre part le paiement, *sans subrogation,* au moyen des fonds prêtés, d'une somme due par l'emprunteur à un tiers qui lui en donne quittance. (Cass. 28 Mars 1887.)

3^ont. — *Succession. — Partage postérieur. — Usufruit et nue-propriété. — Droit supplémentaire.*

Si un partage postérieur à la déclaration des héritiers attribue la nue-propriété des biens déclarés à l'un d'eux, et l'usufruit à l'autre, l'accroissement de valeur imposable qui en résulte oblige ces derniers à souscrire, comme pour les biens rentrés dans l'hérédité, une déclaration complémentaire, et d'acquitter un supplément de droit dans les *six mois du partage.* (Cass. 19 Juillet 1887.)

4^ont. — *Valeurs mobilières. — Société. — Ouverture de crédit. — Impôt sur le revenu.*

Sont passibles de l'impôt sur le revenu les intérêts d'un emprunt contracté par une Société par actions, par acte sous seing privé, en conséquence d'une ouverture de crédit, et remboursable en un certain nombre d'annuités comprenant et les intérêts et l'amortissement. (Cass. 4 Avril 1887.)

5^ont. — *Valeurs mobilières. — Société étrangère. — Biens en France. — Impôt.*

Une Société étrangère par actions, qui possède des biens situés en France, doit la taxe sur le revenu à raison de ces biens, quoi qu'elle n'ait pas de titres cotés ou circulant en France. (Cass. 4 Mai 1887.)

6^ont. — *Ventes judiciaires d'immeubles, L, 23 Oct. 1884. — Surenchère. — Prix total supérieur à 2000 fr.*

Lors qu'à la suite d'une adjudication judiciaire comprenant plusieurs lots, un des lots est l'objet d'une surenchère du sixième et que l'adjudication en est ensuite prononcée pour un prix inférieur à 2000 fr., le prix de cette seconde adjudication doit être réuni à celui de la première pour l'application de la loi du 23 Octobre 1884, et les droits de la procédure ne sont restituables en vertu de cette loi, que si les prix réunis des deux adjudications ne dépassent pas 2000 fr. (Cass. 18 Mai 1887.)

1ᵉʳ Février 1888. — Circulaire du Garde des sceaux sur les inconvénients de l'emploi de l'*encre d'aniline*.

Nota. — Cette circulaire avait été provoquée par une lettre à M. le Garde des Sceaux de M. Weber, notaire à Fontainebleau, du 6 septembre 1887, reproduite nᵒ 7729 de la Revue du Notariat, dans laquelle ce Notaire détaille de la manière la plus précise et la plus frappante les inconvénients de l'emploi de l'encre à base d'aniline pour les dépôts publics d'actes et pour leurs conservateurs. En voici le résumé :

« Ces encres, quelle que soit leur couleur, n'ont aucune fixité, elles
« n'entament pas le papier, elles disparaissent complètement, non pas
« seulement sous un lavage d'eau ammoniacale, mais encore, ce qui est
« pire, sous la seule influence de la lumière vive ou de l'humidité, sans
« qu'aucun réactif connu jusqu'ici puisse faire revivre les caractères »

Ces encres sont couramment employées, non pas par les Notaires pour leurs actes, mais ; 1° comme sceau humide au lieu de timbre sec ; 2° comme griffes de légalisations, de mentions par les Maires, les Greffiers, les Receveurs d'enregistrement, les Conservateurs d'hypothèques et 3° par les Avoués et les Huissiers comme originaux et copies en raison de la rapidité du tirage à la gélatino.

En ce qui concerne les Notaires, la loi du 25 ventôse an XI, qui prescrit dans l'intérêt de tous de conserver éternellement les actes qui sont la base des intérêts, voire même la constitution de la propriété et par occasion de la famille, les oblige à annexer les procurations des contractants (légalisées), les actes de l'état civil à l'appui de notoriétés, des sous-seings privés importants, avec ou sans reconnaissance d'écritures ou de signatures, divers certificats de publications, procès-verbaux, sommations de comparaître, assignations et significations de jugements, etc.

Toutes ces annexes, légales ou de prudence prudente, ne font qu'un *tout* qui constitue ou explique la convention ; leur effaçage total ou partiel, l'impossibilité de les lire, ouvrent la porte à toutes les réclamations, à tous les procès ; avec ces encres d'aniline on aura dans quelques temps des pages entièrement blanches, des sceaux absents, des légalisation disparues, des mentions effacées ou des lacunes d'un texte illisible.

Quant aux testaments olographes, qui ne sont qu'en un seul original, qui les préservera de l'effaçage ?

Certainement les Notaires et greffiers ne pourront être rendus responsables, n'étant tenus qu'à la matérialité du dépôt ; cependant que d'abus peuvent se commettre dans leurs cartons à leur insu et malgré toute leur vigilance ?

Et les intéressés, des familles entières, tout le monde en somme, de quels procès, de quels dommages, de quelles pertes peuvent-il être menacés ?

Ce n'est pas d'aujourd'hui, du reste, ni à ce seul propos, que la nécessité de l'indélébilité des encres a été reconnue et je n'insiste pas, dit M. Weber.

J'ai cru de mon devoir, M. le Ministre, de signaler à votre haute compétence, un danger que je vois s'aggraver tous les jours, laissant à à votre appréciation souveraine la *solution* que vous jugerez convenable. Veuillez croire, etc.

WEBER, *Officier d'Académie, etc.*

M. le Garde des sceaux a fait remercier par M. le Procureur de la République de Fontainebleau, notre honorable et studieux confrère, des renseignements qu'il lui avait communiqués.

Quant à la solution provoquée nous la cherchons dans la lettre ministérielle ci-après, nous n'y trouvons qu'une invitation aux officiers publics et ministériels ainsi qu'aux greffiers à s'abstenir d'employer de ces encres d'aniline ; mais qui garantira ceux-ci de l'absence d'aniline dans leurs encres achetées comme bonnes et inaltérables ?

Monsieur le Procureur général,

Mon attention a été récemment appelée sur les inconvénients très graves que présente l'emploi, pour l'écriture des actes publics, des encres d'aniline, dont l'usage paraît se répandre de plus en plus dans le commerce. Préoccupé des dangers qui pourraient en résulter pour la conservation des titres et registres publics, j'ai prié Monsieur le Ministre du commerce de me donner à ce sujet l'avis des Conseils techniques rattachés à son département. La question a donc été soumise au Comité consultatif des arts et manufactures et les conclusions, adoptées sur le rapport de M. Debray, membre de l'Institut, sont les suivantes :

« Les encres d'aniline, quelle que soit leur couleur, n'ont aucune fixité : elles n'entament pas le papier : elles disparaissent complètement par de simples lavages soit à l'eau pure, soit à l'eau ammoniacale sans altération des papiers qu'elles recouvrent : enfin elles s'effacent et disparaissent sous l'action prolongée de la lumière ou de l'humidité.

« Elles sont donc bien loin de présenter cette garantie sérieuse de conservation qui est la première qualité d'une encre servant à l'écriture des actes publics et, de plus, elles se prêtent très facilement aux tentatives de faux.

« Ce ne sont pas d'ailleurs, ajoute M. Debray, les seules encres dont l'emploi soit dangereux ; on peut en dire autant, à des degrés divers, de la plupart des produits, de couleurs variées, qui, depuis une quinzaine d'années, surtout, ont remplacé l'encre au tannin et au sulfate de fer, employée jusque-là d'une façon presque exclusive dans les écritures publiques et privées. »

En présence de ces constatations et de l'intérêt considérable qui s'attache à la conservation intégrale des actes authentiques, j'ai pensé qu'il y avait lieu de signaler aux Notaires et officiers ministériels les dangers auxquels ils s'exposent en se servant sans discernement pour l'écriture de leurs actes, de leurs registres et pour les timbres de leurs sceaux, d'encres de toute provenance ; car, non seulement ils peuvent ainsi compromettre les droits de leurs clients, par la destruction des titres qui les constatent, mais ils s'exposent eux-mêmes à une lourde *responsabilité*, puisque la loi les constitue gardiens officiels de ces titres.

Vous voudrez bien en conséquence, en portant cette circulaire à la connaissance de toutes les Chambres des Notaires, Avoués et Huissiers de votre ressort, inviter les officiers publics et ministériels, ainsi que les Greffiers des Tribunaux, à *s'abstenir désormais pour l'écriture de leurs actes, de leurs répertoires et pour leurs sceaux humides, d'employer les encres d'aniline.*

A titre de renseignement, vous pouvez leur faire connaître : que d'après l'avis du Comité consultatif des arts et manufactures, s'il n'existe pas d'encres absolument indélébiles, cependant *on peut conseiller l'usage des encres au tannin et sulfate de fer* ou *l'encre de Chine délayée* dans une solution alcaline au centième.

La conservation de ces encres dans de bonnes conditions est indéfinie ; elles offrent ainsi aux officiers publics et ministériels toute la sécurité qu'il est pratiquement possible d'obtenir.

Je vous prie de m'accuser réception de la présente circulaire.

Recevez, Monsieur le Procureur général, etc...

Le Garde des Sceaux, A. FALLIÈRES.

NOTA. — M. Dournel, en transmettant le 6 Mars cette circulaire à ses confrères de l'arrondissement d'Amiens, les prévenait qu'en l'absence de renseignements, que le Ministre aurait pu fournir, pour reconnaître l'aniline dans les encres mises en vente dans le commerce, il avait posé la question à M. Bor, chimiste, professeur à l'école de Médecine et à la Société industrielle d'Amiens, en le priant de vouloir bien l'étudier et lui faire connaître le résultat de ses études.

M. Bor répondit le 21 Mars qu'après s'être assuré par lui même de la valeur des encres commerciales actuelles, il avait dû instituer une série d'essais destinés à déterminer la résistance de ces encres au lavage à l'eau, à l'acide ou aux divers réactifs chimiques, il ajoutait :

« Les encres de commerce sont de plusieurs natures :

I. Les plus abondantes et les plus courantes sont à base de chrome et de campêche ;

II. Il en reste bien peu, je pense, au tannin et au fer ;

III. Les encres à base de couleurs d'aniline me paraissent réservées pour certains cas particuliers ;

IV. Celles à l'encre de chine sont rares.

La difficulté d'apprécier la fixité et la durée de chacune de ces encres vous semble amplement prouvée par le manque de moyens proposés par la Commission spéciale qui s'en est occupée sous l'inspiration du Ministre.

Des divers procédés que j'ai mis en œuvre, celui qui paraît à première vue, fournir une appréciation sérieuse, est *l'emploi de l'eau de javelle ou dissolution d'hypochlorite alcalin ou calcique.*

Sous son influence toutes les encres d'aniline, au bout d'une heure ou plus, se décolorent entièrement.

Celles au chrome laissent un liquide jaune ; il en est de même des encres au tannin et au fer. — Seules les encres de chine résistent.

Si vous voulez bien me soumettre des échantillons des encres en usage dans les études des Notaires d'Amiens et de l'arrondissement, je donnerais un avis plus positif, surtout s'il vous était possible de me faire remettre des papiers écrits avec quelques unes d'entre elles et depuis un certain temps.

Veuillez agréer M. le Président, etc. . . BOR.

La Chambre n'a pas pu répondre au désir de M. Bor, en demandant et en lui transmettant des échantillons, ni voulu lui imposer la charge de nouvelles études ; elle l'a remercié de sa complaisance et de ses renseignements. Elle eut été heureuse de pouvoir donner aux membres de la Compagnie la formule d'une bonne encre, ne s'altérant pas et de fabrication facile pour tous.

Dans sa séance du 6 Mars 1889, où elle s'est occupée de cette question, la Chambre s'était demandée, s'il n'y aurait pas lieu de réclamer du Gouvernement, pour éviter toute responsabilité aux Notaires, officiers ministériels et publics, etc., de charger une Administration de l'Etat de leur vendre et débiter de l'encre qu'elle fabriquerait elle même, comme elle le fait pour le timbre, la poudre, les cartes, les allumettes, etc., et même sans avoir besoin de créer un nouveau monopole.

Les Ministres pourraient s'entendre pour donner l'ordre dans leurs administrations respectives de se fournir exclusivement de l'encre de l'Etat, dans l'intérêt de la conservation des minutes, expéditions et écrits de tous dossiers ; il nous semble qu'il y aurait là un débit énorme tant à Paris que dans les Départements, qui devrait être une source nouvelle de produit pour le Trésor.

Nous livrons cette idée et son exécution à un Ministre des finances en quête de ressources.

En tous cas, elle nous parait être une solution possible et même pratique, sauf plus ample étude, aux inconvénients graves du manque de fixité et de perpétuité des encres d'aniline, si bien démontrés et énumérés dans la lettre de M. Weber et reconnus par M. le Garde des Sceaux.

---

23 Mars 1888. — CIRCULAIRE du Garde des sceaux prohibant aux Notaires l'insertion de *clause alternative* dans les actes où les établissements religieux ont besoin de *l'autorisation préalable* du Gouvernement.

Monsieur le Procureur Général. Par des circulaires en date des 21 février 1831 et 30 avril 1881, mes prédécesseurs ont rappelé aux notaires l'obligation qui leur est imposée, conformément aux prescriptions de l'ordonnance du 14 janvier 1831 (art. 2) d'exiger des établissements religieux l'autorisation du Gouvernement avant de passer acte de vente, acquisition, échange, cession ou transport, constitution de rente ou transaction au nom desdits établissements. Bien que ces prescriptions ne laissent place à aucune ambiguïté, quelques officiers publics ont pensé qu'il était permis de prévoir le refus d'autorisation et de faire intervenir à l'acte, en vue de cette éventualité, d'autres parties, maîtresses de leurs droits et qui s'approprieraient les bénéfices et les charges de la convention à défaut d'autorisation régulière.

Appelé à se prononcer sur des stipulations de ce genre, le Conseil d'État estime que de semblables clauses sont de nature à soustraire les établissements religieux au contrôle de l'autorité supérieure et à paralyser ainsi les droits de tutelle qui appartiennent au Gouvernement. Il a, par suite, manifesté l'intention de refuser à l'avenir la sanction d'un décret aux actes qui présenteraient ce *caractère alternatif.*

Je vous prie, en conséquence, Monsieur le Procureur général, de rappeler, par l'intermédiaire de leurs Chambres de discipline, aux notaires de votre ressort que toute clause alternative, contenant stipulation d'un acquéreur ou autre contractant subsidiaire, pour le cas où l'approbation serait ajournée ou refusée, doit être considérée comme prohibée, et qu'une telle clause ne saurait en aucune façon dispenser de *l'autorisation préalable* qui doit être exigée dans tous les cas.

Vous voudrez bien veiller d'une manière toute spéciale à l'exécution des présentes recommandations et, au cas où des infractions viendraient à votre connaissance, prescrire des poursuites disciplinaires contre les officiers publics qui s'en seraient rendus coupables.

Je vous prie de vouloir bien m'accuser réception de cette circulaire dont je vous transmets des exemplaires en nombre suffisant pour chacun des parquets et chacune des Chambres de Notaires de votre ressort.

Recevez, etc. *Le Garde des Sceaux, Ministre de la Justice,*

A. FALLIÈRES.

---

28 Mai 1888. — Lettre du Ministre du Commerce d'après laquelle, les Caisses d'épargne, ne possédant aucun des caractères qui pourraient les faire considérer comme des Sociétés financières, *les Notaires peuvent faire partie du Conseil des Directeurs de ces établissements,* et mentionnant que le Ministre de la Justice a dernièrement aussi reconnu aux *Notaires le droit de faire partie du Conseil d'Administration des Succursales de la Banque de France.*

---

2 Juin 1888. — Solution de l'enregistrement relative aux *successions vacantes* et à la dispense pour le *curateur* de payer des droits de mutation.

Lorsqu'une succession a été *déclarée vacante* d'office, le *curateur* est fondé, si l'actif est uniquement composé de capitaux et se trouve absorbé par les frais privilégiés, à *refuser le paiement des droits de mutation* par décès et à *exiger l'enregistrement en débet* des actes relatifs à la vacance, (décision Minist. Fin. 13 décembre 1820) l'Administration n'a de privilège que sur les revenus des biens héréditaires et elle doit concourir avec les créanciers chirographaires sur les capitaux.

Si le *curateur* a acquitté ces droits, il est réputé l'avoir fait par erreur et la restitution doit être opérée.

Mais le prix du *papier timbré,* considéré comme impôt de consommation, ne peut être l'objet d'une pareille restitution.

---

11 Juin 1888. — Décision du Ministre des Finances sur les actes de *Notoriété et Certificats de propriété pour les Caisses d'épargne* à exempter du timbre et de l'enregistrement.

Il y a lieu d'exempter désormais des formalités du timbre et de l'enregistrement les actes de notoriété et les certificats de propriété que les héritiers du titulaire d'un livret sont tenus de produire aux Caisses d'épargne, pour justifier de leur droit au remboursement des sommes déposées par leur auteur ; ces actes étant considérés comme nécessaires pour le service des Caisses d'épargne (*par application des Art. 20 et 21, L. 9 avril 1881*).

---

24 Juin 1884. — Rapport au Président de la République sur l'administration de la *Justice civile* en France et en Algérie pendant l'année 1886.

Nous extrayons de ce rapport les passages suivants dont la statistique est de nature à intéresser les Notaires :

NOMBRE DES NOTAIRES ET DES ACTES NOTARIÉS.

Au cours de l'année 1886, il y avait 8988 Notaires en exercice en France (ils étaient 9056 en 1885). Ils ont dressé 3,15°,622 actes, soit en moyenne 350 par officier public et 82 par 1000 habitants. — Le nombre total ci-dessus des actes notariés est de 154,834 inférieur à celui qui avait été relevé pour l'année 1881 et le chiffre moyen par Notaire inférieur de 14.

(Pendant la période de 1881-1885 les Notaires avaient reçu 16,200,409 actes, soit en moyenne annuelle 3,240,082 ou 358 actes par Notaire et 1 acte par 11 habitants).

Les 118 Notaires ou Greffiers-Notaires d'Algérie (au lieu de 120 en 1885) ont reçu 48,571 actes en 1886, représentant 411 actes par officier public au lieu de 424 en 1885 et de 460 en moyenne dans la période de 1881-1885.

On peut voir par cette importante diminution combien a été notable le ralentissement dans les affaires, occasionné par la crise politique, financière et agricole. (Voir en 1887, page 85).

VENTES JUDICIAIRES D'IMMEUBLES.

Depuis que s'est ouverte la crise économique et financière, le nombre des ventes d'immeubles ordonnées par la justice n'a cessé de s'accroître.

Il n'avait été que de 22,851 en 1881 ; il s'est successivement élevé jusqu'à 28,069 en 1886. Malheureusement, les ventes après saisies immobilières participent pour plus des trois quarts (76 p. 100) à cette augmentation : 7,056 en 1881 et 11,498 en 1886. Les tribunaux se sont réservé 16,653, les trois cinquièmes des 28,069 ventes de 1886, et on ont confié 11,416 à des Notaires.

Ces ventes se décomposent ainsi, eu égard à leur nature :

	VENTES	
	faites à la barre,	faites devant notaire.
Saisies immobilières	9 939	1 559
Surenchères sur aliénations volontaires.	824	5
Biens de mineurs ou d'interdits.	319	1 266
Licitations entre majeurs ou entre majeurs et mineurs	4 306	6 928
Successions bénéficiaires	313	946
Successions vacantes	206	209
Immeubles dotaux	26	31
Biens de faillis.	587	363
Autres ventes	133	106

Ces adjudications ont donné lieu à 15,637 incidents qui ont surgi ; 12,415 dans les ventes faites à la barre, soit 74 incidents par 100 ventes et 3,222 dans celles qui ont été renvoyées devant des Notaires, soit 28 p. 100. Les surenchères représentent à elles seules plus du tiers du total des incidents : 5,398 ou 34 p. 100 ; il en est survenu 4,916 à la barre et 482 devant les Notaires. Les incidents les plus fréquents sont, ensuite, les conversions de saisies immobilières en ventes volontaires, 2,179 ; les renvois d'adjudication, 1,884 ; les baisses de mises à prix, 1,691 ; les modifications au cahier des charges, 928 ; les demandes en distraction d'immeubles saisis, 769 ; les demandes en subrogation, 707 ; les folles enchères, 592 ; les reprises d'instance, 291, et les expertises, 282.

Au point de vue de leur importance, la division proportionnelle des ventes est la même, que celles-ci aient été terminées par les tribunaux ou par les Notaires : 29 p. 100 dont le prix d'adjudication a été de 2,000 fr. au plus, et 71 p. 100 dont le produit a excédé ce taux. Quant à la durée des procédures, comme elle dépend de la nature des ventes, et notamment de la retenue à la barre des saisies immobilières, elle est nécessairement plus longue pour les adjudications auxquelles procèdent les

11.

tribunaux que pour celles qui sont opérées par des officiers publics, 67 ventes sur 100 faites dans les trois mois, d'une part, et 86 p. 100 d'autre part.

Pour apprécier dans quelle mesure la loi du 23 octobre 1884 a réduit les charges dont étaient grevées les petites ventes, il convient de rapprocher, par catégories de prix d'adjudication, le montant des frais de celui du produit ; c'est ce que permet de faire le tableau suivant :

IMPORTANCE DES VENTES MONTANT du prix d'adjudication.	NOMBRE des ventes.	MONTANT total des prix d'adjudication.	MONTANT total des frais (*)	MONTANT MOYEN par vente		MOYENNE DES FRAIS par 100 fr. du prix (*)		
				du prix d'adjudicat.	des frais (*)	en 1886.	en 1885	en 1884
		francs.	francs.	francs.	francs.	fr. c.	fr. c.	fr. c.
500 francs et moins.	1 911	517 311	655 231	270	312	136 85	132 10	151 »»
501 francs à 1 000 francs. .	2 119	1 585 624	791 536	718	373	49 92	53 16	57 29
1 001 francs à 2 000 francs. .	3 915	6 265 857	1 625 697	1 600	415	25 94	28 59	31 73
2 001 francs à 5 000 francs. .	6 049	25 676 611	3 897 467	3 095	560	15 17	15 67	15 87
5 001 francs à 10 000 francs. .	5 296	38 304 694	3 439 700	7 232	649	8 97	8 80	9 11
Plus de 10 000 francs. .	7 879	385 465 851	8 720 119	48 946	1 106	2 28	2 11	1 72
TOTAUX	28 069	457 975 948	(a) 19 129 750	16 316	681	4 17	3 83	3 54

(a) Dont 11 306 337 francs payés en sus du prix (60 °/₀) et 7 823 413 francs imputés sur le prix (40 °/₀).

(*) Non compris les frais pour parvenir à la vente, ni la remise proportionnelle allouée aux Avoués par l'article 11 du Tarif du 10 Octobre 1841 dans les ventes dont le prix d'adjudication est supérieur à 2,000 fr., qui varie de 1 à 1/2 °/₀ selon l'importance des ventes, et qui s'accroît quand l'expertise n'a pas été ordonnée dans les cas où elle pouvait l'être.

26 Juin, 23 Août, 10 Septembre 1888. — ARRÊTÉS du Ministre de la Guerre relatifs : 1° au *mariage des officiers supérieurs* ; 2° au *mariage des sous-officiers*, etc.

§ 1ᵉʳ. — Le Ministre de la Guerre a décidé que les officiers, fonctionnaires et employés militaires, dont la solde réglementaire est de 5,000 fr. au moins, pourront être autorisés à se marier, sans que leur future ait à justifier d'un apport dotal.

En conséquence la décision ministérielle du 17 décembre 1843 est modifiée sur ce point. (Voir page 52).

Les dispositions réglementaires en vigueur relatives à la demande d'autorisation, ainsi que celles qui déterminent les justifications à produire avant ou après la célébration du mariage, sont maintenues telles qu'elles existent, notamment la décision ministérielle du 17 juin 1847. (1)

(1) Cette décision de 1847 porte : « Lorsqu'un officier supérieur ou « un capitaine demandera l'autorisation d'épouser la fille d'un *officier* « *membre de la légion d'honneur* et que cette personne n'apportera « point en dot un revenu non viager de 1,200 francs au moins, ainsi « qu'il est exigé par l'arrêté du 17 décembre 1843, la demande accom-« pagnée de toutes les pièces indiquées par ledit arrêté, devra être « adressée au Ministère de la Guerre avec l'opinion explicite et motivée « du Chef de corps, et sur la suite à donner à la demande. »

§ 2. — **23 Août.** — Décision relative au *mariage des sous-officiers*.

L'apport de la future devra être établi par acte notarié et devra être au minimum de 5,000 fr. (au lieu de 3,000 fr.) représentés par des terres ou des valeurs offrant de sérieuses garanties.

La dot pourra également consister en une pension annuelle, non viagère, de 250 fr. présentant toute sécurité.

Quant aux ressources toujours aléatoires que la future peut se procurer par son travail quotidien, elles n'entreront pas plus en ligne de compte pour l'apport dotal que la valeur attribuée à ses effets et objets mobiliers.

L'autorisation de mariage sera accordée par les Conseils d'administration des Corps auxquels il appartient, par les autres autorités compétentes ; elle sera délivrée sur le vu d'un certificat du maire de la commune où réside la future et constatant que celle-ci réunit toutes les conditions de moralité désirables.

Lorsque l'autorité militaire compétente croira devoir refuser une autorisation de mariage, il en sera rendu compte au général commandant le corps d'armée qui décidera en dernier ressort.

Enfin, une restriction aux précédentes tolérances porte que les femmes des sous-officiers ne devront tenir ni café, ni débit, ni cantine.

§ 3, — **10 Septembre.** — Le Ministre arrête que les dispositions de la circulaire du 23 août seront applicables aux employés militaires de l'artillerie n'ayant pas rang d'officier (gardiens de batterie ou ouvriers d'État).

Un extrait de contrat de mariage et un certificat constatant la célébration du mariage de ces agents, continueront à être adressés à l'Administration centrale ; — cette dernière pièce devra faire connaître la date de l'autorisation du mariage ainsi que l'autorité militaire qui aura accordé l'autorisation. (1)

---

80 Juillet 1888. — INSTRUCTION de l'Enregistrement sur la réglementation de la dispense provisoire de payer les droits sur les valeurs léguées aux hospices, aux pauvres, etc., jusqu'à l'autorisation.

Toutes les fois qu'un héritier ou légataire désirera être provisoirement dispensé du paiement de l'impôt sur les valeurs faisant l'objet de legs au profit des hospices, des communes ou des établissements publics, il devra faire connaître dans une pétition sur timbre les raisons pour lesquelles ces valeurs ne sont pas comprises dans la déclaration, et solliciter un délai pour se libérer des droits afférents à ces legs. — Il sera statué sur ces demandes dans la forme tracée par les instructions nos 1926 et 2261, suivant l'appréciation des circonstances ; chaque affaire devra faire l'objet d'un rapport spécial et de proposition motivée.

---

10 Aoû. 1888. — INSTRUCTION de l'Administration de l'Enregistrement sur les *salaires des Conservateurs* des hypothèques.

A. *Transcription d'actes de mutation et de saisie. — Nombre de syllabes.*

L'article 1er du décret du 9 Juin 1886 *(Inst. no 2333)* a réduit le salaire de transcription des actes de mutation et des procès-verbaux de saisie immobilière à 30 centimes par rôle contenant trente lignes à la page et dix-huit syllabes à la ligne.

Cette disposition impose aux conservateurs l'obligation de porter sur chaque page du registre de transcription trente lignes de dix-huit syllabes chacune, soit cinq cent quarante syllabes, compensation faite d'une ligne à l'autre, et elle leur alloue, dans cette mesure, un salaire de 30 centimes par rôle. L'exagération ou l'insuffisance des syllabes occasionnant un préjudice au Trésor ou aux parties, Il est essentiel que le nombre réglementaire soit atteint et ne soit pas dépassé.

B. *Copies collationnées. — Nombre de syllabes. — Fractionnement*

Le salaire pour les copies collationnées délivrées par les conservateurs est, d'après le no 9 du tableau annexé au décret du 21 septem-

bre 1810, d'un franc par rôle d'écriture contenant vingt-cinq lignes à la page et dix-huit syllabes à la ligne. Chaque page doit donc renfermer quatre cent cinquante syllabes et, d'après les motifs qui viennent d'être indiqués, il importe que les conservateurs se conforment exactement à cette fixation.

On ajoute que lorsqu'un rôle est incomplet, le salaire se fractionne à raison de 2 centimes par ligne (décision du 25 juin 1911, *Instr.*, no 530-4o).

C. *Inscription d'hypothèque conventionnelle et d'hypothèque légale. — Bordereau unique.*

Lorsqu'un créancier, qui a obtenu pour sûreté de sa créance une hypothèque conventionnelle et la subrogation dans l'hypothèque légale de la femme, requiert l'inscription de ces deux droits hypothécaires en déposant un *seul* bordereau en double, le conservateur n'est pas fondé à décomposer ou diviser d'office ce bordereau pour en extraire les éléments de deux inscriptions applicables l'une à l'hypothèque conventionnelle, l'autre à l'hypothèque légale. Le préposé ne doit, dans ce cas, prendre qu'une seule inscription.

Le Ministre des Finances s'est prononcé dans ce sens par une décision du 3 Octobre 1860, conforme à une délibération du conseil d'administration du 11 Septembre précédent. La même décision porte, en outre, que le salaire étant un droit de formalité, il suffit qu'il n'y ait qu'une inscription prise pour que le conservateur ne puisse percevoir qu'un salaire.

D. *Inscription. — Créanciers non solidaires. — Titre commun. Bordereau unique.*

D'après un arrêt de la Cour de cassation du 17 Décembre 1845 *(Instr., no 1755 § 22)*, des créanciers dont les droits sont distincts, mais qui ont reçu par le même acte et sur les mêmes immeubles, une hypothèque commune, peuvent en réclamer l'inscription au moyen d'un seul bordereau, rédigé en double minute. La raison en est, d'après la Cour, qu'il n'existe qu'un *droit hypothécaire unique* reposant sur les mêmes immeubles.

Il en résulte que, dans l'hypothèse de l'arrêt, une seule inscription doit être prise et un seul salaire être exigé, conformément au no 2 du tableau annexé au décret du 21 Septembre 1810.

E. *Saisie. — Notification au saisi et aux créanciers inscrits. — Mention en marge de la transcription de la saisie. — Pluralité d'exploits.*

Aux termes des articles 691 et 692 du Code de procédure civile, la partie saisie et les créanciers inscrits doivent, dans les huit jours du

---

(1) *Résumé des Circulaires relatives au mariage et au contrat de mariage des officiers et sous-officiers, etc.*

Nous croyons utile de résumer ici en quelques lignes les prescriptions actuellement en vigueur des *Circulaires des Ministres de la Guerre* rapprochées, des 17 décembre 1843, 18 février 1875 (v. p.52 et 53) 26 juin 23 août et 10 septembre 1888, relatives au *mariage* et au *contrat de mariage des officiers, sous-officiers*, etc., en activité de service :

1ent Les officiers ou assimilés, dont la solde est d'au moins 5,000 fr. ne sont tenus à aucune justification sur la fortune de la future épouse.

Ils ne doivent produire que la demande d'autorisation au mariage et le certificat du Maire constatant seulement l'état et la réputation de la future et de ses parents.

2ent. Les autres officiers ou assimilés doivent produire : 1o la demande d'autorisation ; 2o le certificat du Maire relatif à la moralité et à la fortune de la future et de ses parents, et 3o la déclaration notariée d'apport constatant à la future une dot d'un revenu non viager d'au moins 1,200 francs.

3ent Les sous-officiers rengagés et les employés militaires de l'artillerie n'ayant pas rang d'officiers, sont astreints à la production des mêmes pièces que les officiers dont la solde réglementaire est inférieure à 5,000 fr.; mais ils ont à justifier que la dot de la future est au mini-

mum de 5,000 fr. en terres ou valeurs sérieuses, ou d'une pension annuelle et non viagère de 250 francs.

4ent. Enfin les sous-officiers non rengagés de 5 ans, les brigadiers, caporaux et soldats, (ceux-ci autorisés très exceptionnellement) ne sont tenus qu'à la demande d'autorisation et au certificat du Maire ; mais les conseils d'administration ont à s'assurer que la future épouse possède des ressources et moyens suffisants pour ne pas être à la charge du militaire qui veut l'épouser.

5ent Quant aux jeunes soldats de la dernière classe, l'autorité militaire a le droit d'intervenir pour le mariage, à partir du premier juillet qui suit le tirage au sort, parce qu'ils sont militaires de ce jour, et peu importe qu'ils soient laissés dans leurs foyers en attendant l'appel à l'activité. Mais avant le premier juillet, Il n'y a aucune permission à demander. (Circ. Minist. Intér. 31 décembre 1883).

Après la célébration de son mariage, tout militaire est tenu d'adresser à l'autorité compétente, dans le mois qui suit : 1er Un certificat constatant cette célébration, et 2o celui pour qui le contrat de mariage (soit la déclaration d'apport) est obligatoire, un extrait de ce contrat en ce qui concerne l'apport et la constitution de dot, lesquels doivent être conformes à ceux de la déclar. d'apport. L'offi. sup. en est disp, mai 1889.

Ces extraits peuvent être délivrés sur papier libre ; ils sont légalisés.

dépôt au Greffe du cahier des charges, être sommés d'en prendre communication, de fournir leurs dires et observations, etc. Et d'après l'article 693 du même Code, il est fait mention de cette notification, dans les huit jours de la date du dernier exploit, en marge de la transcription de la saisie au bureau des hypothèques. La mention dont il s'agit donne lieu à la perception d'un salaire d'un franc (ordonnance du 10 octobre 1841, art. 2.)

L'Instruction n° 1651 a fait remarquer, à ce sujet, qu'il n'est alloué au conservateur qu'un seul salaire d'un franc pour la mention des deux notifications prescrites. On ajoute qu'il en est ainsi, quel que soit le nombre des exploits. L'ordonnance de 1841 ne fait, en effet, aucune distinction entre le cas où les notifications résultent d'un exploit unique et celui où la mention est faite au vu de plusieurs exploits.

F. Radiations. — Subrogations. — Certificats constatant l'accomplissement des formalités.

La radiation d'une inscription et le certificat qui l'atteste ne donnent lieu qu'à un seul salaire.

Le certificat, fait observer l'Instruction n° 494, n'est que la preuve, mise aux mains des requérants, que la formalité s'est accomplie. Il n'y a pas plus de raison de demander un salaire particulier pour le certificat qui atteste que l'on vient de rayer l'inscription, et qui doit être délivré sur le champ, que pour la mention sur le double du bordereau que l'inscription en a été faite. Les conservateurs n'ont donc, dans ce cas, qu'un seul salaire à percevoir. Mais s'ils sont ensuite requis de délivrer un ou plusieurs autres certificats d'une radiation d'inscription, il leur est dû pour chacun de ces certificats un salaire d'un franc.

Par identité de motifs, il n'est dû qu'un seul salaire pour la mention d'une subrogation et pour le premier certificat qui en est délivré.

G. États d'inscriptions. — Mentions de radiations, de subrogations, etc.

Des salaires sont attribués aux conservateurs pour chaque radiation d'inscription, pour chaque déclaration, soit de changement de domicile, soit de subrogation aux droits du créancier.

Mais, lorsqu'ultérieurement il est demandé des états d'inscriptions, les radiations partielles, les nouvelles élections de domicile et les subrogations doivent être considérées comme faisant partie intégrante des inscriptions auxquelles elles se rapportent, et ne pouvant donner lieu à un salaire distinct. Ainsi, il n'est dû qu'un seul salaire pour la délivrance d'une inscription et des actes qui la modifient (décision des 13 et 24 septembre 1819 Inst. n° 992).

Les conservateurs sont invités à se conformer exactement aux règles qui précèdent. Toute perception de salaires contraire à ces règles, et ne rentrant pas dans les dispositions du tarif, les exposerait à une mesure disciplinaire, indépendamment de la réparation du préjudice causé aux parties.

On rappelle également aux employés supérieurs que leurs vérifications, dans les bureaux d'hypothèques, ne doivent pas seulement avoir pour objet les perceptions qui se font au profit du Trésor, mais qu'elles doivent s'étendre à toutes les opérations inhérentes aux fonctions des conservateurs, et notamment à la perception des salaires. Ils mentionneront, au rapport de gestion, les irrégularités ou abus qu'ils auront constatés dans cette partie du service.

---

5 Octobre 1888. — ARRÊTÉ du Ministre des Finances, concernant les conditions d'envoi et de circulation de correspondances considérées comme cartes postales à 0,10 avec leurs dimensions et leurs poids.

ART. 1. — Sont considérées comme cartes postales et admises à circuler à l'intérieur, au tarif de ces objets, soit à 0 fr. 10, toutes cartes portant au recto le timbre d'affranchissement, l'adresse du destinataire et, au besoin

l'indication par un procédé quelconque des noms, professions et adresse de l'expéditeur ; au verso la correspondance, ou des mentions manuscrites ou imprimées de toute nature.

ART. 2. — Ces cartes doivent avoir au minimum neuf centimètres de largeur et six centimètres de hauteur, et au maximum quatorze centimètres de largeur et neuf centimètres de hauteur. — Leur poids ne doit pas excéder 5 grammes, ni être inférieur à 1 gramme 1/2.

ART. 3. — Sont maintenues toutes les dispositions de l'arrêté ministériel du 24 novembre 1883 qui ne sont pas contraires aux prescriptions du présent arrêté.

---

22 Octobre 1888. — CIRCULAIRE de M. le Ministre de la justice sur les acquisitions d'immeubles faites par les Caisses d'épargne pour l'installation de leurs services.

Monsieur le Procureur Général,

M. le Ministre du commerce a appelé mon attention sur les difficultés qui se produisent à l'occasion des acquisitions d'immeubles faites par les Caisses d'épargne pour l'installation de leurs services. Ces difficultés proviennent de ce que les notaires chargés de recevoir les actes, tantôt se refusent à les faire, ne croyant pas les Caisses d'épargne capables, comme personnes morales, d'acquérir en leur nom personnel,— tantôt, au contraire, réalisent ces acquisitions sans se préoccuper de savoir si les statuts de la Caisse l'autorisent suffisamment à acquérir, et dressent ainsi des actes irréguliers.

Il importe, dans ces circonstances, de rappeler aux notaires quelles sont exactement les règles qu'ils doivent appliquer :

Il est depuis longtemps reconnu que, quelque soit la forme sous laquelle elle ait été constituée, une Caisse d'épargne ne peut employer une partie de sa fortune personnelle à une acquisition d'immeubles, qu'autant que ses statuts contiennent une clause admettant le placement en immeubles du fonds de dotation. Si les statuts ne contiennent aucune disposition sur ce point essentiel, il faut qu'une semblable clause y ait été ajoutée en vertu d'une modification approuvée par décret, ou qu'un décret ait conféré à ce sujet une autorisation spéciale en vue de l'achat d'un immeuble déterminé. Dans le premier cas, la capacité attribuée à la Caisse d'épargne est pleine et entière, et le Gouvernement n'a pas à intervenir pour accorder son autorisation ou son approbation lorsque l'établissement, usant du droit qui lui appartient d'une manière générale en vertu de ses statuts, veut faire l'acquisition d'un immeuble. Dans le second cas, qui ne se présente plus fréquemment aujourd'hui, le droit de la Caisse est déterminé et limité par le décret lui-même.

Avant de passer les actes d'achat, les notaires doivent donc se faire représenter les statuts de la Caisse, pour vérifier s'il contiennent une disposition permettant d'employer en immeubles les fonds de dotation, et, dans la négative, ils doivent rechercher si ce droit ne résulte pas d'un décret postérieur.

Vous voudrez bien, Monsieur le Procureur général, porter ces instructions à la connaissance de MM. les Présidents des chambres notariales de votre ressort, et les inviter à prévenir les membres de leurs compagnies qu'ils devront se conformer à l'avenir aux prescriptions réglementaires que je viens de vous indiquer.

Vous voudrez bien m'accuser réception de la présente circulaire, dont je vous transmets des exemplaires en nombre suffisant pour chacun des parquets et chacune des chambres de notaires de votre ressort.

Recevez Monsieur le Procureur général, etc.

Pour le Garde des Sceaux, Ministre de la Justice,
Le Conseiller d'État, Directeur des affaires civiles et du Sceau,
BARD.

3 Novembre 1888. — Circulaire de M. le Garde des Sceaux.

Monsieur le Procureur Général, une circulaire de mon Département, en date du 12 septembre 1863, a signalé, d'une manière toute spéciale, à l'attention des parquets et des chambres des notaires, les termes d'un décret du 30 juillet de la même année, d'après lequel tout notaire dépositaire d'un testament contenant des libéralités au profit d'établissements publics doit « transmettre, sans délai, au « préfet, après l'ouverture du testament, un état sommaire « de l'ensemble des dispositions de cette nature insérées au « testament ». Ce décret spécifie, en outre, que le notaire doit opérer cette transmission, indépendamment de *l'avis* qu'il est tenu de donner à *chaque établissement légataire* en exécution de l'art. 5 de l'ordonnance du 2 avril 1817. Voir Code Manuel, p. 32.

Ces prescriptions n'ayant pas toujours été fidèlement suivies, mon Département les a rappelées, à diverses reprises, à l'attention des parquets et des officiers publics, notamment par une note insérée au *Bulletin officiel du Ministère de la Justice* (année 1879, page 267), et plus récemment encore par une circulaire du 7 juin 1882. Résolu d'ailleurs à ne plus tolérer semblables oublis, mon prédécesseur recommandait aux chefs des parquets de lui signaler les notaires qui négligeraient de se conformer aux prescriptions de ce décret, pour que des poursuites disciplinaires pussent être exercées contre eux. Dans cette même instruction, mon prédécesseur insistait également sur la nécessité de délivrer aux établissements légataires ou, tout au moins, au plus intéressé d'entre eux, une *expédition complète du testament*. Le Conseil d'État, en effet, pour émettre son avis sur l'autorisation sollicitée par chaque établissement d'accepter le legs fait en sa faveur, a besoin de connaître très exactement l'importance des diverses libéralités attribuées aux établissements publics. Il est donc indispensable de produire une expédition intégrale du testament, et, les légataires étant des intéressés, les notaires n'ont pas à se prévaloir à leur égard des termes de l'art. 23 de la loi du 25 ventôse an XI et du secret professionnel qu'ils sont tenus de respecter.

Malgré ces instructions successives, je suis informé, Monsieur le Procureur général, que de nombreux manquements ont été constatés encore à la la charge des notaires. Vous voudrez bien rappeler aux chambres de discipline comprises dans votre ressort les termes des circulaires de mon Département, et ne pas leur laisser ignorer que je suis absolument décidé à réprimer très énergiquement les moindres infractions aux prescriptions qu'elles contiennent.

J'insiste particulièrement sur la nécessité de produire une *expédition intégrale* du testament (1). En dressant l'état

sommaire des dispositions testamentaires soumises à l'autorisation du Gouvernement, les notaires omettent parfois d'y comprendre certaines d'entre elles, dans la pensée qu'elles ne constituent que de simples charges d'hérédité. Or, il ne peut leur appartenir de se constituer appréciateurs des libéralités contenues dans les testaments dont ils sont dépositaires. C'est au Gouvernement et au Conseil d'État que revient ce pouvoir d'appréciation et de contrôle en des matières d'ailleurs délicates et qui soulèvent de graves difficultés de jurisprudence ; aussi les notaires doivent-ils, s'ils veulent entièrement dégager leur responsabilité, délivrer une expédition intégrale de ces testaments.

D'autre part, il résulte d'indications qui m'ont été fournies que fréquemment des libéralités, dont le Gouvernement a refusé d'autoriser l'acceptation, sont néanmoins recueillies par les établissements intéressés, à qui les légataires universels ou les héritiers naturels du testateur en versent le montant, faute d'avoir été éclairés par les notaires sur l'étendue de leurs droits. Il importe au plus haut degré que ces officiers publics ne négligent pas, en pareil cas, de faire connaître aux représentants du testateur qu'ils ne doivent pas (2) acquitter les legs mis à leur charge tant qu'il n'est pas justifié de l'autorisation préalable du Gouvernement. Si un décret d'autorisation est intervenu, il reste encore du devoir des notaires (2) d'en faire connaître aux intéressés les

---

grale du testament contenant la ou les libéralités à autoriser, pour des legs particuliers quelquefois isolés et de mince importance. L'intérêt du Notaire, d'accord avec la responsabilité dont la circulaire le menace, lui dicte le devoir de suivre les prescriptions ministérielles, mais nous craignons qu'elles ne lui créent dans leur généralité des difficultés avec ses clients ; que fera-t-il si l'héritier ou le légataire universel lui refuse le paiement d'une expédition très longue, volumineuse même, comme frais frustratoires à l'occasion d'un legs particulier d'une somme d'argent et presque sans charges ? Dans des cas semblables, nous conseillerions au Notaire de prévenir son client, représentant la succession, des exigences ministérielles, avant de délivrer à l'Administration l'expédition entière du testament.

Plus d'une fois des familles recommandent de ne donner connaissance du testament aux légataires, qu'en ce qui concerne leurs legs particuliers. Si ceux-ci sont des intéressés, vis-à-vis desquels les Notaires n'ont pas à se prévaloir, suivant les circulaires ministérielles, du secret professionnel auquel ils sont tenus, leur intérêt n'existe, suivant nous, que dans la mesure des libéralités à eux faites dans le testament.

Il ne nous paraît pas admissible qu'en pareille matière des règles absolues puissent être édictées surtout par de simples circulaires, et nous croyons qu'au point de vue du secret professionnel, les Notaires sont les meilleurs juges et ne relèvent que de la loi et de leur conscience.

Un extrait littéral, complet et certifié par le Notaire sous sa responsabilité, quant aux legs à autoriser, devrait donc suffire pour la plupart des cas, comme il a suffi si longtemps ; c'est un tort de poser des règles aussi absolues et sans exception ; il y a des circonstances dont il faut savoir tenir compte dans l'interprétation et dans l'exécution.

---

(2) Il eut été plus juste de dire « *qu'ils ont le droit de ne pas acquitter* ». et de ne pas confondre le *droit* et le *devoir*.

Il y a lieu de distinguer aussi ici entre le devoir légal et le devoir moral du Notaire. Celui-ci doit toujours éclairer ses clients ; quant à les

---

(1) Nous nous permettrons de réclamer contre l'obligation trop générale imposée aux Notaires depuis 1882, et avec autant d'insistance et de menace, de délivrer, non plus un extrait, mais une expédition inté-

termes exacts et, au besoin, de leur en expliquer la portée et les conséquences, selon que le décret autorise en tout ou en partie les libéralités.

En dernier lieu, et pour qu'à l'avenir aucune infraction aux prescriptions réglementaires ne puisse plus être relevée dans l'instruction des demandes soumises à l'administration, vous voudrez bien rappeler aux diverses chambres de discipline les recommandations des circulaires des 21 fév. 1831, 30 avril 1881 et 23 mars 1888, en ce qui touche l'interprétation à donner aux prescriptions de l'article 2 de l'ordonnance du 14 janvier 1831, relative aux dons et legs, acquisitions et aliénations de biens concernant les établissements ecclésiatiques et religieux. (V à leurs dates et Cod. M. p. 32).

Je vous prie de vouloir bien m'accuser réception de la présente instruction, dont je vous transmets des exemplaires en nombre suffisant pour chacun des parquets et chacune des chambres des notaires de votre ressort.

Recevez, Monsieur le Procureur général etc.

J. FERROUILLAT

Novembre 1888. — PRÉSENTATION par le Gouvernement au Conseil d'État d'un *projet de loi ou de décret* complémentaire de l'ordonnance du 4 janvier 1813, pour imposer aux Notaires une *comptabilité et un comptable* à cet effet, ainsi que diverses mesures réglementaires (1).

« ARTICLE PREMIER. — Il est rigoureusement interdit aux Notaires :

1° De recevoir en dépôt des fonds dont ils s'engageraient à servir l'intérêt;

2° D'employer, même temporairement, les sommes dont ils sont constitués détenteurs ou dépositaires à un usage autre que celui auquel elles sont destinées;

3° De retenir, même en cas d'opposition, les sommes qui doivent être versées par eux à la Caisse des dépôts et consignations dans les cas prévus par la loi et l'art. 2 ci-après;

4° De faire signer des billets ou reconnaissances en laissant le nom du créancier en blanc;

De faire ou laisser intervenir leurs clercs en qualité de mandataires de complaisance dans les actes qu'ils reçoivent. »

ART. 2. — Les Notaires ne pourront conserver pendant plus de six mois les sommes qui leur auront été remises, en dépôt, à quelque titre que ce soit.

Si une somme déposée ne peut être remise aux ayants droit dans le délai fixé, le Notaire devra verser cette somme à la Caisse des dépôts et consignations,

« Il sera pourvu, d'accord avec le Ministre des Finances, au règlement des formalités spéciales nécessaires pour le dépôt et le retrait des sommes ainsi déposées. »

» ART. 3. — Il est enjoint aux Notaires de tenir une comptabilité régulière constatant les recettes et les dépenses de toute nature effectuées pour le compte de leurs clients; à cet effet, tout Notaire devra avoir au *moins* un livre de dépôts, un registre de frais d'actes et un grand livre. La tenue de ces registres sera ultérieurement déterminée. «

« ART. 4. — Indépendamment des droits qui appartiennent aux chambres de discipline, des vérifications périodiques seront régulièrement effectuées chaque année, dans les études de Notaires par des inspecteurs régionaux. Ces inspecteurs seront élus par les Chambres de discipline comprises dans leur circonscription et devront être agréés par le Ministre de la Justice. A cet effet, les Chambres procéderont à l'élection de candidats en nombre double de celui des postes à pourvoir. Ceux des candidats ainsi désignés qui seront agréés par le Ministre de la Justice seront investis des fonctions d'inspecteur par arrêté ministériel. Ces fonctions pourront leur être retirées en la même forme.

« Les Inspecteurs auront leur résidence au chef-lieu de la Cour d'appel et relèveront directement du Procureur général.

» Ils seront rétribués sur les fonds des bourses communes des Chambres de leur circonscription; ces Chambres seront autorisées à se concerter et à voter les sommes nécessaires pour subvenir à cette dépense. «

» ART. 5. — Les Inspecteurs auront, comme attribution essentielle, le droit de se faire représenter sans déplacement et à toute réquisition les registres de comptabilité des Notaires soumis à leur inspection: de vérifier par l'examen de ces registres et des actes si la comptabilité de chaque Notaire est sincèrement tenue, si les registres sont au courant et si l'encaisse des dépôts est conforme aux énonciations des registres, »

« ART. 6. — Toute contravention aux dispositions du présent décret sera, comme les autres infractions à la discipline, poursuivie et punie conformément aux dispositions de la loi du 25 ventôse an XI et de l'ordonnance du 4 janvier 1813 sans préjudice des poursuites criminelles s'il y a lieu. «

« ART. 7. — A l'avenir pour être inscrit comme premier clerc, tout aspirant au notariat devra subir un examen devant la Chambre de discipline de l'arrondissement où il travaille et avoir obtenu de cette Chambre un certificat d'aptitude à ce grade. »

« ART. 8. — Les Chambres des Notaires appelées à délivrer des certificats de capacité et de moralité prescrits par l'art. 43 de la loi du 25 ventôse an XI devront faire subir à l'aspirant un examen écrit et un examen oral.

« La composition écrite, certifiée par le secrétaire de la Chambre, sera jointe au certificat de capacité, »

» ART. 9. — *Dispositions transitoires*. — Les dispositions relatives au dépôt des fonds, à la comptabilité et aux inspections ne seront exécutoires qu'à partir du 1er juillet 1889. Les Notaires en exercice au

---

conseiller une distinction est à poser; il doit avant tout consulter sa conscience. Dans le cas présent, rien de plus simple, si l'acceptation des legs est autorisée; Mais si un décret n'intervient pas et si le Gouvernement refuse son autorisation en tout ou en partie? Nous pensons qu'après avoir fait connaître aux intéressés leur droit de ne pas payer, suivant les recommandations prescrites ci-dessus, le Notaire a, lui aussi, le droit de s'abstenir de conseiller ses clients; il n'a pas à leur dicter leur devoir; le sien ne va pas aussi loin. C'est à leur conscience à juger si la loi civile est ou n'est pas en opposition avec la loi morale, et si l'honneur leur permet de s'abriter derrière le refus ou le silence du Gouvernement pour ne pas exécuter librement les dernières volontés d'un mort.

La Circulaire Ministérielle aurait pu se renfermer dans la recommandation des prescriptions légales et ne pas aller plus loin. La conscience du Notaire et celle des représentants du testateur bien éclairés, du reste, sont un domaine inviolable.

(1) Nous espérons que ce projet sera modifié et amélioré, avant de recevoir force de loi ou de décret, son importance nous le fait insérer ici.

Toutes les Chambres de discipline devraient s'empresser de réaliser ses principales dispositions en les introduisant dans leurs règlements, ainsi que depuis longtemps déjà le Comité des Notaires des départements le leur conseille avec instance et que l'ont fait plusieurs Chambres, qui se trouvent très bien d'avoir imposé ces prescriptions dans leurs arrondissements et d'avoir tenu la main à leur exécution.

Nous retarderons le plus longtemps possible la publication de ce supplément dans l'espoir d'y insérer ce document de si grande importance.

jour de la promulgation du présent décret pourront obtenir du parquet l'autorisation de conserver leur comptabilité s'il résulte d'une attestation de la Chambre que les registres tenus par eux fournissent les indications prescrites.

« Toutefois le registre des dépôts sera obligatoire pour tous les Notaires sans exception. »

---

4 Février 1889. — CIRCULAIRE de M. le Garde des Sceaux, sur la *vente aux enchères publiques d'objets mobiliers et de marchandises neuves*, vente prohibée par la loi du 26 juin 1841, sauf certaines exceptions limitées, qui doivent être rigoureusement observées.

Le Ministre appelle l'attention des autorités judiciaires et des *officiers publics* auxquels incombe l'application de la loi de 1841, pour ne pas faciliter ces ventes de marchandises neuves souvent fabriquées dans ce but et de meubles de pacotille, sous peine de créer une concurrence ruineuse au commerce régulier qui s'en plaint avec raison ; il signale particulièrement l'exécution des dispositions de l'art. 5.

Le commerçant qui veut procéder, soit pour cause de cessation de commerce, soit pour tout autre motif d'absolue nécessité, à la vente aux enchères publiques des marchandises dont il est le propriétaire, doit présenter *requête au tribunal de commerce* et joindre à sa demande *l'état détaillé de ses marchandises*. Avant de rendre son jugement, le tribunal doit procéder à une *enquête* minutieuse pour s'assurer que le commerçant est bien réellement propriétaire des marchandises à vendre et que les raisons qu'il allègue pour obtenir l'autorisation de vendre sont sérieuses et légitimes. Le tribunal ne peut *accorder d'autorisation qu'au marchand sédentaire*, ayant depuis un an au moins son domicile réel dans l'arrondissement du lieu où se fera la vente ; à la porte du lieu doivent être apposées des affiches énonçant le jugement d'autorisation.

Il convient d'autre part que les officiers publics chargés de procéder à ces ventes remplissent très exactement les formalités que leur impose la loi du 22 pluviôse an 7. Cette loi ne les assujettit pas à donner un inventaire des objets qui figurent dans leurs ventes ; mais ils doivent faire la déclaration préalable de ces ventes au bureau de l'enregistrement, et ils sont en plus tenus de conserver minute de leurs procès-verbaux.

Il appartient aux procureurs de la République d'examiner avec soin les plaintes qui peuvent être formulées, d'exercer leur vigilance sur la pratique de diverses salles de vente et de poursuivre au besoin les *officiers publics* qui ne craindraient pas de prêter leur intervention à la vente illicite de marchandises neuves, car il faut mettre un terme à des abus dont on ne saurait contester la réalité, en présence des protestations répétées dont les pouvoirs publics ont été saisis.

---

4 Mars 1889. — CIRCULAIRE du Ministre de la Justice aux Procureurs Généraux sur l'exécution de la loi modificative de la législation des faillites, signalant d'urgence à leur attention la *réinscription sur les listes électorales* jusqu'au 31 Mars, date de leur clôture, *des anciens faillis* qui auraient obtenu leur concordat ou qui auraient été déclarés excusables en remplissant les conditions que cette loi leur accorde.

---

3 Avril 1889. — COMPTE-RENDU à l'Assemblée générale du Crédit Foncier de France *des opérations de 1888*, présenté au nom du Conseil d'Administration par le gouverneur, M. Christophe.

Les relations fréquentes des Notaires avec le Crédit Foncier nous engagent à en donner ici un résumé qui fait connaître la situation à ce jour, laquelle donne toute sécurité dans le présent et toute confiance dans l'avenir.

Le rapport établi sous sa forme habituelle, est divisé en trois parties :

1° Ce qui concerne les prêts et les obligations, c-à-d. l'intérêt public ;

2° Ce qui est relatif à la discussion du bilan, c'est-à-dire la vérification des divers éléments de l'actif et du passif ;

3° Ce qui se rapporte au compte de profits et pertes, soit l'intérêt privé des actionnaires.

Il est facile de se donner en quelques lignes la mesure du Crédit Foncier à l'aide des chiffres qui suivent :

La Société a, depuis son origine, consenti des prêts hypothécaires pour . . . . 3 292 millions,

Et des prêts communaux pour, ... 1 775 id.

      Ensemble 4 067 millions. . . . . 4 067 millions.

Sur cette somme il lui a été remboursé sur les prêts hypothécaires . . . . 1 280 millions,

Sur les prêts communaux 734 millions , ... 734 id.

De telle sorte qu'au 31 Décembre 1888, les opérations en cours représentaient :

Au titre des prêts fonciers hypothécaires . . . . 2 032 millions.

Pour les prêts communaux 1 040 millions, . . . 1 040 id,

      Ensemble 3 072 millions . . . . 3 072 millions.

En 1888 il a été consenti :

4 093 prêts hypothécaires pour une somme de . . 111 862 973 54

2 552 prêts communaux pour une somme de , . . 68 877 195 85

      Ensemble 6 645 prêts pour un total de . . 180 546 168 89

Pendant l'année 1887 le Crédit Foncier avait réalisé 6 831 prêts pour un chiffre de 200 243 645 29

Toutes ces opérations ont pour instrument les Obligations émises par la Société en représentation de ses prêts.

Au 31 Décembre 1888 la valeur des *Obligations foncières* en circulation figure pour 2 138 millions ; et celles des *Obligations communales*, pour 982 millions. Ensemble 3 120 millions.

L'œuvre en chiffres ronds peut se résumer en ces deux lignes :

2 milliards mis actuellement au service de la Propriété foncière ;

1 milliard fourni aux Départements, aux Communes.

Ce crédit si largement distribué comporte-t-il un risque ?

Par l'examen détaillé du bilan, le Gouverneur, dans la seconde partie de son compte-rendu, y répond clairement en analysant les divers éléments de l'actif et du passif.

Chaque Obligation émise a pour contre partie dans le portefeuille de l'institution, un titre hypothécaire d'une valeur au moins double du prêt consenti; ainsi chaque opération nouvelle porte avec elle son gage et 'on peut dire que l'obligation foncière ainsi gagée n'est pas autre chose que le sol monnayé; c'est la prospérité mobilisée

Malgré ces conditions exceptionnelles de sécurité, le Crédit Foncier offre à ceux qui contractent avec lui et au public une double garantie,

D'abord son capital social qui est de 170 millions.

Puis les réserves qui s'élèvent ensemble à . . . . 137 243 248 fr. »»

Dont voici la division :

Réserve obligatoire	15 802 014 fr. 52
Provision pour l'amortissement des emprunts . .	93 740 732 62
Provision pour le risque des prêts	10 000 000 »»
Réserves diverses	17 700 501 83

Ainsi capital et réserves forment ensemble une somme de. . . . . 302 243 248 fr. 97 dont la caution vient s'ajouter aux conditions absolues de sécurité qui résultent des contrats eux-mêmes.

Ajoutons qu'au chapitre du bilan, divers, il existe une réserve supplémentaire, ou provision spéciale, formée en vue des pertes possibles sur les immeubles déjà achetés ou que la Société craint d'être obligée d'acquérir. Ce nouveau gage ne représente pas moins de 9 748 067 fr. 34.

Deux chapitres du bilan doivent nous arrêter. Ce sont les chapitres 2 et 3 de l'actif correspondant au portefeuille des titres ;

II. Valeurs diverses appartenant au Crédit Foncier. 449 294 391 fr. 17

III. Valeurs en garantie des reports. . . . . , 62 674 786 78

Ensemble. , ... 511 969 177 fr. 77

Les valeurs appartenant au Crédit Foncier comprennent :

1· Des titres sur l'Etat français, Bons du Trésor, rentes pour . . . . 367 381 589 fr. 72

2· Des obligations du Crédit Foncier. . . . , . . 70 059 326 11

3· Des obligations de Chemins de Fer garanties par l'État , . . · . , ... 6 207 874 80

4· Des Fonds d'État, Actions et Obligations diverses. 5 445 600 51

Total . . . . 449 291 391 fr. 71

Les valeurs admises en garantie et sur lesquelles la Banque consent des avances se décomposent ainsi:

Rentes françaises	55 383 816 65
Actions des Chemins de Fer Lyon, Midi, Nord, Orléans , ...	5 832 388 80
Obligations de Chemins de Fer garanties par l'État.	980 000 »»
Obligations du Crédit Foncier et Banque Hypothécaire.	286 312 50
Obligations de Ville de Paris 1869 et 1886. . . .	491 278 75

Total égal. . . . . 62 674 786 fr. 70

Quant au domaine de la Société c'est-à-dire les immeubles qu'elle a été obligée d'acheter, la situation s'en améliore chaque année par les soins qu'il reçoit. Il représente 17 906 588 fr. 73. Mais il a pour contre-partie aux réserves :

1· 10 000 000 »» constituant provision pour les risques des prêts ;

2· 9 748 067 34 de réserve spéciale citée plus haut.

La bonne situation des dépôts en compte courant est évidente, lorsque l'on compare le chiffre des dépôts qui est de 74.172.838 fr. avec le chiffre des disponibilités qui est de plus de 100 millions.

Le résultat final de l'exercice 1888, qui se chiffre par un solde de profits et pertes de 21.286.358 fr. 25, déduction faite des frais généraux de 4.034.241 fr. 85, bénéfice net à partager, obtenu pour 14 millions avec le produit des prêts hypothécaires, atteste la bonne marche des affaires et que l'administration se maintient dans les termes mêmes de l'institution, ses bénéfices étant corrélatifs au service qu'elle rend.

Tel est ce document où apparaît non seulement l'image de la prospérité du Crédit Foncier, mais la justification de la haute fortune de cet Établissement bien administré, et la meilleure réponse aux attaques peu fondées dont il a été récemment l'objet.

<hr>

30 Avril 1889. — Arrêté du Ministre du Commerce *autorisant l'inscription au recto des cartes postales de mentions* ou d'indications (annonces ou réclames) concernent seulement l'expéditeur ou le destinataire, à l'exclusion de toute correspondance personnelle, et de manière qu'il ne puisse pas y avoir confusion entre l'adresse du destinataire et les autres mentions.

<hr>

Cette feuille ayant dû être refaite par suite d'erreur dans le tirage, nous en profitons pour y mentionner quelques Circulaires et Instructions de Ministres insérées au Journal officiel avant la fin de cet ouvrage qui n'a pu se terminer qu'avec la législature actuelle.

Quant aux lois et décrets parus depuis l'impression de la 1re partie, nous les ajouterons en supplément à la suite de la table alphabétique.

<hr>

28 Mai 1889. — Arrêté du Ministre de la Guerre dispensant de l'envoi d'un *extrait de leur contrat de mariage* les officiers, fonctionnaires et employés militaires qui jouissent d'une solde réglementaire de 5,000 francs au moins, par application de l'arrêté du 26 juin 1888 qui les autorise à se marier sans qu'ils aient à justifier de l'apport dotal de la future.

<hr>

5 Juin. — Circulaire du Ministre de la Justice décidant que les *greffiers* des tribunaux de première instance ou des justices de paix *n'ont pas droit à une rémunération* pour transcription (non prescrite par la loi) de la commission, quelque soit d'ailleurs le titre ou la qualité du fonctionnaire appelé à prêter *serment*, *Notaire*, officier public, gardes, agents d'administrations, etc.

Il n'est dû que le remboursement du timbre du répertoire, de 0.25.

<hr>

19 Juillet. — Instruction du Ministre de la guerre pour l'application de la loi du 26 juin 1888 sur le *recrutement* des *sous-lieutenants* de réserve de l'armée active, de l'armée territoriale et de sa réserve.

Suivie du *programme* des connaissances exigées des candidats audit grade dans l'infanterie, la cavalerie, l'artillerie, le génie.

<hr>

23 Août. — Rapport sur l'administration de la *justice* en 1887.

« Dans toute la France les *8948 notaires* en exercice ont reçu *3.136,132 actes* en 1887, soit 350 par notaire et 82 par 1000 habitants.

« Cette dernière proportion est la même que celle de 1886, mais elle avait été de 86 en moyenne pour la période quinquennale 1881-1885, de 90 pour 1876-1880 et de 92 pour 1871-75.

« En Algérie, bien que le nombre des notaires et greffiers-notaires se soit élevé de 96 en 1881 et de 118 en 1887, celui des actes reçus par eux est descendu de 50.257 à 47,306, soit 122 actes de moins par officier public. »

Le nombre des *ventes judiciaires* de 28,060 en 1886 atteint 30,229 en 1887 dont 18,470 à la barre et 11,759 devant notaires.

<hr>

TROISIÈME PARTIE.

SUPPLÉMENT AU RÈGLEMENT ET AU TARIF DES NOTAIRES

DE L'ARRONDISSEMENT D'AMIENS

(Modifications et additions apportées depuis 1874)

et TABLEAU DES NOTAIRES en exercice et des Notaires honoraires de l'Arrondissement,

de la *Composition de da Chambre* de discipline pendant 30 ans de 1859 à 1888;
et des *Notaires des 3 départements* du ressort de la Cour d'Amiens.

1er Mai 1877. — Délibération de l'Assemblée générale, modifiant l'art. 56 du Règlement sur *l'heure de la réunion générale* du mois de *Mai* et ajoutant à l'art. 66 dudit Règlement un paragraphe.

1° L'Assemblée générale décide que désormais la réunion « du mois de mai aura lieu à 10 h. 1/2 au lieu de 1 heure.

« 2° Chaque année conformément à l'art. 65 du règle- « ment, le Secrétaire tiendra compte de la totalité du pro- « duit net des dépôts, lequel sera appliqué spécialement à « l'ameublement, à la bibliothèque et aux réparations de « l'hôtel de la Chambre. » ·

7 Mai 1878. — Décision de la Chambre, autorisant le *remboursement au Secrétaire de ses frais et faux frais.*

« La Chambre, à raison de l'importance du travail du « Secrétaire, autorise le Trésorier à porter désormais en « dépense et à tenir compte au Secrétaire de *un franc* par « acte (de dépôt) pour frais, faux frais et démarches. »

---

6 Mai 1879. — Délibération de l'Assemblée générale, modifiant l'art. 56 du règlement sur le *jour et l'heure de la deuxième réunion générale.*

« L'Assemblée vote la proposition de la Chambre de « modifier l'art. 56 de son règlement, en reportant au « 1er mardi d'octobre, à 1 heure, la seconde réunion de « l'Assemblée générale fixée au premier mardi d'août. »

---

7 Octobre 1879. — Délibération de l'Assemblée générale interprêtant l'art. 97 du règlement.

« L'Assemblée générale déclare interpréter l'art. 97 du « règlement relatif à la présentation à l'honorariat, en ce « sens que la Chambre ne sera pas obligée d'attendre « l'expiration du délai de six mois pour prendre l'avis de « l'Assemblée générale.

---

4 Août 1880. — Décision de la Chambre sur le *délai de la remise* au Rapporteur du *dossier du candidat* demandant à passer son examen.

« La Chambre décide qu'à l'avenir la remise des pièces « relatives aux cessions d'offices devra être effectuée, entre « les mains du rapporteur, quinze jours au moins avant la « séance où la Chambre fixera la date de l'examen.

(Annoter à l'art 91 des statuts).

12.

5 Octobre 1880. -- Délibération de l'Assemblée générale modifiant le tarif des *honoraires des actes d'obligations* et de *prorogation de délai* et du droit d'obtention d'inscriptions hypothécaires.

L'Assemblée générale, après la lecture de la proposition de la Chambre, présentée par son rapporteur, M. Bizet, de modifier son tarif d'honoraires, en ce qui concerne les honoraires des obligations et prorogations de délai, négociées ou non, et les délivrances de legs, rejette les conclusions du rapport de modifier les honoraires de délivrance de legs, et adopte celles qui concernent les obligations et prorogations du délai.

« L'honoraire est ainsi fixé :

« Lorsque le Notaire a *négocié* l'obligation jusqu'à 30.000 fr. 1 fr. 50 p. %, au delà 1 fr. % :

(Cet honoraire a été modifié par délibération de l'Assemblée générale du 5 mai 1885).

« L'honoraire des prorogations de délai sera de moitié de celui des obligations selon qu'elle a été ou non négociée.

« Le droit d'obtention d'inscription sera réduit à un honoraire fixe de 1 à 5 fr. selon l'importance et les difficultés de l'affaire. »

---

5 Juin 1882. — Approbation par la Chambre, de la *Pétition des Notaires d'Amiens*, adressée par la voie du Parquet à M. le Ministre de la Justice, *contre le projet de suppression de la Cour d'Amiens* et la diminution de leur ressort notarial.

Cette Pétition, portée ensuite à la Chancellerie par M. le Président de la Chambre des Notaires qui s'était joint aux délégués de la Cour, du Barreau, des avoués, etc. mérite, à cause de son intérêt, des arguments et documents qu'elle fait valoir, d'être reproduite ici ; elle était ainsi conçue :

PÉTITION

Les Notaires d'Amiens, chef-lieu du ressort de la Cour d'appel, ayant le droit d'instrumenter dans les trois départements de la Somme, de l'Oise et de l'Aisne,

Ont l'honneur d'adresser à M. le Garde des Sceaux, Ministre de la Justice, la présente supplique en faveur du maintien de la Cour d'Amiens et de l'étendue de leur ressort professionnel.

Ils viennent, dans le cas où le gouvernement songerait à prononcer parmi les suppressions d'un certain nombre de Cours d'appel, celle de la Cour d'Amiens, par voie de règlement d'administration publique, joindre leurs protestations et observations à celles des Barreaux, des Compagnies des avoués de la Cour et des Tribunaux du ressort ainsi que des autres intéressés, et vous prier de ne pas y donner suite.

Les Notaires soussignés Considèrent ce projet de suppression de la Cour d'appel d'Amiens :

1° Comme *contraire aux intérêts des justiciables* des 3 départements du ressort, essentiellement industriels et agricoles, dont la population dépasse quinze cent mille habitants, comprenant quatorze tribunaux d'arrondissement, neuf tribunaux de commerce, tous reliés par sept grandes lignes de chemin de fer au siège de la Cour, ce qui leur procure l'avantage si recherché, (qui ne se trouve surtout pas à Paris) d'une *justice prompte* et *économique*.

Sous aucun rapport la Cour d'Amiens ne devrait être supprimée, car, par son importance, elle occupe dans la *statistique* des Cours d'appel de France le quinzième rang pour le nombre des affaires, le quatorzième rang pour la superficie de 1,937,521 hectares, le huitième pour la population, le septième pour les droits d'enregistrement 25.375.357 francs, et le troisième pour le chiffre de sa contribution foncière 9.116.379 francs.

2° Comme *préjudiciable à la ville d'Amiens*, chef-lieu administratif, militaire et judiciaire, centre d'industries et d'un commerce important et de communications multiples et des plus faciles, dont la population de plus de 75.000 mille habitants toujours croissante jusqu'ici, comme sa propérité, viendrait à diminuer, si elle perdait la Cour, ses magistrats, avocats, officiers ministériels et leurs familles. Aussi la Ville doit-elle énergiquement protester contre cette suppression, quand elle vient de contribuer pour plus de cent mille francs, et le département pour plus de quatre cent mille francs, dans la construction d'un vaste palais de justice, à peine terminé, réunissant toutes les juridictions et qui n'aurait pour ainsi dire plus de raison d'être.

3· Et comme *portant atteinte à leurs droits* et prérogatives de titulaires d'office de première classe, pouvant instrumenter dans trois départements, et qu'ils puisent dans la loi du 35 ventôse an XI, organique du Notariat, dans celle du 28 avril 1816 qui leur accorde de présenter leurs successeurs, et dans la reconnaissance de tous les Gouvernements qui se sont succédé depuis, sur la foi des quels ils ont acquis leurs offices avec l'agrément et sous la protection de l'autorité publique qui la leur doit toujours. Aussi, une juste et équitable indemnité leur serait également due ; et ils la réclameraient pour le préjudice que leur causerait la perte partielle de leurs droits et prérogatives (capitis deminutio) sans lesquels ils n'auraient peut-être pas traité, s'ils avaient cru possible qu'Amiens aurait pu être réduit à devenir un simple tribunal de première instance et que l'étendue de leur ressort notarial fut un jour diminué de *quatorze* arrondissements *à un seul*.

Les Notaires soussignés supplient le Gouvernement de rejeter tout projet de suppression de la cour d'Amiens, qui, sans profit aucun pour la chose publique, porterait un grave préjudice à tant d'intérêts divers respectables, à des droits acquis sous la protection des lois et la sanction de l'autorité, et qui amènerait forcément la décroissance de leurs produits d'étude, l'avilissement de la valeur de leurs

leurs offices et jusqu'à l'abaissement de leur situation notariale par la suppression de leur titre de Notaires de cour d'appel, et aussi par la concurrence des Notaires du nouveau chef-lieu judiciaire, appelé à remplacer Amiens,

Et, pour le cas où le Gouvernement ne tenant pas compte des considérations ci-dessus, ou, forcé par les Chambres viendrait à supprimer la cour d'Amiens,

Les Notaires soussignés, au nom du respect dû à la propriété de leurs offices, reconnue, du reste, dans l'article 6 du projet de loi, et au nom du principe de la non rétroactivité des lois,

Réclament de Monsieur le Garde des Sceaux, Ministre de la Justice, qu'au paragraphe de la disposition finale dudit article six ainsi conçu : *Le mode d'évaluation et de paie- « ment des indemnités à allouer aux titulaires des offices « supprimés, sera déterminé par une loi postérieure.* » Il soit ajouté ces mots après titulaires des offices supprimés *et amoindris par l'abaissement de la classe à la quelle ces titulaires appartiennent,*

Ou mieux, pour éviter toutes difficultés sur le réglement de la juste indemnité qui leur serait dûe pour le préjudice de dépossession partielle, moins facile à chiffrer que pour une suppression totale, qu'il veuille bien introduire dans la loi une disposition qui leur *conserve leur titre, leurs droits et leur ressort actuels de Notaires de 1re classe.*

Dans cet espoir, les Notaires d'Amiens ont l'honneur d'être Monsieur le Garde des Sceaux, vos dévoués et respectueux serviteurs.

MM. Dournel président, Person secrétaire, Corby, Digeon Bordier, Mollet, Langlois, Martin, Deruelle, Herbet, Deriencourt et Jarry.

---

7 Octobre 1884. — Délibération de l'Assemblée générale, décidant *l'affichage* dans toutes les études des Notaires de l'arrondissement, *d'un avis* rappelant la prohibition aux Notaires de toutes opérations de banque, de commerce et autres, conformément à l'invitation de la lettre du 5 septembre 1884 de M. le Procureur général.

L'Assemblée générale, après avoir entendu la lecture d'une *circulaire de M. le Procureur Général*, rappelant aux Notaires les prescriptions de l'ordonnance du 4 janvier 1843, art. 12, qui leur défend toutes opérations de banque et autres, et les engageant à les afficher dans les études pour les opposer, si besoin est, à leurs clients,

Décide *l'affichage* dans toutes les études de l'arrondissement de *la Note* suivante :

AVIS

« Il est interdit aux Notaires soit par eux-mêmes, soit par personnes « interposées, soit directement, soit indirectement :

« De se livrer à aucune spéculation de bourse ou opération de com- « merce, banque, escompte ou courtage ;

« De placer en leur nom personnel des fonds qu'ils auraient reçus « même à la condition d'en servir l'intérêt ;

« De se constituer garants ou cautions à quelque titre que ce soit « des prêts qui auraient été faits par leur intermédiaire, ou qu'ils « auraient été chargés de constater par acte public ou privé ;

« De se servir de prête noms en aucune circonstance, même pour des « actes autres que ceux ci-dessus désignés. »

Le Président de la Chambre rappelle aux Notaires ces prescriptions et leur communique en même temps la copie des instructions données à cet effet par M. le Procureur Général.

Amiens, le 5 Septembre 1884.

Monsieur le Procureur de la République,

Diverses circonstances ont appelé mon attention sur la situation de plusieurs Notaires de ce ressort, qui ont perdu de vue les sages dispositions de l'ordonnance du 4 Janvier 1843 et de la circulaire de M. le Garde des Sceaux en date du 19 Octobre 1876.

Certains d'entre-eux se sont laissé entraîner à des opérations de banque ; ils placent en leur nom personnel des fonds qu'ils ont reçus de leurs clients ou se constituent les garants des prêts qui ont été faits par leur intermédiaire. Parfois pour dissimuler ces infractions, ils font figurer dans les actes des personnes qui leur servent de prête-nom, ou bien ils font souscrire par les emprunteurs des billets dans lesquels le nom du bénéficiaire est laissé en blanc. Ces billets en blanc constituent entre leurs mains des valeurs dont ils peuvent disposer en faveur des personnes qui leur apportent des fonds et qui, en les acceptant sur l'indication du Notaire, considèrent moins la solvabilité du souscripteur avec lequel ils n'ont pas été mis en rapport que celle du Notaire qu'elles entendent rendre entièrement responsable.

Pour expliquer ces errements, on a allégué qu'en agissant ainsi, les Notaires ne faisaient que céder aux sollicitations pressantes de leurs clients, et qu'ils seraient tout disposés à renoncer à des pratiques dont le danger ne peut être méconnu, s'ils trouvaient, sur ce point, un appui moral dans l'autorité judiciaire.

Dans ces circonstances, après avoir fait prendre l'avis des Présidents des Chambres de Notaires, j'ai pensé qu'il y aurait avantage à faire afficher dans toutes les Etudes, la note ci-jointe, que le Notaire pourra invoquer toutes les fois qu'un client lui demandera de faire un acte prohibé par les règlements.

Vous voudrez bien vous entendre avec le Président de la Chambre des Notaires de votre arrondissement, pour que cette note soit exactement affichée et pour que chaque Notaire soit averti que, dans le cas où des faits de cette nature vous seraient révélés, soit par des plaintes, soit par les débats des audiences civiles, je ne pourrais me dispenser d'en poursuivre la répression.

Recevez, Monsieur le Procureur de la République, etc....

Le Procureur Général. (*Signé :* MELCOT.)

---

5 Mai 1885. — Délibération de l'Assemblée générale *adoptant le nouveau Tarif* proposé par la Commission de révision nommée à cet effet dans la réunion d'octobre 1884.

L'Assemblée générale, sur le rapport de la Commission spéciale, chargée de la révision du tarif nommée dans une précédente séance, vote le nouveau tarif qui lui est proposé article par article par Me Jarry, rapporteur, sauf quelques légères modifications adoptées, après discussion, séance tenante.

27 Mai 1885. — Décision de la Chambre convoquée extraordinairement, suspendant la mise à exécution du tarif voté le 5 mai, sauf quelques articles acceptés.

Dans la séance de la Chambre convoquée *ad hoc* ce jour 27 Mai 1885, M. Corby, Président, a donné connaissance à ses confrères des observations qui lui avaient été faites par M. le Procureur de la République, au sujet de la délibération de l'Assemblée générale du 5 Mai courant relative à la *révision du tarif*.

« Et la Chambre, après avoir délibéré et entendu le
« syndic, a décidé qu'il n'y avait lieu d'exécuter le tarif
« voté dans l'Assemblée générale du 5 Mai courant, qu'en
« ce qui concerne :

« 1° Les Obligations, ouvertures de crédit, transport de
« créances et constitutions de rentes négociées ;

« 2° Les ventes de Fonds de commerce;

« 3° Les Sociétés :

« 4° Les bordereaux de renouvellement d'inscription ;

« 5° Les ventes amiables négociées, les échanges négo-
« ciés et les remboursements de prêts.

« Qu'avis de cette délibération sera adressé à chacun
« des membres de la Compagnie et qu'une expédition en
« sera adressée à Monsieur le Procureur de la République. »

En conséquence le nouveau tarif de ces actes a été ainsi fixé :

Obligations.		
Ouverture de crédit.	négociées.	1 50 indéfiniment.
Transport de créances.		
Constitutions de rente.		

Vente de Fonds de Commerce . { 2 °/o sur le prix de la clientèle, de l'achalandage et du matériel. 1/2 °/o sur marchandises : honoraires de bail ou de cession de bail en sus.

Sociétés avec mise de fonds en nom collectif ou commandite simple. . . . { 1/2 °/o jusqu'à 160 000 fr. 1/4 °/o au-delà.

Sociétés anonymes, en commandite par actions et en participation . . . . { 1/2 °/o indéfiniment.

Bordereaux de renouvellement d'inscriptions hypothécaires. . . . . . { 1/10 °/o . minimum 4 fr.

Ventes amiables négociées. . . Echanges négociés . . . . . Remboursements de prêts. . . { Honoraires à fixer amiablement et suivant les usages locaux.

Par suite de ce changement au tarif et du précédent en date du 5 Octobre 1880, nous croyons rendre service à nos jeunes confrères, en résumant et en refondant en conséquence ici le tarif modifié de 1858. Ce résumé leur servira, en attendant que celui qu'ils ont voté le 5 Mai 1885 puisse être mis à exécution, sans opposition nouvelle du Parquet et du Tribunal.

EXTRAIT DU TARIF DES NOTAIRES

*De l'arrondissement d'**Amiens**, arrêté en Assemblées générales des 3 Août 1858, 5 Octobre 1880 et 5 Mai 1885, avec ses dernières modifications.*

CHAPITRE Ier.

DROITS PROPORTIONNELS.

1re CLASSE.

Jusqu'à 10.000 francs	5	» °/o
De 10.000 à 30.000 francs	2	» °/o
Au-delà.	1	» °/o

Adjudication de tourbages quand le Notaire est chargé de la rédaction du cahier des charges.

2° CLASSE.

Jusqu'à 10.000 francs	2	» °/o
Au-delà.	1	» °/o

...ication de tourbages quand le Notaire ... pas chargé de la rédaction du cahier ... ...rges.

2e CLASSE *bis*.

Sur le prix de la clientèle, de l'achalandage, du matériel	2	» °/o
Sur les marchandises	»	50 °/o

Vente de fonds de commerce.
En sus l'honoraire du bail ou cession de bail, s'il y a lieu.

3e CLASSE.

Jusqu'à 10.000 francs	2	» °/o
Au-delà.	»	25 °/o

Adjudication de haute futaie.

Même Tarif. — Décret du 5 Novembre 1851.

Adjudication de fruits, récoltes, coupes de bois taillis. — Minimum 6 francs.
Droit de recette de 1 fr. °/o sur les sommes recouvrées, et de 1 fr. par rôle, s'il est requis expédition ou extrait.

3e CLASSE *bis*.

Indéfiniment	1	50 °/o
Obligations		négociées.
Ouvertures de crédit.		id.
Transport de créances .		id.
Constitutions de rentes .		id.
L'honoraire des prorogations de délais négociées de ces actes est de moitié de l'honoraire des dits actes, soit de . .	»	75 °/o

NOTA. — L'honoraire des ventes amiables, échanges et remboursements de prêts, le tout négocié par les Notaires, est fixé amiablement suivant les usages locaux.

4e CLASSE.

Indéfiniment	1	» %

Adjudication de travaux.
Dation d'immeubles en paiement.
Déclarations de command après délai.
Donations ou legs entre étrangers.
Echanges d'immeubles.
Partage entre-vifs ou testamentaire en ligne collatérale.
Vente sans criée ni soumission .

5e CLASSE.

Jusqu'à 30.000 francs	1	» %
De 30 à 50.000 francs	» 80	%
De 50 à 100.000 francs	» 60	%
Au-delà.	» 50	%

Bail à vie ou emphytéotique ou à nourriture.
Cession de biens par un failli.
Comptes (1) Contributions.
Donations ou legs entre époux ou entre parents.
    Id.   par contrat de mariage entre étrang[s].
Liquidation de communauté , succession , société, ordres.
Partage anticipé entre-vifs ou testamentaire en ligne directe.
Traités pour logements, nourriture ou entretien.
Transaction en matière de succession, communauté ou société.

(1) NOTA. — La Chambre, dans différents cas, a été d'avis de taxer (6 Février 1877, succession de Choiseul, honoraires d'administration):

Les droits de recettes des fermages à . .	5	» %
Id. de capitaux à . .	1	» %

Les droits de compte et règlement, 5e classe ci-dessus.

M. le Président du Tribunal, qui prenait souvent l'avis de la Chambre et qui nous l'avait demandé ici, a taxé conformément au mode ci-dessus.

5e CLASSE *bis*.

Jusqu'à 30.000 francs	1	» %
Au-delà	» 50	%

Obligations, . . non négociées.
Constitution de rente . id.
Crédit, (ouverture). . id.
Délégation ou transport id.

L'honoraire des *prorogations de délai* non négociées des dits actes est de *moitié* de l'honoraire de ces actes, soit de :

Jusqu'à 30.000 francs.	» 50	%
Et au-delà.	» 25	%

6e CLASSE.

Jusqu'à 10.000 francs	» 75	%
De 10 à 50.000 francs	» 60	%
Au-delà	» 50	%

Donation en ligne collatérale par contrat de mariage.
Échange d'objets mobiliers.
Quittance compliquée.
Titre nouvel.
Traités pour constructions et entreprises.
Vente d'objets mobiliers sans criée.

7e CLASSE.

Indéfiniment	» 50	%

Sociétés anonymes, en commandite par actions et en participation.

7e CLASSE *bis*.

Jusqu'à 100.000 francs	» 50	%
Au-delà	» 25	%

Sociétés avec mise de fonds en nom collectif ou en commandite simple.

8e CLASSE.

Jusqu'à 20.000 francs	» 50	%
De 20 à 50.000 francs.	» 40	%
Au-delà	» 25	%

Affectation hypothécaire .
Antichrèse.
Bail des moulins et usines.
Billets à ordre.
Cautionnement avec ou sans hypothèque.
Certificat de propriété (pour mutation de propriété).
Contrat de mariage, apports personnels.
Déclarations de privilège de 2e ordre.
Délivrance de legs.
Donation par contrat de mariage en ligne directe.
Nantissement ou gage mobilier.
Partage simple d'immeubles ou d'objets mobiliers.
Quittances simples.

9e CLASSE.

Jusqu'à 10.000 francs	» 50	%
De 10 à 30.000	» 25	%
Au-delà.	» 10	

Acceptation de donation quand le Notaire n'a pas reçu l'acte.
Bail de biens ruraux.

10e CLASSE.

Jusqu'à 10.000 francs	» 25	%
Au-delà	» 10	%

Assurance à la grosse aventure.
Bail de maison de ville et de campagne.

Bail à cheptel.

Prêt à usage ou commodat.

11ᵉ CLASSE. § 1ᵉʳ.

Acceptation de transport, quand le Notaire n'a pas reçu l'acte accepté	Jusqu'à 1 000. .	3 »
Décharge de deniers	de 1 000 à 3 000. .	6 »
Déclaration de command en temps utile.	de 3 000 à 6 000. .	7 50
	de 6 000 à 10 000. .	9 »
	de 10 000 à 15 000. .	12 »
	de 15 000 à 20 000. .	15 »
	au delà.	18 »

§ 2.

Obtention de transcriptions. .	Jusqu'à 500 . .	» 50
Déclaration d'emploi dans un acte qui n'est pas spécial à cette déclaration	de 500 à 600 . .	1 »
	de 600 à 1 000 . .	1 50
	de 1 000 à 2 000 . .	2 »
	1 f. p. 1000 jusq. 5 000	5 »
	au dessus	8 »

§ 3.

Obtention d'inscriptions . . . . . de 1 fr. à 5 fr.

§ 4.

Bordereaux de renouvellement d'inscription.   1/10 » °/₀

Minimum . . . . 4 fr. »

§ 5.

Mentions selon l'importance . . . . de 1 fr. à 10 fr.

12ᵉ CLASSE.

Indication des chiffres à réclamer, *déboursés et honoraires compris :*

Premièrement. — Adjudications amiables d'immeubles et ventes amiables à la suite de tentatives d'adjudication.

Les frais en sont fixés amiablement et suivant les usages locaux entre le Notaire et le vendeur.

Deuxièmement. — Adjudications de baux.
Pour les baux de neuf ans :

20 fr. par 100 fr. d'une seule année de fermage.
Pour les baux de douze ans :

25 fr. par 100 fr. d'une seule année de fermage.
Pour ceux de dix-huit ans :

35 fr. par 100 fr. d'une seule année de fermage.

Ces frais sont indiqués, non compris ceux d'inscription, s'il y a hypothèque.

Si le fermage annuel est inférieur à 200 fr., les frais de grosse seront pris en sus.

Troisièmement. — Pour les ventes amiables négociées, les échanges négociés et les remboursements de prêts, les honoraires sont fixés amiablement et suivant les usages locaux.

Avant de passer au Chapitre II, rappelons ici les Tarifs légaux.

§ 1ᵉʳ. TARIF du 16 Février 1807.

Le texte des articles concernant les actes des Notaires se trouve pages 84 et 85 du Code manuel.

§ 2. TARIF des frais des *Ventes judiciaires d'Immeubles.*
(Ordonnance du 10 Octobre 1841, Art. 14.)

Jusqu'à 10 000 fr	pour le Notaire. 1 » %. pour l'Avoué . . » » » 50 %.	1 50 %.
De 10 000 fr. à 50 000 fr.	pour le Notaire. » 50 %. pour l'Avoué . . » » » 50 %.	1 » %.
De 50 000 fr. à 100 000 fr.	pour le Notaire. » 25 %. pour l'Avoué . . » » » 75 %.	1 » %.
Au-delà de 100 000 fr.	pour le Notaire. » 12 1/2 pour l'Avoué . . » » » 37 1/2	» 50 %.

Indépendamment pour les Notaires des droits de rôle (1 fr. 80 ou 1 fr. 50) pour la grosse du cahier des charges.

Les Notaires ont droit en outre pour la grosse du cahier des charges par rôle de 25 lignes à la page et 12 syllables à la ligne, savoir : à Amiens 1 fr. 80 et ailleurs 1 fr. 50.

§ 3. TARIF des adjudications de fruits. — Récoltes et taillis.
— Décret du 5 Novembre 1851.

Jusqu'à 10 000 fr. .	2 fr. » °/₀
Au-delà	0 » 25 °/₀
Au minimum	6 fr. fixe.

Le Notaire chargé du recouvrement a droit à 1 % sur les sommes recouvrées.

§ 4. TARIF du contrat d'apprentissage. — Lois des 23 Janv., 3 et 23 Février 1851.

Honoraires, droit fixe de . . . 2 fr.

CHAPITRE II.

DROITS FIXES

13ᵉ Classe.

ACTES RÉTRIBUÉS PAR VACATION

(Au chef-lieu de la Cour 3 fr. 10. — Dans les cantons 4 fr. » Décret du 16 Février 1807.)

Acquiescements.	Nomination d'experts ou autres.
Acte interprétatif.	Ordre sans paiement.
Acte respectueux.	Présentation et suscription de testament mystique.
Adhésion.	
Attermoiement.	Procès-verbal de dire, comparution ou défaut.
Compromis.	
Compulsoires.	Protêts.
Concordats.	Promesse de mariage.
Décharge au Notaire de vente mobilière.	Société sans mise de fonds.
	Transaction ne contenant ni obligation, ni libération, ni partage.
Inventaire.	Union de créanciers.

14ᵉ Classe.

ACTES RÉTRIBUÉS PAR ROLE.

(2 fr. 70 et 1 fr. 50. — Décret du 16 Février 1807.)

Acceptation de donation ou autre, quand le Notaire a reçu l'acte accepté.	Déclaration.
Affiches manuscrites.	Déclaration de faits et autres.
Ampliation.	Dépôt de pièces ne contenant ni obligation, ni libération, ni partage.
Autorisation.	
Brevet d'apprentissage sans indemnité.	Désistements.
Certificat de vie pour particuliers.	Expédition.
Consentements à mariage et autres.	Extraits.
	Grosse.
Copie collationnée.	Main-levée simple.
Décharge de pièces et de gestion.	Notoriété.
	Procuration, Substitution.
	Ratification.

15ᵉ Classe.

DROITS FIXES DIVERS.

Reconnaissance d'enfants naturels	10 »	Levée d'états ou de certificats au bureau des hypothèques	1 »
Dépôts pour publications légales des contrats de mariage de commerçant.	3 »	Recherches sur les répertoires, première année	1 »
Déclaration préalable aux ventes mobilières	1 50	Recherches les années suivantes	0 50

Vient ensuite au Tarif le *Chapitre* contenant les *Règles de perception.*

Copies sur papier libre pour l'Administration.

Les Notaires ont droit à *rétribution* pour les copies sur papier libre qu'ils délivrent des actes de leur ministère intéressant les communes et les établissements publics. (Décision concertée entre les ministères de la Justice et de l'intérieur en 1858 Bulletin officiel 1858 p 30).

Mais ces copies requises uniquement en vue du contrôle administratif n'ayant pas la même force probante qu'une expédition régulière, *M. le Président du Tribunal civil d'Amiens, n'alloue aux Notaires que moitié de l'honoraire légal;* soit : *pour Amiens 1 fr. 35, pour les cantons 0 fr. 75.*

Ce qui donne au minimum l'émolument fixé pour les expéditions d'actes administratifs. (Voir loi de Messidor an II, art. 37 et avis du Conseil d'État du 18 août 1807).

La détermination officielle du *nombre* des expéditions ou copies à délivrer des actes intéressant les communes ou établissements publics, ayant été jugée utile par le Président du Tribunal, *M. le Préfet de la Somme* a, sur sa demande, adressé aux divers fonctionnaires de l'Administration départementale, la *Circulaire* suivante qui a été insérée au Recueil administratif, nᵒ 34 du 12 septembre 1861 p. 37 et que nous reproduisons ici, l'ayant omise à sa date.

---

5 **Septembre 1861.** — LETTRE de M. Cornuau, Préfet de la Somme.

A Messieurs les Sous-Préfets, Maires et Administrateurs des établissements de bienfaisance.

« Les communes, les établissements charitables et religieux ont
« recours aux Notaires pour la passation de la plupart des actes relatifs
« à l'administration et à la gestion de leurs biens et revenus. Ces actes
« donnent lieu soit pour l'approbation préfectorale, soit pour la compta-
« bilité, à des frais de copie et d'expédition qu'il importe de fixer dans
« les limites des règlements et d'instructions sur la matière.

« Voici l'état énonciatif de ces actes, avec l'indication du nombre des
« copies à délivrer sur papier libre, ou sous forme d'expéditions ou de
« grosses par les Notaires dépositaires des minutes :

	NATURE DES ACTES	Sur timbre aux Communes et établissements	Sur papier libre pour approb. à la préfecture	OBSERVATIONS.
				Les copies à produire à l'appui de la comptabilité devront être délivrées par l'ordonnateur des dépenses. Toutefois si elles sont demandées aux Notaires, il est juste qu'il lui en soit tenu compte, s'il justifie d'une autorisation spéciale du Préfet.
Communes et établissements charitables et religieux.	Acquisition d'immeubles	2 (1)	1	(1) y compris la grosse pour le vendeur dans le cas de prix payable à terme.
	Aliénation immobilière	1	1	
	Échanges	1 (2)	1	(2) non compris la grosse lorsqu'il est stipulé à la charge de la Commune ou de l'établissement une soulte immédiatement exigible.
	Concessions de tourbages	1	1	Pour les adjudications de tourbages et actes dont le paiement du prix est à assurer, il est alloué pour rôles de grosses exécutoires comme pour les expéditions (2.70 — 1.50).
	Ventes d'arbres, fruits et récolt.	1	1	
	Transactions	1	1	Lorsqu'il ne peut pas être statué par le Préfet, une deuxième expédition sur timbre est nécessaire pour les actes d'acquisitions, d'aliénations, tourbages, transaction, legs, donations, concernant les établissements religieux.
	Baux	1	1	
	LEGS { Testaments	1	»	Indépendamment de ces expéditions, on doit fournir un extrait des inventaires ou actes établissant les droits résultant des legs, s'il ne s'agit pas d'une somme fixe ou d'un corps d'immeubles déterminé.
	Acte de délivrance	1	»	(L'expédition entière est exigée depuis 1882).
	Acceptation	1	»	
Communes et hospices	Donations	1	»	Lorsque le Maire ou la Commission administrative n'a pas accepté à titre conservatoire (art. 46, L. 18 juillet 1837 et art. 11 L. 7 août 1851) il faut deux actes, l'un pour la donation, l'autre pour l'acceptation.
Établ. relig. et de bienfais. aut. que les hospices.	Donations	2	»	

« Les copies ou expéditions délivrées au-delà du nombre que je viens d'indiquer, ne seront admises en taxe et payées
« aux *Notaires*, qu'autant qu'elles leur auront été demandées formellement en vertu d'une délibération prise et dûment approuvé;
« car en règle générale, ces copies devront être faites, non par les Notaires, mais par les Secrétaires ou employés des Mairies ou
« des établissements intéressés. » Je vous prie, Messieurs, de tenir la main à ces prescriptions.

Agréez, etc,

J. CORNUAU.

Du Tarif de la Cour d'Amiens.

Nous aurions désiré insérer ici, à la suite du résumé du tarif des Notaires de l'arrondissement d'Amiens, un document très intéressant pour les Notaires du ressort de la Cour et dont nous avons eu communication : nous voulons parler d'un projet de *tarif notarial, uniforme pour les trois Départements du ressort*, préparé à la demande de la Chancellerie, par une Commission de la Cour d'Amiens.

Ce rapport, en date du 23 Janvier 1863, traite les différents points qui touchent à la question du Tarif, à la taxation des actes notariés, à la proportionnalité des honoraires, notamment des liquidations et partages, des testaments, des dépôts d'actes sous seings privés, des certificats de propriété, etc.. et propose un projet de Tarif de tous les actes des Notaires, tant pour les *honoraires proportionnels* divisés en huit classes, que pour les *honoraires fixes* comportant le rôle, la vacation et le droit fixe. Il nous avait paru devoir attirer l'attention de nos confrères des treize arrondissements voisins, mais la lettre que nous avons adressée à chacune de ces Chambres, avant son impression dans ce supplément, étant restée sans écho, nous avons retiré le manuscrit pour ne pas augmenter inutilement les frais de la Compagnie. (1)

Quant aux Notaires d'Amiens et de l'arrondissement qui voudront consulter pour les difficultés qu'ils pourraient avoir avec leurs clients sur certains actes ou sur leurs taxes, ce rapport de 1863 de la Cour, ils en trouveront aux archives de la Chambre une copie manuscrite annexée à un double du Tarif du Président du Tribunal. Ces documents, que ce Magistrat a bien voulu nous communiquer, ont fait l'objet de notre rapport présidentiel du 2 Octobre 1883, lorsque nous les avons étudiés, comparés à notre Tarif et que nous avons consulté l'Assemblée générale sur la proposition d'une démarche auprès des premiers Magistrats de la Cour et du Tribunal, à fin d'une entente à chercher sur la taxation de nos actes et sur l'approbation si désirable de notre Tarif.

L'Assemblée, n'ayant pas cru aux chances d'un accord, ni à la réussite d'une démarche, qui aurait amené l'acceptation de son Tarif de 1858 par le Président du Tribunal, a préféré voter le *statu quo*. Peu après cependant elle réclamait la révision de ce Tarif, nommait une Commission à cet effet et, sur son rapport, en adoptait un nouveau le 5 Mai 1885. Mais la Magistrature l'empêchait immédiatement de le mettre à exécution, comme on vient de le voir au 27 Mai 1885.

Pour être le moment est-il plus opportun aujourd'hui, de tenter d'arriver, ainsi que l'a dit la Commission de la Cour, à une œuvre « assez satisfaisante, assurant aux Notaires et aux clients la protection « que les uns et les autres ont droit d'attendre, en se tenant éloigné « d'un système de rémunération trop parcimonial, aussi bien que de la « tendance contraire. » En effet, nous avons l'honneur d'avoir pour premier Président de la Cour d'Amiens, M. Daussy qui, dans son discours d'installation du 1er Février 1887, rappelait avec une modestie relevée par une certaine fierté bien légitime, en évoquant le souvenir des premières et dures années de sa jeunesse que « le jeune homme dont un *Nota-* « *riat de campagne était le rêve*, dont la Révolution de 1848 avait « *interrompu le stage* et ajourné la réalisation de ses projets, venait ce « jour-là, vers la fin de sa carrière, occuper dans sa ville natale, le siège « le plus élevé de la Magistrature. »

Le Notariat ne pourrait pas avoir de juge plus compétent et de meilleur arbitre. Nous le lui souhaitons et c'est notre dernier mot.

---

(1) Nous en extrayons ici la partie intéressante des *Honoraires proportionnels* :

1re CLASSE.

Jusqu'à 10,000 fr. . . . . . . 1 50 %.
Au-delà 0 25

Adjudications de tourbages. — Adjudications de futaies.

2e CLASSE.

Jusqu'à 10,000 fr. . . . . . . 1 » %.
De 10,000 à 50,000 fr. 0 75
De 50,000 à 100,000 fr. 0 50

Donations entre vifs et à titre de partage anticipé.
Testaments authentiques déduction faite des vacations perçues.
Testaments mystiques (ouverture et dépôt) le 1/5 des honor. ci-dessus.
Testaments olographes id. le 1/5 quand le Notaire aura été dépos. du test.
Ventes par adjudication volontaire, et s'il s'agit de licitation, l'honoraire ne devant être perçu que sur la part adjugée à l'étranger et sur la soulte à payer par le co licitant adjudicataire.

3e CLASSE.

Sur les premiers 10,000 fr. . . . 1 » %.
De 10,000 à 50,000 fr. 0 50
De 50,000 à 100,000 fr. 0 25
Au delà 0 18

Cession de mitoyenneté.
Dation d'immeubles (en paiement.)
Echange sur la (valeur vénale la plus forte.) — Emphytéose.
Déclaration de command. Après le délai moitié du droit ci-dessus.
Vente sans soumission ni criée de meubles ou d'immeubles.

4e CLASSE.

Sur les premiers 10,000 fr. » . . . 0 80 0/0
De 10,000 à 50,000 » 0 40
De 50,000 à 100,000 » 0 20
Au-delà 0 10

Bénéfice d'inventaire (compte de)
Cession de biens.
Compte en général (sur les chapitres des recettes réunis).
Crédit (ouverture de) négocié.
Délégation de créances (par actes séparés).
Retrait de droits litigieux.
Quittance subrogative compliquée.
Obligation (négociée).
Retrait de réméré. — Retrait successoral. — Rétrocession.
Transport. — Transaction (contenant obligation, libération et mutation).
Traités pour constructions et entreprises.

5e CLASSE.

Sur les premiers 10,000 fr. » . . . 0 70
De 10,000 à 50,000 fr. » 0 35
De 50,000 à 100,000 frs 0 15
Au-delà 0 10

Abandon de biens par un débiteur à son créancier.
Adjudication de fonds de commerce — de travaux.
Bail à vie (sur le loyer et les charges cumulées 10 fois)
Bail emphytéotique (sur la prestation et les charges cumulés 20 fois).
Cession de créances. — Cession de brevets d'invention.
Constitution de rente perpétuelle.
Constitution de rente viagère (en capitalisant au dossier 10).
    id.   d'usufruit   id.
Crédit (ouverture de) non négociée. — Obligation non négociée.
Titre nouvel (sur le capital de la rente au denier 20)
Transport de créance.
Vente d'objets mobiliers (sans criée).

6e CLASSE.

Sur les premiers 10,000 fr. » . . . 0 50
De 10,000 à 50,000 fr. » 0 50
De 50,000 à 100,000 fr. » 0 15
Au delà 0 10

Antichrese.
Constitution de pension alimentaire.
Bail d'immeubles par adjudication (avec le cahier des charges en sus).
Billet à ordre et Lettre de change.
Cautionnement (par acte séparé avec ou sans hypothèque).
Contrat de mariage (sur les dots constitués).
Contre lettre de mariage (sur valeurs appréciables sinon par vacations).
Déclaration de privilège de second ordre.
Délivrance de legs pur et simple.
Devis et marchés.
Nantissement ou gage mobilier.
Partage simple d'immeubles ou objets mobiliers ensemble ou séparément.
Quittance simple.
Remise de dettes.

7e CLASSE.

Jusqu'à 10,000 fr. 0 30
Au-delà 0 20

Bail de biens ruraux. — Bail de moulins et usines. — Bail à cheptel.
Sous baux ou cessions de même nature (sur le fermage et les prestations en y ajoutant 1/4 pour les charges, le tout cumulé sur le nombre d'années, sans pouvoir excéder 18 ans.)

8e CLASSE.

Jusqu'à 10,000 fr. 0 25
Au-delà 0 15

Affectation hypothécaire.
Assurance (contrat d') sur la valeur assurée.
Bail de maison de ville et de campagne.
Certificat de caution (par acte séparé).
Cession de droits successifs.
Contrat de mariage (sur apports personnels.) — Commodat.
Société avec mise de fonds (sur les mises réunies).
Tutelle (compte de).
Quittances d'ordre.

TABLEAU DES NOTAIRES DE L'ARRONDISSEMENT D'AMIENS

Au 1er Janvier 1888 (faisant suite à ceux des 15 et 30 dernières années, 1er Janvier 1859 et 1873)

	NOMS.	OFFICIERS de la CHAMBRE	RÉSIDENCES.	NOMBRE par CANTONS.	DATES	Nos d'ordre.	Pages de tableau général.	PRÉDÉCESSEURS de 1873 à 1889
	MM.							
1	DOURNEL	Président			17 sep. 1851.	1	9	
2	CORBY				1 août 1857.	2	17	
3	DIGEON				24 août 1864.	5	18	
4	BORDIER				27 octb. 1869.	10	25	
5	JARRY				19 mars 1881.	22	7	LEPREUX.
6	DERIENCOURT	Secrétaire	Amiens.	12	7 avril 1881.	23	3	JUMEL.
7	COUTURIER				5 avril 1883.	25	14	DERDELLE.
8	DOUILLET		(4 cantons)		20 déc. 1883.	27	5	LANGLOIS.
9	RANDON				10 janv. 1884.	28	21	MARTIN.
10	GAMBART				15 mai 1884.	29	23	MOLLET.
11	PERDRY				14 Juin 1884.	30	13	PERSON.
12	DEVISME				27 nov. 1884.	32	11	HERBET.
13	MORGAND		Saint-Sauflieu.	2	31 déc. 1868.	9	73	
14	FOULON		Bones		9 juin 1887.	38	75	LAMY, DERBEAUMONT.
15	ROUSSEAU		Lœuilly.		5 févr. 1880.	19	27	DESPRÉAUX
16	LELIÈVRE		Conty	3	7 mai 1885.	33	31	DESPREY, PEGARD.
17	LESAGE		Conty		31 déc. 1887.	40	29	MAGNIER.
18	LABBÉ		Lamotte-en-Santerre		19 déc. 1872.	12	35	
19	DUTILLOY		Corbie	4	19 fév. 1875.	13	33	CARON.
20	LALLIER	Syndic	Corbie		22 nov. 1875.	16	37	HURÉ.
21	CRÉPIN		Warloy-Baillon		5 août 1886.	34	39	CRÉPIN (père).
22	HÉNOCQUE		Liomer.		5 juill. 1861.	3	43	
23	BOURA		Hornoy.	3	25 sept. 1861.	4	45	
24	LEFÈVRE		Hornoy.		5 juin 1886.	20	41	GRAVET.
25	DACHEUX		Airaines		10 mai 1872.	11	53	
26	DESJARDINS	Membre	Quevauvillers	4	15 janv. 1880.	18	47	ANDRIEU.
27	REVIERSEZ		Airaines		21 déc. 1882.	24	49	LECLERCQ.
28	DEPOILLY		Molliens-Vidame.		25 sept. 1886.	36	51	BRASSEUR.
29	BUCQUET	Rapporteur	Oisemont		1 juil. 1876.	14	55	OPÉRON.
30	CAUCHY		Saint-Maulvis.	3	9 octb. 1886.	37	59	DEQUEN.
31	MAILLARD		Aumâtre		25 juin 1886.	39	57	DESPREZ.
32	THOURET		Picquigny.		18 déc. 1879.	17	65	DEROUVROY.
33	PAILLART		Flixecourt.	3	12 sept. 1884.	31	61	TOUPART.
34	DACHEUX		Vignacourt.		21 août 1886.	35	63	MALLART.
35	LEULLIER		Lignières-Chatelain.		4 juill. 1865.	6	69	
36	DAMAY	Trésorier	Poix.	3	27 sep. 1876.	15	67	JUMEL.
37	RAMEAU		Poix		16 mars 1881.	21	71	DHARDIVILLER.
38	DELGOVE		Villers-Bocage		24 mars 1866.	7	77	
39	LELONG	Membre	Rubempré	3	30 mai 1866.	8	79	
40	CRÉTAL		Querrieu		13 déc. 1883.	26	81	FROISSART.
				40				

TABLEAU DES NOTAIRES nommés honoraires de 1859 à 1888.

N°	NOMS.	RÉSIDENCES.	DURÉE DE L'EXERCICE	No	NOMS.	RÉSIDENCES.	DURÉE DE L'EXERCICE.
	MM.				MM.		
1	DECAUDAVEINE.	Airaines.	du 25 sept. 1832 au 27 sept. 1860	11	JUMEL.	Amiens.	du 26 juin 1843 au 7 avr. 1881
2	PILLON.	Hornoy.	du 9 mai 1832 au 25 sept. 1861	12	DHARDIVILLER	Poix.	du 21 sept. 1842 au 19 mar. 1881
3	DUPARC.	Amiens.	du 9 fév. 1835 au 24 juin 1862	13	DUFOURMANTEL	Querrieu,	du 22 nov. 1858 au 15 nov. 1882
4	BAZOT.	Amiens.	du 6 mars 1837 au 15 oct. 1869	14	LECLERCQ.	Airaines.	du 4 juil. 1860 au 21 déc. 1882
5	VASSELLE.	Amiens.	du 18 déc. 1843 au 19 mai 1870	15	LANGLOIS.	Amiens,	du 29 juil. 1863 au 20 déc. 1883
6	BON.	Molliens-Vidame	du 5 nov. 1851 au 23 mai 1872	16	TOUPART.	Flixecourt,	du 19 juil. 1858 au 12 sept. 1884
7	MORVILLEZ.	Corbie.	du 21 juil. 1852 au 28 nov. 1872	17	CRÉPIN.	Warloy.	du 26 sept. 1849 au 5 août 1886
8	ANDRIEU.	Quevauvillers.	du 19 oct. 1842 au 15 fév. 1880	18			
9	DEROUVROY.	Picquigny.	du 27 juin 1859 au 18 déc. 1879	19			
10	GRAVET.	Hornoy.	du 21 mars 1853 au 5 juin 1880	20			

TABLEAU

DE LA COMPOSITION DE LA CHAMBRE DES NOTAIRES D'AMIENS

Du 1er Janvier 1859 (impr. du Code Manuel) au 1er Janvier 1888.

	ANNÉES	PRÉSIDENTS	SYNDICS	RAPPORTEURS	SECRÉTAIRES.	TRÉSORIERS.	MEMBRES.
		MM.	MM.	MM.	MM.	MM.	MM.
1	1859	Duparc.	Jumel (d'Amiens).	Jumel (de Poix)	Dournel.	Andrieu.	Bennetot, Robert.
2	1860	Jumel (d'Amiens).	Andrieu.	Jumel (St-Sauflieu)	Dournel.	Robert.	Bennetot, Bon.
3	1861	Duparc.	Robert.	Bon.	Dournel.	Bazot.	Bennetot, Copin.
4	1862	Duparc.	Bazot.	Bon.	Jumel (d'Amiens).	Corby.	Copin, Pinguet.
5	1863	Duparc.	Jumel (d'Amiens)	Jumel (de Poix)	Dournel.	Corby.	Copin, Pinguet.
6	1864	Jumel (d'Amiens).	Jumel (de Poix)	Corby.	Dournel.	Pinguet.	Bazot, Douchet.
7	1865	Bazot.	Jumel (de Poix)	Andrieu.	Dournel.	Douchet.	Copin, Robert.
8	1866	Bazot.	Andrieu.	Douchet.	Jumel (d'Amiens).	Robert.	Copin, Leroy.
9	1867	Andrieu.	Jumel (d'Amiens).	Leroy.	Dournel.	Copin	Toupart, Hénocq.
10	1868	Jumel (d'Amiens).	Bazot.	Leroy.	Dournel.	Toupart.	Jumel (de Poix), Crépin.
11	1869	Bazot.	Jumel (de Poix)	Toupart.	Dournel.	Crépin.	Deruelle, Dhardiviller.
12	1870	Bazot.	Jumel (de Poix)	Crépin.	Deruelle.	Dhardiviller.	Martin. Morvillez.
13	1871	Dournel.	Martin.	Dhardiviller.	Deruelle.	Morvillez.	Dufourmantel, Opéron.
14	1872	Dournel.	Martin.	Morvillez.	Digeon.	Opéron.	Dufourmantel, Gravet.
15	1873	Dournel.	Opéron.	Corby.	Digeon.	Dufourmantel	Gravet, Derouvroy.
16	1874	Corby.	Gravet.	Derouvroy.	Digeon.	Jumel (de Poix)	Delgove, Huré.
17	1875	Corby.	Derouvroy.	Jumel (de Poix)	Langlois.	Huré.	Delgove, Boura.
18	1876	Jumel (de Poix)	Dournel.	Huré.	Langlois.	Delgove.	Boura, Leclercq.
19	1877	Dournel.	Boura.	Leclercq.	Langlois.	Leullier.	Lelong, Desprez.
20	1878	Dournel.	Leclercq.	Lelong.	Mollet.	Leullier.	Desprez, Crépin.
21	1879	Corby.	Leclercq.	Desprez.	Mollet.	Leullier.	Crépin, Bizet.
22	1880	Corby.	Mollet.	Crépin.	Person.	Delgove.	Bizet, Labbé.
23	1881	Corby.	Delgove.	Bizet.	Person.	Labbé.	Toupart, Pégard.
24	1882	Dournel.	Delgove.	Toupart.	Person.	Labbé.	Pégard, Debeaumont.
25	1883	Dournel.	Toupart.	Pégard.	Digeon.	Debeaumont.	Dequen, Brasseur.
26	1884	Dournel.	Crépin.	Martin.	Digeon.	Dequen.	Brasseur, Dacheux.
27	1885	Corby.	Crépin.	Dequen.	Digeon.	Brasseur.	Dacheux, Rousseau.
28	1886	Corby.	Crépin.	Dacheux.	Deriencourt.	Rousseau.	Lallier, Bucquet.
29	1887	Corby.	Rousseau.	Lallier.	Deriencourt.	Bucquet.	Damay, Lelong.
30	1888	Dournel.	Lallier.	Bucquet.	Deriencourt.	Damay.	Lelong, Desjardins.

NOTAIRES DU RESSORT DE LA COUR D'APPEL D'AMIENS

Comprenant les trois départements de la SOMME, de l'AISNE et de l'OISE.

DÉPARTEMENT DE LA SOMME

LA SOMME. — Population 548,982 habit. — Superficie 616,329 hect. — Impôt fonc. 3,416,294 fr. Est divisée en 5 arrondis., 41 cantons et 836 communes.

1^{ent}. *Arrondissement d'Amiens*. — 198,489 habitants, 13 cantons, (40 Not.), 251 communes.

AMIENS. — 80,288 habitants, chef-lieu du département et de la Cour d'Assises.

Le Tableau précédent, page 94, contient les noms et le domicile des 40 Notaires de l'arrondissement, la composition de la Chambre et les Notaires honoraires au 1er Janvier 1888.

Depuis, M. Legrand a remplacé à Amiens, M. Dournel, nommé Notaire honoraire, — M. Gosselin a remplacé à Lignières-Chatelain, M. Leullier, nommé Notaire honoraire.

M. Chantrelle a remplacé à Picquigny, M. Thouret.
M Godot à Villers-Bocage, M. Delgove.
M. Brunet à Lamotte-en-Santerre, M. Labbé.
M. Lefèvre à Querrieu, M. Crétal.

2^{ent}. *Arrondissement d'Abbeville*. — 133,799 habitants, 11 cantons, (32 Not.), 172 communes.

Abbeville. — Dautrevaux, Fréville, Anty, *Rap.*, Deslaviers, Huré, *Se.*, Lepage, Briet
Ailly-le-Haut-Clocher. — Lelurme, *Tr.*
Saint-Riquier. — Marcassin, Gignon
Ault. — Tirard, Devisme, *M.*
Friaucourt. — Manchelin.
Crécy. — Morel, *Pr.*, Verdure.
Maison-Ponthieu. — Oger.
Gamaches. — Devisme, Derouen.
Bouttencourt — Deladreue.
Hallencourt. — Jourdain.
Allery. — Michaut, *M.*
Longpré-les-Corps-Saints — Gallet.
Moyenneville. — . . .
Acheux. — Ratel.
Saint-Maxent. — Poivret.
Nouvion-en-Ponthieu. — Arger, *Sy.*
Cauchy. — Godet.
Rue. Gosselin, Bultel.
Vron. — Thuillier.
Saint-Valery-sur-Somme. — Robert de St-Victor, Gaudrain, Leblanc.

3^{ent}. *Arrondissement de Doullens*. — 50,187 habitants, 4 cantons (14 Not.), 89 communes.

Doullens. — Macqueron, *Pr.*, Guiselin.
Beauquesne. — Ponnolier.
Beauval — Simon.
Lucheux. — Delahaye, *Se.*
Acheux. — Pavy.
Mailly. — Hecquet, *M.*
Toutencourt. — Bienaimé.
Bernaville. — Prevot, *R.*
Fienvillers. — Legras.
Frohen-le-Grand. — Brisse, *M.*
Domart. — Delgove, *Sy.*
Naours. — Dezoteux, *Tr.*
Pernois. — Boullaguez.

4^{ent}. *Arrondissement de Montdidier*. — 64,189 habitants, 5 cantons (19 Not.), 144 communes.

Montdidier. — Morin, Mercier, *Se.*, Urion.
Guerbigny. — Tourais.
Rollot. — Pillon.
Ailly-sur-Noye. — Vignon, *M.*, Vasseur.
Chaussoy-Epagny. — Van Wormoudt.
Quiry-le-Sec. — Lejeune, *Tr.*
Moreuil. — Manier.
Hangard — Périn.
Hangest. — Chantrelle, *Sy.*
Rosières. — Abavent.
Chilly. — Chantrelle (Oscar), *M.*
Harbonnières. — Delzant.
Roye. — Depas, *Pr.*, Liénart, Demouy.
Ercheu. — De la Pierre, *Rap.*

5^{ent}. *Arrondissement de Péronne*. — 102,318 habitants, 8 cantons, (27 Not.), 180 communes.

Péronne. — Cousin, *Sy.*, Caron, Nattier, Marchandise, Colombier.
Albert. — Watelain, Lenoir, Savary.
Miraumont. — Turlot.
Bray-sur-Somme. — Cailloux, *R.* Delecloy.
Sailly-Lorette. — Devismes.
Chaulnes. — Sefour.
Foucaucourt. — Cadot.
Libons-en-Santerre. — Gourdin.
Combles. — Caudelier, Nortier.
Ham. — Decourcelle, Mansart, Radde.
Athies. — Delacroix, *M.*
Nesle. — Quennelle, *Pr.*, Isèbe, Barbar.
Roisel. — Lécureux.
Fins. — Waxin.
Ronssoy. — Leconte.

DÉPARTEMENT DE L'AISNE

L'AISNE. — Population 555,925 habitants. — Superficie 736,727 hect. — Impôt Foncier 2,957,999 fr. Est divisé en 5 arrondis., 37 cantons et 840 communes.

1er. *Arrondissement de Laon.* — 165,899 habit., 11 cant., (50 Not.), 291 communes.

LAON. — 13,677 habit., chef-lieu du département. — Siège de la Cour d'Assises.

Notaires : MM. Lemaire, Lion, Huard, *Sec.*, Servant.

Bruyères. — Dalle.
Anizy-le-Château. — Follias, Collin, *M.*, Prévost.
Urcel. — Braucourt.
Mons-en-Lannois. — Décuty.
Chauny. — Duval, *R.*, Macaigne, Descambres.
Sinceny. — Vaflard
Villequier-Aumont. — Vaquette.
Coucy-le-Château. — Legrand, Delavesnes, Dubois.
Blérancourt. — Sinet, *M.*, Rognoult.
Craonne. — Blanchart.
Beaurieux. — Neveux.
Colligis. — Montaudon.
Corbeny. — Cordier, *Sy.*
Moulins. — Camart.
Crécy-sur-Serre. — Brisset, Boudon.
Couvron. — Vaillant.
Neuvion et Catillon. — Driant.
La Fère. — Evrad, Blot, *Pr.*, Bailly, Ducatel.
Saint-Gobain. — Bullier.
Marle. — Masson, Sellier, *Tr.*, Bobœuf.
Tavaux. — Sallendre.
Neufchâtel. — Manil.
Juvencourt. — Chemin.
Roucy. — Dollé.
Rozoy-sur-Serre. — Lebègue, Fleury.
Brunehamel. — Gobréau.
Bizy-le-Gros. — Hazard, *M.*
Montcornet. — Lebel.
Sissonne. — Lorain, *M.*
Bucy-les-Pierrepont. — Lemaire.
Notre-Dame-de-Liesse. — Rivière.
Montaigu. — Modesse.

2e. *Arrondissement de Château-Thierry.* — 58,288 habitants, 5 cantons, (20 Not.), 124 communes.

Château-Thierry. — Peoque, Butel *Se.*, Paillard, Marizis, *M.*
Essomes. — Liblin.
Charly. — Gobert.
Chézy-sur-Marne. — Cavelier de Mocomble, *Sy.*
Montreuil-aux-Lions. — Fremont.
Vieils-Maisons. — Carré, *Tr.*
Condé-en-Brie. — Touchard.
Artonges. — Bochard.
Jaulgonne. — Mennesson.
Treloup. — Bouchez.
Fère-en-Tardenois. — Callou, *Pr.*, Leleu,
Coincy. — Andry.
Coulonges. — Delettre.

Neuilly-Saint-Front. — Gilquin, *M.*
La Ferté-Milon. — Barry, *R.*
Gandelu. — Godart.

3e. *Arrondissement de Saint-Quentin.* — 148,040 habitants, 7 cantons, (20 Not.), 128 communes.

Saint-Quentin. — Lesueur, Bienaimé, Pascault, *Sec.*, Guérin, Julien.
Bohain. — Le Bègue, *Sy.*, Ficheux.
Frenoy-le-Grand. — Haye.
Le Catelet. — Vasseur, *R.*
Beaurevoir. — Prévost, *Tr.*
Moy. — Binart.
Hamegicourt. — Bourcier.
Vendeuil. — Néguille, *V.*
Ribemont. — Derôme, *Pr.*, Gruet.
Origny-Sainte-Benoîte. — Briet, *M.*
Saint-Simon. — Mascret.
Flavy-le-Martel. — Ponchelet.
Vermand. — Devrainne, *M.*
Caulaincourt. — Broy.

4e. *Arrondissement de Soissons.* — 70,884 habitants, 6 cantons, (18 Not.), 165 communes.

Soissons. — Boutry, *Sy.*, Blamontier, *Tr.*, Deciry, *M.*, Thomas, Richepin.
Braisne-sur-Vesle. — Baquet, Droy.
Longueval. — Guyot, *Pr.*
Oulchy-le-Château. — Izambart.
Hartennes. — Saigne, *R.*
Vailly. — Ferté, Bedel, Chauvet.
Vic-sur-Aisne. — Cuny, *M.*
Ambleny. — Denis.
Cœuvres. — Ossart.
Villers-Cotterets. — Cirou, Delval, *Sec.*

5e. *Arrondissement de Vervins.* — 112,814 habitants, 8 cantons, (29 Not.), 132 communes.

Vervins. — Baron, *Se.*, Lefèvre, Salandre.
Plomion. — De Villelongue
Aubenton. — Boudriaux.
Landouzy-la-Ville. — Marny.
Iviers. — Boulanger.
La Capelle. — Lotot.
Buironfosse. — Burgue.
Etréaupont. — Cordier, *Pr.*
Laflamangrie. — Brizet.
Guise. — Flamant, Bernier, *R.*, Oury, Lefèvre.
Marly. — Cordier, *M.*
Hirson. — Bocquet, Degois,
Origny-en-Thiérache. — Coffignon.
Saint-Michel. — Gaffet.
Le Nouvion. — Vatin, Witrant, *T.*
Esquéhéries. — Prélat.
Sains. — Parmentier, Delamalmaison, *M.*
Marfontaine. — Paron.
Wassigny. — Bayard.
Etreux. — Marchand.
Mennevret. — Noé.

DÉPARTEMENT DE L'OISE

L'OISE. — Population 403,146 habitants. — Superficie 585,445 hectares. — Impôt foncier 2,877,119 fr. Est divisé en 4 arrondis., 33 cantons et 701 communes.

1^{ent}. *Arrondissement de Beauvais.* — 125,817 habitants, 12 cantons, (28 Not.), 242 communes.

BEAUVAIS. — 18,441 habit., chef-lieu du département et siège de la Cour d'Assises.

Notaires : MM. Recullet, *Se.*, Courtois. Desgroux, Filleul, Delorme.
Savignies. — Morin, *M.*
Auneuil. — Mauger.
Ons-en Bray. — Trubert.
Chaumont-en-Vexin. — Guinier, Isoré.
Boury. — Luyer.
Le Coudray-Saint-Germer. — . . .
La Bosse. — Postel.
Saint-Germer. — Meteil, *Pr.*
Formerie. — Cuvinot.
Romescamps. — Mantel.
Granvilliers. — Hébert, *R.*, Corniquet.
Feuquières. — Théronde.
Marseille. — Andrieux, Lottin.
Méru. — Pagué, Dominé.
Nivillers. — . . . .
Bresles. — Isoré.
Haudivillers. — Denoyelle, *M.*
Noailles. — Langlois, Thibou, *Tr.*
Songeons. — Malatiré.
Crillon. — Desmarest.
Gerberoy. — Lefebvre, *Sy.*

2^{ent}. *Arrondissement de Clermont.* — 86,194 habitants, 8 cantons, (25 Not.), 169 communes.

Clermont. — Dufrénoy, *Se.*, Plivard, Viénot.
Bulles. — Lefebvre.
La Neuville-en-Hez. — Corbillon, *M.*
Breteuil. — Boutroux.
Ansauvillers. — Vaquette, *Tr.*
Bonneuil. — Guibon, *Sy.*
Plainville. — Lavisse.
Crévecœur. — Mautor, *R.*, Croix.
Cormeilles-le-Crocq. — Vauquier.
Froissy. — Taboureux.
Noyers-Saint-Martin. — Delavenne.
Liancourt. — Babeuille, *M.* Rendu.

Sacy-le-Grand. — Warin, *Pr.*
Maignelay. — Debray.
Tricot. — Petit.
Mouy. — Budin, Corpechot.
Saint-Just-e.-Chaussée. — Dubois.
Lieuvillers. — Véru.
La Neuville-Roy. — Farge.
Wavignies. — Carré.

3^{ent}. *Arrondissement de Compiègne.* — 93,115 habitants, 8 cantons (26 Not.), 157 communes.

Compiègne. — Dehesdin, *Pr.* Desmarest, Coudret, Poissonnier, Paringaux, *M.*
Attichy. — Londos.
Pierrefonds. — Cheyer.
Tracy le-Mont — Vaillant.
Estrées-Saint-Denis. — Roger.
Le Grand Fresnoy. — Gournay.
Le Meux. — Dhiver.
Guiscard. — Dussanterre, Lemarié.
Lassigny. — Debaldde, *M.*
Beaulieu-les-Fontaines. — Haniet (A. F.)
Noyon. — Brasset, Pain, Lancel, *Sy.*. Werrier, Irat.
Ressons. — Franquet, *R.*, Dubois.
Gournay-sur-Aronde. — Hanlet.
Ribecourt. — Corbeau.
Carlepont. — Lenoir.
Machemont. — Martin, *T.*

4^{ent}. *Arrondissement de Senlis.* — 97,820 habitants, 7 cantons, (22 Not.) 133 communes.

Senlis. — Fétizon, Ferté, *Se.*, Drlard, Petit.
Betz. — Mézière.
Acy-en-Multien. — Chevalier, *R.*
Creil. — Duguet, *Sy.*
Chantilly. — Balézeaux.
Mello. — Collas, *Tr.*
Précy-sur-Oise. — Lombois.
Crépy. — Férot, Diet.
Bethisy. — Hocquart.
Nanteuil-les-Haudouin. — Lenleque, *Pr.*
Baron. — Magnier.
Le-Plessis-Belleville. — Barvillier.
Neuilly-en-Thelle. — Tourtille, *M.*
Chambly. — Carillon, *M.* Chenaire.
Pont-Sainte-Maxence. — Richard, Beauchamps.
Verberie. — Lefranc.

APPENDICE

NOTE sur le COMITÉ DES NOTAIRES DES DÉPARTEMENTS.

STATUTS de la SOCIÉTÉ DE PRÉVOYANCE des Notaires de France.

ESSAI de BIBLIOGRAPHIE NOTARIALE.

TABLES CHRONOLOGIQUE et ALPHABÉTIQUE.

I.

DU COMITÉ DES NOTAIRES DES DÉPARTEMENTS

Dans un travail qui a pour but, comme le notre, de remémorer aux Notaires la législation notariale dans ces dernières années, et de noter tout ce qui peut et doit les intéresser, nous ne saurions passer sous silence l'œuvre si importante du Comité des Notaires des départements : puisqu'il n'est guère de disposition législative ou réglem ntaire nouvelle à laquelle le Comité n'ait participé et concouru.

Nous tenons donc à entrer ici dans quelques détails abrégés sur la *mission*, l'*historique* et les *travaux* du Comité des Notaires des départements contenus, du reste, dans les 8 volumes de ses circulaires et mémoires réimprimés dernièrement, avec tables analytiques très bien faites, sous la haute direction de M. Ch. Fournier, son Président d'alors, et d'où nous tirons les renseignements qui suivent et qui les résument aussi succinctement que possible.

MISSION DU COMITÉ

Sa Mission est définie par ses Statuts : « Traiter et faire
« résoudre les questions d'intérêt général pour le Notariat,
« prêter appui à tout Notaire, dont la cause soulèverait une
« question de cette nature ; défendre l'institution en toutes
« circonstances, produire et publier des mémoires, arriver
« à l'unification dans l'exercice et la discipline des Notaires,
« enfin établir un lien d'unité et un centre d'action pour
« tous les Membres de cette Corporation. »

En législation il sollicite des lois et des amendements auprès du Gouvernement, des Sénateurs et des Députés. En jurisprudence il coopère à faire résoudre par les Tribunaux et la Cour suprême les affaires importantes, surtout celles pouvant éviter les doubles interprétations des conventions et restreindre les responsabilités notariales. Enfin il intervient auprès du Gouvernement dans les questions générales au sujet de la transmission des offices, des réglements des Chambres, des rapports avec la Magistrature et des circulaires ministérielles.

Le Comité représente donc le Notariat auprès des trois grands pouvoirs de l'État, législatif, administratif et judiciaire.

HISTORIQUE ET TRAVAUX

On ne saurait trop reconnaître les signalés services qu'il a rendus au Notariat de France. Né du péril que celui-ci a couru en 1840, il se constitua sur l'initiative des Notaires de Caen, sous le nom d'abord de Conférence générale, dans l'Assemblée de tous les délégués du 30 Novembre 1841.

Dès le principe la Conférence se mit à l'œuvre, préoccupée des questions les plus graves, notamment sur les offices Elle obtint l'ordonnance de 1843 et la loi du 21 Juin même année, sur la présence réelle du second Notaire et des témoins aux actes notariés, qui régla le passé et l'avenir : et de 1840 à 1848 elle aborda un ensemble de questions, (V. 1er vol.) dont quelques unes nous occupent encore, notamment la réforme des ventes et partages judiciaires, celle des hypothèques et celle du Tarif.

En 1848 de nouvelles attaques contre le Notariat surgirent. Une Assemblée générale (10 Août 1848), due à l'initiative principale de trois Notaires, dont deux picards, M. Duval, de Vernon (Eure), M. Vuillemot, de Vervins (Aisne), et M. Rouge, de Ham (Somme), constitua le Comité, dit des Notaires des Départements ; et la Conférence lui fournit de suite son personnel, ses finances et ses mémoires. De 9 les membres furent portés à 13, puis à 15.

Les inquiétudes sur les offices furent longues encore ; elles ne s'atténuèrent qu'après 1854, grâce aux démarches du Comité et aux assurances qu'il fut assez heureux d'obtenir du Chef de l'Etat et de ses Ministres.

Son activité se porta sur les questions d'administration, de jurisprudence et de législation notariales (V. 2ᵉ vol.)

Pour le Tarif, la divergence des opinions du Nord au Midi maintint le *statu quo*. Néanmoins l'arrêt de la Cour de cassation du 1ᵉʳ Décembre 1841, qui a déclaré la taxe d'ordre public, resta le sujet de critiques, de plaintes et de procès qui durent encore, et malgré les efforts tentés jusqu'à ce jour, la Cour n'est pas revenue sur sa jurisprudence; heureusement la loi du 5 Août 1881 sur la prescription en atténua les inconvénients.

Deux lois qui avaient été précédées de nombreux mémoires du Comité, dont les dispositions principales ont été adoptées, furent promulguées; l'une sur la transcription (L. 23 Mars 1855), l'autre sur les saisies et les ordres (Mai 1858). Ce fut pendant cette période que furent rendus les arrêts de cassation tranchant la question des reprises de la femme de franc et quitte, et réprimant l'immixtion dans les affaires notariales.

De 1859 à 1866 (V. 3ᵉ vol.) le Comité porta le nombre de ses Membres à 18. Les tentatives de réforme de la procédure des ventes et partages continuèrent sans succès, malgré les solutions proposées dans les mémoires très remarquables de plusieurs de ses membres ; il contribua à faire résoudre la question du double bordereau et de la radiation de l'hypothèque légale de la femme.

La législation réglementa la Société du Crédit Foncier de France. Le Comité, qui avait présenté des observations qu'on a regretté depuis de ne pas avoir toutes accueillies, porta ses efforts sur le crédit de la petite propriété, en réclamant la simplification et la diminution des formalités et des frais de purge et d'expropriation. Il étudia la question des droits fixes d'enregistrement, il présenta même des observations au Conseil d'Etat.

La discussion de la loi de remboursement des charges de Courtiers contribua à calmer les inquiétudes qui s'étaient encore produites sur la propriété et le remboursement des offices.

C'est dans ce 3ᵉ volume, pages 171 à 258, que se trouve fait de main de maître (par M. Ch. Fournier) l'historique du Comité de 1840 à 1861 et le résumé complet de ses travaux pendant cette période de temps ; sa lecture permet de juger ce que contiennent les trois premiers volumes des circulaires du Comité.

De 1866 à 1870 (V. 4ᵉ vol.) le Comité fournit des documents à l'enquête agricole, en indiquant les moyens de diminuer les charges et d'augmenter le crédit des campagnes ; il rédigea deux mémoires sur les honoraires usuels des Notaires et leur règlement amiable. Il a fait juger en cassation divers cas de responsabilité notariale, d'autres concernant les partages anticipés, le privilège sur le prix des offices, le secret professionnel et la composition des Chambres de discipline : il a réclamé le maintien des anciennes minutes dans les études de Notaires auxquels elles appartiennent, et empêché leur dépôt aux archives administratives qui les réclamaient.

La liberté de tester, la transmission des offices, les conditions restreintes des faillites pour les Notaires ont donné lieu à des dissertations remarquables, toutes dues à la plume de M. le Président Jeannest St-Hilaire, dans ses discours d'ouverture des Assemblées générales annuelles. C'est dans l'un d'eux qu'il a longuement traité la question du Notariat et des offices, résumé de son savant ouvrage sur la matière, et réfuté celui de M. Theureau sur la vénalité des offices. Mais déjà, et avant que de nouveaux progrès, fruits des travaux de la paix, fussent accomplis, la guerre de 1870 vint à éclater.

Le Comité, après une année forcée de suspension, reprit ses travaux en octobre 1871, et chercha à coopérer dans sa sphère au rétablissement d'un état régulier et à la réparation des désastres. De 1871 à 1877 (5ᵉ vol.), il s'occupa des Notaires victimes de la guerre, de ceux d'Alsace-Lorraine, et indiqua des moyens d'atténuer les charges et de faciliter l'application des nouveaux impôts devenus inévitables, il fit sentir les inconvénients de certains, notamment de celui des créances hypothécaires qu'il contribua à faire supprimer. Des lois réglèrent ce qui concernait les Notaires substitués pendant leur service militaire et ceux restés prisonniers de guerre, ainsi que la reconstitution et la conservation des registres hypothécaires : D'autre lois constituèrent l'hypothèque maritime, et établirent divers droits de timbre et d'enregistrement et réduisirent à 0 fr. 50 le droit de transcription sur les partages anticipés. — Sur tous ces sujets ainsi que sur le recrutement de la magistrature, le service militaire, la nécessité de quelques impôts nouveaux, le taux de l'intérêt de l'argent, la révision de la loi sur les faillites, le Comité a fourni des observations dictées par l'intérêt public, pour ce qui avait trait à la pratique notariale, en même temps qu'il suivait certaines affaires judiciaires sur la responsabilité des Notaires, les valeurs au porteur, les dons manuels, le concours et le partage des honoraires en second, la clause de reversibilité de l'usufruit au profit du survivant dans les partages anticipés.

Le Comité avait successivement perdu deux de ses présidents, MM. Jeannest St-Hilaire (1874) et Ménager (1877), M. Fournier, ancien notaire à la Rochelle, alors député, délégué de sa chambre, accepta, le 11 novembre 1877, la présidence qui lui fut offerte à l'unanimité, et le Comité, sous son active et puissante impulsion, prit un nouvel essor.

Il avait à terminer la question du partage des honoraires entre deux notaires appelés à concourir au même acte ; il l'a fait fixer en 1879 et 1880.

Il s'est pendant cette période de 1877 à 1886, tout en ne négligeant aucune question de jurisprudence, particulièrement appliqué à accroître ses relations et le nombre de ses adhérents ; le droit d'initiative, assuré aux députés par la Constitution, a permis à des membres du Comité, qui appartenaient au parlement de déposer plusieurs projets de loi d'accord avec le Comité. Celui de ces projets qui réduit de 30 ans à deux ans le recours à la taxe, après règlement des honoraires, est enfin devenu la loi du 5 août 1881.

Ont aussi été promulguées en 1879 et 1880 d'autres lois qui intéressent le Notariat : sur les valeurs mobilières dont un commentaire fut publié, la prescription décennale des saisies immobilières transcrites et non suivies d'adjudication, le maintien de l'exercice des notaires du canton d'Aubin (Aveyron) dans toute la circonscription ancienne, malgré sa division en 2 cantons, Aubin et Decazeville.

Les projets pour les ventes judiciaires des petits immeubles ont été adoptés dans les limites proposées par les Ministres, et le Comité a regretté que l'amélioration ne comprit pas toutes les ventes et les partages, dont les propositions ont été maintes fois étudiées à fond et consignées dans ses mémoires.

Il a suivi attentivement d'autres projets de loi qui ont été adoptés pour faciliter les échanges des biens ruraux, sur la proposition de M. Jametel, député de la Somme, sur la réforme de la magistrature, sur l'hypothèque maritime.

Les derniers volumes de ses mémoires contiennent les travaux très complets et fort érudits de plusieurs de ses membres, notamment de MM. Damoye, Baget, Duval, Besnus, Braine, Laffrat, Brusset et Robert, en dehors de ceux de ses savants présidents MM. Fournier et Maireau, tant sur les projets de lois ci-dessus votés que sur ceux depuis longtemps déjà en instance ou ajournés devant les Chambres. Renonciation par la femme à son hypothèque légale sur l'immeuble propre de son mari ou de communauté qu'elle a vendu conjointement avec lui ;

Révision du Code de procédure et diminution des formalités et frais des ventes et partages judiciaires ;

Simplification de la purge légale ;

Réforme de la loi sur les faillites et sur les Sociétés ;

Dépôt à supprimer des contrats de mariage des commerçants ;

Complément de la loi de 1806 sur les offices ;

Droit de suite sur les indemnités en cas d'incendie des immeubles hypothéqués ;

Révision des lois d'enregistrement et de timbre ;

Fixation d'un seul droit de mutation et sa répartition entre l'usufruitier, suivant son âge, et le nu-propriétaire ;

Casier civil et publicité des interdits et des faillis ;

Modification des articles 826, 832 et 1079 du Code civil sur la composition des lots des partages, pour éviter le trop grand morcellement des héritages et la division des exploitations et propriétés.

Addition à l'art. 1097 du Code civil d'un §, pour valider la clause de réversibilité de l'usufruit au profit du survivant dans les partages anticipés.

Crédit agricole, baux emphytéotiques, cadastre, rétablissement de la voie parée, etc.

L'intérêt du Comité s'est également porté sur la discipline, les certificats de capacité et de moralité, le nombre et le choix justifié des résidences des Notaires, les règlements des Chambres de discipline. Il a publié des programmes d'examen pouvant servir à celles-ci, un projet de règlement général qui, s'il avait l'approbation de la Chancellerie devrait être adopté par toutes les Chambres, un traité de comptabilité des études, un autre sur les fonctions administratives, conciliatrices, consultatives et judiciaires des Chambres, sur leur juridiction et sur la jurisprudence en procédure disciplinaire, une revue presqu'annuelle des jugements et arrêts les plus intéressants pour les Notaires, particulièrement en matière de responsabilité notariale, un commentaire abrégé de la loi sur les valeurs mobilières ainsi qu'une monographie des testaments olographes.

Enfin le Comité procéda à la réimpression de ses circulaires et à la publication de ses six derniers volumes terminés par des tables analytiques et alphabétiques, très soignées, surtout celles des tomes 5 et 6, œuvre personnelle de M. Charles Fournier, son savant et éminent Président. Nous y renvoyons les Notaires qui voudraient étudier quelqu'une des graves et intéressantes questions que nous venons d'énoncer et de passer en revue si rapidement, les assurant qu'en s'y reportant ils y trouveront plaisir et profit.

Le Comité a également cimenté l'union déjà formée avec la Compagnie des Notaires de Paris, et il a maintenu et multiplié ses relations avec le Gouvernement, les Ministres et le Parlement.

Le concours croissant des Compagnies adhérentes a augmenté le nombre des membres du Comité de plus d'un tiers en sus, et ce nombre continue à s'accroître de manière à espérer de réunir un jour la totalité des Compagnies dans des aspirations et des efforts communs. En 1888, ce nombre atteint 189 et 4887 Notaires adhérents sur les 8988 Notaires de France que donne la statistique de la justice civile en 1886. Aussi cette prospérité a-t-elle nécessité des modifications à ses Statuts :

Les conditions de l'honorariat ont été élargies, le nombre des membres titulaires a été porté à 30, celui des rapporteurs est laissé à la détermination du bureau; celui des vice-présidents est de 4 et celui des trésoriers de 2. MM. les Délégués ont généralement réparti les nominations entre les différents ressorts de Cours d'appel, autant que possible, en sorte que toutes les parties de la France sont représentées.

La générosité des membres a permis de fonder une *bibliothèque* déjà riche et de réunir en collection les *médailles* des diverses compagnies.

Le Comité entrera bientôt dans la 50ᵉ année de sa fondation : le vœu de célébrer en 1889 cet anniversaire ayant été adopté, l'Assemblée générale prochaine empruntera à cette circonstance un caractère de solennité qui justifie les démarches tentées en vue d'une complète union.

La cotisation annuelle prélevée sur la bourse commune est fixée à 5 fr. par Notaire. Les Statuts sont adressés au Notaires qui en font la demande à Paris, rue Le Péletier 29; et aussitôt l'adhésion d'une Compagnie, les circulaires depuis leur origine (8 vol. in 8°) lui sont envoyées pour la bibliothèque de la Chambre, et la cotisation est touchée le 1ᵉʳ Août de chaque année par le Trésorier, au moyen de mandat qu'il est autorisé à tirer.

Sur l'avis motivé de la Chambre à laquelle appartient le Notaire intéressé, le Comité, s'il le juge convenable et que la Chambre soit adhérente, peut suivre devant toutes les juridictions sous le nom du notaire ou sous celui des parties en cause, un procès pourvu qu'il soit d'un intérêt général pour le Notariat.

Le *Bureau du Comité* pour 1888-1889 est ainsi composé:

Présidents d'honneur. — MM. Bernier, député, notaire honoraire à Orléans et Ch. Fournier, ancien député, ancien président du Comité , Notaire honoraire à la Rochelle décédé le 1ᵉʳ février 1889).

Président. — M. Maireau, notaire honoraire à Reims.

Vice-Présidents. — MM. Laffrat, Brusset, Duguet et Fabre.

Trésorier. — M. Lorin, *Trésorier adjoint* M. Jozon.

Rapporteurs. — MM. Bonnard, Bouquelon. Braine, Daveluy, Dournel, J. Lefebvre, Robert et Rousseau, indépendamment des autres membres du bureau.

Secrétaire-général et bibliothécaire. — M. Salmon, avocat, en fonctions depuis 1858.

II.

ASSOCIATION DE PRÉVOYANCE DES NOTAIRES DE FRANCE

Nous croirions manquer à notre devoir si nous ne parlions pas dans ce supplément à notre Code des Notaires de 1859 d'une œuvre notariale de bienfaisance, qui honore ses fondateurs et coopérateurs annuels, fondée à Paris, sous la dénomination d'*Association de Prévoyance du Notariat de France*, et reconnue comme établissement d'*utilité publique* par décret du 28 mai 1870.

La reproduction ici de ses *statuts approuvés* en fera connaître le but excellent, sans que nous ayons besoin de recommander autrement cette institution notariale de bienfaisance à nos confrères et surtout à leurs Compagnies. Les Chambres qui les représentent ne devraient pas hésiter à s'y associer toutes et à suivre l'exemple des 180 Compagnies adhérentes à ce jour dans 69 Départements ; Cette association se recommande assez d'elle-même, surtout au moment où des crises de toutes sortes sont venues semer tant de malheurs autour de nous et principalement parmi les Notaires de la campagne, plus exposés et éprouvés que les autres.

STATUTS

TITRE 1ᵉʳ. — *Composition de l'Association.*

ART. 1ᵉʳ. — L'Association de Prévoyance du Notariat de France a pour *but* de venir en aide aux Notaires ou anciens Notaires dans le besoin, ainsi qu'à leurs femmes, veuves ou enfants ; son siège est à Paris ; sa durée est illimitée.

ART. 2. — Peuvent en *faire partie* toutes personnes ayant exercé ou exerçant les fonctions de Notaire en France.

ART. 3. — Toutes personnes ayant exercé les fonctions de Notaire en France, a la faculté de ne faire partie de l'Association que comme *membre honoraire*, à la seule condition de verser à la caisse sociale une somme, soit annuelle, soit une fois payée, et qui est laissée à son appréciation.

Les membres honoraires ont le droit d'assister aux Assemblées générales, et peuvent être nommés membres du Conseil d'Administration.

L'Association se charge de la distribution des sommes qui lui sont adressées par des Compagnies de Notaires, pour être affectées à des secours.

Elle rend compte à ces Compagnies de l'exécution de son mandat.

Toute Compagnie de Notaires chargeant l'Association de la distribution des secours par elle votés, à le droit :

1° De se faire représenter aux Assemblées générales par son président ou tout autre membre qu'elle délègue à cet effet.

Ces délégués peuvent être nommés Membres du Conseil d'administration.

2° De recommander auprès de la Société les personnes qui lui semblent dignes d'être secourues.

Le Conseil d'administration de l'Association délibère spécialement sur les recommandations qui lui sont transmises et y répond par une décision motivée. — Les Compagnies ne sont jamais liées envers la Société.

Art. 4. — Les *admissions* ont lieu en Assemblée générale, au scrutin secret et à la majorité des membres présents.

Le Conseil d'administration prononce, dans l'intervalle des Assemblées générales, l'admission provisoire des membres nouveaux.

Cessent de plein droit de faire partie de l'Association, les membres qui n'ont pas payé leur cotisation depuis plus d'une année. Leur *déchéance* est prononcée par le Conseil d'Administration, à moins d'excuse valable.

L'exclusion est prononcée en Assemble générale, au scrutin et sans discussion, sur la proposition et le rapport du bureau, contre tout sociétaire qui se serait rendu coupable d'actes entachant son honorabilité.

Le membre contre lequel l'exclusion est requise doit toujours être invité à se présenter devant le Conseil d'Administration, pour être entendu sur les faits qui lui sont imputés : s'il ne se présente pas, il est passé outre.

Les membres déchus ou exclus n'ont droit à aucun remboursement. Néanmoins, en cas de refus d'admission, le montant de la cotisation versée est restitué.

Titre 2. — *Des Cotisations.*

Art. 5. — Chaque sociétaire s'engage à payer une *cotisation de douze francs* par an, sauf ce qu'il a été dit sous l'article 4.

Tout sociétaire a la faculté de se libérer de cette cotisation annuelle, en versant à la Caisse sociale une somme de 150 fr., une fois payée. Les sommes ainsi payées par anticipation sont considérées comme capitaux. Il en est fait emploi, et les intérêts qu'elles produisent sont seuls employés en secours.

Titre 3. — *Des Secours.*

Art. 6. — Toute demande de secours est adressée au secrétaire de la Société.

Le Conseil d'administration, après informations prises, statue sur la demande.

Les *secours sont alloués* : 1° aux Notaires ou anciens Notaires faisant ou ayant fait partie de l'association, ou à leurs femmes, veuves et enfants ; 2° aux Notaires ou anciens Notaires ne faisant ou n'ayant pas fait partie de l'Association, ou à leurs femmes, veuves et enfants.

Les personnes indiquées au n° 1 seront secourues de préférence aux autres.

Ils ne peuvent être alloués que sur les ressources acquises, sans jamais engager l'exercice suivant.

En cas d'allocations de secours viagers, il devra, pour en assurer le paiement, être immédiatement prélevé sur les ressources acquises, une somme nécessaire pour acheter une rente sur l'Etat français, égale au montant annuel des dits secours.

Titre 4. — *Ressources et Charges.*

Art. 7. — Les *ressources* de l'Association se composent : 1° du produit des cotisations ; 2° des dons et legs faits à la Société et dont l'acceptation a été régulièrement autorisée ; 3° du revenu des fonds placés.

Art. 8. — Les *charges* de l'Association se composent : 1° des frais d'administration ; 2° des secours. — Il est fait un prélèvement fixé par l'Assemblée générale sur les revenus annuels, pour constituer le fonds de réserve de la Société.

Art. 9. — Les fonds sont *placés en rentes* sur l'Etat ou en Obligations de chemins de fer français.

Art. 10. — Chaque année il est dressé un *état de situation* de la Société.

Tout sociétaire a le droit d'en prendre communication au siège de la Société, dans la quinzaine qui précède la réunion de l'Assemblée générale ; en outre chaque année il est adressé un exemplaire de ce compte-rendu après son approbation par l'Assemblée générale à tous les membres de la Société, sans qu'il soit besoin d'en faire la demande.

Titre 5. — *Administration, — Assemblées générales.*

Art. 11. — L'Association de Prévoyance du Notariat est administrée par un *Conseil d'administration*.

Ce Conseil est composé : 1° d'un Président ; 2° d'un Vice-Président ; 3° d'un Secrétaire ; 4° d'un Trésorier ; 5° de dix Administrateurs.

Nota. — « Par délibération de l'Assemblée générale du 15 Novembre 1871, il a été décidé que le nombre des Administrateurs serait porté à un chiffre au moins égal à celui des Cours d'appel dans le ressort desquelles l'Association compte des Compagnies adhérentes. »

Tous les membres du Conseil et le Président sont nommés par l'Assemblée générale.

Ils nomment eux-mêmes leurs Vice-Président, Secrétaire et Trésorier.

Les membres du Conseil d'administration sont élus pour cinq ans. Ils sont rééligibles.

L'Assemblée générale peut, s'il devient nécessaire, augmenter le nombre des membres de ce Conseil et de son bureau.

Art. 12. — Le *Président* surveille et assure l'exécution des Statuts.

Il adresse chaque année à **M.** le Ministre de l'intérieur le compte moral et financier de l'Association.

Il préside les Assemblées et Commissions de l'Association.

En cas d'empêchement, il est remplacé par le Vice-Président.

Il fait toutes propositions soit au Conseil d'Administration, soit à l'Assemblée générale.

Il signe les comptes rendus avec le Secrétaire et le Trésorier.

Il signe avec le Trésorier les ordonnances de paiement, aliénations de valeurs, retraits de fonds de toute nature. Il veille à l'exécution des décisions du Conseil d'administration.

Art 13. — Le *Conseil d'administration* dirige l'Association dans son ensemble.

Il agit en son nom. — Il se réunit toutes les fois que son Président le juge convenable et au moins deux fois par an. — Il se fait rendre compte tous les trois mois de l'état de situation de la Société. — Il décide sur toutes les demandes de secours à lui soumises, en fixe l'importance et la durée, autorise l'aliénation des valeurs quand cela est nécessaire. — Fait toutes propositions à l'Assemblée générale, statue sur toutes les questions à lui soumises.

Les décisions sont prises à la majorité des voix des membres présents. En cas de partage la voix du président est prépondérante.

Pour délibérer valablement le Conseil doit être composé de au moins quatre membres.

ART. 14. — *L'Assemblée générale* est convoquée au moins une fois par an.

NOTA. — « Par délibération de l'Assemblée générale du 14 mars 1888 deux réunions ont été décidées pour avoir lieu annuellement, la première en mars et la deuxième en octobre afin de concorder avec l'Assemblée générale du Comité des Notaires des départements. »

Elle nomme les membres du Conseil d'administration, arrête les comptes annuels.

Elle est présidée par le Président de l'Association, assisté du bureau du Conseil.

Les décisions régulièrement prises sont obligatoires pour tous les membres de l'Association.

Les convocations ont lieu : 1° par lettres adressées au domicile élu ; 2° par une insertion faite au moins quinze jours à l'avance dans les journaux spéciaux du Notariat.

Les décisions sont prises à la majorité des membres présents. Les membres chargés d'en représenter d'autres ont droit à autant de voix qu'ils représentent d'absents.

ART. 15. — Un règlement intérieur, arrêté par le Conseil d'administration, détermine les conditions de détail propres à l'exécution des statuts.

ART. 16. — L'Association s'interdit toute délibération étrangère à son objet de bienfaisance.

TITRE 6. — *Modifications.*

ART. 17. — Aucune modification aux statuts ne pourra être faite que par une Assemblée générale spécialement convoquée, et sur la proposition du Conseil d'administration.

Toute modification sera soumise à l'approbation du Gouvernement.

Les Membres du Conseil d'administration de l'Association de Prévoyance des Notaires de France sont pour l'année 1889

Président d'honneur : M. Bernier, notaire honoraire à Orléans, député.

Président : M. Pissot, notaire honoraire à Doulevant.

Vice-Président : M. Braine, notaire honoraire à Arras.

Trésorier : M. Viard, notaire honoraire à Hortes (Hte-Marne).

Secrétaire : M. Delizy, notaire à Saint-Germain-en-Laye.

Rapporteur : M. Robert Brault, notaire à Montfort-l'Amaury.

Secrétaire-Adjoint : M. Michot, fils de l'ancien président fondateur, notaire à Saint-Cloud.

Et 23 Notaires et anciens Notaires du ressort de 14 Cours d'appel différentes, membres du Conseil.

III.

BIBLIOGRAPHIE NOTARIALE

Complément de celle du Code Manuel, page 56.

Agenda annuaire, publié chaque année en 1 vol. gr. in-8, depuis 1847, par l'Administration du Journal des Notaires et des avocats.

Agenda annuaire, publié depuis 1862 par l'Adm. de la Revue du Notariat.

Amiaud. Commentaire de la loi du 25 ventôse an XI de Rutgerts, 3 vol. n-8° 1881.

— Etudes sur l'institution du Notariat en Russie et en Espagne in-8°, 1873

— » le Notariat français. Réformes et améliorations in-18, 1879

— » » Recherches bibliographiques in-18, 1881.

— » Tarif général et raisonné des Notaires. 2 vol. in-8°. 1881.

— » Propriété et vénalité des offices ministé. br. in-8°, 1870.

— » des offices de Notaire, cession, création, suppr., br. 1886.

André. Nouveau formulaire général alphabét. du Not., 2 vol. in-8°,1887.

— Dictionnaire de droit civil et autre dans les matières intéressant le Notariat, 3 vol. in-8° 1888, en cours.

— Formulaires pour testaments, inventaires, partages, contrats de de mariage, déclarations de successions, etc, in-8.

Arnault. Lectures sur le Notariat français, Toulouse 1879, brochure in-8 de 118 pages.

Aubertin. Des honoraires et frais d'actes des Notaires.—Tarif général et uniforme. Règlement amiable, taxe, exécution, prescription, 1 vol. in-8 1885.

Audier. Revue sommaire de jurisprudence et de doctrine sur le privilège des vendeurs d'offices et des cautionnements, 1 vol. in-8 1886.

Balcon. Essai sur la réorganisation du Notariat (cause des sinistres, remèdes), Quimper 1879, brochure in-8.

Barabé. Recherches historiques sur le Tabellionage royal et sur les divers modes de contracter au moyen-âge, et Sigillographie Normande en 24 pl., Paris 1863.

Basselier. L'année Notariale, recueil périodique de législation et de jurisprudence qui n'a paru qu'une année et qui méritait de vivre, 1869, in-18.

Bastiné. Cours de Notariat avec explication des lois organiques. Bruxelles 1870. Formulaire général 1872, 2 vol. in-8.

Becker. Le Notariat étranger (Angleterre et ses colonies) non continué, et journal du Notariat 1861, 1 vol. in-8, 1863.

Berger. De la Transcription et des actes translatifs et déclaratifs de propriété. Paris et Limoges 1875, 1 vol. in-8 et diverses dissert. journ. des Notaires et du Notariat.

Berge. Histoire du Notariat. Paris 1815, 1 vol. in-12.

Besnus. Divers mémoires et articles dans le journal du Notariat et les volumes des circulaires du Comité des Notaires, de 1870 à sa mort, 9 octobre 1884.

Boiverie. Traité de la responsabilité des Notaires, vol. in-8.

Bolline. Le Notariat philosophique et pratique au 19e siècle et formulaire général raisonné. 1 vol. in-8 1873. Bruxelles.

Bonjean. Essai sur la réorganisation du Notariat et sur diverses réformes, in-8, 1847.

Bonnet. Du changement de résidence des Notaires, in-8 1884. — Responsabilité des Notaires en matière de prêts, 1881.

Bonnesœur. Nouveau Manuel de la taxe en mat. civile, 1 vol. in-8,1857.

Braine. Diverses études et observations sur des questions Notariales : Ventes par adjudic., impossibilité d'un tarif, révision du Cadastre, etc.

Brottier. Tableau des formalités requises dans les actes notariés pour les mineurs, interdits, femmes mariées, etc. Paris 1880, in-folio.

Carla. Le jury Notarial ou recueil des principes qui règlent les devoirs des Notaires, la nature et les formalités de leurs actes. Paris 1803 in-12

Chardel. La philosophie du Notariat 1832, 1 vol. in-8.

Chartier. Du privilège en matière de cession d'office. — Revue du Notariat 1874, nᵒˢ 4.524 et 4.654.

Chateau. Dissertation sur le droit de propriété des offices, in-8 1856

Chotteau. Recueil de jurisprudence Notariale, précédé d'un aperçu sur l'institution du Notariat 1865, in-8. Des testaments déposés chez les Notaires et qui s'y trouvent ajournés, jour. des Not. 1866, nᵒ 20490.

Clarard. Études sur le ressort des Notaires 1874, broc. gr. in-8. Étude sur l'application de l'art. 1690 c. c., journal du Notar. 1875.

Clerc Ed. Théorie du Not. pour servir aux examens de capac. in-8 1882.

Clerc-Joyeux. Nouveau formulaire drolatique du Notariat en vers.

Collet. Du Notariat considéré dans ses rapports avec les tribunaux et la magistrature, Paris 1857, in-8.

Combes. Nouveau Manuel des aspirants aux fonctions de Not. in-8 1856.

Comité des Not. des dép. Circ. et mém. 1841 à 1889, 8 v. in-8, v. l'ap. p.99.

Damoye. Divers mémoires et rapports au Comité des Notaires sur les questions hypothéc., les proj. de tarif des actes not., sur le taux de l'int. de l'argent, le privilège des vend. en mat. de cess. d'offices, etc.

Défrénois. Traité formulaire général du Notariat, 5 vol., gr. in-8 1881. — Répertoire général pratique du Notariat. Recueil périodique de législation, jurisprudence et pratique Notariale, 1881 à 1889, gr. in-8.

Debs. Guide pratique des cessions d'office de Notaire br, in-8 1889.

Delmas de Terregaye. Précis alphab. de la science Not. in-8 1820.

Derant. Des rapp. des Not avec la magis. et des dr. et dev. des Not.

De Saint-Pol. Réforme du Not. (capa. solid., indépend.) in-8, 1889. Nice *Dictionnaire du Notariat.* Suppl. à la 4e édit. 5 v. gr. in-8, ab. au j. N.

Douard. Des Notaires dans les campagnes. in-8 sans date connac.

Drion. Le Notaire en second, 1830. 1 vol. in-8.

Drouart. De la responsabilité des Notaires, 1879, in-8.

Ducruet. Diverses lettres et études dans le jour. des Not., etc., sur la resp. des Not., sur la loi du 23 mars 1855, sur la taxe des act. not. sur la réf. du système hypot., sur l'enreg., sur la clause de franc et quitte, et les donations entre époux, etc., et Revue du Notariat.

Dujardin. Du rapport du Not. avec le Crédit Foncier 1860. Du Not. en Alsace-Lorraine, 1872. De la ren. de la fem. à son hyp. lég., 1869. (J. N.)

Dupond. Notice sur l'école du Not. de Bordeaux. plan d'org. d'un enseig. spécial au Not. et sur le mod. de celui organisé par M. Schoil dès 1831 et continué par l'auteur depuis 1871, broc. in-8. 1880.

Dupont. Situation du Notariat dans l'arrond. de Niort d'après la loi de ventôse, 1878, gr. in-8, broch. 128 pages.

Dupuis. Essai sur le Notariat, 1820, 1 vol. in-8.

Durand. Des offices considérés au point de vue des transactions privées et des intérêts de l'État, 1863, 1 vol. in-8.

Duval. De la vénalité des offi., de leur nat., de leur trans., 1875, 4 v. in-8

Duval. Mém. divers au Comité des Notaires et dans le Jour. du Notar. sur la réf. hyp., la purge des hyp. légales, la réforme de la procédure particulièrement des ventes judiciaires et partages, etc.

Encyclopédie du Notariat et de l'Enregistrement, ou Dictionnaire général et raisonné de législation, de doctrine et de jurisprudence en matière civile et fiscale avec formules. publiée par les rédacteurs de la Revue du Not. — Paultre, Lansel, Didio, 18 à 20 vol. gr. in-8.

Fabre. De l'origine et de l'institut. du Not., Clermont 1849, br. in-8. — Du régime hypothé., 1845, br. in-8. — Des homonymes dans les états d'inscrip. 1861. — De la substitution fidéi-commissaire dans la démocratie, br. in-8. Clermont.

Fabry, membre fondateur du Comité, 1852. Tabellionage de Verdunois 3 vol. manuscrits.

Fédix et Frappé. De la vénalité des offices, 1848, in-8.

Flach G. Le Notariat en Alsace-Lorraine, étude historique et critique, Strasbourg 1874, in-8.

Fournier Ch. En outre de ses éléments de comptabilité, autour de remarquables disc. rapports et mémoires insérés dans les Circulaires du Comité des Notaires des départ., ainsi que des tables des 7 vol. résumant si bien les circul., l'histor. et les travaux du Comité, dont il fut membre de 1841 à 1877 et président de 1877 à 1885.

Gaillard A. Man. alphab. des Not. et aspir. au Notariat, 1844, in-8.

Gardey de Clarac. Projet de réorganisation du Notariat 1854, in-8; avait entrepris la publication du Courrier et du Moniteur du Notariat en 1853, journaux qui ne paraissent plus.

Gauthier. Le Guide du clerc de Notaire, 1873, broc. in-8. — Les tabl. synoptiques du Notariat. Le formulaire commenté des liquidations et partages judiciaires. Paris in-8, etc.

Gazette du Notariat. (d'enreg. et de procédure) 20ᵉ année 1889.

Gazette des Clercs de Notaires, direction de M. Cherié, hebd. 16 p.

Gazettes des Notaires. parais. les 1, 10 et 20, dir. Ach. Lécolle.

Genebrier. Nouveau cours de Not. raisonné et expliqué avec comment. de la loi du 25 vent. an XI, 2 vol. in-4. — Projet de réforme notar. et fiscale, gr. in-8. — Répert. encycloped. et raisonné de la pratique Notariale et des formalités hypothéc., in-8. — Traité complet des testaments, etc., 2 vol. in-4.

Genty. La Bazoche Notariale, histoire de la cléricature depuis le 14ᵉ siècle, in-8 1887.

Girardin. Plusieurs mémoires sur le partage des honor. 1855 à 1880, sur la tarification et la taxation des actes notariés, des liquidations judiciaires, testaments, etc., 1853 à 1872. (Jour. du Notariat).

Gorges et Bezard. Manuel des transferts et mutations de rentes avec formules de certifi. de propriété pour Notaires, 1883, in-8.

Gourgeois. Mém. sur l'instit. du Notar., ses amélior., 1860. Paris in-8

Greffler. Des cessions et suppression d'offices, 1883, in-8, 4ᵉ édition.

Grosse. Des honoraires sur les ventes de meubles, broch. in-8. Commentaire de la loi du 23 mars 1855, Paris 1860, 2 vol. in-8. Commentaire de la loi sur la procédure d'ordre, 2 vol. in-8, 1858. Dissertation sur les ventes à réméré, mutations cadastral, côte et parafe, subrog. et radiation d'hypothèque légale. (Journal du Notariat)

Grugnon-Lacoste. Manuel de généalogie pour le calcul des degrés de parenté, 1865; in-8.

Guéroult. Des offices et des offic. min. partic. des Not., 1848, in-8. Rouen

Harel-Delanoc. Cours élémentaire du Notariat, 1863, 2 vol. in-8.

Héan. Nombreuses dissertations dans la Revue pratique du droit français et dans le Mandataire du Notariat, Recueil hebdomadaire.

Hébert. Projets de réformes hypoth., Rouen 1841. (J. du Not.) 1844 à 1851. De l'immatriculation des hommes, des immeub. et des titres, 1844 à 1849, in-8. Défense du régime dotal, 1842, in-8.

Henry. Du privilège sur le prix de cession des offices, 1877, in-8.

Hervé. Le Notariat belge et le Notariat français, réformes nécess. Poitiers 1877, broch. in-8, etc. De la form. des test., 1873, 1 vol. in-8. Devoirs sociaux du riche et du pauvre, 1843, 1 vol. in-8.

Jourdaa. Tableau raisonné des formalités à remplir *pour* et *après* la confect. des actes notariés et sous-seing privé avec tarif des droits et traité comparatif in-8, 1888

— Guide pour économ. légal. les droits fiscaux dans les actes, in-8, 1888.

— Manuel alphabét. de la transcription hypothécaire, in-8, 1886.

Journal des Clercs de Notaires, paraissant tous les Dimanches.

Le Journal du Notariat, le Journal des Notaires et des Avocats, et la *Jurisprudence du Notariat,* continuent de paraître.

Julhiet. Statistique Notariale de l'arrondissement de Valence, 1888.

Laffrat. Étude sur les honoraires des Notaires et le tarif, 1877, br. in 8, diverses notes et observ. dans les circul. du com. des Notaires.

Lancelin. Des Commissions judiciaires des Notaires et du droit à la minute, 1877. Rev. du Not.

Lebens. Code de lois Notariales. Bruxelles, in-8, 1859. Tableaux synoptiques des actes notariés. 1860, in-8.

Lecomte Méd. Code des privilèges sur les meubles et les immeubles. Paris 1868. br. in-8. Notice sur les études de Notaires de La Ferté-Milon. ms. déposé à la Société, 1859.

Lefebvre A. Traité de la discipline Notariale devant les Tribunaux et les Chambres de discipline. 2 vol. in-8, 1876.

Lefebvre G. Manuel et formulaire du Notariat, de l'aspirant au Notariat et des Chambres de discipline. 2 vol. in-8, 1873. Manuels et formulaires de l'inventaire, du testament et des certificats de propriété. in-8, 1871 et 1872.

Lefebvre-Bisson et Dorville. Manuel du clerc de Not., 1857, in-12.

Legrand. Traité et formul. des Assemb. génér. des Not., des ch. de disc. et de la discipline Notariale, 1 vol in-8, 1889.

Lejean. La comptabilité du Notariat en partie double, 1 vol. in-8, 1860,

Lepère. Traité sur l'honorariat des Notaires, in-8, sans date connue.

Leroy. Esquisse d'un projet de transformation du Notariat en Magistrature, 1854, 1 vol. in-8.

Lucas L. Etude sur la vénalité des charges, 3 vol. gr. in-8, 1882.

Mailfer. anc. Not. à Angoulème. Observ. sur la réf.hyp. Rech. hist du juste et de l'inj., 1873, 2 vol. in-8. De la Démoc. en Europe,dans ses rapp. avec le droit internat. et avec l'écon.polit.,3 v.in-8,1875 à 1878.

Mailland. Le Notariat simplifié ou le *Vade mecum* des Notaires, in-18, 1868, trop peu connu. — Etude théor. et prat. sur la rédac. des actes not., 1870, br. in-8. Une étape dans la voie des réformes notariales, br., 1888.

Méténier. Guide pratique du clerc de Notaire, 1856, in-8.

Melin. Nombreuses études de questions Notar. dans la Revue du Notariat, de 1863 à 1870.

Mennesson. Organisation de la Justice et du Notariat musulmans en Algérie, in-8, 1888.

Michaux A. Code formulaire portatif des Notaires, in-4, 1877.
— Formulaire portatif du Notariat, in-4, 1888.
— Guide prat. pour la rédaction des actes notariés, in-16, 1888.
— Traité prat. des liquid. et partag. 1 vol, in-8, 1860.

Michot. Histoire de la forme des conventions et actes privés, depuis les temps les plus reculés, ou origine du Notariat, 2 vol. in-8, 1879.
— Code annoté des Sociétés anonymes, in-8, 1884, et div. études dans la Revue du Notariat.

Minier. Questions Notariales, du Notaire en second, partage d'honoraires, droit à la minute. 1872, in-8.

Molineau. Table analytique de la Revue du Notariat de 1861 à 1871, 2 vol. in-8. Differ. manuels des déclarations de succession et droit de mutation, des contrats de mariage, des bureaux de bienfaisance, fabriques, hospices, etc., 1865 à 1872, in-8. Des contrav. Not. 1 v.

Moneyrac. publie le Mandataire du Notariat, recueil hebdomadaire depuis 1873.

Morel. Du danger des actes sous seing privé, Paris 1869, in-8.

Mourlon et Jeannest St-Hilaire. Formulaire général à l'usage des Notaires, Juges de Paix, Avoués, Greffiers,1881, 1 vol.in-8.

Muteau. Du secret professionnel, de la responsabilité qu'il entraine, in-8 1870.

Néel. Haro sur le papier timbré ! Paris 1862, br. in-8.

Niobey. A publié à Bayeux, dans le Jour. du Notariat et dans les mémoires du Comité d'intéressantes observations sur le Notariat, les questions hypothéc., le rachat des rentes sans expression de capital, etc.

Noël. Nouvelle comptabilité à l'usage spécial des Notaires, in-8, 1880.

Normant. Nouvelle méthode de comptabilité notariale, en partie double (Chartres), in-4, 1875.

Odin. Etude sur la comptabilité notariale. Paris, 1877, in-8.

Oudin. Comptabilité des Notaires, 1 vol. in-4, 1860. De la clause de voie parée, 1850.

Paignon. Projet de tarif des actes notariés. Paris, 1851, in-8.

Paris. (Chambre des Notaires) de Guide de la comptabilité notariale, in 4, 1877. D'un tarif légal 1852, in-4. De la clause de voie parée,1850.

Paultre. En outre de ses observations pratiques dans la Revue du Notariat, qu'il fonda en 1861, auteur (avec M. Durand), du Code général des lois françaises ,et de Capharnaüm, 1869, 1 v. gr. in-8.

Pellerin. Etudes sur les rapports des Notaires avec le Ministère public, compr. formules pour cess. et suppr. d'offices, in-8, 1882.

Perriquet. Traité théorique et pratique de la propriété et de la transmission des offices ministériels, in-8, 1874.

Peuret. Nouvelle méthode de comptabilité notariale. Le Caissier, le Maître clerc, brochures diverses, 1880.

Pradines. Législation des offices, admission au Notar., etc.,in-8,1869.

Revue du Notariat et de l'enregistrement. fondée par M. Em. Paultre, excellente publication mensuelle depuis 1861, 29 v. avec tab.anal.2 v.

Rochon du Verdier. Essai sur l'instit. du Notar., Paris, 1856, in-32.

Roullier. Manuel pratique de droit rural à l'usage des propriétaires, cultivateurs, etc. Hyères, 1861, in-8.

Rousset. *Mémento* du Notaire, mis au courant de la législation, de la jurisp. et de la doctrine, par MM. Michaux et Garnier en 1872. Code usuel des gardes, 1863, in-8.

— Traité pratique des actes privés de Malepeyre, n. éd.,1862, in-18,

— Code annoté de la législation civile, concernant les églises, presbytères, etc.. 1864, in-8.

Serieys. Nouveau Répertoire de la jurisprudence et de la science du Notariat, in-8, 1898.

Strasbourg. La Chambre des Notaires, Manuel pour les Notaires de l'arrondissement, 1851, in-8.

S... n. Etude sur les minutes des anciens Notaires de Soissons, 1857, *Journal des Notariat*, 1857 et 1864.

Tarneau. Etudes de législ. notariale étrangère, nouvelle loi notar. italienne. Revue du Notariat, 1877 et 1878. Le Notariat français, journal hebdom. n'a paru qu'un an, 1878-79.

Tojan. Essais d'histoire et de jurisprud. du Notariat, 1 v. in-8, 1840.

Theureau. Etudes sur l'abolition de la vénalité des offices, 1868, réfutées par M. J. St-Hilaire, V. 4e vol. p. 362, des circulaires du Comité des Notaires des départements.

Thireau. Traité des établissements de propriété dans les actes notariés, 1 vol. in-8, 1886.

Trémoulet. Plusieurs brochures et observations sur la réforme du système hypothéc. et la possibilité de refaire le cadastre promptement et sans frais, etc. *Jour. du Notariat*, 1851 à 1880.

Tribune Notariale, paraissant 2 fois par mois depuis 1886, sous la direction de M. Reine, Not. honoraire.

Turin. De la rédaction des actes au point de vue de l'écriture sténographique, des lang. étrang. et des prescrip. de la loi, 1878, in-8.

Tyman. Honoraires et droits des Notaires, 3 vol. in-8.

Vaury. Nouveau manuel du capitaliste, calcul instantané des intérêts, 1877, 1 vol. in-8

Vavasseur. Mémoires sur le règlement amiable, sur la responsabilité des Not.en matière de prêts hypoth., bro. et Revue du Not., 1874-75.

Viard. Etudes sur les origines du Notariat. Langres, 1877, in-8.

Vraye. Du remboursement des offices et de la suppression de leur vénalité, 1 vol in-8, 1860. L'agric. et la propr. foncière, 1870, in-8.

— Le Budget de l'Etat, réforme fin., jud. et adm. 1875, in-8.

Vuatiné. Du droit de transmission des offices, des réformes et améliorations à leur appliquer. La Rochelle, 1860, 1 vol. in-8.

Walkenart. De la responsabilité civile des Notaires, 1 v. in 8', 1877.

Weber A. Documents inédits. Par devant Notaire, xviie et xviiie siècles, 1888, in-12.

— Supplément annuel à tous les Codes à partir de 1889, prix 3 fr. Cette publication servira de continuation plus particulièr. à notre Code manuel et à notre présent supplément.

ENREGISTREMENT.

Nous n'entendons pas ajouter à cette Note bibliographique Notariale les noms des Auteurs qui ont écrit sur l'Enregistrement, mais nous nous reprocherions de ne pas mentionner ici les ouvrages de quelques auteurs et fonctionnaires de cette administration que leurs noms rattachent à Amiens et dont le souvenir ne saurait être oublié :

Bigorne. Refonte et analyse des circulaires et instructions de l'Enregistrement, relative à la perception des droits, au Notariat et aux contraventions, avec supplément annuel, 1884, 2 vol. in-4.

Caron. Reforme de la législation de l'Enregistrement, 1878, 1 vol. in-8.

Ducroquet et Astié. Traité d'Enregistrement et de timbre, 1888, 1 v.in-8, tiré de leur livre ; Exam. des surnum. de l'enreg. 1 f.v.in-8.

Lansel. Tarif des droits d'Enregistrement, 7e édition. in-32, 18 84. Commentaires des lois des 28 Février et 25 Avril 1882, etc., dans la *Revue du Notariat*, qu'il dirige.

Aux grands ouv.de MM. Championnière et Rigand, Garnier et Dalloz, recommandés dans notre Code manuel de 1859, nous devons ajouter ici les savants traités de MM.

Demante. Principes de l'Enregistrement (avec comment. de la loi du 22 frimaire an vii et explic. des nouv. lois) 2 vol. in-8, 1888.

Naquet. Traité théorique et pratique des droits d'Enregistrement avec tarif raisonné, 3 vol. in-8, 1882.

Dictionnaire des droits d'Enregistrement, de timbre, etc , par les rédacteurs du *Journal de l'Enreg.*, 3e édit., 1875 à 1885, 6 vol. in-4.

Revue pratique de l'Enregistrement, etc., par M. Géraud, auteur du Dictionnaire de Comptabilité et de la Table générale des circulaires et Instructions de l'Administration, 3 tom., 1880 à 1889.

TABLE CHRONOLOGIQUE
Du Supplément en trois parties du Code Manuel des Notaires
DE 1874 A 1889.

Lois. Décr. Circ. Inst. Déci. Lett.	DATES.	TITRES DES LOIS, DÉCRETS, CIRCUL., INSTRUC., ETC.	citations ou reproductions
		1873-1874	
L		Forme des certificats de propriété	rep.
L		Délivrance des certificats de propriété.	rep.
L		Pièces à fournir p. la liquid. des arrérages d. pension.	rep.
L	26 juil.	1873. Addition à l'art. 401, C. pén. Restaurateurs et Aubergistes	rep.
C	20 avril	1874. Apposition de scellés apr. décès d'officier supér.	
D	18 juin.	Timbres mob. p. effets de commerce de 500 à 1000 fr.	
D	6-10 ao.	Régions et subdiv. de régions, compos. territor. de la France	
C	2 oct.	Cote et parafe des titres au porteur.	rep.
L	10 déc.	Navires susceptibles d'hypothèque	
L	18 déc.	Natifs en France d'étrangers qui aussi y sont nés.	rep.
		1875	
L	5 jan.	Conservation des registres hypothécaires.	rep.
D	15 jan.	Greffiers de paix en Algérie exerçant fonct. notariales.	
C	18 févr.	Permissions de mariage d'officiers et assimilés.	rep.
L	24-25 fé.	Organisation des pouvoirs publics. Sénat.	
L	13 mars	Composit. de l'armée active et de l'armée territoriale,	
C	3-12 av.	Contrats de mariage d'officiers. Formule d'apport.	rep.
L.L.	5].3 ao.	Reconstitution des actes de l'état-civil de Paris	rep.
D	7 juin.	Dispense de purge, petites acquis. faites p. hospices.	rep
L	21 juin.	Droits de transcr., Échanges, Lots, Valeurs de nu-propriété et de l'usuf., Bénéf. d'ass. sur la vie	rep.
L	16 juil.	Rapports des pouvoirs publics.	
L	28 juil	Consignations judiciaires	rep.
L	2 août.	Élections des Sénateurs.	
L	3 août.	Union génér. des Postes. Taxe des lettres	
L	3 août.	Dispense de lecture et mention de lect. L. 23 août 1871, pour adjudication	
D	21 août	Organisation judiciaire en Algérie	
C	29 oct.	Reconstitution des actes de l'état-civil de Paris	
L	30 Nov.	Élection des Députés.	
L	1 déc.	Parts d'intérêts dans les Sociétés en nom collectif.	rep.
L	14 déc.	Sociétés d'achat et de vente d'immeubles exclusivet.	rep.
L	15 déc.	Taxe de 3 °/₀ sur lots et primes de remboursement	rep.
		1876	
D	8 fév.	Loi du 21 Juin 1875 rendue exécutoire en Algérie.	
D	26 mar.	Remise des receveurs de l'Enregistrement	
D	6 avr.	Forme de la promulgation des Lois.	rep.
C	25 juin.	Reçus des Trésoriers payeurs généraux, soumis au timbre ou exempts.	
C	8 août	Réception et signature des actes dans les prisons.	rep.
L	12 août	Époque de paiement des rentes pour la vieillesse et des pensions	rep.
L	12 août	Ouverture de la 1re session des Conseils génér. fixée au 2e lundi après Pâques	p.
L	12 août	Nomination des Maires et Adjoints	
D	3 sep.	Communication d. actes de l'état-civil entre la France et la Belgique	rep.
C	19 oct.	De M. Dufaure sur le Notariat	rep.
L	5 déc.	Modifiant les art. 620 et 626 du Code de commerce	rep.
L	30 déc.	Timbre des contrats d'assurances des biens situés à l'étranger	rep.

Lois. Décr. Circ. Inst. Déci. Lett.	DATES.	TITRES DES LOIS, DÉCRETS, CIRCUL., INSTRUC., ETC.	citations ou reproductions
		1877	
D	23 jan.	Modifications aux Statuts du Crédit Foncier.	
D	10 mars	Formalités pour recueillir la succession d. déportés.	
I P	21 avril	Copies et extraits d'actes de l'état-civil de Paris, à adresser à la Commiss. de reconstitution.	
L	28 juin.	Modifiant les art. 420 et 421 du Code d'inst. crim.	rep.
L	3 juil.	Réquisitions militaires. chevaux, voitures, grandes manœuvres	
D	3 août.	Réglementant les réquisitions militaires, etc.	
C	31 août	Cote et parafe des Titres au porteur d. les inventaires.	rep.
D	8 sept.	Timbres mob. pour effets de commerce et warants	
C	21 déc	Procurations pour transferts de rentes.	
		1878	
I P	19 janv.	Proposant de remplacer les règlements particul. des Notaires du ressort d'Amiens, par d. nouveaux.	rep.
C	févr.	Tableau des actes de l'année et des ventes judiciai-res à envoyer chaque année au Greffe.	rep.
L	21 mars	Taxe télégraphique	
L	26 mar.	Transcription des partages anticipés au droit d. 0,50	rep.
I	28 mar.	Sur la loi précédente et prorogeant d'un an le délai de la transcription	
L	6 avril	Réforme postale.	
L	1 juin.	Construction de Maisons d'école, ressources, Caisse des écoles.	
L	11 juin.	Création de la dette amortiss. p. annuités en 75 ans.	
L	22 juin.	Pensions d. retraite des officiers de l'armée de terre et des pensions de veuves de militaire	
D	16 juil.	Sur l'exécution de la loi du 11 Juin précédent	
D	16 juil.	Présence de l'interprète aux actes notariés dans les colonies	
I	10 oct.	Direct. de l'Enreg. sur les successions en déshérence.	rep.
L	18 déc.	Dispense de timbre et enregist., les actes pour réqui-sitions militaires	
L	22 déc.	Réduction du droit de timbre proportionnel sur les effets de commerce	rep.
		1879	
	31 janv.	Démission du Maréchal Mac-Mahon. Élection de M. J. Grévy, Président de la République	
D	18 mars	Échange des papiers timbrés et timbres mobiles.	
L	18 mars	Suppression du droit de timbre sur les mandats payés par les Postes.	
D	27 mars	Promulguant la convention de l'Union postale uni-verselle conclue à Paris le 1er Juin 1878	
L	5 avr.	Recouvrement des effets de commerce, factures, etc. jusqu'à 500 fr. par la Poste.	
D	22 avr.	Lois des 23 Août 1871 et 28 Févr. 1872 non exécu-toires en Algérie, pour location verbale.	
DD	5 et 10 m.	Service des abonnements et recouvr. par la Poste	
DD	26 j.30 jt.	Orga. du Not. à la Réunion et à St-Pierre et Miquelon	
L	13 juil.	Sur le Conseil d'Etat.	
L	22 juil	Siège du pouvoir exécutif et des Chambres à Paris.	
D	2 août	Règlement intérieur du Conseil d'Etat.	
L	5 août	Nomination d. memb. des Commissions d. Hospices.	
L	5 août	Pensions du personnel de la Marine et des Colonies.	

ABRÉVIATIONS DES TABLES

L. Lois, D. Décrets, C. Circulaires, I. Instructions, let. Lettres, d. Décisions, A. Arrêtés, S. Solutions, M. Ministre, J. Justice, F. Finances, G. Guerre, P.-G. Procureur-Général, Pr. Préfet, R. Rapport, d. A. G. ou Ch. N. Délibération d'Assemblée Générale ou de la Chambre des Notaires d'Amiens, rep. reproduction, p. partie ou page.

NOTA. — Avec observation qu'il faut se reporter à la 1re partie p. 3 à 45 pour les Lois et Décrets et à la 2e partie pour les Circul., Instr. etc.

Lois Décr. Circ. Just. Décl. Lett.	DATES.	TITRES DES LOIS, DÉCRETS, CIRCUL., INSTRUC., ETC.	Citations ou reproductions
		1879	
D	24 oct.	Légalisation des pièces pour mariage en Belgique et en France.	
L	20 déc.	Délai légal des prescriptions et péremptions.	rep.
L	22 déc.	Contributions sur les voitures et sur les chevaux.	
L	" "	Réduction du timbre proport. des effets d. commerce.	
		1880	
D	6 fév.	Négociation en France des valeurs étrangères.	
I.	27 fév.	Aliénation des valeurs mobilières appartenant aux mineurs et interdits.	rep.
C	10 mars	Du Trésor sur la loi précédente relativement aux rentes sur l'Etat.	rep.
L	13 mars	Assist. judic. entre la France et l'Autriche-Hongrie.	
L	18 mars	Liberté de l'Enseignement supérieur.	
D	25 mars	Tenue au greffe du Tribunal de commerce, d'un registre pour chaque faillite.	
D	29 mars	Congrégation non autorisée tenue de faire approuver ses statuts.	
L	30 mars	Timbre des affiches.	rep.
L	3 avril	Loi du 15 Juin 1872 sur les Titres au porteur applicable aux Colonies.	
D	8 avril	Appliquant la loi du 27 Février 1880 aux Colonies.	
I	avril	Du Crédit Foncier p. l'immatricule d. Titres nominat.	rep.
C	20 mai.	Min. Just. sur l'exécut. de la loi du 27 Février 1880.	
L	11 juin	Chemins de fer d'intérêt local et Tramways.	
L	6 juill.	Fête nationale établie le 14 Juillet de chaque année.	
I.	12 juil.	Abrogation des lois qui interdisent le travail les dimanches et fêtes.	
L	15 juil.	Sur les patentes.	
L	17 juil.	Autorisation à la Poste, de recouvrer les effets de commerce, d'abaisser les droits proportionnels d'encaissement et de réduire à 1 '/. le droit d'abonnement aux journaux.	
D	7 sept.	Tenue au Greffe pour les liquidations.	rep.
C	21 oct.	Minis. Just. sur l'exécution du décret précédent.	rep.
L	28 déc.	Impôt sur le revenu des Sociétés et Associations, mode de déterminer le revenu des Actions.	rep.
		1881	
D	15 fév.	Recouvrement des effets par la Poste et prêtet par les Notaires et Huissiers.	rep.
D	7 mars	Empr. de un milliard en rente 3 '/. amort. en 72 ans.	
D	12 mars	Assistance judiciaire, Convention conclue entre la France et l'Allemagne.	rep.
L	9 avril	Création d'une Caisse d'épargne postale.	rep.
C	11 avril	Etat des liquidations judiciaires à adresser tous les trois mois au Greffe.	rep.
I.	12 avril	Création du canton de Decazeville pris sur celui d'Aubin. Exercice d. Notaires dans les 2 cantons.	
D	29 avril	Emploi des timbres mobiles.	
C	30 avril	Autorisation à justifier pour actes de communes, établissements publics, etc	rep.
I.	2 juin	Péremption décennale des saisies immobilières : art. 693. Code procédure.	rep.
L	16 juin.	Gratuité absolue de l'Enseignement primaire.	
L	19 juin.	Modification de l'art. 338. Code d'instr. criminelle.	rep.
L	27 juin.	Prescription spéciale au profit des communes contre actions pour réquisitions allemandes.	
I.	29 juin.	Acquit du timbre au comptant sur titres étrangers.	
L	30 juin.	Liberté des réunions publiques.	
L	21 juill.	Police sanitaire des animaux.	
L	29 juill.	Liberté de la presse (de la librairie et de l'imprim.)	
L	29 juill.	Droit gradué de 100 fr. en 100 fr. p. effets négociab.	
L	29 juill.	Versements des fonds des Caisses d'épargne à la Caisse des Dépôts et Consignations.	
D	4 août	Organisat. de l'Enseignement secondaire spécial.	
L	5 août	Prescript. pour la taxe des actes notariés et demandes en taxe.	rep.
C	10 août	Date du paiement du traitem. d. la Légion d'honneur.	rep.
L	18 août	Pension des anciens militaires, supplément.	
L	20 août	Code rural : chemins ruraux, sentiers d'exploitation.	rep.
L	26 août	Mitoyenneté des clôtures, plantations, droit de passage en matière d'enclave.	rep
L	27 août	Réduction du taux légal de l'argent en Algérie.	
C	30 août	Déclarat. dans les certificats de vie de non cumul.	rep.
D	31 a.11 oc	Réglementaire de la Caisse d'épargne postale.	
D	7 sept.	Abaissement des taxes postales.	
C	19 août	Non garantie préalable du paiement des frais par la Poste pour les prêtets.	
D	7 nov.	Remises allouées aux Receveurs d'enreg. et d. timb.	
		1881	
L	14 nov.	Abrogation de l'art. 15 du décret du 23 prairial, an XII, sur les cimetières	rep.
DD	20-26 d.	Rendant exécutoires en Algérie la loi sur le timbre des effets et les règlements sur la plaidoirie.	
		1882	
C	6 fév.	Délivrance de certificats de vie par les Notaires.	rep.
L	14 fév.	Droits des enfants nés en France d'un père étranger.	rep.
I.	8 mars	Modification à l'art. 69, § 9, du Code de proc. civile.	rep.
I.	16 mars	Administration de l'armée.	
L	23 mars	Etat civil des Musulmans en Algérie.	
I.	28 mars	Nomination des Maires et Adjoints.	
L	28 mars	Enseignement primaire obligatoire.	
I.	4 avril	Restauration et conservat. des terrains en montagne.	
I.	5 avril.	Abrogation des dispositions (législatives) sur l'adjonction des plus haut imposes.	rep.
C	7 juin	Mention des autorisations pour actes au profit des communes, établ. publics.	rep.
I.	19 juin	Maximum (2000) des quittances et billets à recouvrer par la Poste.	
D	26 juin	Certificats de vie de pensionnaires de la marine résidant en pays étranger.	
L	29 juin	Bons de Poste de sommes payables à présentation.	
I.	15 juil.	Réduction du délai de conservation des valeurs confiées à la Poste.	
D	26 juil.	Approbat. de modific. aux Statuts du Crédit Foncier.	
L	29 juil.	Décime sur les produits de l'Enregist. en Algérie.	
L	3 août	Timbres spéciaux pour versement sur livret de Caisse d'épargne postale.	
D	6 août	Autorisation aux Sociétés des Etats-Unis d'exercer leurs droits en France.	
C	30 a. 3 s.	Occupation pour adjudications par les Notaires des Salles d'école, de Mairie et de Justice-de-Paix.	
	28 oct.		rep.
D	9 oct.	Certific. d'étude presc. aux cand. Notaires en Algérie.	
D	18 nov.	Adjudications et marchés passés au nom de l'Etat.	
D	30 nov.	Réglementaire des Caisses d'épargne postales.	
D	9 déc	Emission de bons de Poste de 20 fr.	
C	22 déc.	Conservation des meubles et objets d'art des édifices religieux.	
		1883	
I.	5 janv.	Modific. à l'art. 1734 du C. civ. sur l. risques locatifs.	rep.
D	27 janv.	Mariage des français en Cochinchine.	
L	27 mars	Organisation de la juridiction française en Algérie.	
D	14 mars	Rente 5 '/. amortiss. jusqu'à concurr. de 1,200,000 fr.	
d	11 avril	Min. fin. Hospices dispensés de droits de mutation sur effets des malades décédés.	
L. D.	27 avril	Rembours. ou conversion de la rente 5 '/. en 4 1|2 '/.	
C	12 mai	Recommandation de grande exactitude dans les noms des débiteurs hypothécaires.	rep.
D	6 juin	Achat et vente de rente par le Caissier central du Trésor à Paris.	
d	14 juin	Décharge de titre de rente par personne illettrée, enregistrée gratis.	rep.
I.	27 juin	Fermeture du livre des rentes 5 '/.. ouverture du livre des 4 1|2 '/.	
L	28 juin	Etat des enfants min. nés en France d'une française mariée à un étranger.	rep.
D	7 juill.	Ordre du Mérite agricole créé pour services rendus à l'agriculture.	
D	3 août	Convention entre la France et la Suisse pour enfants abandonnés.	
L	8 août	Pensions de retraite du personnel non officier de la Marine.	
I.	30 août	Réforme de l'Organisation judiciaire, (Tableaux).	rep.
d	18 sept.	Non communication de minutes à l'Enregistrement pour un intérêt domanial.	
D	3 oct.	Dispos. du C. Civ relat aux pers. et aux actes de l'état-civil rendus applicables en Cochinchine.	
I.	8 déc.	Election des membres des Tribunaux de commerce	
		1884	
L	30 janv.	Maximum d'émis. des billets de la Banque de France	
I.	27 fév.	Révis. des bases du cautionnement des percepteurs.	
L	21 mars	Création des syndicats professionnels.	
L	5 avril	Organisation municipale.	
C	11 mai	Dissim. de prix dans les traités de cession d'office.	rep.
C	16 mai	Certificats de vie, déclaration de non cumul.	rep.
D	10 juin	Certification des transferts de rente par les agen's de change dans les départements.	

Lois. Décr. Circ. Inst. Déci Lett.	DATES.	TITRES DES LOIS, DÉCRETS, CIRCUL... INSTRUC., ETC.	citations ou reproductions
		1884	
L	27 juill.	Divorce et séparation de corps.	rep.
D	29 juill.	Extens. des attribut. des Gref. Notaires en Algérie	
T.	2 août	C. rural: de l'act. en garantie des vices rédhibi. p. 69.	rep.
L	14 août	Révision partielle des lois constitutionnelles	
C	26 sept.	*Dir. Gén. Enr.* sur l'exéc. de la loi du 27 juil. 1884.	rep.
C	"	*Ministre. Just.* sur l'application de la loi du divorce.	rep.
d	30 sept.	M.F.Succ. l'étrang en France appréh. par les Consuls	rep.
L	23 oct.	Ventes judiciaires d'immeubles	rep.
let.	31 oct	M. Post.Réquis. d'états hyp. envoy.comme pap.d'aff.	
L	3 nov.	Droits fiscaux sur échanges d'immeubles ruraux	rep.
C	4 nov.	*Direct. Enreg.* sur la loi précédente.	rep.
d	1er déc.	*Minis.* Mainlevée d'hypoth par conseil de fabrique.	rep.
I	3 déc.	*Minis.* sur la loi du 23 oct. 1884 des ventes judic.	
L	6 déc.	Modificat. des lois org. sur le Sénat et les élections	
L	29 déc.	Contri.fonc.appl.aux terrains à usage comm.et indus.	
L	29 déc.	Abonn. timb. des assur.; imp. sur le revenu et droits d'accroissement des Congrégations religieuses.	rep.
		1885	
d	29 janv.	M. F. Déliv. grat. des ext. du cadas. pour actes d'éch.	r. p.
L	23 mars	Resp. des ag. de chang. ajout. à l'ar. du 27 prai.an x.	
L	26 mars	Marchés à terme	rep.
DD	30-31 m.	Appl. à l'Alg. les lois du 3 nov. 1884 et 23 oct. 1884.	
L	15 avril	Pens. des veuves de mil. et marins décéd. hors d'Eur.	
D	30 avril	Appels en inst. en divorce jugés en mat. ordinaire.	
AG	5 et 27 n.	Modifiant le Tarif des Notaires d'Amiens.	3e p.
d	9 mai	*Min F.* exp. d'actes de divor.à un indig. exem.d'enr-	
L	16 juin	Modification à la loi électorale des députés	rep.
L	30 juin	Transferts de rentes sur l'Etat, certific. de signatures.	rep.
D	1 juill.	Changement de date des vacances judiciaires	
D	8 juill.	Timbres mobiles pour effets de commerce et warants.	rep.
L	10 juill.	Hypothèque maritime.	rep.
L	11 juill.	Défenses d'impri. simil. aux bill. de banq. et aut. val.	
D	25 juill.	Accept. et emploi de dons et legs à des Facultés et Ecoles d'enseignement supérieur.	
L	8 août	Recensement des prop. bâties, et vacances des maisons, remises d'impôts	rep.
L	12 août	Modificat. et abrog. de plusieurs art. du C. de com.	
L	14 août	Moyens de prev. la récidive : Réhabilitation.	
I	sep.	Nécess. pour les avoués de justifier d'un pouvoir écrit pour surenchérir.	
L	17 déc.	Convention entre la France et l'Espagne, assist jud.	
D	29 déc.	Légalisat. des signatures de Notaires sur certif. de vie	
		1886	
L	12 janv.	Taux de l'intérêt de l'argent	rep.
C	20 janv.	Légal. des sign.sur certif. de vie hors du départem.	
D	8 f. 11 m.	Résidents et Chanceliers en Annam, au Tonkin et à Madagascar, chargés de rec. les actes Min.du Not.	
L	8 mars	Lundi de Pâque et lundi de la Pentec. insti. j. fériés.	
D	17 mars	Empereur d'Allemagne décrète la discipline et la comptabilité notariales en Alsace-Lorraine.	rep.
	27 mars	Traité intern. addit. à l'Union postale universelle	
Avis	17 avril	Cons.d'Et.,add.à l'art.1997 CC., réser. d'usuf.au surv.	rep.
D	18 avril	Procédure en matière de divorce.	rep
	3 mai	Nomencl. des établiss. insal, danger. ou incommodes.	
L	22 juin	Sur les membres des familles ayant régné en France.	c. p.
L	20 juill.	Caisse des retraites de la vieillesse	rep.
D	10 sept.	Organisation de la justice musulmane en Algérie.	
D	26 oct.	Formalités des actes notariés en Algérie.	rep.
D	28 déc.	Nouvelle organisation des caisses de retraites.	
D	31 déc.	Scellés et invent. au décès d'un offic.supér.de la mar.	
D	31 déc.	Popul. de la France d'après le dernier recensement	rep.
		1887	
D	3 janv.	Imp. 3 % sur rev. des val.mobil.applicab. à l'Algérie.	rep.
L	30 mars	Conservation des monuments et objets d'art d'intérêt historique et artistique	
L	30 mars	Union internat. pour la protec. de la prop. littéraire.	
L	28 avril	Etabliss. et conserv. de la propriété en Algérie	
D	14 m 24 j.	Réorganisation des Archives nationales	
L	2) juin	Diffamation et injure commises par corresp. à découv.	rep.
d	8 juill.	M. F. Certif. de vie pour pensions. de caisses de retraite départementales et communales.	
D	29 juill.	Naturalisation en Tunisie, en Annam et au Tonkin	
D	24 août	Organisation du Notariat dans les établissements français de l'Inde	r. p.
I	30 sep.	*Enr.* Sociétés, prêts, C ed. F., val. mob., vent. jud.	rep.
L D	22 oct.	Transf. à Lille des Facul. de lett et de droit de Douai.	
		1887	
L D	7 nov.	Convers. des rentes 4 1/2 % et des rentes 4 % en 3 %.	rep.
D	11 nov.	Formalités pour le mariage des condamnés à la relégation, art. 151 à 153, Code civ	
D	15 nov.	Administ. d. la Just. en Cochinchine et au Cambodge	rep.
L	15 Nov.	Liberté des funérailles	
L	1 déc.	Terr. plantés en vig. nouv. exonérés de l'impôt fonc	
L	3 déc.	Election de M. Sadi Carnot, Président de la République, en remplacement de M. Grévy.	
L	26 déc.	Incompatibilités parlementaires, élect. Sénatoriales	
		1888	
C	1er fév.	M. J., inconvén. des encres d'aniline pour les actes.	rep.
D	23 fév.	Adjudications forestières dans les chefs-lieux de cantons et communes, v sa d'affiches	
L	4 fév.	Répression d. fraudes dans le commerce des engrais.	
C	23 mars	Prohibition de clause alternative dans les actes non autorisés aux établissements religieux	
L	30 mars	Quittances d'arrérages de rentes viagères sur la vieillesse, soumises au timbre de 10 c.	
D	14 avril	Instituant prov. un Conseil sup. de l'assist. publique.	
L	11 avril	Modification aux art. 105 et 108, Code commerce, réception des objets transp. prescr. des actions	rep.
I M	28 mai	Droit aux Notaires d. faire part. du Conseil des directeurs d. Caisses d'ép. et d. suc. d. la Banq. de Fr.	
S	2 juin	*Enr.* Curateur à succession vacante dispensé de payer droits de mutation	rep.
L D	26-28 ju.	Recrut. d. s.-lieut. de réserve et d. la territ. Avancement des lieuten. et sous-lieuten. de réserve	
d	11 juin	M. F. Notar. et certific. de propriété p. Caisses d'ép.	rep.
R	24 juin	*Just. civ.* en 1886. Nombre des Notaires et des actes notariés. Statistique des ventes judiciaires.	rep.
L	16 juin	Abaissement du prix des passeports à 0.50 c.	
d	26 juin	*Min. Guerre.*relative au mariage des officiers supér.	rep.
D	5 juill.	Honoraires des Notaires en Algérie à raison des partages et licitations.	rep.
S	30 juill.	*Enreg.* Dispense provisoire de payer droits des legs aux Hospices, pauvres, etc.	rep.
f	10 août	*Enreg.* Salaires des conservateurs des hypothèques.	rep.
D	23 a. se.	*Min. C.* relatif au mariage d. sous-offic. etc.	rep.
D	8 sep.	Organisation de la justice au Tonkin	
D	18 sept.	Réglementant la procédure en Cochinchine, au Cambodge et au Tonkin	
D	2 oct.	Relatif aux étrangers résidant en France.	rep.
A	5 oct.	Correspondance par cartes postales.	
L	26 oct.	Ajoutant à l'article 163, Code pénal.	rep.
L	26 oct.	Relative à la création d'une section temporaire du contentieux au Conseil d'Etat.	
C	3 nov.	Expédition totale des testaments conten. legs. avis et conseils aux héritiers et légataires univer., etc.	r. p.
D	5 nov.	Fonctions d'avocats défenseurs en Cochinchine	
L	15-22 d.	Pour l'extension des associations syndicales en vue de travaux entre propriétaires intéressés.	
Proj	nov.	Sur comptab. Notar., contrôle et mesures règlement.	rep.
L	17 déc.	Transfert à Lille du chef-lieu d'Académie de Douai.	
D	28 déc.	Taux de l'intérêt des rentes pour la vieillesse fixé à 4 % pour 1889.	
		1889	
D	6 janv.	Autorisant les fonctionnaires à se servir de cartes simples à découvert pour correspondance officielle.	rep.
C	4 fév.	Sur la vente aux enchères des marchandises neuves	rep.
D	13 fév.	Election des Députés par scrutin individuel	rep.
L	13 fév.	Renonc.à son hypoth.légale par la femme venderesse.	rep.
L	14 fév.	Sur curatel. succ. vac. droits de rec. en Calédonie	rep.
L	19 fév.	Restriction du privilège du bailleur d'un fonds rural et attribution des indemnités d'assurances	rep.
L	4 mars	Liquid. judic. modifiant la législation des faillites.	rep.
L	18 mars	Relative au réengagement des sous-officiers	
L	19 mars	Relative aux annonces sur la voie publique.	rep.
R	3 avril	Du Créd Fonc. sur sa situat. et les opér. de l'ex. 1888	
L	4 avril	Sur le Code rural : des animaux domestiques	rep.
D	4 avril	Emiss. par Cré Fonc.de bons de 25 tikets d'Exposit	rep.
D	8 avril	Convoquant le Sénat en Haute Cour de Justice.	
L	10 avril	Sur la procédure à suivre devant la Haute Cour pour attentat contre la sûreté de l'Etat	
L	16 avril	Fixant à 0,15 c. la taxe de lettres officielles non affranchies, émanées de fonctionnaires	
L	18 avril	Complétant l'art. 1953, Code civ. sur la responsabilité pécuniaire des hoteliersréduite à 1.000 fr.	rep.
A	30 avril	Autorisant les mentions au recto des cartes postales	

TABLE ALPHABÉTIQUE

DES

Matières contenues ou énoncées dans les DEUX SUPPLÉMENTS (¹)

DU

CODE MANUEL des Notaires

Avec renvoi aux Lois, Ordonnances, Décrets, Circulaires, Instructions, etc., qui y sont insérés ou cités.

de 1859 à 1889.

A

Absence : Disparus pendant la guerre. L. 9 août 1871, *rep.*

Acceptation de dons et legs : Fabriques, D 13 fév. 1862, *rep.* — Alternative, Circ. 23 mars 1888, *rep.* — Facultés et Écoles supérieures, D. 25 juillet 1885.

Accroissement (droit d') : Congrégations religieuses, L. 28 déc. 1880, *rep.* L. 29 déc 1884, *rep.*

Actes de l'état-civil de Paris détruits et à reconstituer : L. 10 juil. 1871 *rep.* L. 6 janv. et 12 fév. 1872, *rep.* D. 30 déc. 1873. LL. 5 juin, 3 août 1875, *rep.* Circ. 21 avril 1877. — Nullité desd. actes du 18 mars 1871, L. 19 juillet 1871. — Publication d'actes de mariage pendant la guerre, D. 28 déc. 1870. — d'Alsace-Lorraine, expéd. Conv. 4 nov. 1872. D. 5 juil. 1872. — Des indigènes musulmans en Algérie. L. 23 mars 1882. — France et Belgique, D. 3 sept. 1876. L. 28 mai 1869.

Actes notariés : Signature dans les prisons, Cir. 8 août 1876. *rep* — Reçus par les Greffiers Notaires (Algérie), D. 18 févr. 1875. D. 26 octob. 1886. D, 7 juin 1889. — Par les Résidents et Chanceliers en Annam, au Tonkin, à Madagascar. D. 8 févr., 11 mars 1886. — Nombre en France et en Algérie. Rap.just.civ. en 1886,24 juin 1888.

Actions et obligations dans les compagnies, sociétés, etc. Droits de mutation LL. 18 mai 1850,13 mai 1863, 23 août et 16 septembre 1871. — Impôt sur le revenu, L. 28 déc. 1880 et 29 déc. 1884. *rep.* — Taxe et timbre, LL. 5 juin 1850, 16 sept. 1871, 30 mars, 29 juin 1872, *rep.*, 29 déc, 1873, *rep.*, D. 6 déc. 1872 *rep.*

Adjudications par les Notaires : Mairies, salles d'école, etc., Circ. 30 août, 5 sept., 28 oct 1882, *rep.* v. Lett. Proc.Imp. fév. et juin 1868, 2 p.— Par les Maires, Lett. préf, juil. 1859, *rep.* 2 p. — Par les particuliers. Ar. préfect, 27 oct. 1860, *rep.* 2 p. — Publiques dispensées de la lecture de la loi du 23 mars 1871, L. 3 août 1875.

Adjudications et Marchés : L. 11 juin 1859. D. 18 nov. 1882,

Administration : — Décentralisation, D. 13 avr. 1861. — Organisation, L. 5 avr. 1884.

Affiches : Droits de timbre, timbres mobiles, D. 21 déc. 1872, *rep.* L. 30 mars 1880. — Dispense de visa pour adjud. forestières, D. 2 fév. 1888.

Agents de change : Adj. 1 ou 2 com. princ., à Paris. D. 13 oct. 1859. — Certific. de transf. départem, D. 10 juin 1884. — Constitut, et Baill. de fonds, L, 2 juill. 1862. Modifi. Art. 74, 75 et 90 du Code com. — Présentation de successeurs, D. 1 oct. 1862. — Responsabilité, L. 28 mars 1885 et arrêté du 27 prairial an X, art. 13 modifié.

Algérie. — Actes nota.,form, témoins, identité.D.26 oct.1886 7 juin 1889. — Caisse des retr.pour la vieill,L.20 juil.1886. D. 27 déc. 1886. — Certificat d'études pour officiers minister. Notaires, D. 9 oct. 1882. — Constitut. d'état-civil des indigènes. L. 23 mars 1882. — Enregistrement, LL. 23 août 1871 et 28 février 1872 non exécutoires, D. 20, 26 déc. 1881. — Augmentation d'un décime, L. 29 juil. 1882. — Echange, droit de transcrip., L. 24 juin 1875. D. 8 févr. 1876. — Echange d'immeubles voisins, L. 3 nov. 1884. D. 30 mars 1885. — Greffiers-Notaires, orga-

---

(1) Notre premier supplément de 1874 n'ayant pas de table alphabétique, nous avons cru devoir, pour l'entier complément de la table, p. 79, du Code Manuel, comprendre aussi ici un résumé des matières contenues dans ce 1er supplément de 1859 à 1874. Un coup d'œil sur ces deux tables fera voir tout de suite l'importance et l'utilité pratique du Code Manuel et de ses suppléments pour les Notaires et les Chambres de discipline qui voudront bien les consulter. Ils y trouveront de nombreux documents et même quelques dates de lois et décrets, non reproduits ni cités, qui leur serviront de memento et auxquels ils pourront facilement, s'ils en ont besoin, se reporter dans les grands Codes et les Recueils de lois.

(1) La Cour de Cassation vient, après renvois successifs, de persister dans sa dernière jurisprudence en faveur des contrats *d'assurances sur la vie en cas de faillite*, et de casser (23 juillet 1889) un arrêt contraire de la Cour d'Amiens du 8 mai 1889 ;

« La stipulation écrite dans un contrat d'assurances sur la vie au « profit de la femme d'un commerçant failli profite à celle-ci (art « 1121 C. C.) et ne rentre pas dans les avantages prévus par les « art. 550 et 564 Cod. Com. qui doivent être rapportés à la faillite.

Espérons que cet arrêt de la Chambre civile fixera définitivement la jurisprudence des Cours et Tribunaux sur cette question intéressante et si controversée jusqu'ici, et dont la solution dans ce sens est si favorable à l'extension des assurances sur la vie dans les familles.

(Caisse d'amortissement et des dépôts et consignations)

Principaux services de cette Caisse :

CONSIGNATIONS.

1ent. *Deniers comptants.* — Les consignations judiciaires désignées dans l'art. 2 de l'ordonnance du 3 juillet 1816, toutes celles ordonnées par les lois même dans les cas non rappelés par ladite ordonnance, doivent être versés à la Caisse des dépôts et consignations.

La Caisse paie l'intérêt de toute somme consignée à raison de 3 °/₀ à compter du 61e jour depuis la date de la consignation, jusque et non compris celui du remboursement. La remise des sommes consignées est

---

faite dans le lieu du dépôt, à ceux qui justifient de leurs droits, dix jours après la réquisition du paiement au préposé de la Caisse.

2ont *Titres et valeurs mobilières.* — Les consignations de titres et valeurs mobilières, sous forme nominative ou au porteur, prescrites soit par une disposition de la loi ou par un règlement, soit par une décision judiciaire ou administative et celles qui sont demandées par les parties intéressées dans une succession, ou l'une d'elles, sont reçues également par la Caisse des dépôts et consignations dans les conditions qui régissent les dépôts d'espèces, en exécution de la loi du 28 juillet 1875 et du décret règlementaire du 15 décembre suivant.

La Caisse est chargée d'effectuer des versements complémentaires destinés à libérer les titres consignés, lorsqu'elle a reçu provision à cet effet, ou lorsque le déposant à affecté à cet emploi les ressources disponibles de la consignation. Elle opère le recouvrement des intérêts, arrérages ou dividendes dus sur les titres consignés ; elle encaisse également lorsqu'il y a lieu les sommes provenant du remboursement total ou partiel des titres ainsi que les lots et primes qui leur sont attribués. La négociation des titres peut ainsi être faite par la Caisse, sur la demande des parties ou en conformité d'une décision judiciaire passée en force de chose jugée.

La Caisse paie l'intérêt des sommes par elle recouvrées comme revenus ou comme réalisation de capitaux dans les conditions ci-dessus rappelées pour les consignations faites en deniers comptants.

Elle est autorisée à percevoir un droit de garde annuel fixé par arrêté du Directeur Général, approuvé par le Ministre des finances. Ce droit, qui est actuellement de 1/8e p. 100, ne peut s'élever au delà de 0,25 p. 100 de la valeur de chaque titre déposé, il est calculé, savoir : pour les titres non cotés à la Bourse, sur la valeur nominale, et pour tous les autres, sur le cours moyen de la veille du jour du dépôt, ou, à défaut de cote à cette date, sur celui de la précédente cote.

DÉPOTS VOLONTAIRES.

Cette Caisse est autorisée à recevoir : 1º les *Dépôts volontaires des particuliers* qui sont faits à Paris en monnaie ayant cours ou en billets de la Banque de France ; 2º les *Dépôts effectués par les établissements publics ou autres.* Elle bonifie l'intérêt à 3 p. º/º sur les sommes déposées volontairement par les établissements publics, pourvu qu'elles soient restées 30 jours à la Caisse ; si elles sont retirées avant ce temps, il n'est pas dû d'intérêt. A l'égard des dépôts volontaires effectués par des particuliers à Paris, l'intérêt et les conditions de ces dépôts sont fixés par un arrêté du Directeur général en date du 6 août 1881, à 1 p. º/º à partir du jour du versement si les sommes restent plus de 15 jours en dépôt. Les intérêts sont capitalisés d'office ou payables, à la demande des parties, le 1er janvier et le 1er juillet de chaque année.

Le remboursement, soit total, soit partiel des sommes déposées, a lieu *quinze jours* après l'enregistrement de la demande au Secrétariat de l'Administration.

Code pénal : 65 Art. modif. par L. 13 mai 1863. — Art. 177 complété par L. 4 juillet 1889. — Art. 416. abr. L. 21 mars 1884. — Art. 421 et 422, abr. L. 28 mars 1885. — Art. 463, D. 27 nov. 1870, L. 26 octo. 1888 et suppr. surveill. haute police L. 27 mai 1885.

Code instr. crim. : Art. 336, L. 19 juin 1881, *rep.* — Art. 420 et 421, L. 18 juin 1877, *rep.* — Art. 630 à 632, 621 et suiv., L. 14 août 1885.

Code rural : L. 20 août 1881, 26 août 1881, L. 2 août 1884, LL. 4 avril, 9 et 18 juil. 1889, toutes reproduites.

Collègues. — *Confrères* : le 1er nom s'applique entre personnes revêtues des mêmes fonctions et le 2e entre personnes exerçant la même profession.

Colonies. — Application de la loi du 13 juin 1872, L. 3 avr. 1880. — De la loi du 27 févr. 1880, D. 8 avr. 1880. — Des décrets des 25 mars et 7 sep. 1880. DD. des 15 mai et 2 déc 1880. — De la loi du 14 août 1885. — Des lois du 27 juil. 1884 et 18 avril 1886, des lois des 8 mars 1886, 26 oct. 1888, et 15 fév. 1889. — Discipline des Not., D. 14 sept. 1853. — Succes. vac. D. 27 janv. 1855. — D. 10 août, 7 sept. 1881, D. 17, 22 et 28 juin 1889.

Comité des Notaires des départements : 1840, 1848 à 1889. Circul. et Mém. réimp. en 8 vol. V. notice à l'app., p.99.

Commissions des Hospices : Nom. des memb. L. 5 août 1879.

Communes : Purge des hypothèques, D. 14 juill. 1866. — Organisation, L. 5 avril 1884.

Communications de minutes : Refus pour intérêt domanial. Décis. 18 sep. 1883.

Concordats amiables : L. 22 avril 1871. L. 19 déc. 1871.

Congrégations non autorisées : D. 29 mars 1880. — Religieuses, L. 29 déc. 1884, *rep.* — Taxe, valeurs, Instr. de la Régie, 3 juin 1885, n° 2712.

Conseil d'État : L. 24 mai 1872. L. 13 juill. 1879. D. 2 août 1879. L. 23 mars 1880. L. 26 oct. 1888.

Conseil de fabrique : Main-levée d'hypoth. Décis. 1er déc. 1884, *rep.* (D. 30 déc 1809 et 12 janv. 1825).

Conseils de préfecture : L. 21 juin 1865. D. 12 juil. 1865. — Procédure L. 22 juillet 1889.

Conseils généraux : L. 10 août 1871. L. 15 fév. 1872. L. 31 juill. 1875. L. 12 août 1876. L. 31 mars 1886.

Conseil du Sceau des titres supprimé : Ses fonct. attrib. au Conseil d'adm. du Minist. de la Just. D. 10 janv. 1872.

Conseils municipaux : LL. 24 juil. 1867, 7 juil. 1873, 12 août 1876, 28 mars 1882, et 5 avr. 1884.

Conservateurs des hypothèques : Trois bureaux créés dans la Seine. D. 16 nov. 1859. — Cautionn. L. 8 juin 1864, Art. 26 s. D. 11 août 1864. L. 23 mars 1873. — Registres, L. 5 janv. 1875, *rep.* — Salaires, D. 24 nov. 1853, 9 juin 1866, instr. 10 août 1888, *rep.*

Conservation et restauration des terrains en montagne L. 4 avril 1882. — Des monuments et objets d'art : Circ. 22 déc. 1882. — L. 30 mars 1887.

Consignations reconstituées : L. 15 sept. 1871. — Judiciaires, L. 20 juill. 1875, *rep.*

Contrainte par corps : L. 22 juill. 1867. L. 29 déc. 1871.

Contrat de mariage d'officiers : Cir. 3 avr. et 12 août 1875, *rep.* — Cir. 26 juin 1888 et 1889, *rep.* sous-offic. août 1888, — Caisses d'épargne, L. du 9 avril 1881, art. 6, § 5.

Contre Lettre de prix d'office : Nullité d'ordre public. Cass. 19 juin 1883. Cir. 11 mai 1884.

Copies d'exploits : Timbre, L. 29 déc. 1873, *rep.* D. 30 déc. 1873. — Sur papier libre d'actes à délivrer par les Notaires pour l'Adm. Let. Préf. énum. les d. actes. 5 sept. 1861, p. 92.

Cote et parafe : Cir. 2 oct. 1874 et 31 août 1877, *rep.*

Conversion des rentes : 4 1/2 et 4 %, L. 12 fév. 1862. — Rentes 5 % en 4 1/2 %. L. et D. 27 avr. 1883. DD. 30 avr. et 12 mai 1883. — Rentes 4 1/2 et 4 % en 3 %. L. et D. 7 nov. 1887, *p. rep.*

Cour d'Amiens : Pétition des Notaires d'Amiens contre le projet de suppression de la Cour. Mai 1885, 3e part. p. 87.

Courtier de marchandises : Liberté de l'exercice de la profession et indemnité à payer aux Courtiers en exerc. L. 10 juil. 1866. D. 22 déc. 1866.

Crédit Foncier : Modificat. aux Statuts, D. 16 août 1859. D. 7 août 1859, D. 23 janv. 1877. D. 26 juill. 1882. — LL. 6 juill. 1860 et 26 févr. 1862, autorisant à prêter aux départements. communes, hospices et autres établissements. — Applicable à l'Algérie. D. 17 janv. 1863. — Note p. formal. p. rembours. titr. nomin. avr. 1880, *rep.* Compte-rendu de sa situation et du bilan de 1888, 3 avr. 1889, *rep. p.* — Émission de bons de 25 fr. servant de tikets pour l'exposition, rembours. en 75 ans avec lots.

Crimes et délits à l'étranger : L. 27 juin 1866.

Culte : L. 12 juil. 1880 abrogeant la loi du 18 nov. 1814, etc. — Loi 5 avril 1884 : Art. 100 et 101, sonnerie des cloches et clô du clocher des églises; Art. 136, logement du curé; Art. 167, désaffectation des édifices religieux. — Décret 26 mai 1885: Panthéon enlevé au culte. et abrogat. des Déc. des 6 déc. 1851, 28 mars 1852 et 26 juill. 1867. — L. 10 juil. 1889, Transf. au Panthéon des cendres de Carnot, Marceau, Baudin et la Tour d'Auvergne.

D

Décime nouveau et demi-décime d'enregistrement : LL. 2 juil. 1862, 13 mai 1863, 8 juin 1864, 18 juill. 1866. L. 23 août 1871. L. 19 fév. 1874, *rep.* — En Algérie, L. 29 juill. 1882.

Dédommagements pour perte de guerre : L. 6 sept. 1871.

Délais en matière civile et commerciale : L. 3 mai 1862. — Prescript. et péremptions : L. 20 déc. 1879, *rep.* — Des pourvois en cassation : L. 2 juin 1862. — Paiet d. loyers et effets: D. 30 sep., 9 oct , 10 nov. 1870. — Pour droits des legs aux hôpitaux, etc. L. 30 juil. 1888

Déportés : Condition, droits de la femme. D. 25 mars 1873, *rep.* — Successions, D. 10 mars 1877.

Dimanches et fêtes : Travail, L. 12 juill. 1880.

Dissimulation dans les actes : L. 23 août 1871, *rep.*, L. 28 fév. 1872, *rep.*— Traités d'office. Circ. 11 mars 1884, *rep.*

Divorce et séparation de corps : L. 27 juill. 1874, *rep.* Circ. 26 sep. 1874, *rep.* D. 30 avr. 1885. — Décis. 9 mai 1885. L. 18 avr. 1886, *rep.*

Dons et Legs aux Fabriques : D. 13 fév. 1862. — Aux Communes, pauvres, établiss, etc, D. 30 juill, 1863.

Douai : Académie et Facultés transférées à Lille. D. 22 oct. 1887. L. 17 déc. 1888.

Droit : Ecoles, Facultés, Étudiants, Grades, Diplômes de Bachelier, Licencié, Doct. en Droit. V. la Note à Facultés.

Droits de mutation après décès. Droits fixes, gradués, etc. V. Enregistrement.— Effets dans les Hospices et legs de val. disp. de droits.Décis.Enr. 11 avr. 1883 et 30 juil. 1888.

E

Echanges d'Immeubles : L. 27 juill. 1870. L. 21 juin 1875. L, 3 nov. 1884. C. M. 4 nov. 1884, 29 janv. 1875, *rep.*

Effets négociables, etc. : Droits proportionnel et gradué. L. 23 août 1871, *rep.* L. 28 fév. 1872, *rep.* L. 29 juill. 1884. Négociation de valeurs étrangères. D. 6 fév. 1880. — Marchés à terme. L. 28 mars 1885. — Timbres mobiles. L. 27 juill. 1870. L. 23 août 1871, *rep.* D. 25 juin, 20 déc.1872. L. 29 déc.1873, *rep.* L. 19 fév. 1874. D. 8 sept. 1877. L. 22 déc. 1878.

Élections des juges de commerce : L. 21 déc. 1871. L. 8 déc. 1883. — Des Députés, L. 30 nov. 1875. L. 16 juin 1885.L. 13 fév. et 17 juil.1889.— Des Sénateurs,L. 2 août 1875. L. 9 déc. 1884. — Incompatibilités, L. 26 déc. 1887. — Municipales, L. 14 avr. 1871. L. 7 juill. 1874.

Enfants (protection des) : Travail, L. 19 mai 1874. — Abandonnés ou placés L. 24 juil. 1889.

Encre d'aniline: Inconvénient de l'emploi. Cir. 1er fév. 1888.

Engrais : Fraudes dans le commerce L. 4 févr. 1887. Déc. et arrêté Min. des 10 mai et 19 juin 1889.

Enregistrement : Augmentation des droits (et du timbre). L. 23 août 1871, *rep.* L. 28 fév. 1872, *rep.* L. 30 mars 1872 et 29 juin, *rep.* L. 29 déc. 1873. L. 19 févr. 1874, *rep.* L. 21 juin 1875.— Obligation pour Notaires de presser la rentrée des droits, Dél. A. G.Not., mai 1872.

Enseignement supérieur (Liberté) : L. 12 juill. 1875 et 18 mars 1880. — Primaire (supérieure) 15 janv. 1881, (gratuité), L. 16 juin 1881,(obligatoire)L.28 mars 1882.— Second.spéc.,D. 4 août 1881.—Du Droit, 1881-1882.V.Fac.

Entrepreneurs de transports : Décharges, récépissés, L. 28 fév. et 30 mars 1872, *rep.* L. 17 juil. 1889.— Recouvrements opérés et récépissés, L. 19 fév. 1874,*rep.* Réception des objets,Prescrip. des actions L. 11 avr. 1888, *rep.*

Établissements insalubres, dangereux, incommodes : Nomenclature, D. 3 mai 1886. D. 5 mai 1888.

Etat trimestriel des liquidations au Greffe : Cir. 11 avril 1881, *rep.*

Etat sommaire des legs à transmettre aux Préfets : D. 30 juil. 1863, div. circ. 3 nov. 1888.

Etats-Unis d'Amérique (Sociétés autoris.) : L. 6 août 1882.

Etrangers (enfants) : L. 16 déc. 1874, *rep.* L. 14 fév. 1882. L. 28 juin 1883. — Résidents en France. D. 2 oct. 1888.

Expédition au lieu d'extrait de testaments pour autorisation de legs : Cir. 7 juin 1882. Cir. 3 nov. 1888, *rep.*

Extrait d'acte : Doit être littéral et certifié pour radiat. d'inscr. hyp. Lett. Cons. hyp., mai 1886, p. 75

F

Fabriques : D. 30 déc. 1809. — Acceptation de dons et legs. D. 13 fév. 1862. — Mainlevée, Déc. 1er déc. 1884.

Facultés et Écoles de Droit (1) : Les Facultés de Droit de l'État sont au nombre de 13 en France : à Aix, Bordeaux, Caen, Dijon, Grenoble, Lille, Lyon, Montpellier, Nancy, Paris, Poitiers, Rennes et Toulouse, en dehors de deux écoles préparatoires de droit à Alger et à Fort de France (Martinique). — 4 Facultés libres existent à Angers, Lille, Lyon et Paris. — Les conditions d'inscription et de scolarité sont les mêmes, mais les examens ne peuvent être subis que devant les Facultés de l'État qui seules confèrent les titres. L. 12 juillet 1875, art. 15. L. 18 mars 1880. — Matières de droit enseignées en 1re, 2e et 3e année, D. 24 juil. 1889.

Faculté de droit à Douai : D. 25 avr. 1865. — Transfert à Lille D. 22 oct. 1887.

Faillite : Législation modifiée, création de la liquid. judic. L. 4 Mars 1889. *rep.*

---

(1) Tout étudiant en droit, aspirant aux grades conférés par les Facultés, doit réunir certaines conditions d'aptitude, suivre les cours, justifier d'un certain laps de temps d'études constaté par des inscriptions et subir des examens fixés par des règlements. Les épreuves subies avec succès y font obtenir les *certificats de capacité* en droit et les diplômes de *bachelier en droit*, de *licencié* et de *docteur en droit.* L. 23 vent. an 12. D. du 4° jour comp. an 12. D. 17 mars 1808 Arrêté Minist. 24 nov. 1875.

Bien qu'aucun de ces grades ne soit exigé pour les fonctions de Notaire, en prévision de changements demandés depuis quelque temps dans la législation pour la réforme du Notariat, nous entrons dans les quelques détails suivants sur les grades conférés par les Écoles et Facultés de droit d'après le régime scolaire et qui résument succinctement mais complètement les règlements sur la matière.

Brevet de capacité en droit n'exige avant aucun grade universitaire, il demande un an d'études, quatre inscriptions et un examen devant 4 professeurs sur des matières du Cod. civil, de procéd. civ. du Code pén. et d'instruct. criminelle. Les droits d'inscription d'examen et du certificat s'élèvent à 255 fr. Ce brevet confère le droit d'exercer la profession d'avoué. L. 22 vent. an 13, art. 26.

Bachelier en droit. — Il faut être d'abord bachelier ès-lettres, suivre deux ans les cours, prendre huit inscriptions, passer deux exa-

Fête Nationale au 14 juillet : L. 6 juill. 1880.

Formule exécutoire : D. 25 sept. et 5 nov. 1870. D. 2 sept. 1871. D. 11 avr. 1873, *rep.*

Frais, prescription, taxe : L. 5 août 1881, *rep.*

Français disparus pendant la guerre : L. 9 août 1871.
— Conditions pour être Français et naturalisé. L. 26 juin 1889. *rep.*

France : Circonscriptions territoriales. D. 10 août 1874.
— Membres des familles ayant régné. L. 22 juin 1886.
— Dénombrement de la population. D. 30 déc. 1886, *rep.*
— Belgique : Actes de l'état-civil. D. 3 sep. 1876. D. 24 oct. 1879. L. 28 mai 1889. — et Suisse : Enfants naturalisés et abandonnés D. 7 juil. 1880 et 3 août 1883. — Allemagne, Autriche et Espagne. Voir ci-des. Assist, judiciaire.
— Et Grande Bretagne : Echange de mandats de poste pour certaines colonies anglaises. L. 26 juillet 1889.

Funérailles (Liberté des): L. 15 nov. 1887. D. 27 av. 1889.

G

Gage commercial : L. 23 mai 1863.

Garantie des prix de ventes mobil., etc. Défense aux Notaires. Lett. Proc. 22 mars 1865, *rep.*

Greffiers : D. 8 déc. 1862. L. 16 nov. 1875. D. 25 mars 1880. D. 7 sept. 1880. C. M. F. 5 juin 1889.

---

mens de deux épreuves chac. avec 3 examinateurs. Les droits d'inscript. d'épreuves, certificats d'aptitude et diplôme, etc. sont de 720 fr. D. 12 fév. et 14 mars 1877. C. M. 12 fév. 1884.

Licencié en droit. — Doit être bachelier en droit, avoir 3 années d'études et 12 inscriptions, y compris celles du baccalauréat en droit, subir 2 épreuves d'examen avec 3 examinateurs plus une thèse. Les droits des 4 inscript. supplém. et d'examen, certificats et diplôme, etc. sont de 410 fr. — D. spéc. 28 déc. 1880. Cours, droits, examens, inscrip,. D. 8 janv. 1881. C. M. 21 juin 1881. DD. 15 mai, 20, 21, 22, 23 juill. 1882. D. 30 juill. 1883. 28 juil. et 28 déc. 1885. L. 26 fév. 1887. D 31 mars 1887. C. M. 1er avril 1887.

Ce grade est nécessaire pour être avocat, magistrat, élève consul' attaché de divers ministères et pour être admis au concours d'entrée dans le service diplomatique, d'auditorat au Conseil d'Etat et à la Cour des comptes, d'élève commissaire de la marine, etc.

Docteur en droit. — Nécessité d'être licencié en droit, en plus 4 inscriptions, 3 examens devant 4 examinateurs et la thèse. Les droits s'en élèvent à 570 fr. Déc. spéc. 28 juil. 1882. D. 20 mai 1887, etc.

Ce grade est nécessaire pour être admis au concours d'agrégation et à celui pour les attachés au parquet de 1re classe ; il est en grande considération pour les nominations dans la Magistrature.

La loi du 17 juil. 1889, accorde le privilège de ne faire qu'un an dans l'armée au docteur en droit et à l'aspirant au doctorat qui justifiera à 26 ans qu'il est reçu docteur.

Un nouveau décret du 24 juil. 1889 règle les matières de l'enseignement du droit en 1re, 2e et 3e année.

Les Clercs qui voudront avoir des renseignements plus détaillés pour faire leur droit et aspirer à un de ces grades, pourront consulter avec fruit le nouveau guide de l'étudiant en droit par un professeur, édité par M. A. Rousseau, à Paris.

Greffiers-Notaires en Algérie : D. 18 janv. 1875. D. 29 juill. 1884. — En Cochinchine. D. 9 déc. 1886. — En Maroni (Guyanne) D. 28 juin 1889.

H

Honoraires : Demande de taxe et prescription. L. 5 août. 1881, *rep.* — En Algérie, D. 5 juill. 1888.
— Tarif des Notaires d'Amiens, modific. 1880-1885. Résumé. V. 3e partie, p. 19.

Honorariat : Spontané et non provoqué. Lett. Proc., 6 mars 1861, 2 p. — Règlem. Notaires d'Amiens, Délib. As. G. 7 oct. 1879. — Pièces à produire pour obtenir du Gouvernement l'honorariat (1).

Hypothèque : Conservation des registres. L. 5 janv. 1875, D. 28 août 1875 — 1 égale d. la fe.: Renou., L. 13 fév. 1889.
— Maritime : L. 10 déc. 1874. L. 10 juill. 1885, *rep.* — D. 10 juin 1886, sur les droits à percevoir par les Recev. des douanes chargés du service de l'hypot. mar.

Hospices : L. 7 août 1851. D. 31 mai 1862. L. 7 juil. 1877. D. 1er août 1879. L. 5 août 1879. D. 15 juin 1880.
— Ventes des immeub. et conversion en rentes sur l'État, C. M. 16 mai, 24 août et 26 oct. 1858, *rep.* — Effets mobiliers des décédés. Décis. 11 avr. 1883, 30 juil. 1888.

I

Imprimerie : Liberté. D. 10 sep. 1870. L. 29 juil. 1881.

Impôt sur le revenu des valeurs mobilières : L. 30 mars et 29 juin 1872, *rep.* D. 6 déc. 1872, *rep.* L. 1er déc. 1875, *rep.* — Des créances hypoth. L. 28 juin 1872. *rep.* abr. par la L. 20 déc. 1872. — Pétition des Notaires d'Amiens, sept. 1872, 2e p. — Des Congrégations, L. 29 déc. 1884, *rep.* — Des Sociétés, L. 28 déc. 1880, *rep.* et des Cercles. L. 17 juil. 1889, *rep.*

Impôt Foncier sur propriétés bâties et locaux inoccupés : L. 8 août 1885, *rep.* — Sur terrain à usage commercial et industriel. L. 29 déc. 1884. — Exonération sur terrains replantés en vigne. L. 1er déc. 1887.

Incendie : Responsabilité des locat. modif. par l'art. 1734. L. 5 janv. 1883. — Indemnités d'assur. L. 19 fév. 1889.

Inde Française : Organisation du Notariat. D. 24 août 1887.

Pièces à produire pour obtenir du Gouvernement l'honorariat :

1° Expédition de la délibération de la Chambre des Notaires ;

2° Pétition du Candidat au Garde des Sceaux ou au Chef de l'Etat (d'une date postérieure à la délibération de la Chambre).

3° Bulletin n° 2 du Casier judiciaire délivré par le Greffier du Trib.

4° Certificat du Greffier constatant la date de la prestation de serment du candidat et de celle de son successeur.

5° Certificat du Secrétaire de la Chambre des Notaires attestant que le candidat n'a été l'objet d'aucune mesure disciplinaire et mentionnant les fonctions qu'il a remplies dans la Chambre et leur durée.

Toutes ces pièces doivent être sur timbre et légalisées.

INJURE et diffam. par corresp. découv. : L. 11 juin 1887.

INTÉRÊT de l'argent réduit en Algérie : L. 27 août 1881. — Taux légal, L. 12 janv. 1886.

INTERPRÈTE pour actes notariés : D. 16 juill. 1878.

J

JOURS fériés légaux : Lundis de Pâques et de la Pentecôte. L. 8 mars 1886.

JURY : D. 14 oct. 1870. L. 21 nov. 1872. L. 31 juil. 1875.

L

LÉGALISATION : Par les Juges de Paix ; D. 19 oct. 1859. L. 2 mai 1861. — Par les Présidents et Juges de Paix, d'actes d'Alsace-Lorraine ; D. 5 juill. 1872. — De pièces pour mariages en Belgique ; D. 24 oct. 1879. — De certificats de vie ; D. 29 déc. 1885. Circ. 20 janv. 1886.

LÉGION d'honneur : Traitement, Paiement. L. 11 juin 1859. Art. 6. Cir. 10 août 1881, *rep.*

LEGS : Au profit de fabriques, communes, pauvres, établis. L. et ord. 2 janv. et 2 av. 1817, 14 janv. 1831. Circ. 10 mai 1855, *rep.* D. 13 fév. 1862, 30 juil. 1863. Cir. 7 juin 1882. — Sol. enr. 30 juill. 1888. C. M. 3 nov. 1888.

LIQUIDATIONS judiciaires : Lett. présid. Trib. d'Amiens, 30 juill. 1861, 2 p. — Etat trimest. Cir. 19 avril 1884. — Judiciaires Commerciales. Nouv. loi du 4 mars 1889.

LOCATAIRES : Art. 1244, C. civ. L. 2 sep. 1871. — Art. 2102, L. 12 févr. 1872. — Art. 1734, L. 5 janv. 1883. — Faillite. L. 12 févr. 1872 modifi. Art. 450 et 550. C. com. Locaux inoccupés un an, L. 8 août 1885.

LOGEMENTS insalubres : L. 13 avr. 1850. L. 25 mai 1864.

LOUAGE des domest. et ouvriers : L. 9 juil. 1889, *rep.*

LOYERS à Paris : L. 21 avr. 1871 et 6 janv. 1872. — L. 12 fév. 1872, *rep.*

LOTS et primes de remboursement : Taxe, D. 15 déc. 1875.

M

MARAIS communaux : Mise en valeur, L. 12 juill. 1860.

MARCHÉS à terme : L. 28 mars 1885. — Au nom de l'État. D. 18 nov. 1882. — Enreg. L. 11 juin 1859.

MARIAGES pendant la guerre : D. 23 déc. 1870. — D'officiers, Cir. 18 fév. 1875, juin 1888 et 1889. — Des sous-officiers, etc., 23 août et 10 sept. 1888, *rep.* — Des français en Cochinchine : D. 27 janv. 1883. — Des relégués, D. 11 nov. 1887. — Des indigents (Belges) L. 28 mai 1889.

MAIRES et Adjoints : L. 14 avr. 1871. L. 20 janv. 1874. L. 12 août 1876. — L. 28 mars 1882. L. 5 avr. 1884.

MAISONS d'école : Construction, L. 1er juin 1878. — Pour adjudications. Circ. 5 sep., 30 oct. 1882, *rep.*

MÉRITE agricole (création de l'ordre du) : D. 7 juil. 1883.

MINEURS et interdits (val. mobil.) : L. 27 févr. 1880, *rep.* Cir. 10 mars et 20 mai 1880, *rep.* — L. 9 avril 1881, art. 6. — maltraités, abandonnés, placés L. 24 juil. 1889.

MINUTES anciennes : A conserver par les Notaires et non à déposer aux archives. — Lett. Proc. Gén., avr. 1864, 2° p.

MISE en liberté provisoire : L. 14 juill. 1865.

MITOYENNETÉ des clôtures : Code rural. L. 26 août 1881, *rep.*

MONTAGNE (conservation des terrains en) : L. 4 avr. 1882.

MONTS DE PIÉTÉ : L. 24 juin 1851. D. 24 mars 1852. D. 31 mai 1862.

N

NATIONALITÉ : L. 26 juin 1889, modifiant les Art. 7, 8, 9, 10, 11, 12, 13, 17 à 21. Cod. civ. et abrogeant les décrets du 6 avr. 1809, 26 août 1811, les lois des 22 mars 1849, 7 fév. 1851, 29 juin 1867, 16 déc. 1874, 14 fév. 1882 et 28 juin 1883, *rep.*

NATURALISATION : L. 29 juin 1867. D. 19 nov. 1870. L. 16 déc. 1874. L. 14 févr. 1882. L. 28 juin 1883, *rep.* — En Tunisie, en Annam et au Tonkin. D. 23 juill. 1887.

NÉGOCIATION des valeurs étrangères : D. 6 févr. 1880.

NOBLESSE : Titres, Armoiries, usurpation. L. 28 mai 1858. Cir. M. et P. 19 juin, 21 juill. 1858, *rep.* — Résumé de la législation en note (1).

Noblesse, Titres, Armoiries

(1) A raison de leurs rapports avec des clients appartenant à la Noblesse, il est bon que les Notaires soient au courant de la législation la concernant depuis la Révolution et la nuit historique du 4 août 1789, où ce second ordre de l'Etat a fait lui-même spontanément l'abandon de ses titres et de ses privilèges.

Nous avons donc recueilli et résumé en quelques lignes les dispositions législatives relatives à la Noblesse ancienne et nouvelle, aux titres et aux armoiries. L'art. 259 du Code pénal, rétabli par la loi du 21 mai 1858 avec une amende de 500 à 10.000 francs, punissant l'usurpation des titres, est toujours en vigueur, et les Notaires restent soumis aux prescriptions de la Circulaire Ministérielle du 19 juin 1858. Ils pourront consulter utilement ces renseignements succints, mais complets dans leur brièveté et intéressants au point de vue légal et historique.

---

5 Novembre 1789. — L'ASSEMBLÉE NATIONALE DÉCRÈTE qu'il n'existera désormais en France aucune distinction d'ordres ;

15 Mars 1790. — Elle établit le partage égal des successions sans égard à l'ancienne qualité noble des biens et des personnes ;

19 Juin 1790. — Elle abolit la Noblesse héréditaire, défend de prendre un autre nom que le nom de famille, les qualifications de prince, marquis, Comte, Vicomte, Vidame, Baron, Chevalier, Ecuyer, Noble, etc., ainsi que les appellations de Monseigneur, Messire, Altesse, Excellence, Eminence et Grandeur ; Elle interdit en même temps l'emploi des armoiries et des livrées.

27 Septembre 1791. — Loi qui sanctionne l'abolition de la Noblesse déclarée dans le préambule de la Constitution de 1791, et inflige des peines à ceux qui dans *les actes* prendraient des qualifications ou titres abolis, feraient porter des livrées à leurs domestiques ou placeraient des armoiries sur leurs maisons ou leurs voitures, *aux Notaires* et officiers publics qui recevraient des actes où les qualifications et titres ci-dessus seraient énoncés, etc.

30 Mars 1806. — L'empereur Napoléon institue une nouvelle Noblesse et emprunte à l'ancienne une partie de ses qualifications.

1er Mars 1808. — DÉCRET complétant le précédent décret et créant

Noms et prénoms : Exactitude. Cir. 12 mai 1883,

Notaires : Banlieue de Paris. L. 16 juin 1859. — Renfermés dans Paris. D. 29 sept. 1870. — Suppléance sous les drapeaux. L.L. 14 août, 25 oct., 4 déc. 1870, 2 mai 1871 et 28 févr. 1872. — Nombre en 1886. Rap. 24 juin 1888. — Honoraires, Dél. As. G., 7 oct. 1879. — Serment C. M. J. 5 juin 1889. — Tableau des Notaires de l'arrondis. d'Amiens au 1er janv. 1888, des officiers de la Chambre de discip. et des Not. honor., de 1859 à 1888. — Not. du ressort de la Cour d'Amiens, p. 96, et suiv.

Notariat : Organisation. — Savoie et Nice. D. 1er déc. 1860. — Martinique. D. 14 juin 1864. — Cochinchine. L. 22 sept. 1869. — Antilles. D. 16 juill. 1878. — Ile Marie-Galante. D. 7 juin 1880 et 1er sept. 1882. — La Réunion, St-Pierre et Miquelon. D. 26 juin, 30 juill. 1879. — Océanie. D. 28 déc. 1883. — Inde Française. D. 24 août 1887, rep. p. — Cir. de M. Dufaure, 19 oct. 1876, rep. — Projet de loi ou de décret soumis au Conseil d'Etat en nov. 1888, rep. p. 82, modif. par lui en juil. 1889.

<h2 style="text-align:center">O</h2>

Objets (d'art) : Conservation. L. 30 mars 1887. — Vente. Cir. 22 déc. 1882. — Transport. L. 11 avr. 1858.

Officier ministériel : Qui exerce sa fonction auprès d'une Cour ou d'un Tribunal. Il diffère du fonctionnaire public en ce que le caractère de celui-ci est d'être détenteur d'une partie de l'autorité publique. Le Notaire est l'un et l'autre. Art. 1er, L. 25 Ventôse, an XI.

Officier public. — Ce terme comprend tous les emplois publics : Fonctionnaires, Notaires, Officiers ministériels.

Ordre : L. 21 mai 1856. Modifi. Art. C. pr. civ., 692, 696 et 77 et les Art. 749 à 779. rep.

Organisation judiciaire : Réforme. L. 30 août 1883 et Tableaux des Cours et Tribunaux, rep. — V. Algérie et Colonies. — Municipale. L. 5 avr. 1884.

<h2 style="text-align:center">P</h2>

Parquet : Intermédiaire légal pour transmettre pétitions, etc., des Notaires. Lett. Proc. juin 1862, 2e p.

Passeports : L. 16 juin 1888.

Patentes : L. 15 juill. 1880, une autre en disc. dev. les Chamb.

Péremption et prescription en matière civile : D. 9 sept., 3 oct. 1870, rep. L. 26 mai 1871. — Délais. L. 20 déc. 1879, rep. — Saisies immob. L. 2 juin 1881, rep.

Pêche : Etabliss. sur le rivage de la mer. Autorisation révocatoire. Lett. Proc., 14 mai 1864, rep.

Pensions de retraite : L. 22 juin 1878. L. 5 août et 18 août 1879. L. 11 avr. et 18 août 1881. L. 8 août 1883. D. 15 avr. 1885.

Percepteurs : L. 29 déc. 1873. L. 25 juill. 1879. D. 15 nov. 1879.

---

des *Majorats.*

3 Mars 1810. — Décret, Titre 2 qui règle l'usage des armoiries et leur transmission du père aux enfants.

Février 1810. — Code pénal, art. 259 portant que : « Toute « personne... qui se sera attribuée des titres... qui ne lui auraient pas « été légalement conférés, sera puni d'un emprisonnement de 6 mois « à 2 ans, etc.

1814. — La Charte, après avoir déclaré tous les Français égaux devant la loi, quels que fussent leurs titres et leurs rangs (art. 1) et tous admissibles aux emplois civils et militaires (art. 3), porte dans son art. 71 : « La Noblesse ancienne reprendra ses titres; la nouvelle « conserve les siens. Le Roi fait des nobles à volonté, mais il ne leur « accorde que des rangs et des honneurs sans aucune exemption de « charges et de devoirs de la Société. »

15 Juillet 1814. — Ordonnance créant une Commission du Sceau des titres à laquelle devaient être portées les demandes afin d'obtenir des titres et armoiries et la vérification des armoiries des communes de France.

28 Avril 1816. — Loi de finances (art. 55), qui soumet les lettres patentes scellées à un droit d'enregistrement proportionnel au droit de Sceau (20 p. %) payable avant la délivrance de toute expédition.

25 août 1817. — Ordonnance qui pose des règles pour la pairie que bien des familles titrées s'approprièrent en dehors de la pairie. Son art. 12 fit loi sur la matière, il est ainsi conçu :

« Le fils d'un Duc et pair portera de droit le titre de *Marquis ;* « celui d'un Marquis et pair le titre de *Comte ;* celui d'un Comte et « pair le titre de *Vicomte;* celui de Vicomte et pair le titre de *Baron;* « celui d'un Baron et pair le titre de *Chevalier.*

« Les fils puinés de tous les pairs porteront de droit le titre immédia. « tement inférieur à celui que portera leur frère ainé... »

Août 1830 — La révolution de 1830 laissa subsister les titres de Noblesse avec leur caractère purement honorifique. L'art. 66 de la Charte fut la reproduction de l'art. 71 de celle de 1814.

28 Avril 1832. — Code pénal révisé avec suppression dans l'art. 259 de la peine correctionnelle qui punissait l'usurpation des titres royaux ; d'où facilité de se parer d'un titre quelconque sans avoir à produire de justification et à craindre aucune peine.

12 Mai 1835. — Loi qui abolit les Majorats et porte une nouvelle atteinte à l'institution.

29 Février 1848. — Décret abolissant les anciens titres de Noblesse, confirmé par la Constitution du 4 novembre 1848. art. 10.

29 Janvier 1852. — Décret du Prince Président abrogeant le décret du 29 février 1848.

28 Mai 1858. — Loi qui rétablit l'art. 259 du Code pénal avec une pénalité pécuniaire pour l'usurpation des titres.

19 Juin 1858. — Circulaire du Garde des Sceaux, relative à l'exécution de la loi précédente, invitant les *Notaires,* les officiers de l'état-civil etc., à n'attribuer désormais aux parties, dans les actes authentiques ou officiels, que les titres et les noms qu'elles justifieront être en droit de porter.

(Son exécution demande beaucoup de tact et de mesure).

8 Janvier 1859. — Décret qui rétablit le Conseil supérieur du Sceau des titres.

5 Mars 1859. — Décret qui interdit à tout Français de porter en France un titre conféré par un Souverain étranger, sans y avoir été autorisé par un décret impérial.

Septembre 1870. — La République de 1870, au lieu de chercher à détruire, comme ses ainées, une institution dont le caractère est essentiellement monarchique, il est vrai, mais qui est dans les mœurs et qui survit aux lois et aux constitutions, a laissé les choses dans l'état où elles les avait trouvées et où elles sont encore aujourd'hui.

10 Juin 1872. — Décret qui supprime le Conseil du Sceau des titres et attribue ses fonctions au Conseil d'administration du Ministère de la justice.

Q

R

S

Sénat : Élections. L. 2 août 1875. L, 9 déc. 1884. L. 26
déc. 1887. — Haute Cour de justice, D. 8 avril 1889.

Sénégal : Réorganisation judiciaire, L et D. 19 mai 1889.

Siège du pouvoir exécutif des Chambres : L. 2 juil. 1879.

Sociétés anonymes, en commandite et à capit. vari. L. 24
juil. 1867 *rep.* — En nom collectif, parts d'intérêts exemptées de l'impôt. L. 1er déc. 1875. — A responsabilité
limitée. L. 23 mars 1863. — Pour achat et vente d'imm.,
L. 14 déc. 1875. — D'ouvriers pour adjudic. de l'État.
D. 4 juin 1888. — Étrangères admises en France. L.
30 mai 1857. D. 8 sept. 1860., 28 mars 1868. 14 fév.
1872. etc. — De Secours mutuels. L. 15 juil. 1850. D. 14
juin 1851. D. 25 mars 1852. D. 22 sept. et 27 octb. 1870.

Subrogé tuteur: Obligation nouvelle. L. 27 fév. 1880, *rep.*

Successions en déshérence : Inst. 10 oct. 1878. — d'étrangers en France. Décis. 30 sept. 1884. — Vacantes, curateur. Sol. 2 juin 1888, *rep.*

Sucres : LL. 19 juil. 1880 et 29 juil. 1884. D. 1er juil. 1884
L. 4 juil. 1887. D. 25 août 1877. L. 24 juil. 1888 et
6 juin 1889.

Suppression de la Cour d'Amiens : Pétition contre le projet. mai 1885, 3e part.

Suisse : Enfants des Français naturalisés Suisses : D. 7 juil.
1880. — Convention pour enfants abandonnés et pour
aliénés. D. 3 août 1883.

Suspension de saisies : D. 3 nov. 1870. L. 22 mai 1871.

Syndic des agents de change : Procuration. Let. 7 mai 1860,
2e p. et note 1873, p. 40.

Syndicats agricoles L. 21 juin 1865. D. 17 nov. 1865 L. 15
et 22 déc. 1888. — Professionnels L. 21 mars 1884. C. 25
août 1884.

T

Tarif des Notaires d'Amiens, extrait modifié et résumé : 5 mai
1885, etc., 3e part. p. 89. — Projet de tarif de la Cour
d'Amiens pour les Notaires du ressort, extrait p. 93.

Taxe des recouvrements de successions par les Chan-
celleries. D. 22 juin 1862. — Billards, cercles, places et
bagages. L. 16 sept. 1871. — Cercles et Sociétés. L. 17
juil. 1889. — Chevaux, voitures. L. 22 déc. 1879. — Télé-
graph. L. 21 mars 1878. D. 25 août 1879 et 16 avr. 1881.

Terrain à usage comm. et indust.: Contrib. L. 29 déc. 1884.

Testament : État sommaire, C. M. 1 juin 1882. — Expédition
intégrale, connais. et expli. à donner. Cir M. 3 nov. 1888.

Timbre du papier, L. 2 juil. 1862. D. 30 juil. 1862. L.
23 août 1871. — Des affiches. L. 18 juil. 1866. D. 21 déc.
1872. L. 30 mars 1880. D. 8 juil. 1885. — Des effets
publ. étrang. LL. 5 juin 1850, 18 mai 1863, 30 mars et
25 mai 1872. L. 29 juin 1881. D. 11 juin 1881,
Des effets de com. L. 27 juil. 1870, 23 août 1871.
L. 19 fév. 1874. L. 29 juil. 1881. — De connaissements
et de récép. L. 30 mars 1872. L. 17 juil. 1889. — De quitt.

L. 8 juil. 1865, 23 août 1871. — De pétitions et lettres.
Circ. 18 sept. 1871. — De contrats d'assurances sur biens
à l'étranger. L. 30 déc. 1876. — De mandats de poste
supprim. L. 18 mars 1879. — Proportionnel augmenté
de moitié. L. 19 fév. 1874. — Réduit des 2/3. L. 22 déc.
1878 et 29 déc. 1879.

Timbres mobiles : L. 11 juin 1859. L. 27 juil. 1870. L. 23
août 1871. D. 25 juin, 29 déc. 1872. L. 16 nov., 29 déc.
1873. L. D. 19 fév. 1874. D. 18 juin 1874. D. 8 sept. 1877.
D 18 mars 1879. D. 29 avr. 1881. D. 8 juil. 1885.

Titres d'Act., et Oblig., etc.: LL. 18 mai, 5 juin 1850, 23 juin
1857. D. 17 juill. 1857. L. 23 août 1871, 28 fév., 30
mars, 25 mai et 29 juin 1872. D. 24 mai et 6 déc. 1872.
L. 29 juin, 11 août 1881. — Perdus et détruits. L. 15 janv.
1872, *rep.* D. 10 avr. 1873, *rep.* — Cote, parafe, Certi
2 oct. 1874 et 31 août 1877, *rep.*

Tonkin : Naturalisation. D. 29 juill. 1887. — Résidents.
Actes des Notaires, D. 8 fév. 1886. — Organisation de
la justice et de la procéd. D. 8 et 18 sept. 1888.

Transcription : L. 23 mars 1855. L. 21 juin 1875. L. 28
mars 1878, *rep.* L. 13 fév. 1889, *rep.*

Trésorier payeur général : D. 21 nov. 1865. — Reçus.
Circ. 25 juin 1878. D. 22 juill. 1882.

Tribunal de Commerce : Composition. L. 18 juil. 1889.

Tunisie : Organisation de la juridiction française. L. 27
mars 1883. — Des Justices de Paix, D. 14 avr. 1883. —
Des ressorts judiciaires. D. 3 août 1883. — Assistance
judiciaire. D. 18 juin 1885.

Tuteur : Obligation pour les valeurs mobil. L. 27 fév. 1880.
— Enfants maltraités ou abandonnés. L. 24 juil. 1889.

U

Usages non abolis tous par les lois : V. Cod. civ. Art. 671,
674, 1159, 1738, 1648 et 1736. — Les Notaires doivent
connaître ceux dans la limite de leurs ressorts. Le nouveau Code rural s'y réfère souvent : L. 9 et 18 juil. 1889.
Consulter MM. A. Bouthors : Usages locaux du départ. de
la Somme (1861), se rapport. notam. à la vaine pâture, aux droits de l'usufr., aux servitudes et aux rapports de voisinage, au régime des eaux, etc. et Clément :
Usages anciens et nouveaux de la Ville d'Amiens (1888),
particul. à propos du louage verbal des choses et des
services, rédigés par les Juges de paix d'Amiens, 1855 à 1874.

Usages commerciaux : L. 13 juin 1868 et le tableau annexé
des condit., tares et usages applicables dans les ventes
commerciales à défaut de convention contraire.

Usufruit : Base de la valeur. L. 21 juin 1875. — Un projet
équitable de répartition avec la nu-propriété est à l'étude.
— Nu-propriété : Relations. D. 14 ventôse, an 3, Art.
6, *rep.* — L. 7 nov. 1887 et la note. Instruc., de l'enreg.
sept. 1887.

Usure : L. 19 déc. 1850. L. 12 janv. 1886.

V

VACANCES judiciaires : D. 4 juill. 1885, *rep.*

VACANCES de maisons pendant un an : Remises d'impôts. L. 8 août 1885, *rep.*

VAINE PATURE : Code rural. L. 9 juil. 1889, *rep.*

VENTES publiques : de marchandises en gros L. 28 mai 1858. L. 3 juill. 1861, *rep.* — Neuv.L. 25 juin 1841, C. M. Cir. 4 fév. 1889. — De fonds de commerce. L. 28 fév. 1872, *rep.* — De meubles et objets d'art d'édifices religieux. Cir. 22 déc. 1882, *rep.*

VENTES judiciaires d'immeubles : Tableau annuel. Cir. fév. 1878, *rep.* — L. 23 oct. 1884, *rep.* Instr. 3 déc. 1884.— Statistique. Rap. M. 24 juin 1888.

VICES redhibitoires : Action en garantie. C. rural. L. 2 août 1884, 2e partie, p. 69.

VISA pour timbre : L. 6 juin 1850. L. 28 mai 1858, Art. 13. — Des valeurs étrangères : L. 30 mars 1882, *rep.*, remplacé par timbres mobiles. L. 10 juin. 1881. — Des affiches p. adjud. forest. D. 23 fév. 1888.

VOIE parée : Art. 742. C. pr. civ. — Supprimée par L. 2 juin 1841. — Admise pour le Crédit Foncier. D. 28 fév. 1852 — A rétablir dans l'intérêt du crédit et pour favoriser les prêts hypothécaires.

W

WARANTS : L. 28 mai 1858. L. 2 juill. 1862. D. 28 oct. 1862. L. D. 19 fév. 1874. D. 8 sep. 1877. D. 8 juil. 1885

Par suite du retard dans l'impression de cet ouvrage, nous avons attendu pour terminer la table alphabétique la fin de la législature actuelle close le 15 juillet 1889, afin d'y mentionner et d'ajouter à la dernière page les lois et décrets, d'un intérêt général ou Notarial, parus à l'Officiel, et depuis le *Décret annoncé* sur le Notariat.

---

16 Avril 1889. DÉCRET donnant le tableau et le ressort des fonctionnaires dont la correspondance de service bénéficie de la loi du 29 mars 1889 (indiquée ci-dessus à la date du 16 avril où nous l'avions trouvée au Jour. Offic.), lorsque ceux-ci n'ont pas le droit de franchise vis-à-vis des destinataires.

---

27 Avril 1889. — DÉCRET réglementaire de la loi du 15 avril 1887, déterminant les conditions applicables aux divers *modes de sépulture.*

---

10 Mai 1889. — DÉCRET réglementaire de la loi du 4 février 1888 sur la repression des *fraudes* dans le commerce des *engrais,* et arrêté ministériel nommant des experts.

---

10 Mai 1889. — DÉCRET applicant aux colonies la loi du 26 octobre 1888, modificative de l'art. 453 du Code Pénal sur l'amende substituée à l'emprisonnement.

---

28 Mai 1889. — Loi approuvant un arrangement du 12 décemb. 1888. entre la France et la Belgique, relatif au *mariage des indigents Belges* en France conformément à la loi du 10 déc. 1850.

Le Décret promulguant l'arrangement diplomatique est du 31 mai.

---

7 juin 1889. — DÉCRET complétant l'arrêté minist. du 30 déc. 1842, sur *l'identité des Musulmans dans les actes des notaires;* ceux-ci pouvant désormais la faire attester par tout musulman résidant en *Algérie,* mâle, majeur et connu de lui ; et les parents ou alliés de la femme Musulmane admis à attester son identité (nom, état et domicile).

17, 22 et 28 Juin 1889. — DÉCRETS de réorganisation de la justice en Cochinchine (en 146 art.) et à Obock, de l'état civil au Congo et attribuant les fonctions de *Notaire* au greffier de la justice de paix du Maroni à la Guyanne.

---

26 Juin 1889. — Loi sur la *Nationalité.*

Art. 1er. — Les art. 7, 8, 9, 10, 12, 13, 17, 18, 19, 20 et 21 du code civil sont modifiés ainsi qu'il suit :

« ART. 7. — L'exercice des droits civils est indépendant de l'exercice des droits politiques, lesquels s'acquièrent et se conservent conformément aux lois constitutionnelles et électorales.

« ART. 8. — Tout Français jouira des droits civils.

» Sont Français :

« 1° Tout individu né d'un Français en France ou à l'étranger.

» L'enfant naturel dont la filiation est établie pendant la minorité, par reconnaissance ou par jugement, suit la nationalité de celui des parents à l'égard duquel la preuve a été faite. Si elle résulte pour le père ou la mère du même acte ou du même jugement, l'enfant suivra la nationalité du père ;

» 2° Tout individu né en France de parents inconnus ou dont la nationalité est inconnue ;

» 3° Tout individu né en France d'un étranger qui lui-même y est né ;

» 4° Tout individu né en France d'un étranger et qui, à l'époque de sa majorité, est domicilié en France, à moins que, dans l'année qui suit sa majorité, telle qu'elle est réglée par la loi française, il n'ait décliné la qualité de Français et prouvé qu'il a conservé la nationalité de ses parents par une attestation en due forme de son gouvernement, laquelle demeurera annexée à la déclaration, et qu'il n'ait en outre produit, s'il y a lieu, un certificat constatant qu'il a répondu à l'appel sous les drapeaux, conformément à la loi militaire de son pays, sauf les exceptions prévues aux traités ;

« 5° Les étrangers naturalisés.

» Peuvent être naturalisés :

» 1° Les étrangers qui ont obtenu l'autorisation de fixer leur domicile en France, conformément à l'art. 13 ci-dessus, après trois ans de domicile en France, à dater de l'enregistrement de leur demande au ministère de la justice ;

» 2° Les étrangers qui peuvent justifier d'une résidence non interrompue pendant dix années ;

« Est assimilé à la résidence en France le séjour en pays étranger pour l'exercice d'une fonction conférée par le gouvernement français ;

« 3° Les étrangers admis à fixer leur domicile en France, après un an, s'ils ont rendu des services importants à la France, s'ils y ont apporté des talents distingués ou s'ils y ont introduit soit une industrie, soit des établissements industriels ou autres, soit des exploitations agricoles, ou s'ils ont été attachés, à un titre quelconque, au service militaire dans les colonies et les protectorats français.

« 4° L'étranger qui a épousé une Française, aussi après une année de domicile autorisé.

« Il est statué par décret sur la demande de naturalisation, après une enquête sur la moralité de l'étranger.

« Art. 9. — Tout individu né en France d'un étranger et qui n'y est pas domicilié à l'époque de sa majorité pourra, jusqu'à l'âge de vingt-deux ans accomplis, faire sa soumission de fixer en France son domicile, et, s'il l'y établit dans l'année à compter de l'acte de soumission, réclamer la qualité de Français par une déclaration qui sera enregistrée au ministère de la justice.

« S'il est âgé de moins de vingt et un ans accomplis, la déclaration sera faite en son nom par son père ; en cas de décès, par sa mère ; en cas de décès du père et de la mère ou de leur exclusion de la tutelle, ou dans les cas prévus par les articles 141, 142 et 143 du code civil, par le tuteur autorisé par délibération du conseil de famille.

« Il devient également Français si, ayant été porté sur le tableau de recensement, il prend part aux opérations de recrutement sans opposer son extranéité.

« Art. 10. — Tout individu né en France ou à l'étranger de parents dont l'un a perdu la qualité de Français pourra réclamer cette qualité à tout âge, aux conditions fixées par l'art. 9, à moins que, domicilié en France et appelé sous les drapeaux, lors de sa majorité, il n'ait revendiqué la qualité d'étranger.

« Art. 12. — L'étrangère qui aura épousé un Français suivra la condition de son mari.

« La femme mariée à un étranger qui se fait naturaliser Français et les enfants majeurs de l'étranger naturalisé pourront, s'ils le demandent, obtenir la qualité de Français, sans condition de stage, soit par le décret qui confère cette qualité au mari ou au père ou à la mère, soit comme conséquence de la déclaration qu'ils feront dans les termes et sous les conditions de l'art. 9.

« Deviennent Français les enfants mineurs d'un père ou d'une mère survivant, qui se font naturaliser Français, à moins que, dans l'année qui suivra leur majorité, ils ne déclinent cette qualité en se conformant aux dispositions de l'art. 8, § 4.

« Art. 13. — L'étranger qui aura été autorisé par décret à fixer son domicile en France y jouira de tous les droits civils.

« L'effet de l'autorisation cessera à l'expiration de cinq années, si l'étranger ne demande pas la naturalisation, ou si la demande est rejetée.

« En cas de décès avant la naturalisation, l'autorisation et le temps du stage qui a suivi profiteront à la femme et aux enfants qui étaient mineurs au moment du décret d'autorisation.

« Art. 17. — Perdent la qualité de Français :

« 1° Le Français naturalisé à l'étranger ou celui qui acquiert sur sa demande la nationalité étrangère par l'effet de la loi.

« S'il est encore soumis aux obligations du service militaire pour l'armée active, la naturalisation à l'étranger ne fera perdre la qualité de Français que si elle a été autorisée par le gouvernement français ;

« 2° Le Français qui a décliné la nationalité française dans les cas prévus au paragraphe 4 de l'art. 8 et aux art. 12 et 18 ;

« 3° Le Français qui, ayant accepté des fonctions publiques conférées par un gouvernement étranger, les conserve nonobstant l'injonction du gouvernement français de les résigner dans un délai déterminé ;

« 4° Le Français qui, sans autorisation du Gouvernement, prend du service militaire à l'étranger, sans préjudice des lois pénales contre le Français qui se soustrait aux obligations de la loi militaire.

« Art. 18. — Le Français qui a perdu sa qualité de Français peut la recouvrer pourvu qu'il réside en France, en obtenant sa réintégration par décret. La qualité de Français pourra être accordée par le même décret à la femme et aux enfants majeurs s'ils en font la demande. Les enfants mineurs du père ou de la mère réintégrés deviennent Français, à moins que, dans l'année qui suivra leur majorité, ils ne déclinent cette qualité, en se conformant aux dispositions de l'art. 8, § 4.

« Art. 19. — La femme française qui épouse un étranger suit la condition de son mari, à moins que son mariage ne lui confère pas la nationalité de son mari, auquel cas elle reste Française. Si son mariage est dissous par la mort du mari ou le divorce, elle recouvre la qualité de Française, avec l'autorisation du Gouvernement, pourvu qu'elle réside en France ou qu'elle y rentre, en déclarant qu'elle veut s'y fixer.

« Dans le cas où le mariage est dissous par la mort du mari, la qualité de Français peut être accordée par le même décret de réintégration aux enfants mineurs, sur la demande de la mère ou par un décret ultérieur, si la demande en est faite par le tuteur avec l'approbation du conseil de famille.

« Art. 20. — Les individus qui acquerront la qualité de Français dans les cas prévus par les art. 9, 10, 18 et 19 ne pourront s'en prévaloir que pour les droits ouverts à leur profit depuis cette époque.

« Art. 21. — Le Français qui, sans autorisation du Gouvernement prendrait du service militaire à l'étranger, ne pourra rentrer en France qu'en vertu d'une permission accordée par décret, et recouvrer la qualité de Français qu'en remplissant les conditions imposées en France à l'étranger pour obtenir la naturalisation ordinaire. »

Art. 2. — La présente loi est applicable à l'Algérie et aux colonies de la Guadeloupe, de la Martinique et de la Réunion.

Continueront toutefois de recevoir leur application, le sénatus-consulte du 14 juillet 1865 et les autres dispositions spéciales à la naturalisation en Algérie.

Art. 3. — L'étranger naturalisé jouit de tous les droits civils et politiques attachés à la qualité de citoyen français. Néanmoins il n'est éligible aux assemblées législatives que dix ans après le décret de naturalisation, à moins qu'une loi spéciale n'abrège ce délai. Le délai pourra être réduit à une année.

Les Français qui recouvrent cette qualité, après l'avoir perdue, acquièrent immédiatement tous les droits civils et politiques, même l'éligibilité aux assemblées législatives.

Art. 4. — Les descendants des familles proscrites lors de la révocation de l'édit de Nantes continueront à bénéficier des dispositions de la loi du 15 décembre 1790, mais à la condition d'un décret spécial pour chaque demandeur. Ce décret ne produira d'effet que pour l'avenir.

Art. 5. — Pour l'exécution de la présente loi, un règlement d'Administration publique déterminera : 1° les conditions auxquelles ses dispositions seront applicables aux colonies autres que celles dont il est parlé à l'art. 2 ci-dessus, ainsi que les formes à suivre pour la naturalisation dans les colonies ; 2° les formalités à remplir et les justifications à faire relativement à la naturalisation ordinaire et à la naturalisation de faveur, dans les cas prévus par les art. 9 et 10 du code civil, ainsi qu'à la renonciation à la qualité de Français, dans les cas prévus par les art. 8 (§ 4), 12 et 18.

Art. 6. — Sont abrogés les décrets des 6 avril 1809 et 26 août 1811 les lois des 22 mars 1849, 7 février 1851, 20 juin 1867, 16 décembre 1874, 14 février 1882, 28 juin 1883, et toutes les dispositions contraires à la présente loi.

Dispositions transitoires.

Toute admission à domicile obtenue antérieurement à la présente loi sera périmée si, dans un délai de cinq années à compter de la promulgation, elle n'a pas été suivie d'une demande en naturalisation, ou si la demande en naturalisation a été rejetée.

———

1 Juillet 1889. — Loi modifiant la loi du 16 mars 1838 sur l'administration de l'armée et donnant une autonomie plus complète au *Service militaire de santé* et de l'*Intendance*.

4 Juillet 1889. — Loi tendant à compléter l'art 177 du Code pénal et punissant les offres, *promesses de décorations, places,* faveurs quelconques, etc,

---

9 Juillet 1889. — Loi sur le *Code rural*. Titres 2 et 3. *Parcours. Vaine pâture.* Vente permise de *blé en vert. Bans de vendanges. Durée du louage des domestiques* et ouvriers ruraux.

ART. 1er. — Le *droit de parcours* est aboli. La suppression de ce droit ne donne lieu à indemnité que s'il a été acquis à titre onéreux. Le montant de l'indemnité est réglé par le conseil de préfecture, sauf renvoi aux tribunaux ordinaires en cas de contestation sur le titre.

ART. 2. — Est également aboli le droit *de vaine pâture* s'il appartient à la généralité des habitants et s'applique en même temps à la généralité du territoire d'une commune ou d'une section de commune.

Toutefois, dans l'année de la promulgation de la présente loi, le maintien du droit de vaine pâture, fondé sur une ancienne loi ou coutume, sur un usage immémorial ou sur un titre, pourra être réclamé au profit d'une commune, soit par délibération du conseil municipal, soit par requête d'un ou plusieurs ayants droit adressée au préfet.

En cas de réclamation particulière, le conseil municipal sera mis en demeure de donner son avis dans les six mois; à défaut de quoi il sera passé outre.

ART. 3. — La demande de maintien, qu'elle émane d'un conseil municipal ou qu'elle émane d'un ou plusieurs ayants droit, sera soumise au conseil général, dont la délibération sera définitive si elle est conforme à la délibération du conseil municipal. S'il y a divergence, la question sera tranchée par décret rendu en conseil d'État.

Si le droit de vaine pâture a été maintenu, le conseil municipal pourra seul ultérieurement, après enquête *de commodo et incommodo*, en proposer la suppression, sur laquelle il sera statué dans les formes ci-dessus indiquées.

ART. 4. — La vaine pâture s'exercera soit par troupeau séparé, soit au moyen du troupeau en commun, conformément aux usages locaux, sans qu'il puisse être dérogé aux dispositions des art. 647 et 648 du code civil et aux règles expressément établies par la présente loi.

ART. 5. — Dans aucun cas et dans aucun temps, la vaine pâture ne peut s'exercer sur les prairies naturelles ou artificielles.

Elle ne peut avoir lieu sur aucune terre ensemencée ou couverte d'une production quelconque faisant l'objet d'une récolte, tant que la récolte n'est pas enlevée.

ART. 6. — Le droit de vaine pâture, établi comme il est dit en l'art. 2, ne fait jamais obstacle à la faculté que conserve tout propriétaire, soit d'user d'un nouveau mode d'assolement ou de culture, soit de se clore. Tout terrain clos est affranchi de la vaine pâture.

Est réputé clos tout terrain entouré soit par une haie vive, soit par un mur, une palissade, un treillage, une haie sèche d'une hauteur d'un mètre au moins, soit par un fossé d'un mètre vingt centimètres à l'ouverture et de cinquante centimètres de profondeur, soit par des traverses en bois ou des fils métalliques distants entre eux de trente-trois centimètres au plus et s'élevant à un mètre de hauteur, soit par toute autre clôture continue et équivalente faisant obstacle à l'introduction des animaux.

ART. 7. — L'usage du troupeau en commun n'est pas obligatoire.

Tout ayant droit peut renoncer à cette communauté et faire garder par troupeau séparé le nombre de têtes de bétail qui lui est attribué par la répartition générale.

ART. 8. — La quantité de bétail proportionnée à l'étendue de terrain de chacun est fixée dans chaque commune ou section de commune entre tous les propriétaires ou fermiers exploitants, à tant de têtes par hectare, d'après les règlements et usages locaux. En cas de difficulté, il y est pourvu par délibération du conseil municipal soumise à l'approbation du préfet.

ART. 9. — Tout chef de famille domicilié dans la commune, alors même qu'il n'est ni propriétaire ni fermier d'une parcelle quelconque des terrains soumis à la vaine pâture, peut mettre sur lesdits terrains, soit par troupeau séparé, soit dans le troupeau commun, six bêtes à laine et une vache avec son veau, sans préjudice des droits plus étendus qui lui seraient accordés par l'usage local ou le titre.

ART. 10. — Le droit de vaine pâture doit être exercé directement par les ayants droit et ne peut être cédé à personne.

ART. 11. — Les conseils municipaux peuvent toujours, conformément aux articles 68 et 69 de la loi du 5 avril 1884, prendre des arrêtés pour réglementer le droit de vaine pâture, notamment pour en suspendre l'exercice en cas d'épizootie, de dégel ou de pluies torrentielles, pour cantonner les troupeaux de différents propriétaires ou les animaux d'espèces différentes, pour interdire la présence d'animaux dangereux ou malades dans les troupeaux.

ART. 12. — La vaine pâture établie à titre particulier sur un héritage déterminé s'exerce conformément aux droits acquis. Mais le propriétaire de l'héritage grevé peut toujours l'affranchir, soit moyennant indemnité fixée à dire d'experts, soit par voie de cantonnement.

ART. 13. — Le *ban des vendanges* ne pourra être établi ou même maintenu que dans les communes où le conseil municipal l'aura ainsi décidé par délibération soumise au conseil général et approuvée par lui.

S'il est établi ou maintenu, il est réglé chaque année par arrêté du maire.

Les prescriptions de cet arrêté ne sont pas applicables aux vignobles clos de la manière indiquée par l'art. 6.

ART. 14. — La loi du 6 messidor an III, relative à la *vente des blés en vert*, est abrogée.

ART. 15. — La durée du *louage des domestiques et ouvriers ruraux* est, sauf preuve d'une convention contraire, réglée suivant l'usage des lieux.

---

15 Juillet. — Loi sur le *Recrutement de l'armée* (8 titres et 101 art.) rendant le service militaire obligatoire et égal pour tous de 20 à 45 ans, réduisant le service actif à 3 ans, supprimant le volontariat, etc,

TITRE 1er : Dispositions générales, art 1 à 10.

TITRE 2 : Des appels : *Chap.* 1 Du recensement et du tirage au sort : *Chap.* 2, § 1er : Du conseil de révision cantonal — Des exemptions — Des dispenses et des ajournements — Des listes de recrutement cantonal — § 2 : Du conseil de révision départemental — De la taxe militaire : *Chap.* 3 Du registre matricule.

TITRE 3 : Du service militaire : *Chap.* 1er Bases du service. *Chap.* 2 Du service dans l'armée active. *Chap.* 3 Du service dans les réserves.

TITRE 4 en 3 *chap.* : Des engagements volontaires. — Des rengagements et des commissions.

TITRE 5 : Dispositions pénales.

TITRE 6 : Recrutement en Algérie et aux Colonies.

TITRE 7 : Dispositions particulières.

TITRE 8 : Dispositions transitoires : Abrogations : Annexes : Tableaux A. B. C. et D.

---

17 Juillet 1889. — Loi prohibant les *candidatures* (multiples) *dans plus d'une circonscription*, sous peine d'une amende de 10.000 fr pour le candidat contrevenant et d'une amende de 1,000 à 5.000 fr. pour toute personne agissant en violation de l'art. 4, concernant appositions d'affiches, distribution de bulletins, circulaires, etc.

17 Juillet. — Loi fixant le *Budget de l'exercice 1890.*

ART. 3. — Les pères et mères de sept enfants vivants, légitimes ou reconnus, ne seront pas inscrits au rôle de la contribution personnelle et mobilière.

ART. 4. — L'art. 6 de la loi du 16 septembre 1871 qui établit un impôt sur les cercles, etc., est ainsi modifié :

« *L'impôt sur les cercles, sociétés* et *lieux de réunion* où se payent des cotisations est perçu d'après leurs ressources totales annuelles, y compris celles qui correspondent à des avantages accordés à leurs employés ; il sera acquitté par les gérants, secrétaires ou trésoriers. »

« L'impôt est de 10 % lorsque les ressources annuelles sont inférieures à 6,000 fr. et de 20 % lorsqu'elles égalent et dépassent 6,000 fr.

ART. 7. — A partir du 1er janvier 1890 le droit de *timbre des récépissés* ou *lettres de voitures* en tenant lieu, délivrés par les Compagnies de chemin de fer pour chacun des *transports effectués en petite vitesse* (LL. 13 mai 1863 et 30 mars 1872) est fixé, y compris le droit de décharge donné par le destinataire, aux quotités suivantes :

A 20 centimes pour les transports dont le prix est inférieur à 3 fr.

A 35 centimes pour les transports dont le prix s'élevant à 3 fr. et au dessus est inférieur à 10 fr.

A 70 centimes pour les transports dont le prix s'élevant à 10 fr. et au dessus est inférieur à 20 fr.

A 1 fr. 40 pour les transports dont le prix s'élevant à 20 fr. et au dessus est inférieur à 100 fr.

A 2 fr. 10 pour les transports dont le prix s'élève à 100 fr. et au dessus. Ces droits ne sont pas sujets aux décimes.

Le timbre des récépissés qui peut servir de lettres de voiture pour les transports empruntant, indépendamment des voies ferrées, les routes, canaux et rivières, est calculé d'après le prix total du transport.

(Un projet de loi est soumis aux chambres pour modifier ces droits).

Dans les cas prévus par l'art. 2 de la loi du 30 mars 1872, relativement au *groupage*, le droit de timbre de récépissé délivré pour l'envoi collectif est gradué d'après le prix réel du transport, et celui de chaque récépissé spécial est fixé à la quotité du tarif immédiatement inférieur au droit de timbre acquitté par le récépissé collectif....

Chaque contravention est punie d'une amende de 50 fr. en principal.

---

18 Juillet 1889. — Loi sur le *Code rural.* Titre 4. *Bail à colonat partiaire.*

ART. 1er. — Le *bail à colonat partiaire* ou *métayage* est le contrat par lequel le possesseur d'un héritage rural le remet pour un certain temps à un preneur qui s'engage à le cultiver sous la condition d'en partager les produits avec le bailleur.

ART. 2. — Les fruits et produits se partagent par moitié, s'il n'y a stipulation ou usage contraire.

ART. 3. — Le bailleur est tenu à la délivrance et à la garantie des objets compris au bail ; il doit faire aux bâtiments toutes les réparations qui peuvent devenir nécessaires. Toutefois, les réparations locatives ou de menu entretien qui ne sont occasionnées ni par la vétusté, ni par force majeure, demeurent, à moins de stipulations ou d'usage contraire, à la charge du colon.

ART. 4. — Le preneur est tenu d'user de la chose louée en bon père de famille, en suivant la destination qui lui a été donnée par le bail ; il est également tenu des obligations spécifiées pour le fermier par les art. 1730, 1731 et 1768 du Code civil.

Il répond de l'incendie, des dégradations et des pertes arrivées pendant la durée du bail, à moins qu'il ne prouve qu'il a veillé à la garde et à la conservation de la chose en bon père de famille.

Il doit se servir des bâtiments d'exploitation qui existent dans les héritages qui lui sont confiés, et résider dans ceux qui sont affectés à l'habitation.

ART. 5. — Le bailleur a la surveillance des travaux et la direction générale de l'exploitation, soit pour le mode de culture, soit pour l'achat et la vente des bestiaux. L'exercice de ce droit est déterminé quant à son étendue, par la convention ou, à défaut de convention, par l'usage des lieux.

Les droits de chasse et de pêche restent au propriétaire.

ART. 6. — La mort du bailleur de la métairie ne résout pas le bail à colonat.

Ce bail est résolu par la mort du preneur ; la jouissance des héritiers cesse à l'époque consacrée par l'usage des lieux pour l'expiration des baux annuels.

ART. 7. — S'il a été convenu qu'en cas de vente l'acquéreur pourrait résilier, cette résiliation ne peut avoir lieu qu'à la charge par l'acquéreur de donner congé suivant l'usage des lieux.

Dans ce cas, comme dans celui qui est prévu par le dernier paragraphe de l'article précédent, le colon a droit à une indemnité pour les impenses extraordinaires qu'il a faites, jusqu'à concurrence du profit qu'il aurait pu en tirer pendant la durée de son bail ; la résiliation en cas de vente est régie au surplus par les articles 1743, 1749, 1750 et 1751 du Code civil.

ART. 8. — Si pendant la durée du bail les objets qui y sont compris sont détruits en totalité par cas fortuit, le bail est résilié de plein droit. S'ils ne sont détruits qu'en partie, le bailleur peut se refuser à faire les réparations et les dépenses nécessaires pour les remplacer ou les rétablir. Le preneur et le bailleur peuvent dans ce cas, suivant les circonstances, demander la résiliation. — Si la résiliation est prononcée à la requête du bailleur, le juge appréciera l'indemnité qui pourrait être due au preneur conformément au 2e § de l'art 7 de la présente loi.

ART. 9. — Si dans le cours de la jouissance du colon, la totalité ou une partie de la récolte est enlevée par cas fortuit, il n'a pas d'indemnité à réclamer du bailleur. Chacun d'eux supporte sa portion correspondante dans la perte commune.

ART. 10. — Le bailleur exerce le privilège de l'art. 2102 du Code civil sur les meubles, effets, bestiaux et portions de récolte appartenant au colon, pour le payement du reliquat du compte à rendre par celui-ci.

ART. 11. — Chacune des parties peut demander le règlement annuel du compte d'exploitation.

Le juge de paix prononce sur les difficultés relatives aux articles du compte, lorsque les obligations résultant du contrat ne sont pas contestées sans appel, lorsque l'objet de la contestation ne dépasse pas le taux de sa compétence générale en dernier ressort, et à la charge d'appel à quelque somme qu'il puisse s'élever.

Le juge statue sur le vu des registres des parties ; il peut même admettre la preuve testimoniale s'il le juge convenable.

ART. 12. — Toute action résultant du bail à colonat partiaire se prescrit par cinq ans, à partir de la sortie du colon.

ART. 13. — Les dispositions de la section 1re du titre du louage contenues dans l'art. 1718 et dans les art. 1736 à 1741 inclusivement, et celles de la section 3 du même titre, contenues dans les art. 1766, 1777 et 1778 sont applicables aux baux à colonat partiaire. Ces baux sont en outre régis, pour le surplus, par l'usage des lieux.

---

18 Juillet 1889. — Loi modifiant l'art. 617 du Code de Commerce.

« ART. 617. — Chaque Tribunal de commerce sera « composé d'un président, de juges et de juges suppléants.

« Le nombre des juges ne peut être inférieur à deux non « compris le président.

« Un règlement d'administration publique fixera pour cha- « que tribunal le nombre des juges et juges suppléants. »

22 Juillet 1889. — Loi sur la *procédure* à suivre devant les *Conseils de préfecture*.

Titre 1er. — Introduction des instances et mesures générales d'instruction.

Titre 2. — Des différents moyens de vérification : § 1. Des expertises ; — § 2 Des visites des lieux ; — § 3. Des enquêtes et des interrogatoires ; — § 4. Des vérifications d'écritures et de l'inscription de faux.

Titre 3. — Des incidents.

Titre 4. — Des jugements.

Titre 5. — De l'opposition et du recours devant le Conseil d'Etat.

Titre 6. — Des dépens.

------

24 Juillet 1889. Loi sur la *protection des enfants* maltraités ou moralement abandonnés.

Titre 1er. — *Chap.* 1. De la déchéance de la puissance paternelle.

Déchéance de plein droit ou facultative, suivant certaines condamnations, des droits attachés à la puissance paternelle par les art. 108, 141, 143, 150, 151, 346, 361, 372 à 387, 390, 391, 397, 477 et 935 du code civil, art. 3 du décret du 22 fév. 1851 et art. 17 de la la loi du 27 fév. 1872. — Procédure en 1re instance et en appel. Mission de procureur et du président. Mesures provisoires pour la garde et l'éducation des enfants, remplacement du père déchu par la mère. Tout individu déchu de la puissance paternelle est déclaré *incapable d'être tuteur, subrogé-tuteur*, curateur ou membre du conseil de famille, (art. 8.)

Chap. 2. De l'organisation de la tutelle en cas de déchéance de la puissance paternelle.

Tutelle facultative non soumise à hypothèque légale, mais en certains cas à une hypothèque spéciale et limitée à une somme déterminée. — Tutelle officieuse. — Assistance publique chargée de la tutelle peut tout en la gardant, remettre les mineurs à d'autres établissements et même à des particuliers. — Tribunal, en prononçant sur la tutelle, fixe le chiffre de la pension à payer par les parents, etc.

Chap. 3. De la restitution de la puissance paternelle.

Réhabilitation, introduction et instruction de la demande après avis de conseil de famille et après délai de 3 ans. Notification au tuteur, fixation de l'indemnité due au tuteur, rejet de la demande,

Titre 2. De la protection des mineurs placés avec ou sans l'intervention des parents.

Droits de la puissance paternelle délégués à l'Assistance publique; cas de consentement au mariage refusé par les parents ; requête visée pour timbre et enregistrée gratis, jugement, — Déclaration à faire en cas d'enfant mineur de 16 ans recueilli, requête (*idem*) au président pour obtenir l'exercice des droits de la puissance paternelle. — Surveillance obligatoire de l'Etat représenté par le préfet ou l'Assistance publique. En cas de réclamation par les parents que l'enfant leur soit rendu et même du préfet, le tribunal est saisi par requête (*idem*), examine l'affaire, rend son jugement en audience publique, etc., cas d'appel. — Subvention de l'Etat portée au 1[5] des dépenses des 2 services desdits enfants et des enfants assistés, s'ils ont été assimilés par le Conseil général etc.. Contingent des communes constitué pour celles-ci en dépenses obligatoires.

24 Juillet 1889. — Décret fixant les matières de *l'enseignement des* Facultés de *droit* en 1re, 2e et 3e année.

------

24 Juillet 1889. — Loi approuvant la convention diplomatique entre la France et la Grande Bretagne pour *l'échange des mandats de poste* entre la France et diverses colonies Britanniques.

------

13 Août 1889. — Décret portant règlement d'administration publique pour l'exécution de la loi sur la *Nationalité* (art. 5, L. 26 juin 1889).

Art. 1er. — L'étranger qui veut obtenir l'autorisation de fixer son domicile en France, conformément à l'art. 13 du Code civil, doit adresser au Ministre de la justice, une demande rédigée sur papier timbré, accompagnée de son acte de naissance et de celui de son père, de la traduction de ces actes, s'ils sont en langue étrangère, ainsi que d'un extrait du casier judiciaire français.

Art. 2. — L'étranger qui veut obtenir sa naturalisation doit, dans tous les cas, adresser au ministère de la justice une demande sur papier timbré, en y joignant son acte de naissance, un extrait du casier judiciaire, et, le cas échéant, son acte de mariage et les actes de naissance de ses enfants mineurs, avec la traduction de ces actes, s'ils sont en langue étrangère.

Dans le cas où les intéressés seraient dans l'impossibilité de se procurer les actes de l'état civil dont la production est exigée par le présent décret, ces actes seront suppléés par un acte de notoriété délivré pa. le juge de paix dans la forme prescrite par l'art. 71 du Code civil.

Art. 3. — L'étranger qui a épousé une française doit, s'il veut obtenir la naturalisation après une année de domicile autorisé, produire l'acte de naissance de sa femme et l'acte de naissance du père de celle-ci, si cet acte est nécessaire pour établir son origine française.

Art. 4. — L'étranger qui sollicite la naturalisation immédiate, après une résidence non interrompue pendant dix ans, doit joindre à sa demande les documents établissant qu'il réside actuellement en France et depuis 10 années au moins.

Art. 5. — La femme et les enfants majeurs de l'étranger qui demande à devenir français, soit par la naturalisation ordinaire, soit par la réintégration, doivent, s'ils désirent obtenir eux-mêmes la qualité de français, sans condition de stage, par application des art. 12 et 18 du Code civil, joindre leur demande de naturalisation à la demande faite par le mari, par le père ou par la mère. — Dans les cas de naturalisation de faveur prévus par les art. 9 et 10 du Code civil, la demande est jointe à la déclaration faite par le mari, le père ou la mère.

Art. 6. — Les déclarations souscrites soit pour acquérir, soit pour répudier la qualité de français sont reçues par le juge de paix du canton dans lequel réside le déclarant. — Elles peuvent être faites par procuration spéciale et *authentique*.

Elles sont dressées en double exemplaire sur papier timbré.

Le déclarant est assisté de deux témoins qui certifient son identité. Il doit produire à l'appui de sa déclaration toutes les justifications nécessaires, en y joignant son acte de naissance et, le cas échéant, son acte de mariage et les actes de naissance de ses enfants mineurs, avec la traduction de ces actes, s'ils sont en langue étrangère. — En cas de résidence à l'étranger, les déclarations sont reçues par les agents diplomatiques ou par les Consuls.

Art. 7. — Les deux exemplaires de la déclaration et les pièces justificatives sont immédiatement adressés par le juge de paix au procureur de la République, qui les transmet. sans délai, au Ministre de la justice

Art. 8. — La déclaration est inscrite à la Chancellerie, sur un registre spécial ; l'un des exemplaires est déposé dans les archives, l'autre envoyé à l'intéressé avec la mention de l'enregistrement. — La déclaration enregistrée prend date du jour de sa réception par le juge de paix.

Art. 9. — Lorsqu'un individu né en France d'un étranger et domicilié hors de France à l'époque de sa majorité, veut faire sa soumission de fixer en France son domicile dans les conditions prévues par l'art. 9 du Code civil, cet acte de soumission est reçu par un des agents diplomatiques ou consulaires de France à l'étranger, il est dressé en double exemplaire ; l'un est remis à l'intéressé, l'autre transmis immédiatement au Ministre de la justice par la voie hiérarchique.

Art. 10. — L'individu né en France de parents dont l'un a perdu la qualité de français et qui réclame cette qualité en vertu de l'art. 10 du Code civil, doit établir quel était son domicile et celui de ses parents à l'époque de sa majorité, telle qu'elle est fixée par la loi française.

Art. 11. — La renonciation du mineur à la faculté qui lui appartient par l'application des art. 8 § 4, 12 et 18 du Code civil, de décliner à sa majorité la qualité de français, est faite en son nom par les personnes désignées dans l'art. 9, paragraphe 2 du Code civil.

13 Septembre 1889. — Décret sur le *tarif des honoraires des avocats défenseurs* en Cochinchine. (D. 15 mai 1884 et 5 nov. 1888.)

23 Novembre 1889. — Décret réglementant l'exécution de l'art. 23 (sur les dispenses) de la loi sur l'armée du 15 juillet 1889, mise en vigueur à partir dudit jour 23 Novembre.

Déc. 1889. — Lois proposées modifiant la loi du 17 juil. sur le timbre des récépissés de transports. — Admettant la déduction des dettes dans les successions et augmentant les droits de succes [et donation.

ERRATA

Quelques fautes et plusieurs erreurs de dates se sont glissées dans le corps de l'ouvrage. Nous signalons ici les principales et nous prions le lecteur de vouloir bien les corriger et nous excuser ; elles viennent surtout du manque de chiffres d'imprimerie pour remplir les dates si nombreuses de certaines feuilles.

PAGES			PAGES	
9	12 Août 1879. — *Mettre* **2** Août,		25	2 Août 1884. — V. loi **2**e partie, p. 69.
»	4 Août » » **5** Août.		30	1er Août 1885. — *Mettre* **8** Août.
10	6 Février » » 6 Février **1880**.		»	1er Févri. 1886. » **8** Février.
11	9 Avril 1880. » **8** Avril.		»	1er Mars » » **8** Mars.
»	1er Juin » » **11** Juin.		34	28 Mars » » **31** Mars.
12	10 Décem. » » **28** Décembre.		33	Avant dernière ligne. *ses* familles, *mettre* **ces**.
15	27 Juillet 1881. » **21** Juillet.		40	*Rayer* in fine Loi 26 Juin 1883 insérée plus haut.
18	26 Août 1882. » 26 Août **1881**.		52	12 Août 1875, *adde* : V. Circ. M. G. 1888, p. 79.
20	11 Nov. » » **18** Novembre.		89	4e classe bis, *mettre* **3**e classe bis.
»	21 Juin 1883. » **28** Juin.		90	5e classe en tête, *mettre* **4**e classe.

TABLE

Sommaire des principales parties de l'ouvrage avec renvoi à leurs pages

RAPPORT, DÉCRETS, ARRÊTÉ et INSTRUCTION sur le NOTARIAT

30 Janvier 1890. — RAPPORT au Président de la République.

Monsieur le Président,

Le notariat a subi depuis le commencement de ce siècle de nombreuses et profondes transformations. La différence est grande, en effet, entre le notaire de l'an XI, simple rédacteur des actes, conseil désintéressé des clients, et le notaire d'aujourd'hui, dont la sphère d'action s'est démesurément agrandie, qui n'est plus seulement le fonctionnaire public chargé par la loi de donner l'authenticité aux conventions, mais qui s'est fait le conseiller privé et incessant des parties, l'arbitre de leurs différents, le négociateur de leurs intérêts et souvent le dépositaire quotidien de leur fortune.

Quelques-unes de ces attributions nouvelles pouvaient être considérées comme une conséquence naturelle des fonctions notariales ; mais, en l'absence de toute réglementation, elles devaient nécessairement être la source et l'occasion de nombreux abus.

C'est pour y remédier et pour prévenir des désordres dont le notariat avait déjà commencé à souffrir que, dans l'ordonnance de 1843, le législateur crut devoir édicter certaines prohibitions que la jurisprudence des tribunaux et les pouvoirs disciplinaires des chambres avaient déjà signalées. Il fut interdit aux notaires, soit par eux-mêmes, soit par personnes interposées, de se livrer à aucune opération de bourse, de banque ou de commerce ; de s'immiscer dans l'administration d'aucune société, entreprise ou compagnie de finances, de commerce ou d'industrie ; de s'intéresser dans aucune affaire pour laquelle ils prêteraient leur ministère ; de se servir de prête-nom en aucune circonstance ; de placer en leur nom personnel des fonds qu'ils auraient reçus, même à la condition d'en servir l'intérêt ; de se constituer garants ou cautions des prêts faits par leur intermédiaire ou qu'ils auraient été chargés de constater par acte public ou privé.

Mais, soit que les parquets ou les chambres n'aient pas suffisamment tenu la main à l'exécution de ces prescriptions, soit que des moyens suffisants de surveillance et de contrôle leur fissent défaut, un grand nombre de notaires continuèrent à s'adonner aux pratiques vicieuses condamnées par le législateur. Les désastres qui, dès 1840, avaient commencé à jeter l'inquiétude dans le public s'accrurent progressivement, à ce point qu'en 1876 un de mes prédécesseurs dut appeler spécialement l'attention des magistrats du parquet sur la situation du notariat et les inviter à prendre des mesures pour ramener les notaires à l'observation des règlements. « Grâce à ces mesures, dont le succès, disait M. Dufaure, dépend de votre fermeté et de celle des chambres de discipline, j'espère que nous ne serons pas obligés de recourir à des moyens plus énergiques, ni à l'intervention du pouvoir législatif. »

Cet appel pressant ne fut pas entendu. Les destitutions et les catastrophes notariales se reproduisirent avec un caractère de gravité et de fréquence inaccoutumé. Le chiffre des sinistres s'élevait successivement à 31 en 1882, à 41 en 1883, à 55 en 1884, à 71 en 1886, et le total des détournements commis par les notaires représentait plus de 62 millions pour la période comprise entre 1880 et 1886.

En 1888, un de mes prédécesseurs, M. Ferrouillat, jugea le moment venu de prendre les mesures que commandait cette situation. Il saisit le Conseil d'Etat d'un règlement d'administration publique destiné à compléter et à renforcer l'ordonnance de 1843. Les résultats de l'année qui vient de s'écouler justifient amplement cette initiative. En 1889, en effet, 103 notaires ont dû être destitués ou contraints de céder leur étude. Pour 46 seulement, il a été possible de fixer dès à présent le passif d'une façon approximative, et les pertes subies par leurs clients s'élèvent à un total de près de 13 millions.

Sans doute, les *crises industrielles et agricoles* que nous avons subies

à différentes époques n'ont pas été sans influence sur cette situation Lorsqu'il se produit une diminution des transactions ou une baisse importante sur la valeur immobilière, bien des chutes se trouvent précipitées qu'un meilleur état des affaires eût sans doute retardées ; mais l'institution notariale est organisée par la loi de façon à traverser victorieusement ce genre d'épreuves. Les atteintes qu'elle a reçues tiennent surtout à des *habitudes de spéculation* qui se sont introduites dans presque toutes les régions et qui s'y sont maintenues par suite de l'absence de réglementation et de mesures prohibitives sérieuses et pratiques. Elles tiennent encore à *l'impuissance de l'autorité disciplinaire*, dont l'action ne peut s'exercer utilement, faute de moyens suffisants de surveillance et de contrôle.

L'enquête à laquelle mon département a fait procéder a permis de constater que les notaires reçoivent des *fonds en dépôt* de toutes personnes, sans affectation déterminée, les conservent indéfiniment et en disposent sans contrôle, souvent sans que le déposant puisse invoquer, pour sa garantie, soit un récépissé, soit même les registres de la comptabilité de l'officier public ; car il existe un certain nombre de notaires qui n'ont *aucune comptabilité*, ou ne tiennent qu'une *comptabilité incomplète*.

Ces pratiques vicieuses, qui donnent aux officiers publics gênés ou malhonnêtes la facilité de puiser sans cesse dans la caisse de leurs dépôts et d'employer l'argent de leurs clients soit à leurs dépenses personnelles, soit à des placements aventureux ou à des spéculations illicites, ces pratiques sont, de l'avis général, *la principale cause des abus* qui existent aujourd'hui dans le notariat, et *des désastres financiers* qui ont éprouvé cette honorable et grande corporation. (1)

Dans ces circonstances et en présence de l'émotion qui s'était manifestée dans l'opinion publique et le Parlement, le gouvernement de la République ne pouvait rester indifférent ; il avait le devoir de remédier aux abus qui lui étaient signalés, et il devait d'autant plus s'efforcer d'y mettre un terme que le mal atteint le plus souvent ceux qui ont particulièrement besoin de sa protection et qui sont le moins en état de se défendre.

Les notaires ne sont-ils pas, d'ailleurs, des fonctionnaires publics ? N'est-ce pas du Gouvernement qu'ils reçoivent l'investiture et le droit d'exercer les pouvoirs que la loi leur confère ?

Ce mandat légal qui leur est donné est assurément la cause la plus fréquente des dépôts faits entre leurs mains. Il importe que les fonctionnaires désignés à la confiance des citoyens en soient véritablement dignes. Il faut que des *garanties sérieuses* soient instituées pour prévenir autant que possible les prévarications.

Tel est l'objet du décret que j'ai l'honneur de soumettre aujourd'hui à votre approbation.

Les prescriptions adoptées par le conseil d'Etat mettent en harmonie la législation antérieure avec les besoins nouveaux qu'ont créés la multiplicité des transactions et les exigences sociales actuelles. Elles ont surtout en vue les *dépôts de fonds* et la *comptabilité notariale*

---

(1) A ces causes de désastres dans le Notariat on peut ajouter :

1° L'insuffisance des produits des petites études ;

2° Les responsabilités excessives que les tribunaux font peser sur les Notaires ;

3° Les réductions d'honoraires que les magistrats taxateurs font sans raison, sans avis préalable des chambres, subir aux Notaires blessés ainsi dans leurs intérêts moraux et matériels ; De sorte qu'on leur applique trop souvent cette règle inique de la responsabilité aggravée et de la rétribution diminuée.

16.

Les détournements de fonds sont le danger le plus pressant qui menace le notariat. Il était absolument nécessaire de protéger les notaires contre les tentations multiples de spéculations qui les assaillent et de leur rappeler qu'ils doivent se renfermer rigoureusement dans l'exercice de leurs fonctions. L'article 12 de l'ordonnance de 1843 a bien établi certaines prohibitions dont l'utilité est incontestable ; mais l'expérience a démontré que les prescriptions de ce texte sont à divers points de vue insuffisantes. Aussi l'article 1er du décret contient-il plusieurs interdictions qui n'avaient pas été formellement édictées par l'ordonnance et que des abus nouveaux obligent à préciser. Chacune d'elles s'applique à des agissements répréhensibles, sous le couvert desquels trop de notaires ont l'habitude de dissimuler des spéculations ou des opérations de banque.

Par ces prohibitions, dont les parquets auront à surveiller la stricte exécution, on veut empêcher les notaires de recevoir les dépôts illicites, qui échappent actuellement à toute surveillance, que l'officier public accepte ou provoque, soit en promettant d'en servir directement l'intérêt, soit en les plaçant par billets où le nom des créanciers reste en blanc, soit en se faisant, sous le nom de mandataire fictif, le banquier et l'agent d'affaires responsable de ses clients.

Quant aux autres dépôts, ceux qui sont la conséquence de la réception ou de l'exécution d'un acte notarié, il n'a pas paru possible de les interdire sans apporter dans les habitudes actuelles un trouble général et dans les affaires des entraves incessantes dont le public eût été le premier à souffrir ; il y a tout lieu de croire, d'ailleurs, qu'il sera possible d'arriver, par des moyens moins rigoureux, à prévenir les détournements.

C'est le but de l'article 2 du décret. Cet article impose aux notaires l'obligation de verser à la Caisse des dépôts et consignations toutes sommes par eux reçues dont le paiement ou l'emploi n'aurait pas été effectué dans le délai de six mois.

A l'aide de cette prescription, on évitera vraisemblablement l'accumulation des fonds dans les études et on éloignera des notaires, qui pourraient être entraînés à puiser dans leur caisse de dépôts, ces tentations qui ont occasionné la ruine et le déshonneur de tant d'officiers publics.

Les formalités du dépôt, qui sera constaté par un simple récépissé au nom du notaire, et celles du retrait des fonds ont été simplifiées de telle sorte qu'aucune difficulté, ni même aucun retard appréciable, ne sont à prévoir dans la pratique des affaires. L'ensemble de ces formalités a été minutieusement réglé par un second décret, concerté entre mon département et celui des finances, et que j'aurai l'honneur de soumettre incessamment à votre approbation.

Les articles 3, 4, 5, 6 et 7 sont relatifs à une prescription non moins importante ; ils imposent à tout notaire une comptabilité spéciale, constatant les recettes et les dépenses de toute nature effectuées pour le compte des clients. Ils indiquent les registres essentiels qu'il y aura lieu d'exiger et dont le modèle sera ultérieurement déterminé.

L'obligation de la comptabilité ne saurait être discutée. En raison du mouvement de fonds qui se produit actuellement dans les plus petites études, la comptabilité est devenue indispensable pour le bon exercice des fonctions notariales.

Tous les magistrats, tous les publicistes, les notaires eux-mêmes sont d'accord pour demander qu'elle soit obligatoire.

Mais l'obligation de tenir une comptabilité ne serait qu'une mesure illusoire et stérile si l'on n'instituait en même temps un système de surveillance et de contrôle destiné à en assurer l'exécution. Ce contrôle est reconnu si nécessaire que, déjà, dans un certain nombre de compagnies, où les notaires se sont concertés pour établir la comptabilité, les chambres ont dû organiser aussi une inspection exercée soit par le syndic, soit par d'autres officiers délégués.

Ce même système pouvait-il être appliqué par le décret ? Devait-on charger les chambres de discipline du contrôle de la comptabilité notariale ? De sérieuses objections pouvaient s'élever contre ce mode de procéder : elles étaient signalées dans le rapport par lequel mon hono-

rable prédécesseur vous demandait de renvoyer le projet de décret préparé par lui à l'examen du Conseil d'Etat. L'extension du pouvoir disciplinaire conféré aux chambres par l'ordonnance de 1843 n'avait pas donné les résultats qu'on était en droit d'en attendre. Si quelques chambres de discipline, notamment parmi les plus importantes, se sont toujours montrées vigilantes et soucieuses des intérêts qui leur sont confiés, dans un grand nombre d'arrondissements, au contraire, les chambres avaient donné des preuves fréquentes de leur faiblesse et prouvé combien elles possédaient peu d'autorité sur les membres de la corporation. Mais on a fait valoir, et le Conseil d'Etat a considéré, en définitive, que c'est aux chambres, sous la haute surveillance des parquets, que le législateur a confié la discipline intérieure des compagnies. Si elles n'ont pas montré, dans la répression de certains abus, toute l'énergie et toute la vigilance désirables, c'est peut-être qu'elles ont pu croire, en l'absence de texte exprès, que leur initiative ne serait pas suffisamment justifiée. Fortifiées par les dispositions formelles d'un décret, elles ne pourraient se soustraire désormais à son application et ne négligeraient plus d'en faire exécuter les prescriptions impérieuses. Le Conseil d'Etat a donc estimé qu'il y avait lieu de les charger du contrôle de la comptabilité notariale et déterminé de quelle façon ce contrôle devait s'accomplir. Le projet que j'ai l'honneur de vous soumettre, Monsieur le Président, consacre l'avis adopté par cette haute assemblée.

Au-dessus et en outre du contrôle ainsi établi, une autre garantie existe encore. C'est la surveillance que les magistrats du ministère public ont le droit et auront le devoir rigoureux d'exercer sur les notaires et les chambres de discipline pour s'assurer que les dépôts sont régulièrement conservés ou versés à la caisse, que la comptabilité est bien tenue et que les chambres effectuent leurs vérifications périodiques.

De graves sanctions sont, d'ailleurs, édictées contre les chambres qui auraient négligé d'exécuter les dispositions du décret et qui, par leur incurie, se rendraient complices des fautes de leurs membres. L'article 12 dispose que la *suspension* et même la *dissolution* peuvent être prononcées par arrêté du garde des sceaux, après avis de la première chambre de la cour d'appel (1).

Si ces mesures, qui ont pour but évident l'intérêt général et le fonctionnement régulier de l'institution notariale, restaient inefficaces, le Gouvernement se verrait obligé de recourir à des dispositions nouvelles car il ne saurait rester désarmé en présence des faits dont l'opinion publique s'est émue légitimement. Mais j'ai le ferme espoir qu'il ne sera pas besoin de recourir à des moyens extrêmes. Je ne doute pas que les chambres de discipline, s'élevant au-dessus de toute considération personnelle pour ne songer qu'à l'intérêt général de la corporation, se montreront dignes par leur vigilance et leur énergie de la haute mission qui leur est confiée.

Telles sont, Monsieur le Président, les principales dispositions du décret que j'ai l'honneur de vous soumettre.

Ce serait évidemment une illusion de penser qu'elles préviendront désormais tous les sinistres ; mais on peut espérer du moins qu'elles en diminueront considérablement le nombre. En se conformant exactement aux prescriptions nouvelles, les notaires sauront conserver leur vieux renom de délicatesse et de probité, un instant compromis par des abus passagers, et s'assurer, dans notre société démocratique, la place importante que le législateur de l'an XI leur a assignée.

Le Ministre n'est pas obligé de suivre cet avis. Cette innovation malheureuse porte atteinte à l'indépendance du Notariat, elle est trop rigoureuse. Les chambres de discipline sont des corps permanents. Le gouvernement n'aurait pas dû s'arroger le droit d'entraver par l'établissement d'une juridiction disciplinaire nouvelle et par la création de cette peine inconnue jusqu'ici, le fonctionnement régulier d'une institution que la loi de ventôse l'autorise à réglementer mais non à supprimer par simple décret.

Si vous approuvez ces dispositions, je vous prie, Monsieur le Président, de vouloir bien revêtir de votre signature le décret dont la teneur suit.

Veuillez agréer, Monsieur le Président, l'hommage de mon profond respect

Le Garde des sceaux, Ministre de la justice et des cultes,

THÉVENET.

---

30 Janvier 1890. — Décret complétant l'ordonnance du 4 janvier 1843

Sur le rapport du Garde des Sceaux, Ministre de la Justice ;

Vu la loi du 25 ventôse an XI et l'ordonnance du 4 janvier 1843 ;

Vu l'ordonnance du 24 décembre 1839 ;

Vu l'avis du ministre des finances et de la commission de surveillance de la Caisse des dépôts et consignations, en date des 26 novembre et 20 décembre 1888 ;

Le Conseil d'État entendu.

Le Président de la République française,

DÉCRÈTE :

ART. 1er. — Indépendamment des prohibitions énoncées dans l'ordonnance du 4 janvier 1843, il est interdit aux notaires :

1° De recevoir ou conserver des fonds à charge d'en servir les intérêts ;

2° D'employer même temporairement les sommes ou valeurs dont ils sont constitués détenteurs à un titre quelconque, à un usage auquel elles ne seraient pas destinées ;

3° De retenir, même en cas d'opposition, les sommes qui doivent être versées par eux à la Caisse des dépôts et consignations dans les cas prévus par les lois, décrets, ou règlements ;

4° De faire signer des billets ou reconnaissances en laissant le nom du créancier en blanc ;

5° De laisser intervenir leurs clercs sans un mandat écrit dans les actes qu'ils reçoivent.

ART. 2. — Les notaires ne peuvent conserver durant plus de six mois les sommes qu'ils détiennent pour le compte des tiers, à quelque titre que ce soit.

Toute somme qui, avant l'expiration de ce délai, n'a pas été remise aux ayants droits sera versée par le notaire à la Caisse des dépôts et consignations.

Toutefois les notaires peuvent conserver ces fonds pour une nouvelle période n'excédant pas six mois, sur la demande écrite des parties intéressées.

La demande ne peut être adressée au notaire que dans le mois précédent l'expiration du délai fixé au paragraphe 1er.

Les notaires doivent donner immédiatement avis à la chambre de la demande qui leur aura été adressée.

ART. 3. — Chaque notaire doit tenir une comptabilité destinée spécialement à constater les recettes et les dépenses de toutes natures effectuées pour le compte de ses clients ; à cet effet, il doit avoir au moins un livre-journal, un registre de frais d'actes, un grand-livre, un livre de dépôt de titres et valeurs, conformes à un modèle arrêté par le Garde des sceaux.

Le livre-journal et le livre de dépôts des titres et valeurs sont cotés et paraphés par le président du tribunal.

ART. 4. — Le livre-journal doit mentionner, jour par jour, par ordre de dates, sans blancs, lacunes, ni transports en marge, notamment :

1° Les noms des parties ;

2° Les sommes dont le notaire aura été constitué détenteur et leur destination, ainsi que les recettes de toute nature et les sorties de fonds.

Chaque article aura un numéro d'ordre et contiendra un renvoi au folio du grand-livre où se trouve reportée soit la recette, soit la dépense.

ART. 5. — Le registre d'étude ou de frais d'actes contient, dans l'ordre chronologique des actes reçus par le notaire, sous le nom du client débiteur, le détail des frais et honoraires de chaque acte.

ART. 6. — Le grand-livre contient le compte de chaque client par le relevé de toutes les recettes et dépenses effectuées pour lui.

La balance de chaque compte doit être faite au moins une fois par trimestre, soit sur le grand-livre, soit sur un registre spécial de balances de compte.

ART. 7. — Le livre de dépôts de titres ou valeurs mentionne jour par jour, par ordre de dates, sans blancs, lacunes ni transport en marge, au nom de chaque client, les entrées et sorties des titres et valeurs au porteur ou nominatifs, avec l'indication de leurs numéros et immatricules.

ART. 8. — Les chambres de discipline sont chargées de vérifier si la comptabilité des notaires est régulière, et si la situation de la caisse spéciale des dépôts est conforme aux énonciations des registres ; sans préjudice des droits de surveillance qui appartiennent également au ministère public.

Pour exercer son contrôle, la chambre désigne des délégués qui devront procéder à la vérification, au moins une fois l'an, dans chaque étude de l'arrondissement.

Les délégués sont choisis parmi les membres ou anciens membres de la chambre et les notaires honoraires, qu'ils aient ou non exercé dans l'arrondissement.

Les notaires en exercice ne pourront refuser cette délégation.

Chaque vérification est faite par deux délégués ; hors de Paris, ces délégués sont choisis autant que possible, pour les chefs-lieux d'arrondissement et pour chaque canton, parmi les notaires étrangers à ces résidences.

ART. 9. — Les délégués ont le droit de se faire représenter, sans déplacement et à toute réquisition, les registres de comptabilité et les actes qui ont pu être l'occasion d'un dépôt.

Ils apposent leur visa sur les registres, avec l'indication du jour de la vérification.

Ils s'assurent des conditions dans lesquelles a eu lieu la prorogation de délai prévue au paragraphe 3 de l'art. 2.

Les clercs doivent rendre compte aux délégués de l'exécution des mandats qui leur ont été confiés et dont mention est faite dans les actes reçus par le notaire chez lequel ils travaillent.

Les délégués transmettent sans délai à la chambre de discipline le compte-rendu de leurs opérations.

ART. 10. — Le président de la chambre adresse au procureur de la République un rapport constatant, pour chaque étude, les résultats de la vérification et accompagné de son avis motivé.

Ces rapports sont transmis au fur et à mesure des vérifications, et au plus tard avant le 31 décembre de chaque année.

ART. 11. — Seront punies, conformément aux dispositions de la loi du 25 ventôse an XI et de l'ordonnance du 4 janvier 1843, les contraventions au présent décret et au règlement prévu en l'article 17 ci-après, y compris celles qui seraient commises par les membres ou délégués des chambres.

ART. 12. — En cas de manquements graves à ses devoirs, notamment à ceux qui découlent de la mission qui lui est confiée par l'article 8 ci-dessus, la chambre de discipline peut être suspendue ou dissoute par arrêté du Garde des sceaux, après avis de la première chambre de la cour d'appel délibérant en chambre du conseil.

Le ministère public saisit la cour par voie de citation donnée au président et au syndic de la chambre de discipline. Le délai de la citation sera de huitaine.

Le procureur général transmet, avec ses observations, l'avis de la cour au Garde des sceaux pour être par lui statué ce qu'il appartiendra.

Art. 13. — La suspension ne peut-être prononcée pour plus de six mois.

Art. 14. — Pendant la durée de la suspension, ou en cas de dissolution, les attributions de la chambre de discipline sont transférées au tribunal ou aux deux premières chambres dans les tribunaux composés de plus de deux chambres.

La chambre des vacations aura les mêmes pouvoirs durant les vacances des tribunaux.

Le tribunal, ainsi constitué en chambre de discipline peut, dans le cas où il le juge nécessaire, désigner un ou plusieurs notaires honoraires ou en exercice, chargés d'agir pour la chambre et conformément à ce qui aura été délibéré. Néanmoins les poursuites disciplinaires ne peuvent être exercées que par le ministère public.

Art. 15. — A l'expiration du délai fixé par l'arrêté de dissolution, délai qui ne peut excéder trois années, le président du tribunal convoque l'assemblée générale des notaires pour procéder à l'élection d'une nouvelle chambre de discipline.

Art. 16. — Les dispositions relatives au dépôt des fonds et à la comptabilité seront exécutoires à partir du 1er juillet 1890.

Celles des articles 8, 9 et 10 du présent décret seront exécutoires, pour les chambres de discipline, à partir du 1er janvier 1891.

Art. 17. — Il sera pourvu, d'accord avec le Ministre des finances, au règlement des formalités spéciales nécessaires pour le dépôt et pour le retrait des sommes déposées à la Caisse des dépôts et consignations, en vertu de l'article 2 du présent décret.

---

2 Février 1890. — Décret relatif au *dépôt* et au *retrait des sommes versées* par les Notaires à la Caisse des dépôts et consignations.

Le Président de la République française,

Décrète :

CHAPITRE Ier. — *Des versements.*

Art. 1er. — Les sommes que les notaires, en vertu de l'article 2 du décret du 30 janvier 1890, versent à la Caisse des dépôts sont reçues, à Paris et dans le département de la Seine, à la caisse générale et dans les départements, par les préposés de la caisse pour l'arrondissement dans lequel les notaires ont leur résidence. Toutefois la chambre de discipline pourra autoriser un notaire à effectuer ses versements dans un arrondissement voisin.

Art. 2. — Chaque versement est accompagné de la remise par le déposant au préposé de la Caisse des dépôts d'un bulletin destiné à la chambre de discipline et mentionnant l'affaire ou les affaires donnant lieu au versement. Cette mention est uniformément conçue dans les termes suivants : « Affaire N... ».

La Caisse des dépôts demeure étrangère aux indications et mentions portées sur les bulletins de versements ; elle ne les relate ni dans ses écritures, ni dans les récépissés qu'elle délivre aux parties versantes. Elle reçoit ces bulletins pour les transmettre à la chambre de discipline dont relève le notaire.

Art. 3. — Chaque versement donne lieu à la délivrance d'un récépissé à talon, établi au nom du notaire déposant dans les conditions déterminées par les articles 1 et 7 de la loi du 24 avril 1833.

Art. 1. — Tout versement en numéraire ou autres valeurs fait aux caisses du caissier central du Trésor public à Paris et à celles des receveurs généraux et particuliers des finances, pour un service public donnera lieu à la délivrance immédiate d'un récépissé à talon. Ce récépissé sera libératoire et formera titre envers le trésor public, à la charge toutefois par la partie versante, de le faire viser et séparer de son talon à Paris immédiatement et dans les départements dans les 24 heures de sa date, par les fonctionnaires et agents administratifs chargés de ce contrôle.

Art. 7. — Les dispositions de l'art. 1 sont applicables à la Caisse des dépôts et consignations.

CHAPITRE II. — *Des retraits.*

Art. 4. — Les fonds versés par les notaires sont remboursés par les préposés de la Caisse des dépôts qui ont reçu les versements, sur la production d'autorisation de payement délivrées par les notaires et à la suite d'avis préalables adressés aux préposés dans un délai déterminé par les arrêtés du directeur général, prévus à l'article 13 ci-après, et qui ne pourra excéder cinq jours.

Art. 5. — Les autorisations sont détachées d'un carnet à souche et à talon. Elles y sont comprises entre la souche et talon. Une suite continue de numéros est imprimés sur les souches, sur les autorisations et sur les deux parties des talons prévues à l'article 8 ci-après.

Art. 6. — Ces autorisations sont délivrées par le notaire titulaire du compte ; elles sont quittancées en présence du comptable chargé du payement, soit par le notaire, soit par son fondé de procuration, soit par la personne dont il a spécialement accrédité la signature pour un retrait déterminé.

Art. 7. — Le notaire qui délivre une autorisation de payement reproduit à la souche les indications qui figurent dans cette autorisation. Il y ajoute la mention de l'affaire ou les affaires donnant lieu au retrait.

Art. 8. — Le talon de l'autorisation de payement est divisé horizontalement en deux parties.

La première renferme la formule de l'avis préalable à adresser au préposé de la caisse. Cette formule indique si le payement sera réclamé par le notaire lui-même, par son fondé de pouvoir ou par une tierce personne dont, dans ce cas elle accrédite la signature.

La seconde partie du talon, dite bulletin de retrait, mentionne la date de l'avis et la somme qu'il concerne. Le talon comprenant l'avis et le bulletin de retrait est remis au préposé de la caisse, dans les délais réglementaires, par les soins du notaire qui veut effectuer le retrait.

Les bulletins de retrait, séparés des avis, sont mis par la Caisse des dépôts à la disposition de la chambre de discipline dans les conditions prévues, pour les bulletins de versement, à l'article 2 du présent décret.

Art. 9. — Les autorisations de payement ne mentionnent pas le nom de la personne appelée à les quittancer ; elles se bornent à énoncer que le payement devra être effectué entre les mains de la partie désignée dans la formule d'avis.

Art. 10. — Les autorisations de payement ne sont valables que pendant les trente jours qui suivent la date où l'avis est parvenu à la caisse. Cette clause est insérée dans le texte des autorisations.

Lorsqu'une autorisation n'est pas présentée dans ce délai de trente jours, l'avis et l'autorisation sont considérés comme nuls. La partie du talon portant avis est renvoyée au notaire.

Art. 11. — Le carnet à souche des autorisations de payement est établi conformément au modèle arrêté par le directeur général de la Caisse des dépôts. Il est remis par les soins de la chambre de discipline, au notaire intéressé, qui ne peut être détenteur que d'un seul carnet à la fois.

Le nom du notaire et le numéro de son compte courant sont reproduits à l'encre grasse sur la souche, sur l'autorisation de payement et sur les deux parties du talon.

Le sceau de la chambre de discipline est apposé à la souche sur chaque page du carnet.

La chambre de discipline fait connaître à la caisse la date de la remise de chaque carnet ainsi que le nombre et la série des numéros des autorisations contenues dans le carnet.

CHAPITRE III. — *Du compte courant.*

Art. 12. — La Caisse des dépôts tient un compte spécial au nom de chaque notaire déposant. Ce compte est réglé, en capital et intérêts, au 31 décembre de chaque année.

Les intérêts annuels sont capitalisés à cette date. Dans le courant de l'année ils ne sont liquidés et payés que sur demande spéciale et pour un compte soldé intégralement.

Art. 13. — Les conditions des comptes courants ouverts aux notaires qui ne sont pas prévus au présent décret et, en particulier, les délais d'avis préalable et le taux de l'intérêt bonifié sont déterminés par des arrêtés du Directeur général de la Caisse des dépôts, pris après avis de la commission de surveillance et soumis à l'approbation du ministre des finances.

Art. 14. — Un extrait de son compte courant, arrêté le 31 décembre précédent, est transmis dans les deux premiers mois de l'année à chaque notaire, par l'intermédiaire de la chambre de discipline de l'intéressé.

La Caisse doit donner à toute époque communication du compte courant d'un notaire à la chambre de discipline.

Art. 15. — Les dispositions du présent décret sont applicables à partir du 1er juillet 1890.

---

15 Février 1890. — Arrêté de M. le Garde des Sceaux, relatif aux *livres et registres de comptabilité notariale*, suivi des Modèles A. B. C, D.

Nous, Garde des Sceaux, Ministre de la Justice et des Cultes,

Vu l'article 3 du décret du 30 janvier 1890 ainsi conçu :

« Chaque notaire doit tenir une comptabilité destinée spécialement à constater les recettes et les dépenses de toute nature, effectuées pour le compte de ses clients : à cet effet, il doit avoir au moins un *livre-journal*, un *registre de frais d'actes*, un *grand livre* et un *livre de dépôt de titres et valeurs* conforme à un *modèle* arrêté par le Garde des sceaux » ;

Avons arrêté ce qui suit :

Art. 1er. — Le *livre-journal* ou *livre de caisse* sera divisé en huit colonnes, indiquant :

La première, le numéro d'ordre ;

Les notaires devront n'avoir qu'une seule série de numéros, depuis le commencement de leur exercice.

La seconde, le numéro du folio du grand-livre où la somme est reportée ;

La troisième, la date de la recette ou de la dépense ;

Le quatrième, les noms et demeures des parties, la cause de la recette ou de la dépense ;

La cinquième et la sixième, les recettes et dépenses d'étude ;

La septième et la huitième, les recettes et dépenses faites pour les clients.

Ce registre sera conforme au modèle A ci-après.

Toutefois, les notaires qui voudront avoir une comptabilité plus complète et séparer la comptabilité d'étude de la comptabilité des clients sont autorisés à diviser leur livre-journal et à tenir deux registres, pourvu que chaque registre contienne, avec les recettes et dépenses qui lui seront applicables, les autres énonciations ci-dessus prescrites.

Art. 2. — Le *registre d'étude* ou de *frais d'actes* sera divisé en huit colonnes, indiquant :

La première, le numéro d'ordre ;

La seconde, le numéro du folio du grand-livre où l'article sera reporté ;

La troisième, la date de l'acte ;

La quatrième, les noms et demeure du client débiteur ;

La cinquième, la nature de l'acte et le détail des formalités;

La sixième, les déboursés divers ;

La septième, les honoraires divers ;

La huitième, les totaux ;

Ce registre sera conforme au modèle B ci-après.

Art. 3. — Le *grand-livre* de comptes des clients sera divisé en sept colonnes, indiquant :

La première, le numéro d'ordre du livre-journal ou du registre d'étude ;

La seconde, la date de la recette ou de la dépense ;

La troisième, l'indication des causes de la recette ou de la dépense ;

La quatrième et la cinquième, le chiffre de la recette ou de la dépense d'étude ;

La sixième et la septième, le chiffre de la recette ou de la dépense faite pour les clients.

Le nom et la demeure du client seront inscrits en tête de chaque article.

Ce registre sera conforme au modèle C ci-après ;

Toutefois, les notaires pourront, comme pour le livre-journal, diviser leur grand-livre de comptes en deux registres: grand-livre de l'étude; grand-livre des clients.

Art. 4. — Le *livre de dépôt des titres et valeurs* sera divisé en quatre colonnes, indiquant :

La première, le numéro d'ordre ;

La seconde, la date de l'entrée des titres ou valeurs ;

La troisième, le nombre, la nature des titres et leur numéros;

La quatrième, la sortie des titres et les énonciations diverses relatives à la remise ;

Ce livre sera conforme au modèle D ci-après.

Art. 5. — Les *modèles ci-après* ne sont qu'indicatifs des colonnes et énonciations que doivent contenir les registres, et non du format.

Art. 6. — Le conseiller d'État, directeur des affaires civiles et du sceau, est chargé de l'exécution du présent arrêté, qui sera publié au *Journal officiel* et au *Bulletin des lois*.

MODÈLE D'AFFIRMATION DE LA SINCÉRITÉ DU PRIX DES OFFICES

Nous soussignés,. . . . .

Affirmons et certifions que toutes les conventions contenues dans notre traité de cession d'office du. . . . . sont l'expression exacte de la vérité ; que nous n'avons fait aucune contre-lettre ni aucune convention accessoire qui modifie, directement ou indirectement, le prix porté dans ce traité, et qu'aucune somme n'a été ni ne doit être payée en sus du prix stipulé.

Fait à . . . . , le . . . .

Le certificat devra, dans tous les cas, être visé par le Procureur de la République.

LIVRE-JOURNAL OU LIVRE DE CAISSE
Modèle A

NUMÉROS		DATES	NOMS ET DEMEURES DES PARTIES CAUSES DES RECETTES ET DES DÉPENSES (Art. 4 du décret du 30 janvier 1890).	ÉTUDE		FONDS de CLIENTS	
D'ORDRE	DU FOLIO du GRAND-LIVRE			RECETTES	DÉPENSES	RECETTES	DÉPENSES

REGISTRE D'ÉTUDE OU DE FRAIS D'ACTES
Modèle B
Mois de

NUMÉROS		DATES	NOMS et demeure des clients débiteurs.	NATURE DES ACTES — DÉTAIL des formalités. (Art. 5 du décret du 30 janv. 1890)	DÉBOURSÉS	HONORAIRES	TOTAUX
DU LIVRE JOURNAL.	DE RENVOI au GRAND-LIVRE						

GRAND-LIVRE.
(Nom et demeure du client).
Modèle C

NUMÉROS		DATE DE LA RECETTE ou de la DÉPENSE	DÉTAIL DES OPÉRATIONS — INDICATION DES CAUSES DE LA RECETTE OU DE LA DÉPENSE (Art. 6 du décret du 30 janvier 1890).	ÉTUDE		FONDS de CLIENTS	
DU LIVRE JOURNAL.	DU REGISTRE D'ÉTUDE			RECETTES	DÉPENSES	RECETTES	DÉPENSES

LIVRE DE DÉPOT DES TITRES ET VALEURS
(Nom et demeure des clients)
Modèle D

NUMÉRO D'ORDRE	DATE DE L'ENTRÉE DES TITRES ET VALEURS.	NATURE ET NOMBRE DES TITRES — NUMÉROS DES TITRES (Art. 7 du décret du 30 janvier 1890).	SORTIE DES TITRES — INDICATIONS RELATIVES A LA REMISE.

1er Mars 1890. — Instruction de M. le Ministre de la justice aux Procureurs généraux, sur *l'exécution des décrets* précédents et sur *le régime du Notariat.*

Monsieur le Procureur Général,

Le décret du 30 janvier dernier sur le notariat a été rendu nécessaire par diverses causes sur lesquelles je n'ai plus à insister. Mon rapport au Président de la République les a suffisamment fait connaître et il a, en même temps, indiqué le but des dispositions nouvelles. Ces dispositions ont pour objet essentiel, en complétant l'ordonnance du 4 janvier 1843, *de renforcer la discipline notariale dans l'intérêt du public et des notaires eux-mêmes.* Elles posent des règles précises dont l'observation suffira entièrement pour sauvegarder ces officiers publics contre certaines pratiques dont ils ne mesurent pas toujours le danger et dont les conséquences sont trop souvent irréparables. Elles donnent, en outre, à l'autorité judiciaire et aux chambres des moyens de surveillance qui permettront de connaître plus souvent les infractions qu'il importe de réprimer en temps utile dans l'intérêt des clients.

Les décrets des 30 janvier et 2 février imposent au notariat des obligations qui ne sauraient être éludées, et aux magistrats du parquet des devoirs qui, en augmentant la sphère d'action du ministère public, réclament toute sa vigilance et tous ses soins. Vos substituts auront, par suite, avec les membres des chambres des rapports plus fréquents et plus importants. Il convient que les uns et les autres soient exactement éclairés sur leurs droits et leurs devoirs et qu'il n'existe aucun doute sur leurs attributions respectives.

Loin de diminuer *l'autorité des chambres de discipline,* le décret du 30 janvier a voulu faire de cette autorité la *base du régime nouveau.* C'est aux chambres qu'il a fait appel, c'est à elles que les procureurs de la République doivent demander tout d'abord les mesures nécessaires pour l'exacte observation des prescriptions disciplinaires. Si les chambres, comme je me plais à l'espérer, se pénètrent des devoirs qui leur incombent et sont attentives à les remplir, l'intervention de vos substituts se restreindra d'elle-même sans inconvénient ; si, au contraire, elles marquaient peu d'empressement à seconder les mesures prises par le Gouvernement, le rôle du ministère public, en dehors même de l'action disciplinaire, devrait devenir plus actif et plus énergique.

POUVOIRS DU PARQUET

L'article 8 du décret du 30 janvier n'a pas manqué de rappeler les *droits de surveillance* qui appartiennent au ministère public. Ce droit de surveillance ne résulte pas seulement des principes de notre organisation judiciaire et des dispositions générales de la loi du 30 avril 1810 (art. 45 et 47) ; il a été maintes fois confirmé par d'autres textes législatifs et par des décrets antérieurs à ceux qui font l'objet des présentes instructions.

C'est ainsi que les magistrats ont été expressément chargés :

En ce que concerne les chambres des notaires : d'exiger qu'il soit tenu chaque année deux assemblées générales ; de s'enquérir de la composition de la chambre et de la régularité des élections ; de se faire communiquer toutes les délibérations et de poursuivre l'annulation de celles qui seraient contraires à la loi (Ordonnance du 4 janvier 1843 ; décision ministérielle du 23 juin 1824) ;

En ce qui concerne les notaires : de veiller à ce que les notaires résident dans le lieu qui leur a été fixé par le Gouvernement (loi du 25 ventôse, art. 4); à ce que les notaires n'instrumentent pas hors de leur ressort (art. 6); à ce qu'ils déposent au greffe de chaque tribunal de leur département, au greffe de la justice de paix du canton où leur signature peut être légalisée et au secrétariat de la mairie de leur résidence leurs signature et parafe (art. 49); de veiller à ce que les remises de minutes prescrites par les articles 54 et suivants de la loi de ventôse soient effectuées ; de requérir,

en cas de décès et de destitution, l'apposition des scellés sur les répertoires et minutes de l'office vacant ; de surveiller la tenue régulière du répertoire prescrit par la loi de ventôse (art. 29, circulaire du 28 mars 1808) et de veiller à ce que le double de ce répertoire soit déposé dans les deux premiers mois de chaque année au greffe du tribunal civil de leur résidence (loi du 16 floréal an VI, art. 2); de surveiller la tenue du registre des protêts prescrit par l'art. 176 du Code de commerce et du registre destiné à recevoir les noms, prénoms, dates de naissance et domicile des rentiers ou pensionnaires de l'État dont les notaires ont à certifier l'existence (décret du 21 août 1806) ; de vérifier si les notaires conservent avec soin les minutes et archives de leurs études (circulaire du 4 juin 1808); s'ils assistent aux assemblées générales prescrites par l'article 22 de l'ordonnance du 4 janvier 1843 ; s'ils se conforment aux prescriptions édictées par l'article 12 de la même ordonnance ; s'ils n'apportent aucun retard dans la confection des liquidations dont ils ont été chargés par commission judiciaire (décret du 6 octobre 1880) ; s'ils se conforment aux prescriptions des ordonnances des 2 avril 1817 et 14 janvier 1831 et du décret du 30 juillet 1863, relatives aux libéralités faites aux établissements publics et aux actes concernant les établissements religieux (circulaires des 21 février 1831, 30 avril 1881, 7 juin 1882, 23 mars et 3 novembre 1888); enfin, s'ils ne commettent, en général, aucun acte contraire, soit à la délicatesse, soit aux règles de cette probité sévère et scrupuleuse que leur profession exige.

Mais ce droit de surveillance s'est presque toujours borné, dans la pratique, à un contrôle en quelque sorte extérieur. Les magistrats du ministère public, craignant, non sans quelque apparence de raison, que leur ingérance dans les affaires d'un notaire, leur présence même dans son étude ne fussent considérées par le public comme une mesure de suspicion, n'ont usé de leur droit qu'exceptionnellement et dans des circonstances graves. Il n'en est pas moins certain que les pouvoirs de surveillance et de poursuite conférés au ministère public entraînent comme conséquence nécessaire le droit de se faire représenter le répertoire des notaires et tous les actes qui peuvent le mettre en mesure de découvrir les infractions à la loi ; autrement (les tribunaux l'ont jugé à plusieurs reprises) comment serait-il possible que le parquet veillât à l'exécution des prescriptions de l'art. 12 de l'ordonnance du 4 janvier 1843 ou de l'article 1er du décret du 30 janvier dernier ? Comment, par exemple, pourrait-il attester la sincérité et l'exactitude des états de produits exigés dans les dossiers de présentation, si le cédant avait le droit de refuser communication de ses registres de comptabilité ?

Le décret du 30 janvier, en associant plus étroitement la surveillance du ministère public au contrôle des chambres de discipline, enlève désormais à cette surveillance le caractère qu'elle semblait parfois avoir auparavant. Les notaires, comme le public, n'y verront plus que l'exécution d'un devoir légal, ne préjugeant en rien le mérite de la gestion des officiers publics et n'affectant à aucun point de vue la dignité et l'honorabilité de leur caractère. Vos substituts pourront donc à l'avenir s'y consacrer, *s'il y a lieu,* plus régulièrement et plus activement, sans même qu'il soit besoin qu'une information soit ouverte ou qu'une plainte vous ait signalé les agissements d'un officier public. Les dispositions nouvelles contenues dans les art. 1, 2, 3 et 8 du décret du 30 janvier élargissent, du reste, encore le champ de la surveillance qui vous est confiée.

PROHIBITIONS

Vous appellerez particulièrement l'attention de vos substituts sur les prohibitions édictées par l'article 1er. Comme celles de l'ordonnance de 1843, elles ont toutes pour but d'empêcher les notaires de se livrer à des spéculations en dehors et à côté de leurs fonctions et de faire en un mot, *le trafic de l'argent.* Dans certaines contrées, ces pratiques ne sont pas seulement fréquentes, elles sont générales. Le notaire accepte de ses clients (qui croient la chose licite) des dépôts de fonds productifs d'intérêts à partir du jour du dépôt. Ces dépôts sont faits au notaire dans l'attente d'un placement hypothécaire que l'officier public s'engage à réaliser, ou même sans condition selon le degré de confiance des clients. Le notaire, s'il ne dispose pas des fonds à son profit personnel, s'il ne cherche pas à les faire fructifier dans des spéculations plus ou moins périlleuses, les emploie soit en obligations au porteur dans lesquelles il devient personnellement créancier sous le nom d'un clerc ou de toute autre personne interposée, soit en prêts sur simples billets, quand il se croit assuré des garanties de solvabilité. Ces divers agissements, essentiellement contraires aux devoirs du notariat transforment peu à peu les études des notaires en agences de spéculation et de banque. Avec l'aide des chambres, vous devez appliquer tous vos efforts à les faire disparaître. Ce n'est qu'à titre exceptionnel qu'on peut tolérer qu'un notaire, afin de rendre service à un client solvable et honnête, se fasse pour lui, à l'occasion, l'intermédiaire d'un prêt par billets. Quant à la *gestion* par les notaires des biens et de la fortune de propriétaires qui ne peuvent ou ne veulent s'occuper par eux-mêmes de cette gestion, il serait rigoureux de l'interdire. Les notaires auront, par suite, le droit d'encaisser des fermages, de toucher des loyers ou des intérêts, qui seront d'ailleurs soumis aux dispositions impératives des articles 4 et 6 du décret du 10 janvier. Mais, en tout autre cas, il faut que les notaires sachent bien qu'ils ne doivent se laisser remettre des fonds qu'à l'occasion des actes qu'ils ont reçus ou sont appelés à recevoir.

En dehors des emprunts qu'ils peuvent contracter pour leurs besoins personnels, il leur est absolument interdit de recevoir des fonds sans destination précise, pour les employer ou prêter à leur gré, ces remises fussent-elles constatées par des reconnaissances productives ou non d'intérêts et causées « pour prêt », par exemple, ou avec autorisation expresse par les bailleurs de fonds au notaire de placer l'argent sous sa responsabilité. On devra donc rechercher, lors des vérifications, si tous les dépôts effectués l'ont été avec une destination spéciale, si cette destination est mentionnée sur le livre-journal du notaire et si les sommes ainsi déposées ont bien reçu l'emploi indiqué ; on s'assurera, par l'examen des actes, que les placements faits n'ont pas été acceptés par un mandataire verbal ou fictif ; et, si l'acceptation a été faite par un clerc de l'étude, que ce dernier avait bien reçu mandat *écrit* du créancier.

VERSEMENTS À LA CAISSE DES DÉPÔTS ET CONSIGNATIONS

Bien que l'article 2 du décret fixe à six mois le délai au delà duquel les notaires ne pourront rester détenteurs des dépôts, on n'en saurait induire que ces officiers donneront satisfaction aux intentions du législateur en conservant, durant tout ce temps, les fonds qui leur sont remis. Le décret indique un délai maximum applicable seulement à quelques cas particuliers où des difficultés peuvent mettre obstacle au payement. Mais s'il s'agit de dépôts effectués après un acte d'emprunt, ou un contrat de vente, par exemple, ce qui est le cas le plus fréquent, l'accomplissement des formalités hypothécaires qui retarde la remise des fonds n'exige pas d'ordinaire un délai supérieur à deux ou trois mois, suivant les circonstances. Tout retard, en pareil cas, devra vous être justifié.

À partir du 1ᵉʳ juillet 1890, le décret du 30 janvier entrera en vigueur pour ce qui a trait à la tenue de la comptabilité et aux dépôts à la Caisse des consignations. À cette date, aucun notaire ne devra donc se trouver détenteur de sommes à lui remises depuis plus de six mois, à moins qu'une demande écrite des parties n'ait autorisé le notaire à conserver les fonds pour une nouvelle période de six mois. Cette demande, dont avis doit être donné immédiatement à la chambre de discipline, devra, sans aucun doute, énoncer les motifs pour lesquels elle sera faite ; elle ne pourra être renouvelée.

Le procureur de la République aura le devoir et le droit d'obtenir communication de ces demandes, comme il aura aussi celui de prendre connaissance des récépissés et versements délivrés par la Caisse des consignations, et de vérifier la tenue du carnet à souche imposé à chaque notaire par l'article 11 du décret du 2 février courant et chacun des registres de comptabilité institués par les articles 3, 4, 5, 6 et 7 du décret du 30 janvier dernier.

CARNET À SOUCHE

Le carnet à souche prescrit par l'article 11 du décret du 2 février est destiné à constater les opérations de retrait des fonds déposés à la Caisse des consignations par les notaires. Ces opérations, ainsi que les dépôts des fonds, constituant des prescriptions nouvelles, je dois vous en expliquer le mécanisme, tel qu'il résulte du décret du 2 février. Il est d'ailleurs fort simple :

Lorsque le notaire, détenteur de fonds qui doivent être versés, désire déposer ces fonds à la Caisse des consignations, il les remet ou les fait remettre au préposé avec un simple bulletin imprimé ou écrit tout entier par lui et qui mentionne l'affaire donnant lieu au dépôt, dans les termes suivants, par exemple :

ÉTUDE DE Mᵉ X....., Notaire à.....

M. X..... a versé, ce jour..... à la caisse des dépôts et consignations, la somme de......, dont il est détenteur depuis le..... et relative à la succession N.....

A.........., le.......... 18...

(Signature),

Un récépissé lui est délivré séance tenante. Il conserve le récépissé comme pièce de comptabilité justificative du versement, et le bulletin est aussitôt adressé à la chambre de discipline dont relève le notaire.

Y a-t-il lieu de faire le retrait de la somme déposée, c'est à cette occasion que le notaire fait usage du carnet à souche.

Le retrait peut être fait soit par le notaire lui-même, soit par son fondé de pouvoir, soit par la personne à qui la somme déposée doit être versée, et dont le notaire aura accrédité la signature, en la faisant apposer *sur l'avis préalable* qui doit être adressé au préposé de la Caisse.

Le notaire remplit cet *avis préalable* et, à la suite, *le bulletin de retrait*, ces deux pièces devant être envoyées ensemble à la Caisse. Il mentionne sur *l'avis préalable* le numéro d'ordre, la somme à retirer et le nom de la personne qui fera le retrait et dont la signature sera accréditée par son apposition sur ladite pièce. Il porte sur le *bulletin de retrait* le même numéro d'ordre, la date de l'avis, ainsi que la somme et l'affaire qu'il concerne.

Le préposé de la Caisse conserve l'avis préalable et envoie à la chambre de discipline le bulletin de retrait, comme il y a déjà envoyé le bulletin de dépôt. Les frais d'envoi sont à la charge du notaire déposant. En même temps, le notaire remet à la personne qui devra effectuer le retrait, *l'autorisation de payement*, laquelle ne mentionne point, en raison de la perte qui pourrait en être faite, le nom du bénéficiaire, mais se borne à énoncer que le payement aura lieu entre les mains de la partie désignée dans l'avis préalable. Le porteur de cette autorisation de payement se présente à la Caisse et n'a qu'à la quittancer en présence du comptable pour obtenir le retrait.

COMPTABILITÉ

Beaucoup de notaires, surtout dans les grandes villes où les études sont importantes, ont une comptabilité plus complète que celle qui est imposée par le décret du 30 janvier ;

ils tiennent un plus grand nombre de registres et notamment des livres spéciaux pour la comptabilité d'étude et pour la comptabilité des clients. Ces deux comptabilités sont alors entièrement distinctes. Mon arrêté du 15 février dernier autorise à continuer ce mode de procéder. Il n'est point, en effet, dans l'esprit du décret ni dans les intentions du Gouvernement d'apporter, sans bénéfice pour le public et pour les notaires, le moindre trouble dans les bonnes habitudes du notariat. Le décret impose les registres de comptabilité indispensables, il prescrit un minimum et n'exclut nullement pour les notaires la faculté d'avoir une comptabilité plus rigoureuse avec un contrôle plus efficace, pourvu que les registres obligatoires soient conformes aux modèles indiqués. Et même, sur ce point, il m'a paru que *certains tempéraments* pouvaient être apportés, dans la pratique, aux prescriptions nouvelles ; ainsi, j'estime que les chambres pourraient autoriser certaines modifications, soit au registre d'étude, soit au registre de dépôt des titres et valeurs, l'addition d'une colonne par exemple, si ces modifications n'avaient, d'ailleurs, pour but que de compléter la comptabilité ou d'en faciliter le contrôle.

En ce qui concerne les notaires déjà en exercice au moment de la promulgation du décret du 30 janvier dernier, si quelques-uns de ces officiers publics avaient, par exemple, un livre-journal, un registre d'étude ou un grand-livre dont la colonne de report aux autres registres fût établie (comme cela existe dans certaines études) à la fin de la page, au lieu de suivre immédiatement la colonne du numéro d'ordre, je ne verrais aucun inconvénient à ce que cette légère différence fût momentanément tolérée par vos substituts et les chambres de discipline. Comme aussi je ne verrais pas un intérêt sérieux à exiger qu'un notaire resté détenteur d'une somme absolument insignifiante en fît toujours et en tous cas rigoureusement le versement à la Caisse des consignations, conformément à l'article 2 du décret, pourvu toutefois qu'il prît soin d'en informer la chambre de discipline. Si, à cet égard, les chambres croyaient devoir fixer certaines règles aux notaires de leur arrondissement, elles auraient à en faire part au parquet et vous ne manqueriez pas de me les soumettre.

Toutes les prescriptions des récents décrets, de même que celles de l'ordonnance de 1843, s'imposent également à la vigilance du ministère public qui pourra et devra se prévaloir des pouvoirs que la loi lui confère, chaque fois que son intervention lui paraîtra nécessaire dans l'intérêt de la justice. Mais, *dans cette tâche délicate*, et sans en négliger aucune partie, vos substituts ne *se départiront jamais de la réserve et de la discrétion que commandent et la nature de leur contrôle et le caractère du fonctionnaire qui en sera l'objet.*

RÔLE DES CHAMBRES

J'attache, d'autre part, une importance considérable à la coopération des chambres de discipline et à la surveillance continue et scrupuleuse qu'elles exerceront. Les chambres de discipline sont mieux placées que personne pour pressentir la fraude et surprendre les manœuvres destinées à la déguiser. Elles peuvent remplir la mission que le Gouvernement leur a plus spécialement confiée avec une autorité et une compétence techniques qui la rendront toujours sérieuse, sans qu'elle cesse d'être paternelle. Avant le décret du 30 janvier dernier, beaucoup d'entre elles pouvaient hésiter à prescrire aux membres de leurs compagnies des mesures dont la légalité eût été sans doute contestée ; elles ne se sentaient pas suffisamment soutenues pour imposer leurs décisions. Les dispositions nouvelles mettent leurs pouvoirs à l'abri de toute discussion et les arment contre toute désobéissance. L'article 8 édicte en termes exprès leurs droits de surveillance ; il les précise et indique comment et par qui ils doivent être exercés.

En autorisant les chambres à choisir les notaires inspecteurs parmi leurs membres et anciens membres et les no-

taires honoraires, — qu'ils aient ou non exercé dans l'arrondissement, — le législateur a voulu faciliter leur mission et leur permettre d'imposer à chaque délégué, dans les compagnies nombreuses, une charge compatible avec l'importance de ses occupations. Aussi, y aurait-il pour ces délégués obligation stricte de procéder, au moins une fois chaque année, à la vérification de toutes les études de l'arrondissement.

VÉRIFICATION DE LA COMPTABILITÉ

Ces vérifications ne devront pas se borner à un examen rapide constaté par un simple visa sur les registres. Elles comporteront une vérification inopinée de la caisse du notaire, l'inspection de la forme et des énonciations de chacun des registres prescrits par les articles 3, 4, 5, 6 et 7 du décret du 30 janvier.

Sauf le livre des dépôts de titres et valeurs, il n'est pas de notaire ayant quelque souci de la bonne tenue de son étude, de son intérêt personnel et de celui de ses clients, qui ne possède déjà les trois livres essentiels de toute comptabilité notariale : *livre-journal, registre d'étude* et *grand-livre*, même quelques autres registres accessoires, comme le carnet d'enregistrement, le carnet des hypothèques. Les délégués s'assureront que tous les registres prescrits sont régulièrement tenus et conformes aux modèles indiqués dans mon arrêté du 15 février dernier ; que le livre journal et le livre des dépôts de titres et valeurs sont cotés et parafés ; que le notaire porte jour par jour sur le livre de caisse, en recettes et en dépenses, toutes les sommes, capitaux ou intérêts, loyers ou fermages reçus ou payés pour le compte de ses clients ; que les balances des comptes sont exactement faites.

Ils veilleront à ce que, dans chaque étude, le notaire ait, autant que possible, une caisse spéciale pour ses dépôts, séparée de sa caisse personnelle, et à ce que la situation de cette caisse, dont ils auront soin chaque fois de vérifier tout d'abord le contenu, soit conforme aux énonciations des registres.

Le compte-rendu de chaque vérification constatera d'une façon détaillée les appréciations du délégué sur ces divers points, comme sur l'ensemble de la gestion de l'étude. Vos substituts exigeront du président de la chambre un rapport spécial sur chaque office, de façon que le ministère public, comme mon Département, soit exactement éclairé sur la régularité des agissements de tous les officiers publics de son ressort.

Pour préparer et faciliter, au début, l'œuvre des délégués et des notaires, il serait particulièrement désirable que chaque chambre rédigeât, comme l'a fait la Chambre de Paris en 1877, des instructions spéciales contenant, à l'usage des notaires de sa compagnie, les règles à suivre pour la mise en œuvre de la comptabilité notariale. Beaucoup de notaires ne tiennent encore, dans certaines régions, aucun livre de comptabilité ; ils en ignorent l'application ; il paraîtrait donc utile de leur expliquer, en détail, la destination de chaque registre, les énonciations qu'il doit contenir dans chaque colonne ; de leur faire connaître enfin (au besoin par des modèles remplis) le fonctionnement des prescriptions du décret sur ce point. Vous pourrez inviter les chambres à rédiger, sur cette question importante, une notice qui serait remise à chaque notaire.

Les inspections deviendront obligatoires pour les chambres à partir du 1er janvier 1891, mais elles pourront commencer plus tôt, si les chambres le jugent nécessaire. Vos substituts auront à se concerter avec les présidents pour qu'à la réunion générale du mois de mai prochain, les Chambres s'occupent dans chaque arrondissement de la désignation des délégués et que toutes les mesures nécessaires soient prises en vue d'obtenir de tous les notaires, dès le 1er juillet de la présente année, l'établissement de la comptabilité prescrite par le décret du 30 janvier et mon arrêté du 15 février. Les parquets seront tenus au courant de ce qui aura été fait, et on leur communiquera le nom des délégués, avec la répartition des études à vérifier.

Dans leurs relations avec les délégués des chambres, vos substituts devront s'attacher à bien faire ressortir toute l'importance de la nouvelle mission qui leur est confiée et qui est toute favorable aux vrais intérêts des notaires, à la dignité, à la sécurité de la corporation et du public ; car le notariat est une institution protectrice de la fortune des citoyens ; il se compromet lui-même en compromettant celle-ci. Ayez soin surtout d'entretenir dans les chambres cette sage énergie qui doit les animer ; que vos substituts se mettent désormais en rapports plus directs et plus fréquents avec elles ; qu'ils soient régulièrement informés de leurs délibérations, des mesures prises, des résultats obtenus ; qu'ils encouragent tous leurs efforts et qu'ils leur fassent comprendre que, mesurant leur confiance au degré de fermeté qu'elles apporteront dans l'accomplissement de leurs devoirs, ils ne demandent qu'à pouvoir se décharger sur elles du soin de veiller à l'exécution des lois et règlements.

Je veux croire que les chambres, appréciant l'utilité des mesures nouvelles qu'on a appelées avec raison, une œuvre de moralité et de sécurité publiques, soucieuses de leur autorité et de l'intérêt général de l'institution, ne négligeront rien de ce qui est nécessaire à l'exécution des prescription édictées. Si quelques-unes, cependant, ne se montraient pas à la hauteur de la tâche, je compte sur le zèle et le dévouement de vos substituts pour y suppléer dans la mesure du possible. Je me suis, d'ailleurs, assuré du concours éventuel de l'administration de l'Enregistrement, et, si des circonstances spéciales l'exigeaient, cette administration consentirait à ce qu'un ou plusieurs agents supérieurs fussent, exceptionnellement, sur la désignation de mon Département et du Ministre des finances, chargés de participer au contrôle de la comptabilité notariale.

Vous n'oublierez pas, enfin, qu'en cas de manquements graves à leurs devoirs,— et parmi ces manquements, je place au premier rang l'omission de ceux qui découlent de l'art. 8 du décret, — les chambres de discipline peuvent être suspendues ou dissoutes par arrêté, après avis de la première chambre de la Cour d'appel. Vous n'hésiterez donc pas, après m'en avoir référé, à provoquer l'une des peines établies par l'article 12.

Les articles 12, 13, 14 et 15 indiquent la procédure à suivre. Si la suspension ou la dissolution est prononcée, les attributions de la chambre sont transférées au tribunal, qui aura ainsi la plénitude de la juridiction disciplinaire et pourra prononcer toutes les peines de discipline intérieure.

Il lui appartiendra également de prendre, soit à l'aide des moyens dont il dispose, soit, s'il y a lieu, avec le concours des notaires désignés par lui, toutes les mesures nécessaires pour que les prescriptions de la loi et des règlements reçoivent leur pleine et entière exécution. Les articles 12 et suivants du décret du 30 janvier sont trop précis pour que j'aie besoin d'y insister. Si l'application, au surplus, donnait lieu à quelque difficulté, vous devriez m'en référer.

Les chambres ne sont pas seules passibles de peines disciplinaires ; toute infraction aux décrets des 30 janvier et 2 février, qu'elle soit commise par un notaire, par un membre ou délégué des chambres de discipline, devra être poursuivie et punie conformément aux dispositions de la loi du 25 ventôse an XI et de l'ordonnance du 4 janvier 1843. Les notaires honoraires, qui auront accepté la délégation de la chambre pour le contrôle de la comptabilité, ne sauraient se soustraire aux sanctions du règlement et pourraient encourir pour faute grave, la révocation du titre qui leur a été conféré ; c'est là d'ailleurs une hypothèse qui, sans doute, ne se présentera point.

Telles sont, Monsieur le Procureur général, les observations particulières que me paraissent appeler dès maintenant les deux décrets du 30 janvier et du 2 février. Mais la nécessité aujourd'hui bien constatée d'imprimer, autant que

possible au notariat une impulsion qui le détourne des voies dangereuses où se sont engagés tant d'officiers publics, et l'importance, à cet égard, des règles administratives dont vous avez à faire l'application, m'amènent à examiner également les principes qui devront vous guider dans les différentes circonstances où se trouve intéressé le *régime du notariat*. Un certain nombre de questions de cet ordre ont fait l'objet, de la part de mes prédécesseurs, de décisions et circulaires éparses dans les recueils et dont la plupart remontent à des époques déjà anciennes. Quelques-unes de ces instructions ont cessé d'être en vigueur ; d'autres ont subi, dans la pratique, des modifications. *Une instruction générale résumant et précisant les règles principales* aura l'avantage de faciliter l'œuvre des magistrats et de donner à l'action du ministère public, en cette matière, une *uniformité* toujours désirable dans l'administration de la justice.

CESSIONS D'OFFICES

Le Gouvernement exerce son droit de nomination, soit sur la présentation du titulaire ou de ses héritiers, soit d'office. Il me paraît superflu d'énumérer ici les diverses pièces qui doivent figurer dans le dossier des candidats. J'appellerai plus spécialement votre attention et celle de vos substituts sur certaines difficultés qui se reproduisent assez fréquemment et dont la solution ne paraît pas être parvenue à la connaissance de tous les magistrats du parquet.

Une première règle qu'il importe de bien établir, c'est que dans tous les cas, sauf après destitution ou à défaut par les intéressés de pourvoir à la vacance d'un office, il y a toujours lieu à présentation et à traité.

Le notaire suspendu, quelque soit la durée de la suspension, le titulaire même qui a reçu une injonction de céder, et le notaire dont la démission a été acceptée doivent être admis à présenter un successeur.

Que la transmission de l'étude ait lieu sur la présentation du titulaire ou d'office, il y a toujours lieu d'exiger :

(a) L'acte de naissance, la dispense d'âge ne pouvant être accordée à l'aspirant qui n'a pas 25 ans révolus.

Les nom, prénoms du candidat doivent être orthographiés dans toutes les pièces du dossier comme ils le sont dans l'acte de naissance et toute erreur rectifiée par un acte de notoriété ;

(b) Le certificat de libération du service militaire.

Les anciens notaires n'ont pas à fournir ces deux premières pièces ;

(c) Le certificat de bonne vie et mœurs ;

(d) Le certificat de jouissance des droits civils, civiques et politiques ;

(e) Le casier judiciaire ;

(f) Les certificats de stage ;

Le stage doit être régulièrement constaté par un certificat délivré par le secrétaire de la chambre dans le ressort de laquelle le candidat a fait son stage et appuyé des certificats des notaires dans l'étude desquels le stage a été fait.

Malgré les prescriptions formelles de l'art. 38 de l'ordonnance du 4 janvier 1843, la Chancellerie a toléré assez fréquemment, lorsque le stage n'a pas été régulièrement inscrit sur les registres de la chambre, qu'il soit suppléé au certificat d'inscription par les attestations des notaires chez lesquels l'aspirant a travaillé. Cette tolérance ne saurait être maintenue pour l'avenir. Les chambres devront désormais veiller exactement à ce que tous les clercs travaillant dans les études de leur ressort se fassent inscrire sur le registre ouvert à cet effet au secrétariat, et vos substituts auront à tenir la main à l'exécution de cette prescription.

Ils auront à veiller aussi à ce que les certificats délivrés par les notaires soient l'expression exacte de la vérité. Mon Département a pu constater plusieurs fois que des officiers publics ne craignaient pas de signer des certificats de complaisance. Je suis décidé à réprimer sévèrement de pareils abus qui ont pour conséquence, non-seulement d'induire l'Administration en erreur, mais aussi d'ouvrir à des candidats incapables l'accès de la corporation.

Les conditions de stage étant fixées par la loi, il y a lieu de se conformer purement et simplement aux dispositions des articles 36 à 42 de la loi du 25 ventôse an XI.

Au cas où le candidat aurait exercé des fonctions administratives ou judiciaires qui l'autoriseraient à demander une dispense de stage, vos substituts auront à me faire connaître si l'aspirant a donné des preuves suffisantes de capacité et de moralité, et s'il mérite, à tous égards, la faveur qu'il sollicite du Gouvernement. Le plus souvent, en pareil cas, mon Département n'a cru devoir accorder de dispense qu'à des candidats justifiant au moins d'une certaine pratique notariale. Je suis décidé, comme mes prédécesseurs à exiger cette garantie indispensable à l'exercice des fonctions notariales.

(g) Le certificat de capacité et de moralité. Tous les candidats, même les anciens notaires, doivent fournir le brevet de capacité et de moralité prescrit par l'art. 43 de la loi de ventôse et les chambres de discipline ne sauraient se refuser de procéder à l'examen d'un candidat ou de statuer sur la délivrance de ce certificat sous prétexte, par exemple, que le stage n'est pas complet ou régulier (circulaire du 6 vendémiaire an XIII), ou que le candidat n'offre pas toutes les garanties désirables ; car il n'entre pas dans les attributions de la chambre de discipline de prononcer sur la régularité des justifications produites par les aspirants ; elle doit seulement examiner si celui qui se présente devant elle offre, par sa moralité et sa capacité, des garanties suffisantes pour remplir les fonctions auxquelles il aspire, sauf à émettre son avis sur la légalité et la sincérité des pièces qui lui sont soumises et dont il appartient au Gouvernement seul d'apprécier le mérite (Déc. du 23 octobre 1827).

La loi n'indique point par quels moyens les chambres devront s'assurer de la capacité des aspirants : le moyen le plus naturel et le plus ordinaire employé est l'examen ; mais il n'est pas prescrit, et il existe, paraît-il, encore des compagnies où les candidats ne subissent aucune épreuve ; d'autres où ils ne subissent qu'une épreuve de pure forme.

Cette indifférence est coupable, lors même qu'elle n'est pas calculée.

Il conviendrait que toutes les chambres soumissent à un *examen rigoureux* chaque candidat. Elles ne sauraient prendre trop de précautions pour s'assurer de la capacité de ceux qui aspirent à des fonctions si délicates, dans lesquels on ne peut commettre la moindre faute sans exposer sa propre responsabilité ou la fortune des clients. Si quelques chambres négligeaient encore cette partie de leurs fonctions, le ministère public ne manquerait pas de leur rappeler les obligations qui leur incombent.

Vos substituts ont, au surplus, le devoir de se rendre compte personnellement du mérite des aspirants, soit en se renseignant auprès des notaires dans l'étude desquels a été fait le stage, soit en interrogeant le candidat lui-même sur les devoirs essentiels de sa profession, sur les lois et règlements qui les définissent, et notamment sur les récents décrets dont il importe que les notaires se pénètrent complètement. Vous aurez soin de me faire connaître le résultat de cet examen.

La moralité du candidat, ses habitudes de travail durant le temps du stage, sa conduite publique et privée doivent m'être signalées ; car le respect absolu des lois, la dignité du caractère et une honnêteté irréprochable sont indispensables à l'exercice des fonctions notariales.

Dans aucune circonstance, cependant, le ministère public n'a le droit de rejeter une candidature ; mais, lorsque, malgré l'avis favorable de la chambre, vos substituts auront des raisons sérieuses de croire que le candidat ne possède point les qualités désirables, ils consigneront leurs observations et leur avis dans le rapport qui me sera adressé.

(h) L'état des produits de l'office est une des pièces essentielles des dossiers de présentation. Il y a lieu d'exiger que cet état soit rédigé avec la plus rigoureuse exactitude, qu'il précise en détail le produit de tous les actes, sans en excepter ceux que l'on a trop souvent le tort de comprendre sous la dénomination générale d'actes divers ; enfin qu'il soit conforme aux registres désormais obligatoires de la comptabilité du cédant.

Il doit toujours indiquer, suivant le modèle nouveau que je joins à ces instructions, avec le nombre des actes et le total des droits d'enregistrement, le produit des cinq dernières années de l'exercice du titulaire. Dans certaines circonstances, lorsque l'exercice du cédant a été de longue durée, par exemple, et que le prix convenu dépasse celui de la cession précédente, le nombre des années dont on devra donner le produit sera élevé à sept. Ces indications seules me permettront d'apprécier si la moyenne indiquée est bien assise, et si le bénéfice que prétend faire le cédant est suffisamment justifié.

La comparaison du produit des honoraires avec le total des droits d'enregistrement est un moyen usité, dans beaucoup de parquets, pour apprécier l'importance d'un office. Ce moyen n'est pas un critérium infaillible et auquel on puisse se fier en tous cas avec certitude. Cependant, je désire que, lorsque vos substituts remarqueront un écart excessif entre les deux chiffres, ils en recherchent la cause réelle, provoquent les explications des parties et me fassent connaître le résultat de cet examen.

S'ils ont quelques doutes sur l'exactitude et la sincérité des états, ils doivent, ou se livrer personnellement à une vérification, ou y faire procéder par le président de la chambre.

Ces états ne doivent contenir que les honoraires des actes ; on doit donc en exclure le produit des actes sous-seings privés et de toutes commissions particulières.

Je désire aussi que les charges de l'office, loyer, patente, frais de clercs, etc..... y soient toujours mentionnées.

(i) Le traité d'office doit tout spécialement appeler votre attention et celle de vos substituts. Il doit être rédigé avec concision et clarté ; il ne faut point y laisser insérer des conventions inutiles ou équivoques, qui pourraient faire naître des difficultés judiciaires. La cession ne doit porter que sur la charge et ses produits, mais non sur *le titre* que le Gouvernement seul a le droit de conférer ; les parties peuvent y comprendre le mobilier de l'étude et la bibliothèque, pourvu qu'un prix spécial soit indiqué.

Aucune cession d'office ne doit avoir lieu par contrat de mariage ou par donation ; le caractère irrévocable de ces actes étant incompatible avec le caractère conditionnel du traité, qui peut toujours être modifié par mon Département. Les recouvrements peuvent être réservés par le cédant ou compris dans la cession ; dans le second cas, ils doivent être évalués et garantis au cessionnaire.

Certaines clauses ou certaines expressions impropres, fréquemment employées, ne sauraient être admises. Je crois utile de vous indiquer les plus usitées ; car en exigeant qu'elles soient supprimées, dès la remise du dossier à vos substituts, on évitera des lenteurs préjudiciables aux intérêts des parties.

C'est ainsi qu'on doit rejeter de tout traité les termes *vend* et *vente* qui ne sauraient s'appliquer exactement à une convention d'un caractère aussi spécial ; — les clauses par lesquelles le cédant s'oblige à faire tout ce qui dépendra de lui pour conserver la clientèle de l'étude, — ou impose au cessionnaire l'obligation de rapporter, en cas de mariage, l'engagement solidaire de sa femme ; — celle par laquelle le cessionnaire promettrait de donner une hypothèque ; ces diverses stipulations étant de nature à occasionner des difficultés entre les parties.

La même prohibition s'applique à la convention qui interdirait au cédant d'être notaire dans le même canton ou le même arrondissement, la Chancellerie se réservant exclusivement, en pareil cas, le soin de prendre une décision ; — à celle par laquelle l'aspirant s'engagerait à se conformer au règlement de la chambre de discipline, si ce règlement n'a pas été approuvé par mon Département ; — à celle qui réserverait au cédant le bénéfice des expéditions de ses actes durant un certain temps, où les honoraires des testaments reçus par lui et dont les auteurs ne seraient pas décédés ; — ou le droit, pour le cédant, de compulser les minutes en vue de ses recouvrements ; ces clauses tendraient en effet à permettre à l'ancien titulaire de s'immiscer dans les affaires de l'étude.

Les parties peuvent insérer dans le traité une affectation hypothécaire, un cautionnement ou toute autre garantie conventionnelle ; mais elles ne pourraient stipuler une réserve de privilège, ce qui est inutile, puisque le privilége ne peut être créé que par la loi ; ou la rétrocession de l'office, le notaire étant investi à vie et ne pouvant être dépossédé que par démission ou destitution.

Le prix doit être fixe et ferme au moment de la cession, sans jamais dépendre d'éventualités ultérieures. Il ne peut être que d'une somme d'argent déterminée, et le traité devrait être rejeté si le prix consistait en une rente viagère, par exemple. Il doit être stipulé payable à des époques déterminées et toujours après la prestation de serment ; par suite, le traité ne doit contenir aucune stipulation de payement au comptant, ou par billets, ou exclusivement en espèces d'or ou d'argent ; aucune délégation soit à des créanciers, soit même au titulaire précédent ; aucune compensation avec des sommes dues au cessionnaire : car le Gouvernement ne peut tolérer aucune clause de nature à porter préjudice aux créanciers.

L'intérêt du prix ne peut courir qu'à partir de la prestation de serment, époque de l'entrée en jouissance.

Enfin, le prix doit toujours être modéré et justifié par des produits réguliers, constants et largement rémunérateurs ; s'il en était autrement, le nouveau titulaire, après le prélévement de l'intérêt du capital engagé par lui, ne trouverait dans le reste de ses émoluments qu'une ressource insuffisante pour lui permettre d'exercer honorablement sa profession. En exigeant, en règle générale, que le produit de chaque charge représente l'intérêt *net* à 15 p. %, au moins, du prix fixé, l'évaluation sera équitablement déterminée et de nature à concilier tous les intérêts. Ce taux ne saurait cependant lier l'Administration d'une façon absolue et il est évident que cette base ne pourrait être acceptée, ni pour les offices de grande importance, ni pour les études d'un produit minime ; dans ces deux cas, le taux doit être plus élevé. Il en est presque toujours de même, lorsque l'office est cédé avec un bénéfice notable : que l'élévation du produit normal résulte de l'activité trop peu scrupuleuse du cédant ou, au contraire, des qualités exceptionnelles qu'il a su déployer, elle tient presque toujours à des causes personnelles, dont on ne saurait faire abstraction sans injustice et sans danger pour le cessionnaire.

Vous devrez donc vous efforcer de faire comprendre aux cédants que les offices ne sont pas une marchandise commerciale, encore moins un objet de spéculation dont la hausse doive entrer dans les combinaisons des notaires, mais une *fonction publique* dont la rétribution consiste essentiellement dans les produits annuels de l'exercice. C'est d'ailleurs trop souvent pour avoir acheté trop cher leur office et n'avoir pu le payer avec les produits ordinaires que des titulaires se sont livrés ensuite à des spéculations hasardeuses et illicites qui ont abouti à des catastrophes. Je suis plus que jamais résolu à prévenir ce danger, et je m'opposerai énergiquement à l'exagération des prix ; comme aussi je tiendrai la main à la répression de toute *contre-lettre* qui aurait pour objet de majorer les chiffres approuvés par mon Département. Les dissimulations, comme le disait un de mes prédécesseurs, sont des infractions graves aux devoirs des officiers publics et excitent une juste défiance contre les candidats qui, au début de leur carrière, cherchent à tromper les magistrats et l'autorité supérieure. En cachant l'exagération des engagements, elles rendent inutiles les précautions que

la Chancellerie ne cesse de prendre et de recommander pour éviter à des jeunes gens souvent sans expérience de contracter des obligations trop onéreuses et de s'exposer à des déceptions, bientôt suivies de la ruine et de ses tristes conséquences.

Je recommande tout particulièrement aux procureurs de la République d'exiger des deux contractants l'affirmation *expresse* et *écrite* que les conventions arrêtées entre eux sont sincères, qu'elles n'ont été précédées ni suivies d'aucune contre-lettre, et de les prévenir des rigueurs auxquelles les exposerait une déclaration mensongère. Cette affirmation sera conforme au *modèle* ci-après annexé et renouvelée en cas de réduction. (V. p. 130).

Si, malgré ces recommandations, vous découvrez qu'un notaire s'est prêté à une dissimulation, vous ne devez pas hésiter à provoquer, devant les tribunaux, la destitution de cet officier public, sans préjudice des autres mesures que comporteront les circonstances. Je considère en effet, comme mes prédécesseurs, que la destitution est justifiée par la gravité de cette infraction aux devoirs professionnels, dont la persistance compromet à la fois la discipline et le mode de transmission des offices. (Circulaire du 11 mai 1884).

Par une circulaire du 19 octobre 1876, un de mes prédécesseurs a exigé que tout dossier de présentation contînt un état des recouvrements restant à effectuer par le cédant ; la production de cette pièce a pour but d'éclairer la Chancellerie et le parquet sur les rapports du cédant avec ses clients et sur la régularité de la gestion de l'étude. Ce document est utile à consulter et vos substituts continueront à le réclamer.

Mutation après décès.

Lorsque la mutation d'office a lieu après le décès du titulaire, il est admis, bien que la loi n'ait rien décidé à cet égard, que les héritiers, légataires ou donataires, exercent le droit de présentation ; il n'est pas possible et il serait trop long de prévoir ici les diverses hypothèses que cette situation peut présenter. Je me borne à rappeler que, si les héritiers sont majeurs, ils agissent comme l'eût fait le titulaire lui-même, et que, s'ils refusent de traiter ou ne peuvent se mettre d'accord, il y a lieu, après une mise en demeure de ma Chancellerie, de pourvoir d'office à la vacance, comme au cas de destitution.

Si les héritiers ou quelques-uns des héritiers sont mineurs, la *présentation* et le traité sont faits par le tuteur légal ou datif, avec l'assistance du subrogé-tuteur, après autorisation du conseil de famille dont la délibération doit être homologuée par le tribunal ; mais ces formalités ne sont point nécessaires pour réaliser le traité rectificatif qui constaterait une réduction du prix, imposée par ma Chancellerie.

Mutation après destitution.

C'est après la destitution d'un titulaire que le ministère public a le plus souvent l'occasion de pourvoir d'office à la vacance des études. En ce cas, dès que le jugement qui prononce la destitution est définitif, le parquet, qui a fait dresser l'état des produits de la charge, demande l'avis de la chambre de discipline et du tribunal sur la valeur de l'office. Les candidats sont admis à poser leur candidature et invités à se présenter devant la chambre pour obtenir le certificat de capacité et de moralité. Quelquefois, lorsqu'un assez grand nombre de candidats se présentaient, vos substituts se sont crus autorisés à éliminer ceux des aspirants qu'ils estimaient avoir le moins de titre à l'agrément du Gouvernement. Ce droit ne leur appartient à aucun point de vue ; tous les dossiers des candidats qui remplissent les conditions d'âge et de stage prescrites par la loi doivent être instruits et transmis à ma Chancellerie. Je désire aussi que, dans toutes les circonstances où il y aura lieu de nommer d'office, le parquet chargé d'instruire la nomination ne néglige aucune démarche pour arriver à une présentation, si c'est possible, de trois candidats.

Le dossier de présentation de chaque candidat, outre les pièces ordinaires, que je n'ai pas besoin de vous énumérer, doit toujours contenir un engagement souscrit, sans condition ni réserve, de payer à qui de droit l'indemnité qui pourra être fixée par mon Département.

Dans tous les cas, que la nomination ait lieu d'office ou sur la présentation du titulaire, il est plus que jamais désirable que les candidats offrent des garanties sérieuses de moralité, de capacité et de solvabilité. Vous inviterez, en conséquence, vos substituts à me faire parvenir sur tous ces points les renseignements les plus complets et les plus précis. L'investiture du Gouvernement, il faut que tous les notaires et les candidats le sachent bien, n'est pas une vaine formalité. Le Gouvernement veut conserver, dans toute sa plénitude, le droit qu'il tient de la loi ; il n'entend d'ailleurs l'exercer que dans l'intérêt public et dans celui du notariat lui-même, qui, pour être honoré, ne veut pas des admissions trop faciles et réclame quelquefois de sévères exclusions. (Circulaire du 8 février 1840).

Suppressions d'office.

Les suppressions d'offices sont des opérations délicates et complexes auxquelles j'attache un intérêt particulier. Il est, en effet, inutile et même nuisible de conserver des offices dont la nécessité n'est pas reconnue et dont les produits ne sont plus suffisants pour faire vivre leurs titulaires. Vous me trouverez donc, en principe, favorable à toute suppression justifiée et dont l'exécution n'aura pas pour effet de causer aux populations un préjudice réel. Toutefois, cette mesure ne peut être prise que dans certains cas expressément prévus par la loi : 1° quand il y a plus de deux notaires dans le canton où se trouve l'office à supprimer ; 2° quand l'office est vacant par suite de destitution, de décès ou de démission pure et simple.

Aussi ne devez-vous permettre à vos substituts de procéder à l'instruction préalable à toute suppression qu'après qu'un rapport sommaire sur l'opportunité de cette mesure vous aura été adressé, et que, sur votre avis, j'aurai autorisé l'enquête.

Dans cette enquête, le parquet ne saurait jamais négliger de consulter la chambre de discipline, le tribunal, le juge de paix et les maires des communes du canton. La chambre et le tribunal sont appelés à donner leur avis motivé non-seulement sur l'opportunité et l'utilité de la suppression, mais aussi sur le chiffre de l'indemnité à fixer et le mode de répartition de cette indemnité entre les officiers publics chargés de la payer.

L'indemnité doit être, en principe, supportée par les notaires appelés à bénéficier de la suppression et répartie d'après une appréciation aussi équitable que possible de ce bénéfice présumé.

Il est admis, cependant, que les notaires d'un canton limitrophe de celui dans lequel se trouve l'étude à supprimer ne doivent pas être forcés de concourir au payement de l'indemnité, alors même qu'en raison de la proximité des résidences ils devraient en retirer un profit certain. Dans ces circonstances, je consacrerai volontiers tout arrangement par lequel un ou plusieurs notaires du canton voisin s'obligeraient à participer à l'indemnité. J'ajoute que vos substituts auraient, en pareil cas, le devoir d'encourager des conventions aussi équitables.

Si le chiffre des indemnités n'est pas accepté par les intéressés, malgré une mise en demeure, il est fixé d'office par le décret et réparti entre les titulaires, qui en deviennent débiteurs dans un délai indiqué.

Le partie la plus importante de l'indemnité est, d'ordinaire, payée par le notaire auquel est attribué les dépôts des minutes de l'étude supprimée. Ce notaire sera le plus souvent celui dont la résidence est la plus rapprochée du siège de l'étude supprimée, ou, lorsque les résidences sont au même lieu, celui dont la charge est la moins importante. En tout

cas, un seul notaire doit recevoir l'intégralité du dépôt de ces archives.

Le soin de poursuivre l'exécution du décret de suppression appartient, sans doute, tout d'abord, aux bénéficiaires de l'indemnité, qui peuvent obtenir contre les titulaires débiteurs un jugement de condamnation et un titre exécutoire ; mais mon Département a toujours considéré aussi qu'il est du devoir du ministère public de veiller à ce que les dispositions du décret ne restent pas lettre morte, et j'estime que le refus persistant et systématique d'un officier public de payer sa part d'indemnité deviendrait un acte d'insubordination susceptible d'entraîner des poursuites disciplinaires.

Vos substituts ne devront donc jamais manquer de me tenir informé du résultat de l'exécution des décrets de suppression, et de s'assurer, lors des mutations d'office, si le cédant s'est bien acquitté du payement des indemnités mises à sa charge. Néanmoins, ils n'intenteront jamais une poursuite disciplinaire, pour refus de payement, sans que vous m'en ayez préalablement référé.

Création et translation d'office.

Si mon Département est disposé à accueillir favorablement les demandes de suppression qui lui sont adressées, il n'en est pas ainsi pour les demandes de création d'office ou de translation de résidence.

Ces mesures, toujours délicates, sont de nature à porter le plus souvent un grave préjudice à des droits acquis, et ne peuvent être prises qu'en cas de nécessité bien constatée. Vous veillerez à ce que vos substituts, dans les instructions auxquelles ils seront appelés à procéder en pareille matière, ne se décident jamais que par les considérations d'intérêt général.

Vacance des Offices.

Lorsqu'un office devient vacant par suite du décès, de la destitution ou même de la suspension d'un titulaire, le ministère public doit en informer la Chancellerie sans retard. (Circulaire des 29 août 1823 et 14 février 1889). Si la vacance survient à la suite d'un décès, il doit veiller à ce que les scellés soient apposés aussitôt sur les minutes et les répertoires et provoquer, si les héritiers ne le font pas, la nomination, par le président du tribunal, d'un notaire pour gérer l'office et garder les archives. Dans ces divers cas, il convient de s'assurer que toutes les mesures utiles ont été prises pour la conservation des répertoires et des minutes.

HONORARIAT

Aux termes de l'article 20 de l'ordonnance du 4 janvier 1843, le titre de notaire honoraire peut être conféré par le Gouvernement, sur la proposition de la chambre et sur mon rapport, à tout notaire qui aura exercé pendant vingt années consécutives. La jurisprudence de mon Département admet toutefois que les fonctions peuvent avoir été remplies dans différents arrondissements, et que l'exercice peut avoir été fractionné en plusieurs périodes, si l'interruption n'a pas été prolongée ou est due à une cause légitime.

La proposition d'honorariat doit toujours émaner de la chambre de discipline. L'appréciation des titres du candidat m'appartient ensuite. L'honorariat n'est ni un droit, ni une faveur. C'est une distinction qui ne peut être accordée qu'au mérite, mais dont l'ordonnance de 1843 a voulu que le Gouvernement fût le dispensateur. Vous aurez donc à me faire connaître très complètement toutes les circonstances auxquelles le Gouvernement peut avoir égard pour conférer l'honorariat ou s'abstenir de cette mesure. Je souhaite d'avoir fréquemment l'occasion de récompenser un exercice irréprochable par un titre qui en est le couronnement envié.

Comme mes prédécesseurs, je suis d'avis que l'honorariat ne peut être conféré aux anciens notaires tant qu'ils exercent des fonctions administratives ou judiciaires. Le titre de notaire honoraire pourrait obliger celui qui en serait investi à des devoirs incompatibles avec ses fonctions et le soumettrait à une discipline et à une juridiction autres que celles auxquelles il est naturellement soumis.

RÈGLEMENTS INTÉRIEURS

Le législateur a autorisé les assemblées générales des notaires de chaque arrondissement à se concerter sur tout ce qui intéresse les fonctions notariales, et à consigner le résultat de leurs délibérations dans des règlements qui sont les statuts intérieurs de chaque compagnie. (Ordonnance du 4 janvier 1833, art. 22 et 23).

L'arrêté du 2 nivôse an XII prévoyait un règlement général pour le notariat tout entier, mais on a pensé, jusqu'à présent, que la diversité des usages, dans quelques contrées, justifiait la diversité de la réglementation et on a préféré conférer le caractère obligatoire à tous les statuts particuliers qui pourraient être établis par chaque compagnie, pourvu que ces statuts aient reçu l'approbation de mon Département. Les assemblées générales se trouvent donc, ainsi, en quelque sorte, associées au pouvoir législatif.

Il semble, cependant, que le notariat n'ait pas partout compris l'importance ni l'avantage de cette attribution. Malgré le caractère impératif des prescriptions de l'article 23 de l'ordonnance de 1843, beaucoup de chambres n'ont jamais présenté de règlement à l'approbation du Garde des sceaux ; quelques autres, dont les projets de statuts contenaient des dispositions qui ne pouvaient être autorisées, ont préféré retirer leur projet et se trouvent également sans règlement obligatoire.

Cet état de choses est préjudiciable à la bonne discipline et à l'autorité des chambres qui, ne pouvant imposer une sanction à leurs délibérations, restent désarmées en face des contraventions commises ou s'exposent à voir casser par la Cour suprême des décisions prises régulièrement. Je désire que les dispositions de l'article 23 de l'ordonnance de 1843 reçoivent leur entière exécution ; par suite, que chaque compagnie ait son *règlement intérieur obligatoire*. Vous voudrez bien porter cette invitation à la connaissance de vos substituts et des chambres de notaires. Toutes les chambres qui n'auraient pas encore soumis à ma chancellerie un projet de statuts, ou dont le projet n'aurait pas encore été approuvé, devront, dans la réunion de la prochaine assemblée générale, prendre des mesures nécessaires pour que les statuts de la compagnie soient définitivement formulés et me soient adressés sans retard. Vous voudrez bien également me faire parvenir un exemplaire de tous les règlements qui auront été déjà approuvés par mes prédécesseurs ou par moi.

Indépendamment des questions relatives aux rapports des notaires entre eux, à la police intérieure et à la bourse commune, d'autres points peuvent légitimement appeler l'attention des chambres ; par exemple : la tenue des assemblées générales et des réunions de la chambre, la garde des archives, les épreuves que devront subir les candidats pour obtenir le certificat de capacité, la garde de la minute des actes, en cas de conflits entre notaires, les rapports des notaires avec le public, en matière de plaintes. J'estime que le droit de proposer sur ces matières des mesures d'ordre intérieur résulte, pour les chambres, de l'article 2 de l'ordonnance de 1843, qui les charge de prévenir les différends des notaires avec les clients, et, pour l'assemblée générale, de l'article 22, qui l'autorise à délibérer sur tout ce qui intéresse l'exercice des fonctions notariales. La position des clercs inscrits, qui font partie de l'organisation notariale et sont soumis à la surveillance des chambres, peut aussi être prévue et réglementée. En réalité, presque tout ce qui intéresse le bon fonctionnement des compagnies peut trouver sa place dans les règlements intérieurs, pourvu que les prescriptions établies ne soient contraires à aucun texte de loi, ne portent nulle atteinte aux prérogatives des pouvoirs publics et des tribunaux, ou n'attribuent pas aux assemblées générales et aux chambres des droits autres que ceux que le législateur leur a octroyés.

C'est ainsi que mon Département a toujours rejeté, et j'estime qu'on ne peut approuver les dispositions qui décident qu'un notaire remplacé ne pourra être admis, sans le consentement de son successeur, à traiter d'une autre étude du même canton, d'un des cantons limitrophes ou du chef-lieu d'arrondissement ; — que le tarif dressé par la chambre sera obligatoire pour tous les notaires de l'arrondissement ; — que, lorsqu'on procède, en assemblée générale, à la nomination des membres de la chambre, si le dépouillement du premier scrutin ne donne pas de résultats, il est procédé à un second scrutin, et, lorsque la majorité absolue n'est pas encore obtenue, il est passé à un ballotage à la majorité *relative* entre les deux membres qui ont obtenu le plus de voix ; — que tout clerc ne pourra obtenir l'inscription de premier clerc sans avoir passé un examen de capacité devant la chambre ; — que tout notaire contrevenant aux dispositions du règlement devrait verser à la bourse commune une somme fixée à titre d'amende ; — que les notaires seront tenus de soumettre à la chambre toutes les difficultés qui pourront s'élever entre eux à l'occasion de leurs fonctions et de se conformer à sa décision.

Toutefois, je n'entends point interdire aux chambres la faculté de consigner, dans des notes officieuses, en dehors des prescriptions que j'aurais approuvées, certains usages en vigueur dans la compagnie, s'il ne sont, d'ailleurs, contraires ni à la loi ni aux règlements soumis à mon approbation ; mais je désire, et vous aurez à exiger que les dispositions officieuses ne figurent point à côté de celles qui ont reçu l'homologation ministérielle, et, si elles sont imprimées à part, qu'il soit mentionné expressément, en tête, qu'à la différence des prescriptions homologuées, ces usages ne sont pas obligatoires pour les notaires.

PLAINTES

Lorsqu'une plainte est portée contre un notaire, si les faits dénoncés n'ont pas une gravité qui appelle immédiatement l'intervention directe du Procureur de la République, il serait souvent à désirer que celui-ci *communiquât la plainte* qui lui est adressée *au président de la chambre* en l'invitant à l'instruire, et en lui demandant, avec un rapport sur l'affaire, son *avis motivé* au sujet de la suite qu'elle comporte.

Le rôle de la chambre, en cette circonstance, a été formellement prévu dans l'article 2, § 3, de l'ordonnance du 4 janvier 1843 qui dispose : « Les attributions de la chambre « sont : « ...... § 3. De prévenir ou concilier également « toute plainte et réclamation de la part des tiers contre des « notaires, à raison de leurs fonctions. »

L'instruction officieuse faite par la chambre, ou par son président seul, si la plainte n'est pas grave, est d'autant plus utile qu'elle amènera souvent un arrangement entre les parties et hâtera, par suite, la solution des difficultés pendantes. Ce mode de procéder offre cet autre avantage qu'il évite tout froissement et prépare éventuellement au parquet, auquel, dans tous les cas, les explications et les justifications les plus précises doivent être fournies, une source de renseignements particulièrement sûrs. Mais il est évident qu'il suppose une chambre au plus haut point soucieuse de ses devoirs et méritant pleinement la confiance de l'autorité judiciaire.

Ce qui importe par-dessus tout, c'est que toute plainte légitime reçoive prompte et complète satisfaction, et c'est à quoi vos substituts doivent veiller de la façon qui leur paraîtra la plus efficace, mais avec une attention soutenue et avec un zèle sans relâche.

POURSUITES DISCIPLINAIRES

La loi n'a pas délimité le champ des infractions disciplinaires, et la Cour de cassation décide que tout fait, étranger ou relatif à l'exercice des fonctions notariales, peut donner lieu à des poursuites, s'il est de nature à porter atteinte à l'honneur professionnel. Dans ces conditions, l'exercice de l'action disciplinaire est souvent délicat. Aussi dois-je vous rappeler la circulaire du 14 février 1889 et vous prier d'inviter vos substituts à me tenir exactement informé de tous les faits importants qui surviennent dans la situation des officiers publics. En aucune circonstance, sauf en cas d'urgence ou d'infraction grave et flagrante à la discipline, aucune action ne doit être engagée, soit par vos substituts directement, soit par votre ordre, sans que j'aie été mis au courant des circonstances qui motivent l'intervention du ministère public et que je vous aie adressé mes instructions.

J'admettrais cependant, à titre d'exception, que vous poursuiviez sans m'en référer, mais sauf à m'en rendre compte, les contraventions soit aux règles sur la réduction des actes établies par les articles 13-16 et 17 de la loi de ventôse, soit à certaines autres prescriptions des lois, contraventions qui ne mettent pas en question la probité professionnelle des notaires et sont punies par de simples amendes.

La juridiction disciplinaire est partagée entre les tribunaux et les chambres. Les chambres prononcent exclusivement les peines disciplinaires d'ordre intérieur fixées par l'article 14 de l'ordonnance de 1843 : le rappel à l'ordre, la censure simple, la censure avec réprimande, la privation de voix délibérative en assemblée générale et l'interdiction de l'entrée à la chambre. Les tribunaux sont seuls compétents pour prononcer la suspension ou la destitution, même sans avis préalable de la chambre de discipline ; ils peuvent, toutefois, d'après une jurisprudence constante, si l'une de ces deux peines est requise, infliger seulement une des peines inférieures édictées par l'art. 14 de l'ordonnance de 1843.

Il serait désirable, quand l'infraction relevée est de celles qui ne doivent entraîner ni la suspension, ni la destitution, *qu'on pût toujours faire appel à la juridiction des chambres.* C'est un moyen de fortifier leur autorité, et c'est, en outre, l'esprit de la loi. Je ne manquerai pas de vous donner, lorsqu'il y aura lieu, des instructions en ce sens.

Telles sont, Monsieur le Procureur général, les observations qu'il m'a paru utile de vous adresser et dont vous aurez à vous inspirer dans l'application des récents décrets. *La vigilance et la fermeté des magistrats du parquet ne devront jamais exclure les ménagements que comportent les fonctions notariales et le caractère d'indépendance qui s'y attache. Le droit de surveillance du ministère public est une des garanties indispensables du bon fonctionnement des corporations. Mais vis-à-vis de fonctionnaires qui puisent surtout leur influence dans la confiance de leurs clients, il demande à être exercé avec beaucoup de tact, sans ardeur excessive, comme sans négligence. Vous ne vous écarterez pas, j'en ai la conviction, des règles de modération et de justice qui vous sont habituelles, tout en tenant énergiquement la main à la stricte exécution des nouvelles dispositions légales.*

Je vous prie de communiquer immédiatement les présentes instructions, dont je vous envoie des exemplaires en nombre suffisant, à vos substituts, aux présidents des tribunaux de première instance et aux chambres de discipline de votre ressort.

Vous voudrez bien m'en accuser réception et vous m'adresserez, avant le 1ᵉʳ juillet prochain, un rapport me faisant connaître les dispositions adoptées par les chambres de discipline pour la mise à exécution des décrets du 30 janvier et du 2 février, ainsi que les mesures prises dans le même but par vos substituts.

Enfin, vous me transmettrez, dans le courant du mois de janvier de chaque année, et à partir du mois de janvier 1892, un rapport général auquel vous annexerez ceux qui vous auront été adressés par vos substituts.

Avec ce rapport général, vous aurez toujours à me faire parvenir le tableau statistique, déjà réclamé par la circulaire du 22 octobre 1888 et contenant les peines disciplinaires, destitutions ou injonctions de céder prononcées, dans le courant de l'année précédente, contre les notaires de votre ressort.

Recevez, Monsieur le Procureur général, l'assurance de ma considération très distinguée.

Le Garde des Sceaux, Ministre de la Justice et des Cultes.

Le Directeur des affaires civiles. BARD. THÉVENET.

ÉTAT DES PRODUITS DE L'OFFICE DE M. X......, NOTAIRE A

NATURE DES ACTES.	ANNÉE 18 .				ANNÉE 18 .				ANNÉE 18 .				ANNÉE 18 .				ANNÉE 18 .				RÉCAPITULATION POUR CINQ ANNÉES par nature d'acte.			
	Nombre.	Droits d'enregistrement.	Honoraires.	Prix.- Rapport.- Capital.	Nombre.	Droits d'enregistrement.	Honoraires.	Prix.- Rapport.- Capital.	Nombre.	Droits d'enregistrement.	Honoraires.	Prix.- Rapport.- Capital.	Nombre.	Droits d'enregistrement.	Honoraires.	Prix.- Rapport.- Capital.	Nombre.	Droits d'enregistrement.	Honoraires.	Prix.- Rapport.- Capital.	Nombre.	Droits d'enregistrement.	Honoraires.	Prix.- Rapport.- Capital.
Adjudications volont. d'immeubles.																								
Ventes volontaires d'immeubles. .																								
Ventes judiciaires d'immeubles . .																								
Ventes de meubles et de fonds de commerce																								
Baux, devis et marchés.																								
Contrats de mariage																								
Donations entre vifs																								
Donations entre époux et testaments																								
Comptes, liquidations et partages .																								
Obligations. — Transports. — Ouvertures de crédits																								
Quittances. — Titres nouvels. — Prorogations																								
Sociétés ; modifications et dissolutions de sociétés																								
Ordres et contributions																								
Inventaires et procès-verbaux . .																								
Mainlevées, décharges, procurations notariées, consentements . .																								
Actes divers																								
TOTAUX. . . .																								

Dépenses annuelles de l'étude :

CERTIFIÉ par le Receveur de l'Enregistrement en ce qui concerne le montant des droits
Le   18

Le CINQUIÈME est de
La moyenne des honoraires de chaque acte est de . . . . . .

CERTIFIÉ véritable par le cédant et le cessionnaire soussignés :

26 Décembre 1889. — Loi abrogeant l'art. 7 de la loi du 17 juillet 1889 relatif à la perception du droit de *timbre des récépissés* délivrés par les compagnies de chemins de fer pour les *transports* effectués autrement qu'en grande vitesse.

---

30 Décembre 1889. — Décret relatif à l'exploitation par l'Etat du *monopole* et de la régie des *allumettes chimiques*.

---

31 Décembre 1889. — Décret relatif au *traitement fixe des Trésoriers généraux*, (5 à 25.000 fr., 22 à 20.000 fr., 20 à 16.000 fr., 20 à 14.000 fr., 20 à 12.000 fr.), à leurs commissions ou remises supprimées et à l'abonnement à forfait des bureaux distribué désormais par arrêté ministériel.

---

31 Décembre 1889. — Décret créant pour l'Algérie : 1° un certificat d'études de législation Algérienne, de droit musulman et de coutumes indigènes ; 2° un certificat supérieur des mêmes études pour les licenciés en droit pourvus du premier certificat, etc

---

10 Janvier 1890. — Loi prorogeant jusqu'à *21 ans* la limite d'âge d'admission à l'*École Polytechnique* et réduisant à 6 mois la durée du temps de service imposé aux militaires candidats à ladite école admis à subir les examens jusqu'à l'âge de *25 ans*.

---

18 Janvier 1890. — Décret fixant les *allocations pour la procédure* à suivre et les *expertises* devant les *Conseils de préfecture*.

---

28 Janvier 1890. — Décret relatif aux engagements et aux rengagements dans l'armée de mer.

---

28 Février 1890. — Décret portant *organisation de la justice* au Tonkin, en 3 titres et 23 articles : 1er Compétence, 2e Composition des tribunaux et de la Cour criminelle, 3e De la procédure et de la législation en général.

---

10 Mars 1890. — Circulaire du Ministre de la Justice sur l'exagération de certains *frais de justice* relatifs aux *ventes judiciaires d'immeubles* dont le prix d'adjudication ne dépasse pas 2,000 francs d'après la loi du 23 octobre 1881, et contraire au but et aux légitimes prévisions du législateur.

« L'insuffisance des résultats de cette loi tient en partie aux conditions dans lesquelles elle a été appliquée. Dans plusieurs arrondissements certains articles sont restés lettre morte : Ainsi, il en est où jamais les avoués n'ont employé la voie économique de la *requête* dans le cas prévu par l'art. 2 ; d'autres où le tribunal néglige de *limiter les frais d'insertion et d'affichage*, suivant la faculté de l'art. 5

Si les magistrats ne peuvent substituer leurs diligences à celles des avoués et convertir en une obligation ce qui doit rester une faculté, il n'en est pas moins vrai qu'ils sont autorisés à réclamer des *officiers ministériels* des explications et à rappeler les moins scrupuleux à une plus juste appréciation de leurs devoirs. Chargés de vérifier les états de frais, ils devront en déduire les émoluments qui n'auraient pas une base strictement légale ; voir, si l'on a réduit dans les termes du jugement la longueur des insertions et si l'on s'est conformé à la disposition qui dispense de placards imprimés et même d'un procès-verbal d'affiche. — Il n'est pas superflu de rappeler la prescription du décret du 15 janvier 1853, d'après lequel le timbre des placards ne doit pas être passé en taxe que sur la production d'un certificat du receveur de l'enregistrement constatant que le nombre des exemplaires a été vérifié par lui et indiquant le montant total des droits de timbre.

Les résultats que s'est proposés le législateur ne peuvent être obtenus complètement que par une exacte et rigoureuse application de ces diverses mesures.

Le Ministre termine en faisant appel au désintéressement des officiers ministériels, dont le privilège repose sur les services qu'ils rendent aux justiciables, comme au zèle des magistrats, dont le devoir est d'adopter l'esprit de la loi et d'en seconder les intentions, pour les associer plus étroitement aux préoccupations des Chambres et du Gouvernement et à l'exécution empressée des réformes votées en vue d'amener une diminution notable des frais qui pèsent sur la petite propriété. »

---

14 Mars 1890. — Décret relatif à *l'administration des successions et biens vacants aux Colonies*, leur appliquant toutes les dispositions du décret du 27 janvier 1855 et modifiant certains de ces articles : Art. 1. Fonction de curateur. — Art. 12. Publication sans frais par le curateur pour production des titres au *Notaire* chargé de l'inventaire. — Art. 19. Vente judiciaire des biens, meubles et immeubles, par agent de change, courtier et *Notaire*. — Art. 25. Possession provisoire par l'administration du domaine des successions gérées par la curatelle. — Art. 44-46. Formation d'un conseil de curatelle par arrondissement judiciaire.

---

15 Mars 1890. — Décret modifiant de nouveau les nomenclatures des *établissements insalubres, dangereux et incommodes*.

---

22 Mars 1890. — Loi ajoutant un titre sur les *Syndicats des Communes* à la loi municipale du 5 avril 1884. (art. 169 à 180).

1er Avril 1890. — (Officiel du 10) Décret d'administration publique pour l'exécution de l'art. 4 de la loi du 18 juillet 1889 sur la nouvelle *taxe* frappant les *cercles, sociétés* et *lieux de réunion* où se payent des cotisations, suivi du modèle de la *déclaration* par les gérants, secrétaires ou trésoriers.

---

4 Avril 1890. — Loi modifiant la nouvelle législation *des faillites*. Article unique. — Le paragraphe 1er de l'art. 5 de la loi du 4 mars 1889, est modifié de la façon suivante :

« A partir du jugement qui déclare ouverte la liquidation judiciaire, les actions mobilières ou immobilières et toutes voies d'exécution, tant sur les meubles que sur les immeubles sont suspendues, comme en matière de faillite. Celles qui subsistent doivent être intentées ou suivies à la fois contre les liquidateurs et le débiteur. »

---

15 Avril 1890. — Loi concernant *l'organisation judiciaire* dans les Colonies de la Guadeloupe, de la Martinique et de la Réunion : Tribunaux de paix et de première instance, Cours d'appel et d'Assises.

27 Avril 1890. — CIRCULAIRE de la Caisse des dépôts et consignations réglant les conditions des *dépôts et des retraits de fonds consignés par les Notaires en comptes courants*, la tenue des écritures, l'intérêt bonifié à 2 °|₀, etc., avec différents modèles de récépissés, bulletins et carnets d'autorisations de payement à remettre par les Trésoriers payeurs généraux, Receveurs des finances et Percepteurs préposés de la Caisse.

MONSIEUR,

Aux termes d'un décret du 30 janvier 1890 (annexe n° 1), rendu sur le rapport de M. le Garde des sceaux, les notaires doivent verser à la Caisse des dépôts et consignations, dans des délais déterminés, et sous la surveillance des chambres de discipline, les sommes qu'ils détiennent pour le compte de tiers à quelque titre que ce soit.

Un second décret du 2 février suivant (annexe n° 2) a pourvu au règlement des formalités spéciales nécessaires pour le dépôt et pour le retrait des sommes ainsi versées par les notaires en compte courant à la Caisse des dépôts et a indiqué notamment, de la façon la plus détaillée, la forme des autorisations de payement sur la production desquelles doivent être effectués les remboursements.

En exécution de ce décret, j'ai établi le modèle du carnet à souche d'où seront détachées ces autorisations de payement, et en outre, à la date du 14 février, j'ai pris, après avis de la commission de surveillance, un arrêté qui a reçu l'approbation de M. le Ministre des finances, afin de déterminer les conditions des comptes courants ouverts aux notaires qui ne sont pas prévues dans le décret du 2 février et, en particulier, le taux de l'intérêt à bonifier à ces comptes.

Les dispositions des deux décrets et de l'arrêté susvisés sont applicables à partir du 1er juillet 1890.

J'ai, en conséquence, l'honneur de vous transmettre les instructions relatives à ce nouveau service et de vous indiquer, ci-après, la marche à suivre pour la réception et le remboursement des sommes déposées à votre caisse, ainsi que pour la tenue des écritures auxquelles ces opérations donneront lieu.

Dès maintenant, et afin que les *dépôts et les retraits de fonds* puissent être effectués à partir du 1er juillet prochain, je vous prie de vouloir bien vous mettre en relations avec le Président de la chambre des notaires de votre arrondissement, en vue des renseignements dont il aurait besoin pour l'exécution, vis-à-vis de la Caisse des dépôts et consignations, des décrets des 30 janvier et 2 février dernier.

§ 1er. — *Dispositions générales du décret du 2 février 1890. — Sommes qui peuvent être versées par les notaires.*

Le décret du 2 février 1890 a réglementé les formalités du dépôt et celles du retrait des fonds en les simplifiant le plus possible et de telle sorte qu'aucune difficulté ni même aucun retard appréciable ne sont à prévoir dans la pratique des affaires. Vous aurez à faire une étude très attentive du texte de ce décret ; la présente circulaire ne fait qu'en développer les dispositions qui concernent les préposés.

Vous devez d'ailleurs, dans l'application des prescriptions qui vont suivre, ne pas perdre de vue que la Caisse des dépôts et consignations est uniquement chargée de *recevoir, conserver* et *restituer* les sommes qui lui seront déposées sans avoir à s'immiscer dans le contrôle dont les chambres de discipline ont seules la responsabilité. Vous n'aurez donc jamais à vous occuper de l'origine des fonds versés par les notaires qui sont et restent seuls titulaires des comptes à leur nom ; il s'ensuit que les seules significations pouvant être reçues par vous sur les dépôts seront celles des créanciers personnels des notaires.

Vous remarquerez, d'un autre côté, que si l'article 2 du décret du 30 janvier 1890 impose aux notaires l'obligation de déposer à leur compte courant, dans un délai maximum de six mois, les sommes qu'ils détiennent pour le compte de

tiers à quelque titre que ce soit, il ne s'oppose pas à ce que des versements soient effectués dans un délai plus court. Ces officiers ministériels peuvent donc user de la faculté qui leur est accordée en effectuant immédiatement le versement de tous les fonds qui leur sont remis.

§ 2. — *Intérêts et époques de valeur des comptes.*

L'intérêt bonifié aux comptes courants des notaires a été fixé par mon arrêté du 14 février 1890 à 2 p. % l'an. Ces comptes seront crédités des versements valeur au dernier jour de la *dizaine* pendant laquelle les dépôts seront effectués et débités des remboursements valeur au premier jour de la dizaine pendant laquelle le retrait sera opéré.

Les intérêts seront capitalisés au 31 décembre de chaque année ; dans le courant de l'année, vous n'auriez à liquider et payer les intérêts que sur une demande spéciale et pour un compte soldé intégralement. (D. art. 12).

Les modifications qui seraient apportées dans l'avenir aux conditions qui viennent d'être indiquées seront applicables aux dépôts antérieurement reçus quinze jours après l'avis donné aux chambres de discipline. En outre, les nouvelles conditions seraient publiées par voie d'affiches apposées dans les bureaux des préposés de la Caisse des dépôts et consignations.

§ 3. — *Ouverture des comptes et versements.*

Tout notaire pourra se faire ouvrir à son nom à la Caisse des dépôts et consignations un compte courant auquel seront reçues toutes les sommes qu'il déclarera vouloir déposer en exécution des décrets précités.

En règle générale, les notaires doivent faire leurs versements à la caisse du préposé de l'arrondissement dans lequel ils ont leur résidence. (D. Art. 1er). Cependant, la chambre de discipline peut autoriser un notaire à effectuer ses dépôts à la recette des finances d'un arrondissement voisin, soit du même département, soit d'un autre département. Dans ce cas, il sera remis au préposé de la Caisse des dépôts, lors du premier versement une autorisation délivrée sur papier libre par le président de la chambre de discipline.

Chaque notaire ne doit être titulaire que d'un seul compte auquel figurent tous les versements effectués par lui ou en son nom. Ce compte recevra, au moment du premier versement, un numéro d'ordre déterminé, dans chaque recette des finances, par le rang dans lequel les notaires se feront ouvrir leurs comptes respectifs.

Vous aurez à donner immédiatement avis de l'ouverture du compte à la chambre de discipline de laquelle relève le notaire, en indiquant le numéro du compte à reproduire sur le carnet d'autorisations de payement décrit sous le paragraphe 6 ci-après.

§ 4. — *Bulletins de versement.*

D'après l'article du décret de 2 février 1890, les notaires doivent remettre au préposé de la Caisse des dépôts et consignations, lors de chaque versement, un bulletin destiné à la chambre de discipline et mentionnant l'affaire ou les affaires donnant lieu au versement.

Vous n'aurez pas à vous occuper des indications et mentions portées sur les bulletins de versement ; la Caisse des dépôts doit en effet rester étrangère à ces énonciations qu'elle ne relate ni dans ses écritures, ni dans les récépissés délivrés aux parties versantes ; elle reçoit lesdits bulletins uniquement pour les remettre à la chambre de discipline dont relève le notaire (D. Art. 2).

Vous devrez donc simplement vous entendre avec la chambre de discipline pour que ces bulletins, destinés à assurer son contrôle, soient tenus chaque jour à sa disposition. Dans le cas où leur envoi occasionnerait des frais, ils seraient à la charge des notaires et portés au débit de leurs comptes ; le montant de la dépense ainsi constatée serait justifié par une quittance motivée souscrite par le préposé.

19.

§ 5. — *Récépissés.*

Chaque versement donnera lieu à la délivrance d'un récépissé à talon établi, au nom du notaire, dans les conditions déterminées par les articles 1 et 7 de la loi du 24 avril 1833 (modèle n° 1). Ce récépissé indiquera seulement le nom du notaire déposant et la somme versée, sans contenir aucune mention relative à l'origine des deniers. (D. Art. 3.)

§ 6. — *Du carnet d'autorisations de payement.*

Pour faciliter les retraits, l'article 11 du décret du 2 février 1890 a prescrit l'établissement de carnets à souche et à talon dont vous trouverez ci-après le modèle (modèle n° 2).

Chaque formule comprend une souche, une autorisation de payement et un talon divisé en deux parties : la première contient la formule de l'avis préalable à adresser au préposé ; la seconde, d'un bulletin de retrait, est destinée à la chambre des notaires. Le nom du notaire titulaire du compte courant, le numéro de ce compte, et une suite continue de numéros sont reproduits à l'encre grasse sur la souche, sur l'autorisation de payement et sur les deux parties du talon. (D. art. 5, 8 et 11.)

Les autorisations de payement, tombant, au point de vue du timbre, sous l'application des articles 18 de la loi du 23 août 1871 et 8 de la loi du 19 février 1874, seront soumises au timbre à l'extraordinaire, au droit de 0 fr. 10 c., avant leur envoi aux chambres. Lorsqu'elles seront émises d'une ville autre que celle où le payement en sera effectué elles seront assujetties à un droit de timbre additionnel de 0 fr. 10 c. qui peut être acquitté au moyen d'un timbre mobile de pareille somme.

§ 7. — *Remise des carnets d'autorisations de payement aux chambres de discipline.*

Les carnets contiendront 5, 10, 25 ou 50 formules. Ils seront fournis par la Caisse des dépôts aux chambres de discipline à charge de remboursement. (D. Art. 11.)

Tous les ans, au mois de *septembre*, les chambres de discipline feront connaître à la Caisse des dépôts, par l'entremise du receveur des finances de leur arrondissement, le *nombre des carnets* qu'il leur sera nécessaire pour l'année suivante. Les demandes seront centralisées par le trésorier-payeur général, qui les adressera en un seul envoi pour l'ensemble du département. Au besoin, des commandes supplémentaires pourront être faites dans le courant de l'année.

La commande de carnets pour l'année 1890 devra parvenir à la Direction générale le 20 mai prochain au plus tard. Elle sera faite sur l'un des bordereaux qui vous parviendront en même temps que cette circulaire.

Les carnets demandés seront transmis directement aux chambres chargées de les remettre aux notaires intéressés au fur et à mesure de leurs besoins.

Le prix des carnets reçus par les chambres, y compris le montant du droit de timbre à 10 centimes et des frais de port, sera versé à la caisse du préposé qui en délivrera récépissé à talon.

§ 8. — *Remise des carnets d'autorisations de payement aux notaires.*

Lors de la délivrance de chaque carnet la chambre vous en donnera avis et vous indiquera la date de la remise, le nombre et la série des numéros des autorisations qu'il contient et le nom du notaire auquel il est destiné.

De son côté, le notaire vous informera de la réception dudit carnet, de telle sorte que ces deux avis vous parviennent toujours avant qu'il soit fait usage de la première des formules.

Vous comprendrez que votre responsabilité est intéressée à ce que ces formalités soient strictement exécutées, afin qu'il ne puisse être fait un usage frauduleux d'un carnet égaré.

§ 9. — *Retraits. — Avis d'émission.*

Les fonds versés par les notaires seront remboursés par les préposés qui auront reçu les versements sur la production d'autorisations de payement délivrées par les notaires et détachées du carnet à souche et à talon dont il a été parlé au paragraphe 6. La date d'émission et la somme à payer seront écrites en toutes lettres sur ces autorisations. Elles ne mentionneront pas le nom de la personne appelée à les quittancer et se borneront à énoncer que le payement devra être effectué entre les mains de la partie désignée dans la formule d'avis. (D. Art. 9).

Préalablement au remboursement des fonds, vous aurez donc à recevoir le talon de l'autorisation portant avis d'émission.

Dès que le talon vous sera parvenu, vous en détacherez la partie inférieure qui, après avoir été revêtue du timbre de la recette des finances, sera mise à la disposition de la chambre de discipline dans les mêmes conditions que les bulletins de versement.

La partie supérieure du talon vous fera connaître le numéro et le montant de l'autorisation de payement et indiquera si le retrait sera opéré par le notaire lui-même, par son fondé de pouvoir ou par une tierce personne. (D. Art. 8).

§ 10. — *Parties prenantes.*

Il arrivera fréquemment que, pour s'épargner des déplacements ou pour éviter des transports de fonds, le titulaire d'un compte courant fera effectuer le retrait des sommes déposées, soit par l'un de ses clercs, soit par un client intéressé, soit enfin par toute autre personne. Les notaires qui ne résident pas au chef-lieu d'arrondissement pourront notamment, avoir recours à un collègue ou à un tiers pour faire encaisser le montant des autorisations de payement qu'ils auront émises.

A cet effet le notaire pourra constituer un mandataire avec pouvoir d'opérer les retraits d'une manière générale. La procuration sera donnée par acte notarié ou sous seing privé : dans ce dernier cas, la signature du titulaire ne serait soumise à la légalisation que s'il s'agissait d'un notaire étranger à l'arrondissement.

Si, au contraire, le notaire veut autoriser un payement unique à une personne désignée, il inscrira sur l'avis d'émission porté en tête du talon de l'autorisation de payement le nom de cette personne et fera apposer le type de sa signature sur ledit avis.

§ 11. — *Payement des autorisations de retrait.*

En principe le payement doit être fait à partir du cinquième jour de la réception de l'avis d'émission : ainsi l'avis étant parvenu au préposé le 1ᵉʳ du mois, le payement sera exigible dès le 5. Mais les préposés pourront ne pas considérer ce délai comme un délai de rigueur toutes les fois que la situation de leur encaisse le leur permettra.

Lors de la présentation de l'autorisation de payement à votre caisse vous devrez la rapprocher de son talon, vous assurer qu'il y a concordance entre la somme qu'elle relate et celle inscrite sur l'avis d'émission, et que le numéro qu'elle porte appartient bien à la série de numéros attribuée au carnet délivré au notaire titulaire du compte courant.

La quittance sera donnée par la personne désignée dans l'avis d'émission.

Si elle est souscrite par un mandataire, la procuration sera annexée à la première autorisation de payement ainsi quittancée. Les avis d'émission des autorisations de payement qui seront délivrées postérieurement rappelleront la date de la procuration. Cette indication, que vous complèterez par le numéro de l'autorisation à laquelle la procuration aura été jointe, tiendra lieu de mention de référence.

§ 12. — *Délai de validité des autorisations de payement.*

Les autorisations de payement ne sont valables que pendant les 30 jours qui suivent la date où l'avis vous est parvenu. Le porteur est averti de cette disposition par le texte même de l'autorisation. Ce délai expiré, l'avis et l'autorisation sont considérés comme nuls et vous aurez à renvoyer au notaire la partie du talon portant avis. (D. Art. 10).

§ 13. — *Écritures.*

Le compte courant ouvert à chaque notaire sera tenu conformément au modèle n° 4 donné à la suite de la circulaire du 24 décembre 1889.

Les dépôts et retraits de fonds seront constatés à un compte intitulé : *Notaires, c/o de dépôts,* qui figurera sur les avis décadaires, relevés mensuels, états détaillés des récépissés, états récapitulatifs des recettes et dépenses (modèles n°s 3, 7, 8, 11, 13 et 14 de l'Instruction du 15 octobre 1877) à la suite du compte : *Séquestres ou autres mandataires de justice, c/o de dépôts.*

Le montant du prix des carnets d'autorisations de payement sera porté au compte « *Établissements publics ou autres établissements assimilés c/C de dépôts.* »

§ 14. — *Bordereaux mensuels.*

Les recettes donneront lieu chaque mois, pour les dépôts à l'établissement d'un bordereau détaillé spécial (modèle n° 2. — Circulaire du 24 décembre 1889), auquel seront annexés les talons de récépissés comme pièces justificatives.

Le prix des carnets figurera sur le bordereau des versements faits au compte à *Établissements publics ou autres établissements assimilés c/C de dépôts* » ; les talons de récépissés correspondants seront produits à l'appui de ce bordereau.

Les remboursements de dépôts seront justifiés par les autorisations de payement dûment quittancées auxquelles seront annexés les avis d'émission, les procurations et autres pièces, s'il y a lieu. Pour les frais d'envoi des bulletins de versements et de retraits, les quittances motivées signées du préposé serviront de justifications.

Ces pièces seront jointes à un bordereau détaillé spécial conforme au modèle n° 3 donné à la suite de la Circulaire du 24 décembre 1889.

§ 15. — *Documents à transmettre en fin d'année.*

A la fin de chaque année les préposés établiront, dans la forme du modèle n° 4 annexé à la circulaire du 24 décembre 1889, un extrait du compte courant de chaque notaire, arrêté en capital et intérêts au 31 décembre précédent ou soldé pendant l'année.

Ces extraits seront adressés à la Direction générale, par les Trésoriers-Payeurs généraux, en un seul envoi qui devra parvenir le 25 janvier au plus tard. Ils seront accompagnés d'une balance (modèle n° 3), en double expédition, reproduisant les résultats des comptes individuels. Les totaux des balances dressées pour chaque arrondissement de sous-préfecture seront récapitulés sur celle de l'arrondissement chef-lieu dont les totaux des versements faits pendant l'année (col. 4) et des dépenses (col. 7) devront concorder exactement avec les opérations constatées dans les écritures de la Trésorerie générale.

Après vérification, les extraits de comptes certifiés conformes aux écritures de la Caisse des dépôts et consignations seront transmis par elle aux chambres de discipline qui les feront parvenir aux notaires intéressés. Une expédition de la balance sera renvoyée aux préposés.

§ 16. — *Communication des comptes courants aux chambres dans le courant de l'année.*

Si, dans le courant de l'année, la chambre de discipline avait besoin de recevoir communication du compte courant d'un notaire, vous devriez satisfaire immédiatement à sa demande. (D. art. 14).

§ 17. — *Pièces à fournir en cas de cession ou de vacance d'un office.*

En cas de cession d'un office, si le cédant demande le transport au compte de son successeur de partie ou de la totalité du solde de son compte courant, cette opération s'effectuera au moyen d'un retrait de fonds et d'un versement à nouveau faits dans la forme ordinaire, c'est-à-dire sur la remise d'une autorisation de payement délivrée par le cédant et d'un bulletin de versement établi par le nouveau titulaire.

Lorsqu'un office deviendra vacant par suite de décès ou pour toute autre cause, les dépôts faits par l'ancien titulaire seront à défaut de tout empêchement, à la disposition du notaire commis par justice pour gérer l'office ou des héritiers ; vous aurez à examiner, sauf à m'en référer en cas de difficultés, les pièces remises en vue de justifier des qualités des réclamants.

§ 18. — *Réception et remboursement des dépôts par les percepteurs préposés de la Caisse des dépôts.*

Aux termes de l'article 1er du décret du 2 février 1890, les dépôts de fonds des notaires sont reçus par les préposés de la Caisse des dépôts *dans chaque arrondissement.*

Les percepteurs qui remplissent les fonctions de préposés de la Caisse des dépôts et consignations, dans les arrondissements où la Recette particulière des finances a été supprimée, devront donc assurer l'exécution des instructions qui précèdent au même titre que les Receveurs particuliers des finances.

Les recettes effectuées par les percepteurs seront constatées dans leurs écritures conformément aux dispositions de la circulaire du 23 août 1888. Les récépissés à talon délivrés par ces comptables seront enregistrés sur un carnet (modèle n° 4) sur lequel figureront également les autres recettes effectuées au compte de la Caisse des dépôts, en exécution de la circulaire précitée.

En ce qui concerne les dépenses, le payement des sommes comprises dans les autorisations délivrées par les notaires, pour opérer le retrait des sommes déposées à leurs comptes ne présentera généralement aucune des difficultés qui se rencontrent dans le remboursement des consignations judiciaires ou administratives et en vue desquelles il a été prescrit aux percepteurs de ne procéder au remboursement des sommes consignées qu'après autorisation de leur chef de service. Il paraît donc possible de laisser ces comptables effectuer le payement du montant des autorisations émises par les notaires, sans réclamer préalablement le visa de leur chef de service. Si, dans des cas particuliers ou par suite de production de pièces justificatives, les percepteurs étaient conduits à réclamer, avant payement, l'autorisation du comptable supérieur sous la direction duquel ils sont placés, la réponse à cette communication devrait être faite d'urgence, afin qu'aucun retard ne soit apporté dans le règlement de l'opération.

§ 19. — *Commissions.*

Je vous ferai connaître prochainement les bases de la commission qui sera allouée aux préposés pour les rémunérer des nouvelles obligations qui résultent de l'application des décrets des 30 janvier et 2 février 1890.

Afin que communication de la présente circulaire puisse être donnée aux chambres de discipline des notaires, j'en adresse à chaque Trésorier-Payeur général quatre exemplaires pour le service du chef-lieu et deux exemplaires pour chacun des préposés des arrondissements.

Agréez, Mons., l'assurance de ma considération très distinguée

Le Directeur général : LABEYRIE.

Voir la table de l'ouvrage page 125.

www.ingramcontent.com/pod-product-compliance
Lightning Source LLC
LaVergne TN
LVHW012308170726
843503LV00002B/645